U0060713

賴炎元
傅武光　注譯

新譯韓非子（上）

三民書局　印行

國家圖書館出版品預行編目資料

新譯韓非子／賴炎元,傅武光注譯.——二版七刷.—
—臺北市：三民，2021
面；　公分.——(古籍今注新譯叢書)

ISBN 978-957-14-4670-7（平裝）
1. 韓非子—注釋

121.671　　95024333

古籍今注新譯叢書

新譯韓非子（上）

注 譯 者｜賴炎元　傅武光
發 行 人｜劉振強
出 版 者｜三民書局股份有限公司
地　　址｜臺北市復興北路 386 號（復北門市）
　　　　　臺北市重慶南路一段 61 號（重南門市）
電　　話｜(02)25006600
網　　址｜三民網路書店 https://www.sanmin.com.tw

出版日期｜初版一刷 1997 年 11 月
　　　　　二版一刷 2007 年 5 月
　　　　　二版七刷 2021 年 1 月
書籍編號｜S030890
I S B N｜978-957-14-4670-7

著作權所有，侵害必究
※ 本書如有缺頁、破損或裝訂錯誤，請寄回敝局更換。

三民書局

刊印古籍今注新譯叢書緣起

劉振強

人類歷史發展，每至偏執一端，往而不返的關頭，總有一股新興的反本運動繼起，要求回顧過往的源頭，從中汲取新生的創造力量。孔子所謂的述而不作，溫故知新，以及西方文藝復興所強調的再生精神，都體現了創造源頭這股日新不竭的力量。古典之所以重要，古籍之所以不可不讀，正在這層尋本與啟示的意義上。處於現代世界而倡言讀古書，並不是迷信傳統，更不是故步自封；而是當我們愈懂得聆聽來自根源的聲音，我們就愈懂得如何向歷史追問，也就愈能夠清醒正對當世的苦厄。要擴大心量，冥契古今心靈，會通宇宙精神，不能不由學會讀古書這一層根本的工夫做起。

基於這樣的想法，本局自草創以來，即懷著注譯傳統重要典籍的理想，由第一部的四書做起，希望藉由文字障礙的掃除，幫助有心的讀者，打開禁錮於古老話語中的豐沛寶藏。我們工作的原則是「兼取諸家，直注明解」。一方面熔鑄眾說，擇善而從；一方面也力求明白可喻，達到學術普及化的要求。叢書自陸續出刊以來，頗受各界的喜愛，使我們得到很大的鼓勵，也有信心繼續推廣這項工作。隨著海峽兩岸的交流，我們注譯的成員，也由臺灣各大學的教授，擴及大陸各有專長的學者。陣容的充實，使我們有更多的資源，整理更多樣化的古籍。兼採經、史、子、集四部的要典，重拾對通才器識的重視，將是我們進一步工作的目標。

古籍的注譯，固然是一件繁難的工作，但其實也只是整個工作的開端而已，最後的完成與意義的賦予，全賴讀者的閱讀與自得自證。我們期望這項工作能有助於為世界文化的未來匯流，注入一股源頭活水；也希望各界博雅君子不吝指正，讓我們的步伐能夠更堅穩地走下去。

新譯韓非子　目次

刊印古籍今注新譯叢書緣起

導讀

上冊

卷一

初見秦……一

存韓……一四

難言……二五

愛臣……三一

主道……三四

卷二

有度……四一
二柄……五二
揚推……五八
八姦……六八

卷三

十過……七七

卷四

孤憤……一〇七
說難……一一六
和氏……一二五
姦劫弒臣……一三〇

卷五

亡徵……一四九
三守……一五七
備內……一六〇
南面……一六七
飾邪……一七三

卷六

解老……一八七

卷七

喻老……二三三
說林上……二四四

卷八

說林下……二七一

觀行……二九六
安危……二九九
守道……三〇六
用人……三一一
功名……三二〇
大體……三二三

卷九
內儲說上——七術……三二九

下冊

卷一〇
內儲說下——六微……三七五

卷一一
外儲說左上……四一七

卷一二

外儲說左下……四七一

卷一三

外儲說右上……五〇七

卷一四

外儲說右下……五四九

卷一五

難 一……五八一
難 二……六〇四

卷一六

難 三……六二三
難 四……六四六

卷一七

難勢……六六一
問辯……六六九
問田……六七二
定法……六七五
說疑……六八二
詭使……七〇〇

卷一八

六反……七〇九
八說……七二二
八經……七三四

卷一九

五蠹……七五三
顯學……七八一

卷二〇

忠孝……七九七
人主……八〇五
飭令……八一〇
心度……八一四
制分……八一八

導讀

壹　韓非其人

一、名籍

韓非，姓韓，名非。戰國後期韓國王室的庶孽公子。他的直系血親是韓國的哪一位君王，已不可考。但知他在王室宗族中，並未掌權。

韓非也稱韓子。稱「子」，是古時對男子的敬稱。先秦諸子如墨子、孟子、莊子、荀子等，都在姓下加「子」字。到了宋朝以後，韓愈也被稱為韓子，為了表示區別，韓非也稱韓非子。

二、生卒

據錢穆《先秦諸子繫年考辨》所考，韓非約生於韓釐王十六年（西元前二八〇年）前後，卒於韓王安六年（秦王政十四年，西元前二三三年），壽約四十八歲。

韓非生年，史書未載，錢穆說：「韓非與李斯同學於荀卿，其使秦在韓王安五年，翌年見殺，時斯在秦已十五年。若韓、李年略相當，則非壽在四十、五十之間。」

韓非卒年，《史記・秦始皇本紀》及〈六國年表〉都記在秦王政十四年。〈秦始皇本紀〉云：「十四年，韓非使秦，秦用李斯謀，留非，非死雲陽。」〈六國年表〉於秦王政十四年云：「韓使非來，我殺非。」

三、時代

韓非一生，經歷韓釐王、韓桓惠王、韓王安三朝。韓非死後三年（韓王安九年），韓國就被秦所滅；死後十二年（西元前二二一年），秦始皇便統一了天下。

韓非在世時的韓國，在戰國七雄中，國勢最弱。到了韓王安的時代，政治更不上軌道。君王不思整頓法制，用人又不得當。群臣多尸位素餐，廉直的人總被排斥。毫無振作圖強的打算，以致「韓事秦三十餘年」（《韓非子・存韓》）。

韓國在地緣關係上，又與秦國為鄰。秦兵東出，韓國首當其衝；六國若合縱抗秦，韓國又在前鋒。而且秦國自孝公任用商鞅變法以來，厲行法治，提高生產，國富兵強，到了秦始皇，豺狼為心，極力向東拓展勢力。韓國便成了第一個被攻擊的目標，面對虎視眈眈的強秦，韓國越發岌岌可危。

四、事蹟

韓非喜歡商鞅（尚法）和申不害（重術）所倡的所謂「形名法術」之學。與李斯一同受學於荀卿，李斯自認為不如韓非。

韓非眼見韓國日漸削弱，情勢危急。屢次上書於韓王安，提出拯救時局的良策，都不被韓王安接納。便轉而把自己的學說寫成文章。韓非天生有口吃的毛病，不擅言談；但是寫文章，他卻是一流的能手。

韓非的文章很快就傳到秦國，秦王政讀到〈孤憤〉、〈五蠹〉等篇，大為佩服，長歎一聲說：「我如果能見到這個人，而與他做朋友，就死而無憾了。」李斯為了沾光，便說：「這是我的同學韓非作的。」

秦王政為了韓非，把東征的軍事計畫，目標先放在韓國，並且加緊進行。韓王安一向沒有任用過韓非，現在情勢危急了，不得已纔派韓非出使秦國，以謀緩兵。

秦王政十三年（西元前二三四年），韓非到了秦都咸陽，見到了秦王政。韓非上書，勸秦王政不必急於攻韓，而須先伐趙（見《韓非子・存韓》）。秦王政將韓非的書函交下李斯，徵詢李斯的意見。李斯反對，說：「秦之有韓，若人之有腹心之病也。」（見《韓非子・存韓》）並自請出使韓國，以要挾韓王入秦。

秦王贊成李斯的意見，遣李斯出使韓國，而留韓非於秦都。

李斯至韓，久不得見韓王，便恐嚇韓王說：「秦必釋趙之患，而移兵於韓。」（見《韓非子・存韓》）不過，似乎沒有獲得什麼結果。返秦以後，又深恐秦王重用韓非而取代了自己的地位。便聯合大臣姚賈，共同打擊韓非，說他是韓國的公子，「終為韓不為秦」（《史記・老子韓非列傳》），而且他久留秦國，詳知秦國的內情，一旦放他回去，必定不利於秦，不如加個罪名，把他殺了（見《史記・老子韓非列傳》）。秦王聽信他們的話，把韓非交付法官判罪。李斯暗中教人送毒藥給在獄中的韓非，令他自殺。韓非想向秦王申訴，卻沒有管道。等到秦王悔悟，派人去赦他，韓非已經死了。時間是韓非至秦的第二年（秦王政十四年），地點是雲陽監獄（在今陝西省淳化縣西北）。

貳 《韓非子》其書

一、書名

《韓非子》一書，《漢書・藝文志・諸子略・法家》著錄時稱為《韓子》，此後直到唐代，各史藝文志或經籍志，都沿用此名。大抵「子書」之名，和「諸子」之稱相同，都在姓下加「子」字，如《老子》、《墨子》、《莊子》、《荀子》等是。宋代以後，學界推尊韓愈為「韓子」，為避免混淆，有人便稱韓非之書為《韓非子》，如宋晁公武《郡齋讀書志》、清張之洞《書目答問》、梁啟超《要籍解題及其讀法》等是。現在一般學界大抵都習稱為《韓非子》了。

二、成書年代

《韓非子》的成書年代，史無明文。依韓非的事蹟來推斷，其成書應在韓非使秦以前，也就是韓王安五年（秦王政十三年，西元前二三四年）以前。

《史記》韓非本傳說：「人或傳其書至秦，秦王見〈孤憤〉、〈五蠹〉之書。」可以斷定，秦王政看到韓非文章的時候，韓非的著作已經完成了。這一年是何年，史書沒說。但秦王政讀了韓非的文章而表示佩服後，「秦因急攻韓」，韓王「迺遣非使秦」。這段過程，時間不會太長，似是一年中的事。據〈韓世家〉，「秦攻韓，韓急，使韓非使秦」，在韓王安五年，即秦王政十三年。因此可以斷定《韓非子》全書的完成，應在這一年以前。再晚一年，韓非就死了。

三、著書動機

韓非著書的動機，《史記》韓非本傳有如下的論述：

非見韓之削弱，數以書諫韓王，韓王不能用。於是韓非疾治國不務脩明其法制，執勢以御其臣下，富國強兵而以求人任賢；反舉浮淫之蠹而加之於功實之上。以為儒者用文亂法，而俠者以武犯禁。寬則寵名譽之人，急則用介冑之士。今者所養非所用，所用非所養，悲廉直不容於邪枉之臣，觀往者得失之變，故作〈孤憤〉、〈五蠹〉、〈內、外儲〉、〈說林〉、〈說難〉十餘萬言。

根據這段文字，韓非著書的動機，有兩點可說：

(一)上書獻策不被接納，纔轉而著書

韓非生長的年代，正是韓國積弱不振的時代，韓非為此屢次上書給韓王，企圖挽救，結果韓王不聽，韓非只好把自己的見解寄託於文字。

這一點，大體是先秦讀書人所以著書立說的共同模式。也就是說，那時候的讀書人，大抵都希望自己的抱負能在有生之年實現出來，以收實際的效果；一旦希望落空，不得已纔把自己的理想著書傳後。像孔子，在祖國沒辦法實現抱負，便周遊列國尋找機會，最後希望幻滅，回到魯國纔「刪《詩》《書》、訂《禮》《樂》、贊《周易》、作《春秋》」。墨子、孟子、荀子也都是這樣。

(二)出於愛國的熱忱

韓非是韓國的公子，眼看國家衰弱，宗室難保，產生很深的危機感。於是切實檢討國家衰弱的原因，他發現一個結構性的錯誤，那就是施行人治而沒有施行法治。法治不立，所以「儒者用文亂法，而俠者以武犯禁」。施行人治，而又用人不當，以致「廉直不容於邪枉之臣」。為此，他滿腔憤懣，而又孤獨不伸，所以有〈孤憤〉之作。由此可見，韓非著書原是本著宗室的立場，希望挽救韓國的政權。所以

他立說的角度，是訂在統治者這邊的。先秦諸子談論政治，都站在人民這邊說話；只有韓非，是站在統治者這邊說話。這一點，實與他身為宗室的身分有關。後來，韓非出使秦國，遊說秦王緩兵，以解除韓國的危局，結果被李斯所害，可以說是為韓國殉難了。這也表現了他一貫的愛國熱忱。

四、篇數

《漢書・藝文志》著錄《韓子》五十五篇。《隋書・經籍志》著錄《韓子》分為二十卷。以後各史志所記及各私家所錄，卷數和《隋書・經籍志》一樣。今傳本分二十卷，五十五篇，與《漢書・藝文志》、《隋書・經籍志》所記之數恰好相同。但今傳本五十五篇的篇名和內容到底是不是和《漢書・藝文志》及《隋書・經籍志》一樣，就不得而知。

五、真偽

所謂真偽，是以「是否韓非手著」為標準。韓非親手所著為真，不是親手所著為偽。以這個標準來衡量，後世學者沒有一個認為今傳本《韓非子》五十五篇皆真。

梁啟超認為《史記》本傳標舉了〈孤憤〉、〈五蠹〉、〈內、外儲〉、〈說林〉、〈說難〉等篇。那麼「此諸篇當為最可信之作品」，「以衡量餘篇，則其孰為近真，孰為疑偽，亦有可言者」（《要籍解題及其讀法》）。意思是說，太史公所舉的各篇之外，都有可疑了。

胡適認為，只有〈顯學〉、〈五蠹〉、〈定法〉、〈難勢〉、〈詭使〉、〈六反〉、〈問辯〉等七篇可靠，「此外如〈孤憤〉、〈說難〉、〈說林〉、〈內、外儲〉雖是司馬遷所舉的篇名，但是司馬遷的話是不很靠得住的」（《中國古代哲學史》）。

梁、胡二家由正面列舉屬於韓非手著的篇名，僅占總篇數的五分之一（梁）或八分之一（胡），標準恐怕過於嚴格。

但是，確有多篇經近代學者考證後被認為不是韓非親手所著，或雖是韓非之言，但屬於「上書」的內容而不是特著。列舉說明於下：

〈飾邪〉、〈難言〉二篇為韓非上韓王書。

〈愛臣〉為人臣上書，未必出於韓非。

〈有度〉為人臣上書，未必是韓非所寫。

〈初見秦〉又見於《戰國策．秦策》而冠有「張儀說秦王曰」六字，學者認為作者既非韓非，也非張儀，而可能是范雎或蔡澤。

〈存韓〉為三篇人臣上書合併而成。第一部分是韓非上秦王書，第二部分（自「詔以韓客之所上書」以下）是李斯〈上秦王書〉，第三部分（自「李斯往詔韓王未得見」以下）是李斯〈上韓王書〉。

〈十過〉、〈主道〉、〈揚搉〉、〈大體〉、〈觀行〉、〈解老〉、〈喻老〉、〈安危〉、〈忠孝〉、〈飭令〉、〈制分〉等篇學者都認為有可疑之點，而未必出於韓非。

以上只述概略的情形，至於各篇真偽及其詳細論證，本書在每一篇前面的「題解」欄中，有所說明，請讀者參看。

其實古書無所謂真偽的問題，只是純粹與駁雜的問題，若從目錄學的角度來看，這是很自然的現象。原來在使用竹簡木牘的時代，古書是單篇流傳的。一篇或數篇文章捲成一綑，謂之一卷，單獨放置，不像紙張可以裝訂成冊。取讀時，一卷讀畢，擱在一旁，再取另一卷，不像現在整本捧著，一頁一頁地翻讀。所以書籍一多，不同類的著作就容易混雜錯亂。

即因古書單篇流傳之故，司馬遷寫《史記》提到學者的著作時，都舉單篇篇名，如：

〈孔子世家〉：

子思作〈中庸〉。

〈管晏列傳〉：

吾讀管氏〈牧民〉、〈山高〉、〈乘馬〉、〈輕重〉、〈九府〉……詳哉其言之也。

〈商君列傳〉：

余嘗讀商君〈開塞〉、〈耕戰〉書。

〈老子韓非列傳〉：

〈莊子〉作〈漁父〉、〈盜跖〉、〈胠篋〉，以詆訿孔子之徒，以明老子之術。

〈韓非〉悲廉直不容於邪枉之臣，觀往者得失之變，故作〈孤憤〉、〈五蠹〉、〈內、外儲〉、〈說林〉、〈說難〉十餘萬言。

〈孟子荀卿列傳〉：

〈騶衍〉乃深觀陰陽消息而作怪迂之變，〈終始〉、〈大聖〉之篇十餘萬言。

以上這些資料都足以說明古書單篇流傳的事實。

到了劉向、劉歆父子校讎皇家圖書館的藏書時，纔加以分類整理，把單篇而散亂的簡牘，依內容而判定它的歸屬，譬如把談縱橫之策的文章歸為一類，便是《戰國策》，把屬於莊子思想或與莊子有密切關係的文章歸為一類，便是《莊子》。同理，把屬於韓非思想或與韓非有密切關係的文章歸為一類，便是《韓子》。《漢書・藝文志》是根據劉歆的《七略》而作。它所著錄的《韓子》五十五篇就是這樣來的。所以，劉氏父子所整理過的圖書，縱使是個人的專著（別集），也含有叢書（總集）的性質。換言之，書名《莊子》，不見得全部出自莊周手筆；書名《韓子》，不見得全部出自韓非手筆。如前所述，《韓子》五十五篇當中固然以韓非的手筆居多，但也有不是韓非手筆只因思想與之相合而被列入的，如〈十過〉、〈主道〉、〈揚搉〉等是。也有因與韓非關係密切雖是「上書」也被列進去的，如〈飾邪〉、〈難言〉等是；甚至有些是被誤認為與韓非有關而被列進去的，如〈愛臣〉、〈有度〉、〈初見秦〉等是。至於〈存韓〉的後半，乃李斯對秦王與韓王的上書，也因與韓非的事蹟有關而被列入，所以全書內容顯得有點駁雜，類似於文章總集。但從目錄學的觀點來看，這是很自然的現象。故所謂真偽問題，並不是後世學者有意造假，託名古人，而是劉氏父子整理圖書時，由鑑定標準的謹嚴程度而造成的。

叁　韓非子的思想淵源

討論韓非子思想淵源，其實就是討論韓非子與先秦各家思想的關係。韓非生存的年代，正是戰國接近尾聲的年代，這時先秦各家各派的思想都已經次第發展出來了，生存在這個時代，身為一個大思想家，當然會去注意這些思想，也當然會受這些思想的影響。所以韓非的思想與前此的各家思想都有密切的關係；換句話說，整個先秦思想都是韓非子思想的淵源所在。

當然，這中間有倚輕倚重，或淺或深的分別，需要加以爬梳。漢代司馬談（司馬遷的父親）在〈論六家要旨〉中把先秦思想分為儒、道、墨、名、法、陰陽六家。韓非自己是法家之一，而且是集大成者，他與前此法家的關係最為密切，也最為直接，可以說前此的法家，是韓非思想的主要淵源。而其他儒、道、墨、名各家則是次要淵源。至於陰陽家，則未見對韓非有何影響。下面便依次論述韓非思想的淵源。

一、淵源於法家

(一)管仲

《隋書・經籍志・子部・法家類》著錄《管子》十九卷，題「齊相管夷吾撰」。管夷吾即管仲。此書不見於《漢書・藝文志》，而且內容駁雜，類似雜家，學者多認為它出於依託。《隋書・經籍志》把它歸入法家，當然是因為內容有法家的言論，至於撰者把它依託為管仲所著，則是因管仲的作風，有法家的性格。

戰國時代，有關管仲的傳說不少，韓非就提到「今境內之民皆言治，藏商、管之法者家有之」（〈五蠹〉）。所謂商、管，就是商鞅和管仲，可見那時候，就有管仲的「法」流傳著，也許其中還保存有管仲治國的法度和精神，對當時還發生巨大的影響力。

《韓非子》書中，記載了很多管仲的言行，假如這些言行都真實可靠，則管仲確然很有法家的精神，譬如齊桓公擔心官職少而求官的人太多，管仲勸桓公務必要「因能而授祿，錄功而與官」，切不可「聽左右之請」（〈外儲說左下〉）。又如，管仲輔佐公子糾，失敗被俘，曾向綺烏封人乞食而受其賜，綺烏封人請求管仲回報，管仲說，他如獲大用，一定「賢之用，能之使，勞之論」，不能徇私於他（〈外儲說左下〉）。《韓非子》說：「爵祿生於功，誅罰生於罪。」（〈外儲說右下〉）與前一例道理相同。又說：「明法制，去私恩。」（〈飾邪〉）則與後一例意思相合。

相反的，管仲的言行，如果恰與法家的規矩相背，《韓非子》也提出來批判，作為反面的教材，例如，管仲相齊，乘車要設紅色的傘蓋，吃飯要有音樂助興，庭中陳列鼎俎，每年有三成的租稅收入，韓非便假借孔子的口吻批評他太過奢侈，以致逼迫到君上（見〈外儲說左下〉）。又如管仲臨終，勸齊桓公「去豎刁，除易牙，遠公子開方」，因為豎刁自行閹割生殖器，以入宮事奉桓公，管仲質問他：「身且不愛，安能愛君？」易牙蒸其長子之肉，以獻給桓公，管仲質問他：「弗愛其子，安能愛君？」公子開方拋棄母親，久宦不歸，管仲質問他：「其母不愛，安能愛君？」韓非對管仲的論調不以為然，說：「然則臣有盡死力以為其主者，管仲將弗用也。……是欲君去忠臣也。且以不愛其身，度其不愛其君，是將以管仲之不能死子糾，度其不死桓公也。」（〈難一〉）

《韓非子》中提到管仲的，正、反的例子都很多，主要見於〈內儲說〉、〈外儲說〉及〈難一〉至〈難四〉。不管是正面的讚許，或者反面的批判，都顯示韓非十分注意管仲這個人，韓非思想之淵源於管仲，是很明顯的了。

(二)子產

子產是春秋時代鄭國的執政大夫，與孔子同時而年長。子產執政，有多項改革與創制，他把都城和鄉村劃分出來，依照實際的需要而擬定政策（都鄙有章）；行政方面，明訂各級官吏的職權，分層負責（上下有服）；農政方面，劃分田界，並作大小溝渠，以利灌溉與排水（田有封洫）；政風方面，尚節儉，戒奢侈。官吏節儉的，有所獎勵，奢侈的，有所懲罰（大人之忠儉者，從而與之，泰侈者，因而斃之）。（以上並見《左傳・襄公三十年》）後來又「鑄刑書」，即把刑律鑄於鼎上，作為國家的常法（見《左傳・昭公六年》）。

子產的這些作風，從法家的立場來看，是符合法家的精神的；尤其是對官吏的要求以及鑄造刑鼎。韓非主張行政體系要等級分明，官吏嚴守分際，「不得越官而有功」（《韓非子・二柄》）。這與子產「上下有服」的主張相合。韓非又主張「法者，編著之圖籍，設之於官府，而布之於百姓者也」（《韓非子・難三》），這與子產「鑄刑書」的用意是一樣的。

《韓非子》書中，也記有子產相鄭的事蹟。例如，子產相鄭，與鄭簡公各守其職，五年之後，「國無盜賊，道不拾遺」（〈外儲說左上〉）。又如，子產病重將死，告誡次任的執政大夫游吉，一定要採嚴厲的手段治理人民，游吉不聽，結果「鄭少年相率為盜」（〈內儲說上〉）。

至於子產有些不合法家理論的地方，韓非同樣加以批駁。例如，子產出門，聽到婦人的哭聲，他根據哭聲而判斷該婦人有姦情，偵察之後果然發現該婦人親手絞死她的丈夫。韓非批評子產「多事」，他認為管理政事，要「因物以治物」、「因人以知人」，纔能做到「形體不勞而事治，智慮不用而姦得」，像子產那樣「姦必待耳目之所及而後知之」，那麼「鄭國之得姦者寡矣」（〈難三〉）。韓非特地提出來，作為反面的教材。

㈢李克

李克是戰國初年人，子夏的弟子，曾替魏國守中山（魏所封的小國，在今河北省定縣、唐縣一帶），又曾為魏文侯相。他為政的主要政策是「盡地力」，即開發土地，增加生產，為法家重農主義的先驅。《漢書・藝文志・諸子略》有《李克》七篇，在儒家。原注云：「子夏弟子，為魏文侯相。」又有《李子》三十二篇，在法家。原注云：「名悝，相魏文侯，富國強兵。」李克、李悝為同一個人（說見錢穆《先秦諸子繫年考辨・魏文侯禮賢考》。此外，李克又著《法經》（見《晉書・刑法志》），此為最早的成文法典，共有六篇，即〈盜法〉、〈賊法〉、〈囚法〉、〈捕法〉、〈雜法〉、〈具法〉。比前此鄭國子產的「刑書」和晉國范宣子的「刑鼎」，更為進步。可惜以上所述各書都已經亡佚了。不過韓非生在戰國之末，理應看過李克的遺書，他之受李克的影響，是很自然的事。在《韓非子》書中，載有李悝為上地守的故事。李悝為了鼓勵人民練習射箭，規定凡訴訟狐疑難決的，靠比賽射箭來定勝負，於是「人皆疾習射，日夜不休。及與秦人戰，大敗之」（〈內儲說上〉）。這故事主要是強調李悝善用賞罰來治理人民，以顯示賞罰的重要。賞罰就是韓非所說的「二柄」，《韓非子》處處都強調這兩種利器。

(四)吳起

吳起是戰國初期衛國人，先至魯國，受學於曾參，曾經為魯率兵打敗齊國，不久被人中傷，轉往魏國發展，事奉魏文侯和魏武侯，守西河，秦國不敢東向。後來又被魏相公叔排擠而到楚國去。楚悼王用他為相，他便進行一連串的政治改革。最重要的三項是：一、切實審訂法令；二、廢除不重要的官職；三、撤銷疏遠的公族的身分，減少貴族的特權。這些改革，都直接損害到貴族的既得利益，引起貴族們的強烈不滿。於是貴族們便聯合起來攻滅了吳起（見《史記・孫子吳起列傳》）。

《漢書・藝文志》有《吳起》四十八篇，在〈兵書略〉中，屬兵權謀家。但觀上述吳起在政治上的表現，實具法家的性格。法家施政，常主寓兵於農、耕戰合一，以達到富國強兵的目的。在這一點上，法家常與兵家合流，吳起便是一個典型的例子。他是個善用兵的軍事家，在楚國當政，明法審令，裁抑貴族，「以撫養戰鬥之士，要在彊兵」，終於「南平百越，北并陳蔡，卻三晉，西伐秦，諸侯患楚之彊」（《漢書・藝文志》）。吳起一死，楚國便開始削弱。韓非對於這一點可謂印象深刻，所以《韓非子・問田》有如下的敘述：「堂谿公謂韓子曰：『……所聞先生術（述）曰：「楚不用吳起而削亂，秦行商君而富彊。』」堂谿公所引韓子的兩句話，又見於〈和氏〉。由此可見吳起在韓非心中的分量。

此外，《韓非子》提到吳起的地方還很多，〈內儲說上〉記載，吳起為魏武侯守西河，以賞罰樹立威信。又載，吳起使其妻按照特定的規格織一條絲帶，其妻織得不合規格，吳起便將她休掉。其妻找哥哥出面說情，她哥哥表示，「吳子，為法者也」，違背他所立的法，沒有轉圜的餘地。總之，《韓非子》中所出現的吳起，總是賞罰分明，一絲不苟。韓非之重視賞罰，主張「賞罰必於民心」（〈定法〉），當與吳起深有關係。

(五)商鞅

商鞅原是衛國的庶孽公子，姓公孫，名鞅。初事魏相公叔痤，公叔痤向魏惠王推薦鞅，惠王不用。鞅乃入秦，以「彊國之術」游說秦孝公。孝公用鞅為左庶長，遂決定變法。

商鞅主張變法的理由是「三代不同禮而王，五伯不同法而霸」、「治世不一道，便國不法古」（《史記・商君列傳》）。變法的規模，則涵蓋了政治、經濟、社會和軍事各方面。政治方面，「集小鄉邑聚為縣，置令、丞，凡三十一縣」（《史記・商君列傳》），即以郡縣制代封建制。經濟方面，鼓勵農業生產，凡是穀物或布帛產量增加的，可以免除賦稅或勞役。從事商品貿易或怠工的，便收錄其妻子，沒為官奴。又廢井田制，而代以自由名田制。社會方面，採連坐法。一家有罪，九家負責糾舉，若不糾舉，便十家連坐。軍事方面，有斬敵之功的，受上爵；私鬥的，被刑罰。

商鞅為了使他的變法能徹底進行，乃嚴申法令，不分貴族平民，一體遵守。後來，太子犯法，商鞅處罰其師傅公子虔，以示不能寬貸。公子虔二度犯約，商鞅將他處以劓刑（割下鼻子）。由於不斷得罪貴族，樹敵太多，等秦孝公一死，商鞅便被誣告謀反，被殺。

《漢書・藝文志》有《商君書》二十九篇，在法家。韓非說「今境內之民皆言治，藏商、管之法者家有之」(〈五蠹〉),可見商鞅的學說在當時很流行,韓非在「尚法」及主張「變法」方面的許多觀念,顯然是受商鞅的影響,至於韓非在〈定法〉裡批評說:「商君未盡於法。」則更顯示韓非了解商鞅之法的深入了。

㈥申不害

申不害生存的年代和商鞅差不多,他曾相韓昭侯,政績斐然,《史記》說:「內脩政教,外應諸侯,十五年。終申子之身,國治兵強,無侵韓者。」(《史記・老子韓非列傳》)他用什麼方法治理韓國的呢?「申子之學,本於黃老,而主刑名」(《史記・老子韓非列傳》),原來他擅長的是「刑名」之術。所謂刑名,就是形名。形名就是名實。也就是講究名和實的關係。用在政治上,即正名審分,循名責實,這是法家尚術派的本領之一。

《史記》說申不害著有《申子》二篇,而《漢書・藝文志》則著錄《申子》六篇,在法家。當是後人續增所致。趙宋以後,全部亡佚。

《韓非子》書中引到申子的話,有下列各條:

申子曰:「失之數而求之信,則疑矣。」(〈難三〉)

申子曰:「治不踰官,雖知不言。」(〈難三〉)

申子曰:「上明見,人備之;其不明見,人惑之。其知見,人飾之;不知見,人匿之。其無欲見,人司之;其有欲見,人餌之。故曰:吾無從知之,惟無為可以規之。」(〈外儲說右上〉)

申子曰:「慎而言也,人且和女;慎而行也,人且隨女。而有知見也,人且匿女;而無知見也,人且意女。女有知也,人且臧女;女無知也,人且行女。故曰:惟無為可以規之。」(〈外儲說右上〉)

申子曰：「獨視者謂明，獨聽者謂聰，能獨斷者故可以為天下王。」（〈外儲說右上〉）

申子曰：「法者，見功而與賞，因能而授官。」（〈外儲說左上〉）

以上六條，前五條都論「術」，主張君主不要自我表現；惟君主不表現，纔能使群臣表現，並從而伺察之，獨斷之。最後一條雖然表面言法，但見功與賞，因能授官，仍屬「術」的範圍，也就是君主無為，而讓群臣達到無不為的方法。《韓非子》所講的無為術，大抵與申子相合，其淵源於申子，至為明顯。

(七)慎到

慎到是趙國人，曾經游於齊之稷下，著有《十二論》，《漢書・藝文志》著錄《慎子》四十二篇，在法家，俱已不傳，現存的《慎子》，為後人的輯佚本。

《史記・孟子荀卿列傳》說慎到「學黃老道德之術」，《莊子・天下》說他「齊萬物以為首」、「棄知去己而緣不得已」，據此，則慎到是道家人物。而《荀子・非十二子》批評他「尚法而無法」，〈解蔽〉批評他「蔽於法而不知賢」，據此，則慎到又是法家人物。法家與道家本來就有很密切的關係，加上戰國中期以後，在諸侯急功近利的心態下，學術界也有逐漸遷就現實的趨向，各大學派都出現了導向法家的關鍵人物，如儒家的荀卿、名家的尹文都是。而慎到則正是由道家而傾向法家的關鍵人物。

從《莊子・天下》的說法來看，慎到是從「道」的觀點來看萬物的，因而「知萬物皆有所可，有所不可」，也就是〈秋水〉所謂「以道觀之，物無貴賤」的意思。所以他的學說是以「齊萬物」為主旨。萬物既無貴賤之分，當然也沒有賢、不肖之別，所以「笑天下之尚賢」。但是天生萬物，誠如孟子所說：「夫物之不齊，物之情也。」（《孟子・滕文公》）怎樣能使它「齊」呢？在道家，原是從「道」的觀點，承認萬物各有價值，因而物各付物，以不齊齊之。而慎到則是主張借重另外一種力量，使不齊的變齊。這種力量叫做勢。在勢的籠罩下，使人「至於若無知之物而已」。所以慎到是法家重勢派的重要人物。韓非在重勢方面的思想，主要來自慎到，所以特地撰寫了一篇〈難勢〉，專替慎到辯護。

(八)其他

戰國中期以後，在諸侯紛紛講求富國強兵的情形下，法家成為流行的熱門學派，法家人物當然不止上述七人，法家著作，也不止上述諸書。例如，《荀子・非十二子》和《莊子・天下》都把慎到和田駢合為一組而加以批評，可見田駢也是法家人物。又如，《漢書・藝文志》有《尹文子》一篇，列於名家，已佚；但從輯佚本觀之，其中有法家的思想。劉向說：「其學本於黃老，大較刑名家也。」可以說，他是從道家、名家而轉為法家的人物。至於《漢書・藝文志》所列法家之書，除《李子》、《商君》、《申子》、《慎子》、《韓子》外，尚有《處子》九篇、《游棣子》一篇、《鼂錯》三十一篇、《燕十事》十篇、《法家言》二篇。其中鼂錯是漢代人，姑勿論。處子，即《史記・孟子荀卿列傳》中的「劇子」，時代確在韓非之前。至於《游棣子》、《燕十事》、《法家言》三書，不知作者為誰，無從知其時代。總之，韓非生於戰國之末，有機會看到很多法家之類的書籍，是意料中的事，所以韓非的思想直接淵源於前此的法家，乃是必然的。

大抵而言，韓非以前的法家，可分三派，一是尚法派，以商鞅為代表；一是任勢派，以慎到為代表；一是用術派，以申不害為代表。韓非則將上述三派加以綜合組織，而成為規模更大、體系更完密的法家學說。所以，可以說韓非是法家思想的集大成者。

二、淵源於道家

最早認為韓非的思想和道家有關的，是司馬遷。《史記・老子韓非列傳》說：「韓非者，……喜刑名法術之學，而歸其本於黃老。」因此，把韓非和老子、莊子、申不害合為一傳。至於《韓非子》書中，有〈解老〉、〈喻老〉兩篇，專門解釋《老子》，從前也被舉出來作為韓非思想淵源於老子之證，現在則有人懷疑此二篇的作者，所以姑置勿論。

今細檢韓非思想，確與老子思想深有關係；而其關係，主要集中在「道」的觀念上。老子所說的道，有三種意義，一是指宇宙萬物的本體，二是指自然法則，三是指人生智慧。韓非的思想又與前二種意義的道關係較為密切。作為宇宙萬物的本體，有五種特性：第一，虛無性。即無形、無色、無聲、無臭、無味，為人類的感官所不能接觸。第二，先在性。即最早存在，為宇宙萬物最根源的總原理。第三，創生性。即具有創生宇宙萬物的能力。第四，超越性。即絕對性。超然於宇宙萬物的對待之上，無物與對。第五，無限性。即無限大，無限久。老子所說的道，完全符合這五種特性，所以說，老子所說的道，其中一義是指宇宙萬物的本體而言。

《韓非子》論法和論術的部分，取法於道的地方最多。《韓非子》主張君主要用「無為術」。即不要表現好惡，也不要表現智能，更不要親自去做臣子所做的事情。這是取法於道的虛無性。道，無形無色無聲無臭無味，君主便要做到沒有聲音，沒有好惡，沒有智慮，沒有才能，這樣纔能防止臣下的迎合巴結與欺瞞蒙蔽。

《韓非子》認為法來自君主。君主是創制立法的人，這是取法於道的創生性。而法頒布以後，雖有它的普遍性，人人都要一體遵守，可是君主自己卻超越於法之上，不受法的約束，這是取法於道的超越性。

法，有普遍性，即人人皆當遵守。有客觀性，即不容私自改變。又有強制性，即不遵守不行。總之，法代表規律，代表秩序。老子所說的道，第二層意義就是法則，是萬物發展的法則，沒有一物例外。所以《韓非子》的法，和老子的道，基本特性是相同的。

實際上，《韓非子》的法和老子的道的關係，應是透過「黃老思想」而建立的。也就是說，《韓非子》中，法的理論基礎的建立，直接受到黃老思想的影響。

黃老思想是戰國中期由老子思想發展而來的新思想。與莊子思想同為老子思想的兩大嫡系。莊子思想側重在個人的道德涵養，表現為生命的高尚境界；黃老思想則側重在政治、社會各方面的指導與改造。代表這一派思想的經典，是民國六十二年在湖南長沙馬王堆漢墓出土的《黃帝四經》。

《黃帝四經》第一篇〈經法〉的第一句話，就是「道生法」。意思是說，形而上的道，產生人生的種種法則或法度。也就是說，人生的種種法則或法度，都根源於道。這個思想明顯地是由《老子》「人法地，地法天，天法道，道法自然」而來。不過《韓非子》中，法的哲學基礎的建立，毋寧說是直接來自於《黃帝四經》，因為黃老學派在戰國中期以後，勢力極為強大，影響極為深遠。透過黃老學派「道生法」的觀念，以上接老子思想，也比較自然。

不過，總體而言，韓非對於道家，也不是完全肯定的。特別是對側重個人修養這一派，韓非多所指責。他說：「恍惚之言、恬淡之學，天下之惑術也。」(〈忠孝〉) 所謂恍惚之言、恬淡之學，應指莊子而言。在〈外儲說左上〉，甚至指魏牟、瞻何、陳駢、莊周等道家人物為「鬼魅」。此外，對於像楊朱那樣「義不入危城，不處軍旅，不以天下大利易其脛一毛」的「輕物重生之士」(〈顯學〉)，也施以撻伐。

綜上所述，韓非思想與道家思想關係密切。雖然有所批判，但並不妨害他在思想上取資於道家。

三、淵源於名家

司馬遷說韓非「喜刑名法術之學」(《史記・老子韓非列傳》)。所謂「刑名」，就是「形名」，猶言「名實」。主要講究「名」和「實」的關係。在法家，「形名」是「術」的一種，所以常與「法術」連言，而稱「形名法術之學」。若把「形名」抽離而出，它原屬名家的理論。名家專門研究名和實的關係，以建立推理的法則。韓非既喜形名法術之學，這便表示：韓非的思想和名家有密切的關係。

前述韓非思想淵源於早期的法家時，提到申不害。申子之學，司馬遷也說是「本於黃老，而主刑名」（《史記・老子韓非列傳》）。韓非思想既淵源於申子，則韓非的形名之學，自然也間接受之於申子。

形名之學，應用於政治，用途廣大，效果顯著。因為一切事物，有形有名，掌握形名，便可「審合形名」或「循名責實」，因而掌握一切政治事物。譬如以言為名，則事為形；以法為名，則事為形；以官為名，則職為形；以職為名，則績效為形。君主循名以責實（形），可以考覈官吏的勤惰、誠偽和良否，並據以施行賞罰。所以君主使用人才、貫徹命令、提高效率，都要用到這種形名之術。

韓非的法治思想體系，由法、勢、術三系構成。術的部分，有無為術、形名術、參伍術……等。其中形名術，一方面直接自名家取來運用，一方面自申子轉手，至為顯然。

不過，名家之所以為名家，乃在其「專決於名，而失人情」（《史記・自序》引司馬談〈論六家要旨〉）。所謂「專決於名」，即對於「實」的認定，專門決定於「名」的自身。譬如，提到「馬」，並不是指實際的馬，而是指馬這個概念。概念也是「實」，所以馬既是名，又是實。於是可以辯稱「白馬非馬」（白馬不等於馬）。這便違反了常識上的認知了，也就是失人之情了。從世俗常識看來，這是詭辯，對於政治、社會有破壞作用，所以韓非特舉此例，加以批駁，以示反對，《韓非子》說：

> 兒說，宋人，善辯者也，持「白馬非馬」也，服齊稷下之辯者。乘白馬而過關，則顧白馬之賦（繳納馬匹的關稅）。故籍之虛辭，則能勝一國；考實按形，不能謾（騙）於一人。（〈外儲說左上〉）

這是從現實的角度看名家所提出的命題，正是名家失人之情的顯著例子。這樣下去，必至於「堅白、無厚之詞章，而憲令之法息」（〈問辯〉），也就是嚴重破壞法治，這怎麼得了呢！所以韓非要加以反對，而不是全盤接受名家。

四、淵源於儒家

韓非思想之淵源於儒家，只限於他的老師荀卿。

韓非對於儒家，完全處在對立的立場，包括他的老師。他對於儒家的批評，是露骨的、無情的，甚至於是體無完膚的。這些批評隨處可見，而主要見於〈顯學〉和〈五蠹〉兩篇。千言萬語，總認為儒家所倡的是「愚誣之學」，只會「以文亂法」。是蛀蝕社會、國家「五」種「蠹」蟲之中最大的一蠹。可是，畢竟韓非是受學於荀卿的，檢視韓非的思想，仍可見到荀卿思想的影子。舉其犖犖大者，有下列各端：

(一)性惡

荀卿主張性惡說，謂「人之性惡，其善者僞也」（《荀子・性惡》）。韓非雖沒有明說「性惡」，而實際上是承襲此說，而變本加厲。荀子認為人之「好利」、「嫉惡」、「耳目之欲」等天性，若不加節制，會流而為惡。換句話說，荀子是就流弊上說性惡，而不是指性的本身是惡。韓非則認為人性一團黑暗，只有自私與貪婪。人與人間，只有利害，沒有情義。並分從父子、兄弟、夫妻、君臣、主僕等種種關係，來證成其說，以作為他主張用嚴刑峻罰來維持社會秩序的哲學基礎。

(二)法後王

荀卿為貫徹他的禮治主義，主張尊君，藉由公權力來發揮禮的約束作用，因而主張「法後王」。他說：「欲觀聖人之跡，則於其粲然者矣，後王是也。舍（捨）後王而道上古，不法常行，譬之猶舍己之君，而事人之君也。」（〈非相〉）韓非因而推論出「聖人不期循古，不法常行，論世之事，因為之備」（〈五蠹〉）的道理來。他認為「古今異俗，新故異備」，故「美堯、舜、禹、湯、武之道於當今之世者，必為新聖笑矣」，所以他譏笑「欲以先王之政，治當世之民」的主張為「守株待兔」。（以上所引並見〈五蠹〉）

㈢刑罰為治

荀卿雖主張禮治，但他所說的禮，只是「度量分界」（〈禮論〉），而不是以仁為內容的禮節，所以不是自發性的，而是他動的。它的作用，有似於法，所以荀子也主張運用威刑來強化禮治。他說：「臨之以勢，禁之以刑。」（〈正名〉）又說：「治則刑重，亂則刑輕。」（〈正論〉）又說：「民齊者強，不齊者弱；賞重者強，賞輕者弱；刑威者強，刑侮者弱；權出一者強，權出二者弱。」（〈議兵〉）這些言論，實已近於法家。荀卿因此也便成為由儒家轉為法家的關鍵人物。韓非繼此而更有所發揮，主張「信賞必罰」，視賞罰為君主的「二柄」（〈二柄〉），從而建立他賞罰為治的學說。

五、淵源於墨家

韓非對墨家的態度，和對儒家一樣，是徹底反對的。因為墨家和儒家一樣地主張法先王，所講的「兼愛」和儒家的仁雖有區別，但同屬「愛」的哲學。韓非都毫無興趣，所以將他們合在一起而批評說：「儒以文亂法，俠以武犯禁。」俠，就是當時墨家的末流產物。

但是，韓非依然受到墨家的影響。這個影響就是功利主義。基於學說的必然性，墨家最重功利。墨子主張兼愛，兼愛的完整意義是「兼相愛，交相利」（《墨子・兼愛》）。對人有實質的利益，纔算是對人有愛。換句話說，有沒有愛，要由有沒有利益來規定。基於這樣的學說，必然崇尚功利主義。所以墨子所提出的檢驗真理的「三表法」之一，就是「用之」，「於何用之？發以為刑政，觀其中國家百姓人民之利」（《墨子・非命》）。

韓非也強調要重視功利，他說：

夫言行者，以功用為之的彀者也。……今聽言觀行，不以功用為之的彀，言雖至察，行雖至堅，則妄發之說也。（〈問辯〉）

又說：

明主聽其言必責其用，觀其行必求其功。然則虛舊之學不談，矜誣之行不飾矣。（〈六反〉）

一切言行，要責其功用，這也是典型的功利主義者，顯然這是受到墨家的影響。

另外，墨家的「尚同」思想，也影響到韓非。所謂「尚同」，就是「上同」。意即思想向上級看齊，不容有不同的意見。詳言之，就是基層的里民，意見要同於里長。里長統一里民之意見後，要上同於鄉長；鄉長統一鄉民之意見，以上同於諸侯，再類推而上同於天子，天子上同於天。這是最嚴密的思想控制。目的在齊一言行，一致地追求功利。

韓非主張君主集權，君主至高無上，官吏要無條件地尊君，而人民則要「以吏為師」，不許有不一致的意見。他說：

明主之國，無書簡之文，以法為教；無先生之語，以吏為師。（〈五蠹〉）

這種控制思想、齊一言行的做法，和墨子的「尚同」學說，確有異曲同工之妙。不能不說是受到墨家的影響。

肆　韓非的學說體系

一、理論基礎

凡建立學說，必有其所據以立說的理論基礎。由理論基礎決定上層結構。譬如建築，地面建築的高度，取決於地基的廣度與深度。

韓非學說體系的上層建築，是法、勢、術三者的綜合結構體，它的「地基」則是由人性觀、價值觀和歷史觀構成。以下便依此三者說明韓非學說體系的理論基礎。

(一)人性觀

韓非的人性觀，受其師荀卿性惡說的影響，而變本加厲。一言以蔽之，韓非認為人性是一團黑暗，只有自私與貪婪，絕無一絲一毫的溫情與道義。人與人間，只有利害，別無其他。他說：

好利惡害，夫人之所有也。……喜利畏罪，人莫不然。（〈難二〉）

韓非分從父子、夫妻、主僕、君臣、群臣等各種人倫關係來證明這一點。

(1)從父子關係來看

從父子關係說，父母對子女，常懷「計算之心」，他說：

父母之於子也，產男則相賀，產女則殺之，此俱出父母之懷衽，然男子受賀，女子殺之者，慮其後便，計之長利也。故父母之於子也，猶用計算之心以相待也，而況無父子之澤乎！（〈六反〉）

產男則相賀，產女則殺之，並不是愛兒子恨女兒，而是「慮其後便，計之長利」，意即完全出於利害的考慮。

韓非又說：

人為嬰兒也，父母養之簡，子長而怨。子盛壯成人，其供養薄，父母怒而誚之。子父，至親也，而或譙或怨者，皆挾相為，而不周於為己也。（〈外儲說左上〉）

這是說，父母子女之間，都是互相利用（所謂「皆挾相為」），若得不到對等的利益，便互相責怪。

這樣看來，哪有親情可言？所以他說：

孝子愛親，百數之一也。（〈難二〉）

百數之一，只是偶然；不是人性的必然。

(2)從夫妻關係來看

從夫妻關係說，夫妻是靠男女感情相結合，而男女感情比父子天倫之情更脆弱，更容易相互計算，彼此猜疑，韓非說：

夫妻者，非有骨肉之恩也，愛則親，不愛則疏。……丈夫年五十，而好色未解也；婦人年三十，而美色衰矣。以衰美之婦人，事好色之丈夫，則身疑見疏賤，而子疑不為後，此后妃夫人之所以冀其君之死者也。〈備內〉

丈夫對妻子的愛，隨色而衰，可見丈夫只計算妻子的美色；妻子為鞏固自己的地位，希望丈夫早死，可見妻子只計算自己的地位。夫妻互相算計，互相猜疑，哪有真情可言？

上面所舉的例子，是貴族的夫妻。平民呢？平民夫妻也一樣，韓非又舉例說：

衛人有夫妻禱者，而祝曰：「使我無故，得百束布！」其夫曰：「何少也？」對曰：「益是，子將以買妾。」〈內儲說下〉

這說明「夫妻利異」，夫之利和妻之利不同，所以夫妻也自私自利各作打算。

(3)從主僕關係來看

主僕關係本來就是建立在錢財和勞力交換的關係上。但人是感情的動物，相處久了，就不是純粹的利益關係，所以有所謂忠僕的產生。可是，在韓非眼裡，主僕之間，是毫無情義可言的，也都在利字上各作打算。韓非說：

夫買庸而播耕者，主人費家而美食。調錢布而求易者，非愛庸客也，曰：如是，耕者且深，耨者且熟云也。庸客致力而疾耘耕，盡功而正畦陌者，非愛主人也，曰：如是，羹且美，錢布且易云也。此其養功力，有父子之澤矣，而必周於用者，皆挾自為心也。（〈外儲說左上〉）

韓非明白說，主人善待傭工，不是愛傭工，而是希望他不要偷懶；傭工努力工作，是想得到主人額外的賞賜，完全是以利相交。

(4) 從君臣關係來看

君臣關係，從韓非的眼光看來，也是建立在利字上。他提出「君臣利異」的說法：

君臣之利異，故人臣莫忠。故臣利立，而主利滅。是以姦臣者，召敵兵以內除，舉外事以眩主；苟成其私利，不顧國患。（〈內儲說下〉）

既然君臣利異，便不能輕信對方，而須時存戒心，否則會有遭遇劫殺的危險。他說：

知臣主之異利者王，以為同者劫，與共事者殺。（〈八經〉）

所以韓非的眼中，必定是「君臣異心」，互相算計。他說：

君臣之際，非父子之親也，計數之所出也。（〈難一〉）

故君臣異心：君以計畜臣，臣以計事君。君臣之交計也：害身而利國，臣弗為也；害國而利臣，君不行也。臣之情，害身無利；君之情，害國無親。君臣也者，以計合者也。（〈飾邪〉）

儒家所謂「君臣有義」，在韓非剛好作一百八十度的轉變。

(5)從群己關係來看

群己關係，本就沒有感情基礎，更是以利相交，韓非說：

王良愛馬，越王句踐愛人，為戰與馳。醫善吮人之傷，含人之血，非骨肉之親也，利所加也。輿人成輿，則欲人之富貴；匠人成棺，則欲人之夭死也；非輿人仁，而匠人賊也；人不貴，則輿不售；人不死，則棺不買；情非憎人也，利在人之死也。（〈備內〉）

醫生為錢，替人吸膿血；賣輿的人為錢，願人富貴；賣棺的人，願人早死。哪有情義可說？

綜上所述，不管從哪一種人倫關係來看人性，都只有貪婪與自私。連有骨肉之親的父子關係，都尚且如此，遑論其他！莽莽大地，蒼蒼烝民，在韓非眼裡，無異是野性非洲的豺狼虎豹。面對這樣的生態，你要怎樣使他們納入秩序當中？教他們「吾日三省吾身」嗎？他們沒有反省的能力；「道之以德，齊之以禮」嗎？他們不懂什麼叫做德，什麼叫做禮。惟一的辦法，是圍上鐵絲網，通上高壓電，警告他們切勿碰觸；碰觸者死！這樣，他們就不敢越雷池一步了。基於這樣的理論，韓非主張要用嚴刑峻罰來治理人民。

(二)價值觀

什麼東西叫做有價值？孟子說：「可欲之謂善。」（《孟子・盡心下》）值得追求的東西，就是有價值的東西。什麼東西值得追求？這便因人而異。因為這跟個人對事物的認知有關，而每個人對事物的認知不盡相同。

一般人汲汲於追求名，追求利。可是孟子認為，那不是人類終極的追求。那是受限於知識、智慧、器量的不足而作的錯誤認知。經過層層的剝落淘洗之後，孟子發現人類終極的追求，乃在於「義」。所謂「生，亦我所欲也，義，亦我所欲也；二者不可得兼，舍生而取義者也」（《孟子・告子上》）。為了義，生命都可以犧牲，為什麼呢？因為義是人之所以為人的條件，也是人之所以異於禽獸的地方。這個條件失去，就失去了做人的尊嚴。惟有保住它，纔算保有人格，纔算「踐形」。所以人生的終極追求，乃在完美的人格。若問孟子什麼是人生的價值，孟子會告訴我們，人生的價值就在實現完美的人格。孟子這一價值觀，來自於他的人性論，他認為人有仁義禮智四端，四端是人之異於禽獸的特質，所以人的價值就在保住此一特質，並發揮此一特質。

韓非看人性則迥然不同，他認為人性貪婪自私，與禽獸沒有兩樣。哪有什麼四端？因此他不信人間有什麼道德，當然也不認為道德有什麼價值。

人性既然自私自利，而沒有更高層次的追求，那麼，利的追求，便是價值的所在。換言之，利就是價值。可是，這裡有一個困結。這個困結沒有打開，利是追求不到的。什麼呢？既然人人都自私自利，勢必利害衝突，尖銳對立，下一步就是爭，爭就亂，利從何出呢？惟有想出一套辦法，打開這個困結，纔能使人人如其所願地各利其利。如果有這一套辦法，那麼這一套辦法的價值，便超過了個人的私利，而成為人人所追求的共同價值。

荀卿首先想到這個困結，並提出打開這個困結的辦法，他說：

> 人生而有欲，欲而不得，則不能無求，求而無度量分界，則不能不爭。爭則亂，亂則窮。先王惡其亂也，故制禮義以分之，以養人之欲，給人之求。使欲必不窮乎物，物必不屈於欲，兩者相持而長，是禮之所起也。(《荀子・禮論》)

荀子認為，在人人希望滿足慾望的爭端下，必須要有「度量分界」，這個「度量分界」，荀子用禮來劃分。禮遂成為人人追求私利的最大公約數。在禮的維持下，大家都得到自認可以接受的慾望滿足，禮對大家都有利。於是，禮便成為人人公認的更高層次的價值。

荀子倡性惡說，他所說的性，是指人類的好利、嫉惡之情，以及耳目鼻口之欲。這些情慾，若不加以節制，便會流於惡。他認為人類的心，只是知識心，有認知作用，而無道德意識。因此社會秩序的維持，必須靠外在的禮來約束，不能期待人類的自動自律。換言之，人生價值的指向，落在維持公共秩序的禮，而不落在道德或人格。

韓非看人性，比荀卿看得更嚴重，社會秩序的維持，已不是禮所能勝任，而必須代以更具強制性的法來執行。法比禮更有效，更能保障私利，所以法取代了禮，而成為價值所在。

價值之所在，便是追求之所在。為了追求價值，其他都可以犧牲。韓非便主張，為了護法，人民的生命都可以犧牲，韓非所舉的下面這則故事，就是要表達這個意思：

秦大饑，應侯請曰：「五苑之草蔬菜橡棗栗足以活民，請發之。」昭襄王曰：「吾秦法使民有功而受賞，有罪而受誅。今發五苑之蔬果者，使民有功與無功俱賞也。夫使民有功與無功俱賞者，此亂之道也。夫發五苑而亂，不如棄棗蔬而治。」一曰：今發五苑之蓏蔬棗栗足以活民，是使民有功與無功爭取也。夫生而亂，不如死而治，大夫其釋之。（〈外儲說右下〉）

韓非的意思是，寧可讓饑民餓死，也不要開倉賑濟，因為開倉賑濟是使人民無功受賞而破壞了國法，法被破壞，便陷於混亂，將使全國人民都蒙受不利。法，是普遍的、長久的，維護了法，等於維護多數人長久的利益。饑荒，是暫時的；因饑荒而餓死，是少數的。權衡利害，故寧可護法，而不願救饑，所以獲得「生而亂，不如死而治」的結論。

從計算廣大而長遠的利益來說，上述理論，不能說錯；但為伸張國法而眼睜睜看著人民餓死，實在極不人道。這除了顯示出不知變通的頑固之外，也顯示出韓非的價值觀——以為法的價值超越一切，包括生命。

基於這樣的價值觀，韓非學說的中心，便是尚法。其次導出君權思想和國家主義。

法既代表廣大而長久的公利，則與法相關的建制，也都代表價值所在。首先，法的推行，靠公權力，公權力的最高權源是君主，所以尚法，勢必尊君。其次，法的推行，靠組織，執行公權力的組織便是政府，政府代表國家；國家是個抽象的概念，所以最後又由具體的君主來代表。法既代表公利，則國家和君主便是解消私利衝突而統合公利的機制。於是國家的治強和君權的鞏固，便是公利的保障。故凡一切有助於國家治強和君權鞏固的思想和舉措，便被視為有價值而加以宣揚或實施。反之，「以文亂法」的儒，「以武犯禁」的俠，以及工匠、商賈、說客之流，便被視為毫無價值，而譏之為蠹。

總而言之，韓非尚法的主張，及其君權思想、國家主義，都建築在計利的價值觀上。

㈢歷史觀

歷史觀是對於歷史發展所提出的理論觀點。大別有三派：一是以意識決定存在的唯心史觀，一是以存在決定意識的唯物史觀，一是心物合一史觀。依此為判，韓非的歷史觀是屬於唯物史觀。

韓非認為古代人民不爭，現今人民好爭，是因財貨多寡不同的緣故，他說：

古者，丈夫不耕，草木之實足食也；婦人不織，禽獸之皮足衣也；不事力而養足，人民少而財有餘，故民不爭；是以厚賞不行，重罰不用，而民自治。今人有五子不為多，子又有五子，大父未死而有二十五孫；是以人民眾而貨財寡，事力勞而供養薄，故民爭；雖倍賞累罰，而不免於亂。（〈五蠹〉）

財貨的多寡和人口的成長率成反比，這是客觀的現象；古人不爭，今人好爭，這是主觀心態的改變。古代財多，故不爭；今人財少，故爭。這是客觀的物質條件，決定了主觀的心態反應。換言之，即是存在決定了意識。

韓非又說：

禹之王天下也，身執耒臿，以為民先，股無胈，脛不生毛，雖臣虜之勞，不苦於此矣。以是言之，夫古之讓天子者，是去監門之養，而離臣虜之勞也，故傳天下而不足多也。今之縣令，一日身死，子孫累世絜駕，故人重之。是以人之於讓也，輕辭古之天子，難去今之縣令者，薄厚之實異也。夫山居而谷汲者，膢臘而相遺以水；澤居苦水者，買傭而決竇。故饑歲之春，幼弟不饟；穰歲之秋，疏客必食。

> 非疏骨肉，愛過客也，多少之實異也。是以古之易財，非仁也，財多也；今之爭奪，非鄙也，財寡也。輕辭天子，非高也，勢薄也；重爭士橐，非下也，權重也。（〈五蠹〉）

堯舜禹以天下相讓，只是好逸惡勞之心使然，沒有什麼仁德可言；後世戀棧縣令，是因享受豐厚之故，無所謂卑鄙。兩種截然不同的心態反應，完全決定於物質的多寡，所謂「薄厚之實異也」。荒年不顧幼弟，豐歲施及路人，也不是愛與不愛的問題，純粹是「多少之實異也」。這又是「存在決定意識」的著例。

韓非之所以會有這樣的歷史觀，乃是基於他的人性觀而有的必然發展。韓非看人性是一團黑暗，只有貪婪自私，沒有道德主體，所以他解釋歷史的發展，也沒有任何道德的意義。

韓非這種歷史觀，對他的學說有下述三項決定性的影響：

第一，否定上古帝王道德崇高的說法。先秦兩大顯學儒家和墨家，都盛稱堯、舜、禹、湯道德純美，視為萬古政治人物的模範。道家主張自然無為，也有崇尚伏羲、神農的意思。韓非加以一筆勾消，打破傳統崇古賤今的觀念。

第二，古代帝王既無道德可稱，自然不必「法先王」。韓非說：「明據先王，必定堯、舜者，非愚則誣也。」（〈顯學〉）又說：「今有美堯、舜、禹、湯、武之道於當今之世者，必為新聖笑矣。是以聖人不期循古，不法常行。」（〈五蠹〉）

第三，歷史的發展，人只是隨著物質條件的變化而變化；物質條件又隨時代而不同，所以要掌握時代，因應時代。韓非說：

> 上古之世，人民少而禽獸眾，人民不勝禽獸蟲蛇；有聖人作，構木為巢，以避群害，而民悅之，使王

天下，號之曰「有巢氏」。民食果、蓏、蚌、蛤，腥、臊、惡、臭，而傷害腹胃，民多疾病；有聖人作，鑽燧取火，以化腥臊，而民說之，使王天下，號之曰「燧人氏」。中古之世，天下大水，而鯀、禹決瀆。近古之世，桀、紂暴亂，而湯、武征伐。今有搆木鑽燧於夏后氏之世者，必為鯀、禹笑矣；有決瀆於殷、周之世者，必為湯、武笑矣。〈〈五蠹〉〉

上古、中古、近古各有不同的情勢；因應不同的情勢，有不同的做法，不能墨守常規，這便叫做「不期循古，不法常行，論世之事，因為之備」〈〈五蠹〉〉。

申言之，韓非認為，物質條件決定了人類的思維方向；人類的行為，都出於利害的抉擇，沒有道德的意義。君主治國，也是衡量客觀條件而採取適當的辦法，無論寬猛，都不涉君主的道德，所謂「聖人議多少，論薄厚而為之政。故罰薄不為慈，誅嚴不為戾，稱俗而行也」〈〈五蠹〉〉。韓非又認為，宇宙不停地變化，時代不停地轉移，人類的活動也跟著變化轉移，這叫「世異則事異」〈〈五蠹〉〉。人類的活動不同，各種設施也要隨著改變，這叫「事異則備變」〈〈五蠹〉〉。聖人治國的原則，只是「事因於世，而備適於事」、「論世之事，因為之備」而已。基於這樣的理論，韓非積極主張「變古易常」以為治，他說：「不知治者，必曰：『無變古，無易常。』……伊尹毋變殷，太公毋變周，則湯、武不王矣。管仲毋易齊，郭偃毋更晉，則桓、文不霸矣。」〈〈南面〉〉又說：「夫古今異俗，新故異備，如欲以寬緩之政，治急世之民，猶無轡策而御駻馬，此不知之患也。」〈〈五蠹〉〉韓非之主張變法求治，實由於上述的歷史觀而然。

以上分從人性觀、價值觀和歷史觀三方面論述韓非學說的理論基礎。這三項理論基礎如三大柱石，支撐著一座法學大廈。雖分而為三，卻不是孤立的。彼此之間，又有密切的關係。

韓非的人性觀認為，人心貪婪自私，人性中沒有道德意識。因此人類的生命發展不出道德來，人生的價值也就不能在此建立。人心既重私利，於是利益的追求，轉成價值所在；可是私利造成對立衝突，故價值又轉移到足以化解衝突而適度滿足私利的「法」上；而申法必須尊君，君又代表國家，所以尊君強國重法，成為實現價值的途徑。這說明了韓非的人性觀，決定了他的價值觀。

由於人心貪婪自私，人類的行為都基於利害的考慮，所以人類的思維，完全決定於客觀的物質條件。人類在歷史發展的過程中，是被決定者，而不是決定者。從古到今，人類活動的改變，是由於物質條件改變而改變，沒有道德的意涵。君主施政的寬猛，乃依利害而調節，更與道德無關。這說明了韓非的人性觀，決定了他的歷史觀。

又韓非「重法」的價值觀，乃著眼於法能解消私利的衝突，而使群體共同獲利。故法之價值，又在隨時調整到能維持群體利益在最高的標準上。時代在變，人類的活動也跟著變，故為維護群體最高的利益，法也要跟著變，不能「以先王之政，治當世之民」（〈五蠹〉）。這說明了韓非的價值觀，也決定了他的歷史觀。

總之，韓非的人性觀決定了他的價值觀和歷史觀；他的價值觀也對歷史觀產生了推波助瀾的作用。三者密切關聯，遂決定了韓非學說的體質和方向；要了解韓非學說的上層建築，一定要了解這三項理論基礎。

二、上層結構

韓非學說的上層建築，是法、勢、術三合一的結構體。法，指制度、法律、政令，是法治的基礎。勢，指權力，是推行法治的驅動力量。術，指君主統御領導的方法，是貫徹法治、提高效率、避免流弊的手段。所以韓非學說體系的上層結構，一言以蔽之，即尚法、任勢、用術。下面依次加以說明。

㈠尚法

⑴法的內容

以現代的法學觀念來說，法可分為兩大類，一是自然法，一是實證法（又稱實體法、人為法）。所謂自然法，指奉天賦理性為彼此共遵的法律，儒家的仁、義、禮、智，道家的道、德，墨家的兼愛都屬於這一類。所謂實證法，指規定權利義務關係的法律，凡今日《六法全書》裡面所收的法律，包括憲法、刑法、民法等，都屬於這一類。

韓非對儒、道、墨三家，基本上都持反對的態度，所以韓非所說的法，不包含自然法。至於實證法的部分，韓非的法，也並不能與之全部相當。今天的實證法，除了憲法、刑法、民法之外，還有各級政府機關的組織法及公務員懲戒法等。韓非所說的法，約略相當於刑法、行政命令、公務員懲戒法，可能也還包括粗略的政府組織法及行政制度。只是文獻上沒有具體的說明。

韓非論法云：

法者，憲令著於官府，賞罰必於民心，賞存乎慎法，而罰加乎姦令者也。（〈定法〉）

賞罰不信，則禁令不行。（〈外儲說左上〉）

這兩段話都以「法」與「令」連言或對舉（「憲令」，即法令。「禁令」，也是法令），就廣義而言，法令是「同義複詞」，令就是法。就狹義而言，法是法律，令是命令，有所分別。在此並不明確。但韓非又說：

明主之國，令者，言最貴者也；法者，事最適者也。言無二貴，法不兩適，故言行而不軌於法令者，必禁。(〈問辯〉)

在這裡法與令又分得很清楚。大體上，法相當於現代的法律，令相當於現代的行政命令，有如以前的「違警罰法」，應是不差的。而一旦犯法，必定加以處罰，顯然是公訴罪，相當於現代的刑法。

又韓非說：

明主之道，一人不兼官，一官不兼事。(〈難一〉)

臣不得越官而有功，……越官則死。(〈二柄〉)

政府設官分職，各有所司，職權明確，不能「越官」，「越官」便侵權，要處重刑。在今日，這種情況除了要看有沒有刑事責任之外，還要依公務員懲戒法加以懲處。所以韓非所說的法，必包括了今日的公務員懲戒法。

再則「一人不兼官，一官不兼事」，目的在使名實相當，責任明確，君主纔能循名責實，據以賞罰，這是韓非論「術」的重要一環。要做到這一點，則必須對於官職的劃分、官員的編制、官吏的職掌作詳細的規定，這便屬於政府機關組織法的範圍。又如，韓非說：

明主之吏，宰相必起於州部，猛將必發於卒伍。夫有功者必賞，則爵祿厚而愈勸；遷官襲級，則官職大而愈治。夫爵祿大而官職治，王之道也。(〈顯學〉)

官襲節而進，以至大任，智也。(〈八經〉)

所謂「宰相必起於州部，猛將必發於卒伍」，所謂「官襲節而進，以至大任」，都屬於官吏升遷的問題。即主張文武官吏各自從基層做起，依序升遷，以資磨練。如此勢須訂有詳密的辦法，以便遵循。這便涉及制度的領域。

又韓非說：

晉國之法：上大夫二輿二乘，中大夫二輿一乘，下大夫專乘，此明等級也。〈外儲說左下〉

這裡的法，顯然是行政法規了。所以韓非所說的法，除了包含刑法、行政命令、公務員懲戒法之外，還應包含政府機關組織法及行政制度。

(2)法的特性

韓非論法，有如下的定義：

法者，憲令著於官府，賞罰必於民心，賞存乎慎法，而罰加乎姦令者也。〈定法〉

法者，編著之圖籍，設之於官府，而布之於百姓者也。〈難三〉

法，所以禁過外私也，……法不阿貴，繩不撓曲。法之所加，智者弗能辭，勇者弗敢爭。刑過不避大臣，賞善不遺匹夫。〈有度〉

這三段文字，顯示出法有三樣特性：

第一是客觀性。

所謂「憲令著於官府」，所謂「編著之（當「於」解）圖籍」，表示法是成文的。所謂「設之於官府，而布之於百姓」，表示法是公布的、公開的。既成文，又公布、公開，即不容任何人憑主觀意見隨意更改或故意曲解，這便是客觀性。

法既經成文，而又公布公開，則一切依法行事，韓非說：

> 事遇於法則行，不遇於法則止。（〈難二〉）

既有法可依，官吏便不能憑恃智能而專制，韓非說：

> 人主使人臣雖有智能不得背法而專制。（〈南面〉）

更不能援引類推到法律之外，韓非說：

> 明主使其群臣不遊意於法之外，不為惠於法之內，動無非法。（〈有度〉）
> 古之全大體者，……不引繩（比喻「法」）之外，不推繩之內，不急法之外，不緩法之內。（〈大體〉）

所謂「遊意法外」、「為惠法內」、「引繩之外」、「推繩之內」、「急法之外」、「緩法之內」，大抵都是在法律邊緣比附類推，使法從己的行為，韓非是極力反對的。韓非希望他的法治能達到「使人無離法之罪」（〈大體〉）的境地。

在現代的法學觀念中，有一種叫做「罪刑法定」主義，即罪刑須由法律規定；法律既無規定，便無罪刑。這個觀念要付諸實現，首先須有公布的成文法律，其次要禁止適用類推解釋。上述韓非論法的觀念，可謂合乎現代的罪刑法定主義。

在春秋時期及其以前，貴族掌握政權，刑罰政令大抵都是不成文的，至少是祕密而不公開的。所以當鄭國的子產首度公布刑書時，引起晉國大夫叔向的批評（見《左傳・昭公六年》）；後來晉國也開始鑄刑鼎，而孔子也期期以為不可（見《左傳・昭公二十九年》）。當然叔向和孔子之反對，有他們基於教育、道德方面的考慮，不見得是如當今許多法學著作所說那樣飽含階級利益的私心。但是，就法論法，走向客觀化、公開化是它的必然趨勢。尤其是到了戰國，不如此便不足以應付繁劇。所以韓非主張法的客觀化，可謂走在時代的前端，而深具意義。

第二是公平性。

韓非說「法不阿貴」，意即法律不偏袒貴人。貴人就是地位崇高的人。法律不偏袒貴人，就是法律之前，人人平等。這便是法的公平性。所謂「法之所加，智者弗能辭，勇者弗敢爭。刑過不避大臣，賞善不遺匹夫」（〈有度〉），都是強調這個公平性。類似的言語還有：

誠有功，則雖疏賤必賞；誠有過，則雖近愛必誅。（〈主道〉）

不辟（避）親貴，法行所愛。（〈外儲說右上〉）

上下貴賤，相畏以法。（〈八經〉）

這都表示，法律超然於眾人之上；無論貴賤、親疏、智愚，在法律之前，一律平等。在〈外儲說右上〉，韓非特舉了荊莊王的太子觸犯「茅門之法」而遭廷理（司法官）處罰的故事，以強調「王子犯法與民同罪」的觀念，以顯示法的公平性。

再則韓非認為「爵祿生於功，誅罰生於罪」（〈外儲說右下〉），賞罰全看自己的表現，而且人人一樣，故受賞的人，不必感激君主，因為是自己掙來的；受罰的人，不會埋怨長官，因為是自己招致的。〈外儲說左下〉記述一個受刖刑的人拯救當初判他刖刑的法官的故事，正足以印證「誅者不怨上」（〈難三〉）的道理。這是從另一個層面強調法的公平性。

在封建時代，貴族與庶人，階級地位迥然不同。維繫貴族秩序的是禮，統治庶民社會的是刑，所謂「禮不下庶人，刑不上大夫」，充分顯示貴族與庶人地位的不平等。到了韓非，不論貴族或庶人，一體受法的約束，也一體受法的保障。雖是時勢所趨，但也不能不說是中國政治史、社會史大躍進的一步。

第三是必然性。

韓非說「賞罰必於民心」，意即讓人民深深地了解，一旦發生法律問題，賞罰是必然執行的，絕無例外。這便是法的必然性。法本來就包含兩部分，一是命令，陳述法的要件，二是制裁，使用方法達成立法的目的。韓非是以賞罰作為制裁的手段。以賞罰的必然執行，來伸張法的威嚴，以貫徹立法的用意。所以他到處強調「信賞必罰」這個觀念，如：

> 信賞以盡能，必罰以禁邪。（〈外儲說左下〉）
>
> 必其賞罰。（〈五蠹〉）
>
> 賞罰使天下必行之。（〈難一〉）

信賞必罰，可以收到預期的效果，絕無差失。而且韓非甚至認為賞罰越重，效果越有保障。因此他主張治國「不務德而務法」的理由正是「不恃人之為吾善也，而用其不得為非也」（〈顯學〉）。韓非深信，嚴刑峻罰，必可獲「不得為非」的效果。這個效果之得以保障，乃緣於法的必然性之故。

為了強調法的必然性，韓非認為，即使有犯人逃往他國，受到他國的政治庇護，也要不惜代價，將他引渡回國，以接受法律的制裁。〈內儲說上〉便記述了這樣的故事：

衛嗣君之時，有胥靡（囚徒）逃之魏，因為（替）襄王之后治病。衛嗣君聞之，使人以五十金買之，五反而魏王不予，乃以左氏（地名）易之。群臣左右曰：「夫以一都買一胥靡，可乎？」君曰：「非子之所知也。夫治無小而亂無大。法不立而誅不必，雖有十左氏無益也；法立而誅必，雖失十左氏，無害也。」魏王聞之曰：「主欲治，而不聽之，不祥。」因載而往，徒獻之。

衛嗣君不惜以一個都邑的代價，引渡一個逃犯回國，為的是務使「法立而誅必」，否則後遺症太大了。韓非說此故事，正是藉以強調法的必然性。

(3) 法的功能

韓非為什麼尚法？因為法的功能宏大無比。這種考量，植基於他的價值觀。前面已經論述過，韓非把價值放在國家的治強上；凡有助於國家的治強的，都有價值。在韓非眼中，只有法最具治強的功能，所以尚法。韓非說：

道法者治。（〈詭使〉）

明法者強，慢法者弱。（〈飾邪〉）

國無常強，無常弱。奉法者強，則國強；奉法者弱，則國弱。（〈有度〉）

一民之軌，莫如法。（〈有度〉）

治強生於法，弱亂生於阿。（〈外儲說右下〉）

可以說，法是治國的惟一標準。

至於法為什麼具有治強的功能？這是因為法所具有的客觀性與公平性，足以防私；必然性足以禁姦。韓非說：

夫立法令者，所以廢私也；法令行，而私道廢矣。……所以治者，法也；所以亂者，私也；法立，則莫得為私矣。（〈詭使〉）

這是說，法足以防私。韓非又說：

明主……省同異之言，以知朋黨之分，偶參伍之驗，以責陳言之實；執後以應前，按法以治眾，眾端以參觀。士無幸賞，賞無踰行；殺必當，罪不赦，則姦邪無所容其私矣。（〈備內〉）

夫嚴刑者，民之所畏也；重罰者，民之所惡也。故聖人陳其所畏，以禁其衺（邪）；設其所惡，以防其奸；是以國安，而暴亂不起。（〈姦劫弒臣〉）

夫姦，必知則備，必誅則止；不知則肆，不誅則行。……故明主之治國也，眾其守而重其罪，使民以法禁，而不以廉止。（〈六反〉）

這是說，法足以禁姦。

韓非認為法之防私與禁姦的功能，是必然的，有保障的。若釋法不用而期待人民的清廉自守或自動為善，那是靠不住的，沒有保障的。因此韓非主張「以法禁而不以廉止」，換言之，就是「不恃人之為吾善也，而用其不得為非也。……不隨適然之善，而行必然之道」（〈顯學〉）。

總之，法足以防私，足以禁姦，足以使國家治強，故韓非主張法治。

(4)法的制訂

法的制訂，包含兩層問題。一是法源問題，即：法由誰制訂？一是立法的原則問題，即：立法應根據什麼原理？

①法源

韓非對於法源問題沒有說得很清楚，但根據下面的幾句話，可以斷定，法源在於君主。韓非說：

> 度量之立，主之寶也。（〈揚搉〉）
>
> 上設其法，而下無姦詐之心。（〈難一〉）
>
> 明主立可為之賞，設可避之罰。（〈用人〉）

「度量」、「賞罰」都屬於「法」，而都由「主」、「上」設立之，可見君主是立法者，法源在君。大抵當時及前此的法家都抱持這種思想，《管子・任法》說：

> 夫生法者，君也。

《商君書・定分》說：

聖人之為法，必使明白易知。

所以韓非認為法源在君，是前有所承，並不奇怪。

②立法原則

韓非認為，立法當依據下列三項原則：

第一，依於人情。韓非說：

凡治天下，必因人情。人情者有好惡，故賞罰可用；賞罰可用，則禁令可立，而治道具矣。（〈八經〉）

「人情有好惡」指人好利惡害。依於好利惡害之人情而立法，法纔得以推行。這是基於法的可行性的考慮。

第二，合於時勢。韓非說：

治民無常，唯法為治。法與時轉則治，治與世宜則有功。故民樸而禁之以名則治，世智而維之以刑則從。時移而法不易者亂，世變而禁不變者削。故聖人之治民也，法與時移，而禁與世變。（〈心度〉）

立法要因時制宜，切合民需。這是基於「世異則事異，事異則備變」以及「論世之事，因為之備」的歷史觀而作的考慮。但因時制宜和朝令夕改不同。因時制宜，是適應時代的需要，避免與社會民情脫節。朝令夕改，是由於沒有定見或判斷錯誤而產生的自亂陣腳的情形。而且時代的變遷是漸進而緩慢的，不是每日都發生突變巨變，所以法一旦制訂，一定可以維持一段時期，這是法存有穩定性的緣故。所以韓非又說：

法莫如一而固。（〈五蠹〉）

法禁變易，號令數下者，可亡也。（〈亡徵〉）

法要「一而固」，便是要保持法的穩定性。若朝令夕改，穩定性盡失，人民無所適從，必至於亂，故曰「可亡」。可見因時制宜的原則和保持法的穩定性，是不相衝突的。

第三，易知易行。韓非說：

明主之表易見，故約立；其教易知，故言用；其法易為，故令行。三者立，而上無私心，則下得循法而治，望表而動，隨繩而斲，因攢（簪）而縫，如此則上無私威之毒，而下無愚拙之誅。（〈用人〉）

所立之法易知易行，人民纔知所措手足，也可避免執法的人從中上下其手，作威作福。反之，所立之法艱深玄奧，人民便無從了解，也不知如何遵行；畢竟一般人民不都是上智之士，也不都是賢能之才，韓非說：

微妙之言，上智之所難知也；今為眾人法，而以上智之所難知，則民無從識之矣。……今所治之政，民間之事，夫婦所明知者不用，而慕上智之論，則其於治反矣。（〈五蠹〉）

察士然後能知之，不可以為令，夫民不盡察。賢者然後能行之，不可以為法，夫民不盡賢。（〈八說〉）

總之，立法要顧及人民知識和能力的程度，而訂出易知易行的法條。這是很切實的做法。

(5) 法的推行

孟子說：「徒法不足以自行。」（《孟子‧離婁上》）法雖有那麼多特性，又那麼多功能；可是，法的自身是死的，不會自動發揮它的作用。法訂立得再完美，還是得靠人來推行。

法的推行，從主觀的態度來說，要客觀公平；從客觀的方法來說，要雠法明法。至於人民要知法，則使以吏為師，茲分述如下：

①客觀公平

法的特性，本來就具備客觀性和公平性。可是法的客觀性和公平性要充分發揮出來，還有待執法的人在主觀態度上具備客觀公平的精神。〈外儲說左下〉說：

> 概者，平量者也，吏者，平法者也，治國者不可失平也。

舉例而言，則

> 刑過不避大臣，賞善不遺匹夫。（〈有度〉）

這便是法律之前人人平等的精神。

②雠法明法

所謂雠法，即審察事情是否合法。這是君主自己所應遵守的原則之一。韓非說：

明主使法擇人，不自舉也；使法量功，不自度也。能者不能弊，敗者不能飾，譽者不能進，非者弗能退，則君臣之間明辯而易治，故主讎法則可也。（〈有度〉）

擇人、量功，全依於法，君主只要審查其合法與否，便可以了。

所謂明法，即彰顯、發揮法律的尊嚴。這是君主督責官吏執法的原則。韓非說：

人主不能明法以制大臣之威，無道（由）得小臣之信矣。……人主使人臣雖有智能不得背法而專制，……雖有忠信不得釋法而不禁，此之謂明法。（〈南面〉）

讎法是君主自己依法而行，明法是君主使官吏依法而行。所以讎法和明法是推行法治的重要原則。

③以法為教

推行法治，固然君主百官都要依法而行，但還有待另一條件的配合，即人民要守法。守法先要知法，知法便要以法為教。韓非說：

明主之國，無書簡之文，以法為教；無先王之語，以吏為師；無私劍之捍，以斬首為勇。是以境內之民，其言談者必軌於法，動作者歸之於功，為勇者盡之於軍。（〈五蠹〉）

所謂以法為教，即教人民懂得法律的規定，以資遵守。而閑熟法律，莫如官吏，故以法為教，便須以吏為師。

總之，法的推行，須要君主、官吏和人民的充分配合。客觀公平，是推行法治的總原則。君主以

「讎法」自課，以「明法」督課官吏。人民則以吏為師，熟習法條，以資遵守。

(二)任勢

建構韓非學說體系的第二個支柱是「勢」。韓非以法為治的政治思想，當然要以「法」為最重要的柱石，但是「徒法不足以自行」（《孟子・離婁上》），必須使用一種力量來推動它，這個力量就是「勢」。「勢」如何推動「法」呢？下面分就勢的意義、勢的性質、勢的功能、勢的運用等方面加以論述。

(1)勢的意義

勢，就是權力。所以也稱「權勢」。如「權勢不可以借人」（〈內儲說下〉）。權力之獲得，跟地位有關；即地位越高，權力越大。君主地位最高，所以權力最大。反過來說，正因君主掌握了權力，所以地位纔尊貴。韓非說：「主之所以尊者權也。」（〈心度〉）因此，勢又稱「勢位」，如「勢位足以詘賢」（〈難勢〉）。有權有勢，便有威嚴，故又稱「威勢」，如「威勢者，人主之筋力也」（〈人主〉）。有權有勢有威嚴，力量便重大，所以又稱「勢重」，如「勢重者，人主之淵也」（〈內儲說下〉）。總之，勢，就是權力，或稱「權勢」，或稱「勢位」，或稱「威勢」，或稱「勢重」，意義都一樣。

(2)勢的性質

勢是中性的。韓非說：

夫勢者，非能使賢者用己，而不肖者不用己也。賢者用之，則天下治；不肖者用之，則天下亂。（〈難勢〉）

夫勢者，便治而利亂者也。（〈難勢〉）

勢之於治亂，本未有位也。（〈難勢〉）

勢，不能使賢人一定用它，也不能拒絕不肖者用它，它是被動的。賢者用了它，便可以致治；不肖者用了它，便會致亂。所以它既「便治」，又「利亂」。是治是亂，本來就沒有一定，而隨用之者以為定。這便表示，勢是中性的，用現代的觀念來說，它只是工具，可能導致正面價值，也可能導致負面價值。關鍵在使用的人。所以，為了讓它產生正面價值，便要把它拿來跟「法」結合，在「法」的範圍內行使，這叫「抱法處勢」。

(3) 勢的功能

勢的功能，主要是由壓制作用而產生支配力量。擁有了勢，便足以壓制別人、支配別人。韓非說：

勢者，勝眾之資也。（〈八經〉）

賢人而詘（屈）於不肖者，則權輕位卑也；不肖而能服賢者，則權重位尊也。堯為匹夫，不能治三人；而桀為天子，能亂天下。（〈難勢〉）

所謂「勝眾」，即壓制眾人、支配眾人。誰擁有勢，誰就能壓制賢人、支配賢人。堯若無勢，三個人都治不了。所以韓非認為，勢足以屈賢，足以制臣，足以服民，足以禁暴，足以絕姦。他說：

勢位足以詘賢。（〈難勢〉）

此謂勢足以屈賢。又說：

賞罰者，利器也，君操之以制臣。〈內儲說下〉

此謂勢足以制臣。又說：

民者固服於勢。〈五蠹〉

此謂勢足以服民。又說：

威勢之可以禁暴。〈顯學〉

此謂勢足以禁暴。又說：

善持勢者，蚤絕其姦萌。〈外儲說右上〉

此謂勢足以絕姦。

總之，勢足以行法，韓非說：

君執柄以處勢，故令行禁止。〈八經〉

勢足以行法。（〈八經〉）

徒法不足以自行，必有推行之者，誰推行之？就是勢。勢是「勝眾之資」，有了勢，便能「令行禁止」。所以韓非進一步說：

善任勢者國安，不知因其勢者國危。（〈姦劫弒臣〉）

由此可見勢的重要。

(4) 自然之勢與人設之勢

韓非認為，勢有兩種，一是自然之勢，一是人設之勢。他說：

夫勢者，名一而變無數者也。勢必於自然，則無為言於勢矣。吾所為言勢者，言人之所設也。（〈難勢〉）

自然之勢，是慎到所說的勢；韓非所說，則指人設之勢。茲分述如下：

① 自然之勢

韓非說：

今曰：堯、舜得勢而治，桀、紂得勢而亂，吾非以堯、舜為不然也。雖然，非人之所得設也。夫堯、舜生而在上位，雖有十桀、紂不能亂者，則勢治也。桀、紂亦生而在上位，雖有十堯、舜而亦不能治

者，則勢亂也。故曰：「勢治者則不可亂，而勢亂者則不可治也。」此自然之勢也，非人之所得設也。（〈難勢〉）

根據此定義，韓非所謂「自然之勢」的「自然」，從兩方面顯示出來，一是堯舜桀紂都「生而在上位」。這個意思是說堯舜桀紂之居天子位，是出於偶然的機會，不是出於人力的營謀，故曰自然。一是堯舜桀紂以同樣的地位、同樣的權勢來治天下，結果堯舜致治，而桀紂致亂，關鍵乃在賢與不肖的人格區分上。這便顯示了勢的「中性」的性格。勢的「中性」性格，便是勢的自然狀態，沒有經過人為的加工。前文論述「勢的性質」時，曾提到勢「便治而利亂」，怎樣使它歸於「便治」，是人可以著力的地方。如何著力？就是將勢與法結合，所謂「抱法處勢」就對了。所以，所謂自然之勢，一方面指權位的獲得，出於自然的機會；一方面指權力的運用，沒有制度（法）的配合。

②人設之勢——中人之治

韓非說：

若吾所言，謂人之所得設也而已矣，賢何事焉？（〈難勢〉）

吾所以為言勢者，中也。中者，上不及堯、舜，而下亦不為桀、紂，抱法處勢則治，背法去勢則亂。今廢勢背法而待堯、舜，堯、舜至乃治，是千世亂而一治也。抱法處勢而待桀、紂，桀、紂至乃亂，是千世治而一亂也。（〈難勢〉）

夫棄隱栝之法，去度量之數，使奚仲為車，不能成一輪。無慶賞之勸，刑罰之威，釋勢委法，堯、舜戶說而人辯之，不能治三家。夫勢之足用亦明矣。而曰「必待賢」，則亦不然矣。（〈難勢〉）

從這三段話裡，可以明顯地看出，一談到人設之勢，便與法連言，表示人設之勢，與法相關。所謂「隱栝之法」、「度量之數」便是法；所謂「慶賞之勸」、「刑罰之威」便是勢。依法而行政，據法而賞罰，便是「抱法處勢」，所謂人設之勢，即指此而言。由於有法制的規範，權力受到制約而不能濫用，便不容易出軌；而且制度健全，任何人來掌權主政，都可以執行順利，而獲得平治的效果，不須期待堯舜。換言之，資質中等的人，所謂「中人」，就可以上臺執政，而獲治平，不必「待賢」。人類之中，中人占絕大多數，上智和下愚占極少數，所以依人設之勢，獲得治平的機會比較多；如果只仗自然之勢，而委棄法制，非待堯舜不可，那麼因為堯舜是極少數，所以治平的機會也極少。

總之，韓非所說的勢是人設之勢；依人設之勢，中人便可治理國家，不必期待堯舜，所以韓非認為，任勢勝於任賢。

(5) 勢的運用

① 君主獨擅

韓非認為，君主地位之所以尊，是因為擁有權勢，他說：

萬乘之主，千乘之君，所以制天下而征諸侯者，以其威勢也；威勢者，人主之筋力也。〈人主〉

主之所以尊者權也。……明君操權而上重。〈心度〉

因此，韓非把君主比作魚，把權勢比作深淵，君主不能沒有權勢，就好比魚不能脫離深淵，他說：

勢重者，人君之淵也。君人者，勢重於人臣之間，失則不可復得也。……故曰：「魚不可脫於淵。」

（〈喻老〉）

如果君主不固握權勢，便會旁落到臣子手上，而被壅蔽，危及政權，他說：

權勢不可以借人；上失其一，下以為百。故臣得借則力多，力多則內外為用，內外為用則人主壅。（〈內儲說下〉）

今大臣得威，左右擅勢，是人主失力；人主失力，而能有國者，千無一人。（〈人主〉）

權勢的運用，主要靠賞罰，所以君主要固握賞罰的大權，韓非說：

明主之所道（猶言所由、所以）制其臣者，二柄而已矣。二柄者，刑德也。（〈二柄〉）

夫賞罰之為道，利器也，君固握之，不可以示人。（〈內儲說上〉）

所謂「刑德」，就是賞罰。賞罰大權一旦失落，便會被壅蔽，而為臣所制，他說：

賞罰者，利器也，君操之以制臣，臣得之以壅主。（〈內儲說下〉）

賞罰者，邦之利器也，在君則制臣，在臣則勝君。（〈喻老〉）

人主者，以刑德制臣者也；今君人者釋其刑德而使臣用之，則君反制於臣矣。（〈二柄〉）

賞罰下共則威分。（〈八經〉）

賞罰共，則禁令不行。（〈外儲說右下〉）

至於君主由於大權旁落，賞罰下共而招致敗亡的例子，有下列幾則：

簡公失之於田成。〈喻老〉

晉公失之於六卿。〈喻老〉

子罕劫宋君而奪其政。〈外儲說右下〉

總之，韓非主張君主集權，惟有如此，纔能鞏固地位，保住政權。

②善用賞罰

賞罰（刑德）是君主的「二柄」，也是君主權勢的實際表現，所以韓非特別重視賞罰的運用。

甲、信賞必罰

首先，要強調賞罰的必然性，即做到有功必賞，有罪必罰，絕無例外，也絕無僥倖。韓非說：

明其法禁，必其賞罰；……此必不亡之術也。〈五蠹〉

聖人之治也，審於法禁，法禁明著則官治；必於賞罰，賞罰不阿則民用。〈六反〉

必罰明威，……信賞盡能，……是以刑罰不必，則禁令不行。……賞譽薄而謾者，下不用；賞譽厚而信者，下輕死。〈內儲說上〉

賞罰不信，則禁令不行。〈外儲說左上〉

有術之主，信賞以盡能，必罰以禁邪。〈外儲說左下〉

用賞過者失民；用刑過者民不畏。〈飾邪〉

賞無功，則民偷幸而望於上；不誅過，則民不懲而易為非，此亂之本也。（〈難二〉）

賞罰是權勢的實際運用，權勢是推行法令的動力，如果賞罰失了必然性，法令就推行不動了，所以說「賞罰不信，則禁令不行」。

乙、厚賞重罰

法令的推行，靠信賞必罰。而要推行得徹底而有效率，韓非認為，還要進一步厚賞重罰，他說：

凡賞罰之必者，勸、禁也。賞厚，則所欲之得也疾；罰重，則所惡之禁也急。……是故欲治甚者，賞必厚矣；惡亂甚者，其罰必重矣。（〈六反〉）

賞莫如厚而信，使民利之；罰莫如重而必，使民畏之。（〈五蠹〉）

厚賞重罰的理論根據是什麼呢？韓非說：

所謂（猶言所以）重刑者，姦之所利者細，而上之所加焉者大也；民不以小利蒙大害，故姦必止也。所謂輕刑者，姦之所利者大，上之所加焉者小也；民慕其利而傲其罪，故姦不止也。（〈六反〉）

這是說，人皆趨利避害，厚賞則趨利越殷，故越能為上所用；重罰則避害越甚，故越不敢犯法。故賞越厚，罰越重，收效越宏。因此韓非反對輕刑，更反對赦宥，他說：

學者之言，皆曰「輕刑」，此亂亡之術也。(〈六反〉)

不赦死，不宥刑；赦死宥刑，是謂威淫，社稷將危。(〈愛臣〉)

韓非厚賞重罰的主張，以及反對輕刑赦死的理論，實際是根據他的人性論而來，他認為人性貪婪自私，沒有道德主體，根本不能期待人民自覺向善，只有嚴刑重罰，纔能使之就範。

總結以上所述，韓非論勢，確有獨到之處。他認清政治的本質是權力，不是道德。所以治理政事，不能期待各級官吏及人民靠道德自覺來守法向善，只能用嚴刑峻法來壓制嚇阻，使其不敢為非。至於統治者，也不期待聖君的出現，而只求法制健全；法制健全，則中等之資的人便可運作政治機器，而獲得治平的效果。這是韓非論勢的主要意思。

(三)用術

建構韓非學說體系的第三個支柱是「術」。

術，是君主控御百官的方法。君主設官分職，百官各有當守。雖然君主握有最大的權力，但百官分層負責，也有相當的職權。百官既有職權，則依貪婪自私的人性論，必難免拿職權來徇私，以致弄權、侵權。如何使百官有職權而不弄權、不侵權？如何使百官的職責和績效名實相當？如何使政令推行得徹底而有效率？這些問題，都要靠君主如何用術來解決。

(1)術的定義

術的意義很廣，有道術、學術、治術、權術、技術等，韓非所說的術，比較專門，他說：

術者，因任而授官，循名而責實，操殺生之柄，課群臣之能者也；此人主之所執也。（〈定法〉）

凡術也者，主之所以執也。（〈說疑〉）

此術乃指治術，且限於君主使用。韓非又說：

術者，藏之於胷中，以偶衆端，而潛御群臣者也。（〈難三〉）

此術乃指權術，仍歸君主使用。

總上所述，韓非所說的術，乃指君主治理國家的治術和督課群臣的權術。為君主所獨擅。

(2) 術的性格

術的性格，一言以蔽之，即神祕莫測。韓非說：

法莫如顯，而術不欲見。……用術，則親愛近習，莫之得聞也。（〈難三〉）

明主，其務在周密。（〈八經〉）

術是君主統御群臣、督課百官的權術，運用時是默默進行，不動聲色，所以叫做「藏之於胷中」、「潛御群臣」。由於不露任何痕跡，所以身邊的「親愛近習」也「莫之得聞」。所以說，術的性格是神祕莫測的。這一點，應是從道家的「道」那裡獲得啟示。道家的「道」是超越的、絕對的，韓非學說中的君主，也是超越的（超越於萬民之上），也是絕對的（無人與之相對）。道家的「道」，性格是虛無的（無形無色無聲無臭無味），所以君主的性格也要表現得虛無，於是君主所操的術，也就神祕了。

(3)用術的對象

前述術的定義中，韓非明言術是「課群臣之能」的，是「潛御群臣」的。可見君主用術的對象，乃是群臣。這是因為，君主治吏而不治民，他說：

善張網者，引其綱。若一一攝萬目而後得，則是勞而難；引其綱，而魚已囊矣。故吏者，民之本綱也，故聖人治吏不治民。（〈外儲說右下〉）

聞有吏雖亂而有獨善之民，不聞有民亂而有獨治之吏，故明主治吏不治民。（〈外儲說右下〉）

群臣和人民的關係，有如網目。捕魚時，網綱既舉，網目斯張；君主治理國家，只要統御群臣就夠了，所以用術的對象，在於群臣。

(4)用術的理由

君主對於群臣為什麼要用術？因為君臣之間，利害衝突。韓非說：

君臣之利異，故人臣莫忠。故臣利立，而主利滅。是以姦臣者，……苟成其私利，不顧國患。（〈內儲說下〉）

君臣之際，非父子之親也，計數之所出也。（〈難一〉）

君臣異心：君以計畜臣，臣以計事君。……君臣也者，以計合者也。（〈飾邪〉）

上下一日百戰。（〈揚搉〉）

君臣之間，不但沒有感情基礎，而且還天天互相算計。在貪婪自私的人性前提下，要使群臣不枉法徇私，已經很困難，遑論要他們效忠國家？故不免有「人臣莫忠」之歎。然而君主終不能不用群臣，那怎麼辦呢？只有用術。而且君主孤單一人，群臣人數眾多；以一敵多，而不用術，怎能勝任？這就是韓非主張用術的理由。

(5)不用術的後果

依照韓非的人性論，君臣之間，純是利害關係，赤裸裸地「上下一日百戰」，在以一敵多的情況下，若不用術，後果是不堪設想的，韓非說：

君無術則弊於上。（〈定法〉）

所謂「弊於上」是什麼情形？就是亂。韓非說：

無術以御之，身雖勞，猶不免亂。（〈外儲說右下〉）

怎麼亂法？就是上下顛倒。韓非說：

人主者不操術，則威勢輕，而臣擅名。（〈外儲說右下〉）

無術以知姦，則以其富強也資人臣而已矣。（〈定法〉）

君主威勢既輕，臣又擅名，又憑藉富強，接下來便是臣子「制萬乘而享大利」（〈難四〉）了。

(6)用術的方式

從上述(4)、(5)兩節可知用術的重要。故韓非對此，留意特深，談到用術的方式也特多，茲分成三種，敘述於後。

①無為

韓非論術，以「無為」為總原則。

無為，原是道家所用的辭彙，本義是「不做作」。怎樣叫做「不做作」呢？順著自然本性而為，就是不做作。所以「無為」不是什麼都不做，而是順自然而做。用老子自己的話說，叫做「輔萬物之自然而不敢為」。要做到這一點，必須摒除成見，解消私慾。因為成見使人蔽塞，私慾使人貪婪；蔽塞加上貪婪，便胡為妄作，違背自然。惟有無為，纔能解放本性，恢復自由，而暢遂地完成個體生命，這樣叫做「無為而無不為」。

韓非子講無為，名同而實異。大致可分消極的意義和積極的意義。消極的意義，是指君主不自我表現；積極的意義，是指君主清虛自守，秉要執本。茲再分述於後。

甲、消極的意義

無為的消極意義，便是君主不自我表現。為什麼不自我表現？這有兩個理由，一是因為人的心力有限，不能應付所有的事情；一是因為君主一有所表現，便會顯示出好惡，而被臣子所包圍。韓非說：

夫為人主而身察百官，則日不足，力不給。（〈有度〉）

盡思慮，揣得失，智者之所難也。（〈八說〉）

夫物眾而智寡，寡不勝眾，故因物以治物。下眾而上寡，寡不勝眾，故因人以知人。（〈難三〉）

這是說君主要面對很多人，應付很多事，一人的智慧有限，能力有限，若君主事必躬親，必應付不了。

其次，韓非又說：

君無見其所欲，君見其所欲，臣將自雕琢。君無見其意，君見其意，臣將自表異。故曰：去好去惡，臣乃見素；去智去舊，臣乃自備。（〈主道〉）

函其跡，匿其端，下不能原。去其智，絕其能，下不能意。（〈主道〉）

君見惡，則群臣匿端；君見好，則群臣誣能。人主欲見，則群臣之情態得其資矣。（〈二柄〉）

君先見所賞，則臣鬻之以為德；君先見所罰，則臣鬻之以為威。故曰：「國之利器，不可以示人。」（〈內儲說下〉）

人主者，利害之招轂也；射者眾，故人主共矣。是以好惡見，則下有因，而人主惑矣；辭言通，則臣難言，而主不神矣。……申子曰：「上明見，人備之；其不明見，人惑之。其知見，人飾之；不知見，人匿之。其無欲見，人司之；其有欲見，人餌之。故曰：吾無從知之，惟無為可以規（窺）之。」（〈外儲說右上〉）

這幾段話說明，君主一有表現，便把自己的好惡展示出來；做臣子的，便緣之以為姦。譬如，君主表示喜歡什麼，臣子便刻意加以逢迎；表示厭惡什麼，臣子便刻意加以掩飾。君主表示要賞誰，臣子便據以向誰邀功；要罰誰，臣子便狐假虎威，對誰加以脅迫。長此以往，君主便為群臣所蒙蔽，對於國家大政，都不明真象。大權便旁落在臣子手裡，而終為臣子所制，甚至政權為臣子所奪。所以君主絕不可輕易表現好惡、智能、意向和習慣（所謂「舊」）。這是韓非主張君主無為的最重要的意義。

乙、積極的意義

無為的積極意義，便是君主清虛自守，秉要執本，以因應群臣。韓非說：

事在四方，要在中央。聖人執要，四方來效；虛而待之，彼自以之。（〈揚搉〉）

君主不自我表現，便是「虛」；不自我表現，意在使群臣表現，這叫「四方來效」。所以所謂無為，其實是「虛而待之」。這樣的統御方術，纔是「執要」之道。然則，怎樣「虛而待之」呢？韓非說：

盡思慮，揣得失，智者之所難也；無思無慮，挈前言而責後功，愚者之所易也。明主操愚者之所易，不責智者之所難，故智慮不用而國治也。（〈八說〉）

明君之道，使智者盡其慮，而君因以斷事，故君不窮於智；賢者效其材，君因而任之，故君不窮於能；有功則君有其賢，有過則臣任其罪，故君不窮於名。是故不賢而為賢者師，不智而為智者正（君）。臣有其勞，君有其成功，此之謂賢主之經也。（〈主道〉）

人主者，守法責成以立功者也。（〈外儲說右下〉）

君主不用自己的智能，而任用臣子的智能；君主無為，而臣子有為，這就叫做「虛而待之」，也叫做

「因」，即「因以斷事」、「因以任之」，以及前文所引的「因物以治物」、「因人以知人」。合而言之，就是「守法責成」。唯有如此，纔能應付繁劇，掌控全體。

②審合名實

名實，又稱形名。也作刑名。刑，通「形」，指形體，或實體。名與實有固定的關係，即名以指實，實以應名，不能錯亂。考察名實是否吻合，謂之審合形名。凡君主設官分職，用人聽言，乃至考核績效，都用此術。韓非說：

術者，因任而授官，循名而責實，操殺生之柄，課群臣之能者也。（〈定法〉）

這是說用術之道，主要在審合名實。至於審合名實的方法，韓非說：

有言者自為名，有事者自為形，形名參同，君乃無事焉，……故群臣陳其言，君以其言授其事，以其事責其功。功當其事，事當其言，則賞；功不當其事，事不當其言，則誅。明君之道，臣不得陳言而不當。（〈主道〉）

人主雖使人，必以度量準之，以形名參之。事遇於法則行，不遇於法則止；功當其言則賞，不當則誅。以形名收臣，以度量準下。（〈難二〉）

這兩段話中，前一段所說的「言」、「事」、「功」，以及後一段所說的「法」、「事」、「言」、「功」，彼此之間都是名實關係，「言」為名，則「事」為實；「事」為名，則「功」為實；「法」為名，則「事」為實；「言」為名，則「功」為實。兩兩覈對，看看是否相符，便是審合名實。然後據此以為賞罰。賞罰屬於「勢」的範圍。所以審合名實，據以賞罰，便是「勢」與「術」的綜合運用。

審合名實的問題，也是原則性的問題。故此術的運用，須有前置作業，以資配合，例如要考核官吏的績效，必先對官職的劃分、職權的確定有所設計，韓非說：

明君使事不相干，故莫訟；使士不兼官，故技長；使人不同功，故莫爭。（〈用人〉）

明主之道，一人不兼官，一官不兼事。（〈難一〉）

「一人不兼官」就是一人不同時擔任兩種以上的官職；「一官不兼事」就是一種官職不同時負責兩種以上的任務。換言之，即一人一官，一官一事，彼此不相干擾，不相混淆，然後纔能「因任授官」，進而「循名責實」。如果沒有上述的前置作業，就無從「審合名實」了。

其次，名實問題又涉及到「言」（言與事為名實關係），言有真偽虛實，不能不辨；特別是戰國時代，辯士議論縱橫，君主一不小心就會上當。於是如何辨別真偽，又是一大問題，對付此一問題，又須有術，此術可稱為「參伍術」，這是從「審合名實」術中旁衍而來的。所謂「參伍術」，韓非說：

參伍之道：行參以謀多，揆伍以責失。（〈八經〉）

參伍，是行參、揆伍的合稱。陳啟天說：「所謂行參，猶言多方諮詢意見也；多方諮詢意見，則群下之有才與否可以知之，故曰『謀多』。揆伍，猶言多方考察情偽也；多方考察情偽，則群下之有姦與否可以知之，故曰『責失』。」（《韓非子校釋》）此術又稱參觀、參驗，韓非說：

偶參伍之驗，以責陳言之實；執後以應前，按法以治眾，眾端以參觀。……則姦邪無所容其私矣。（〈備內〉）

因參驗而審言辭。（〈姦劫弒臣〉）

不以眾言參驗，用一人為門戶者，可亡也。（〈亡徵〉）

這幾段話，兼說明了參伍或參驗之術，主要是針對臣下的言辭而發，這在審合名實的過程中，是重要的一環。

③伺察百官

韓非說過：「術不欲見。」術是「藏之於胸中」而「潛御群臣」的（並見〈難三〉）。最符合此一性格的，就要數伺察術了。〈內儲說上〉所說的七術（七種君主控御群臣之術），以及〈內儲說下〉所說的六微（六種君主所當細察的隱微之事），大體都是君主暗中伺察群臣的方術，茲歸納為數端，略述於下：

甲、疑詔詭使

所謂疑詔，即故意下用意不明的命令，使執行的人無從揣測，因而戰戰兢兢地把本分的職務做好。例如：龐敬做縣令，派遣公大夫率市場管理員去執行任務，一會兒又召回公大夫，沒吩咐什麼，只教他站著等候一會兒，然後前去市場。市場管理員們以為縣令對公大夫說了什麼話，而加以提防，以致不敢營私舞弊。（見〈內儲說上〉）

所謂詭使，即祕密遣使探查，以探查所得測驗相關的官吏，使官吏們誤以為上級無所不知，因而危疑悚懼，不敢為姦。例如：商太宰派遣少庶子到市場辦事，問少庶子看到什麼事情，少庶子說：「市南門外有很多牛車。」商太宰便召見市場管理員而問說：「市南門外，為什麼有那麼多牛糞？」市場管理

員很驚訝商太宰知道得這麼詳細，於是謹慎地執行他的任務。（見〈內儲說上〉）

乙、挾知而問

所謂挾知而問，即明知故問，以試探官吏的忠姦誠偽。例如：韓昭侯握著自己的手指甲，假裝說折斷了一隻手指甲，不知掉在哪裡，命左右尋找，左右找不到，便把自己的指甲剪下一隻，說是找到了。韓昭侯由此知道左右不誠實。（見〈內儲說上〉）

又如，周主下令找一枝手杖，官吏找了幾天沒找到。周主私自派人去找，不到一天就找到了。於是對官吏說：「我就知道你們辦事不認真。你們好幾天找不到的，我不到一天就找到了。」官吏因此覺得很恐懼，以為周主像神明一樣。（見〈內儲說上〉）

丙、倒言反事

所謂倒言反事，即故意說顛倒的話，做相反的事，以試探所懷疑的人，就可以把姦情查出來。例如：子之做燕國的相，有一次和官吏們坐談，忽然假意說：「是什麼東西走出門外去了？啊，是匹白馬呀！」左右都說沒看見，獨有一人追出去看，回來報告說：「是有一匹白馬。」子之因此知道左右誰誠實，誰不誠實。（見〈內儲說上〉）

又如，衛嗣君使人假扮客商，經過關市，關吏百般刁難；他就送黃金給關吏，關吏纔不再阻撓。後來嗣君告訴關吏說：「有一天，有個商人經過你管轄的關卡，送給你若干黃金，你纔放他通行。」關吏於是非常惶恐，認為嗣君明察秋毫。（見〈內儲說上〉）

丁、伺察六事

〈內儲說下〉又提出「六微」之說。所謂六微，就是伺察六種事情。微，是暗中查訪的意思。至於六種事情，是什麼呢？

一是「權借在下」，就是大權旁落。二是「利異外借」，意謂君臣利害不同，臣常挾外自重。三是「託於似類」，即人臣假託類似的事情，以欺騙君主，成就己私。四是「利害有反」，即同一件事，有人獲利，有人受害。若只見其害而未見其利，則其利必定被人私吞。五是「參疑內爭」，即宮內嫡庶匹敵，人臣顯貴相當，必定引起內憂。六是「敵國廢置」，即敵國運用智計，操縱君主的用捨大權，使對彼有利。

戊、謹防八姦

韓非又在〈八姦〉提出防止八姦的方法。一防「同牀」，即娛樂之時，要杜絕愛妃的私請。二防「在旁」，即使優笑侏儒及左右近侍各盡其職，不許多嘴。三防「父兄」，即聽其言，責其功，不使妄舉。四防「養殃」，即慎察臣子貢物的來源，不使臣子投己所好。五防「民萌」，即親自處理有利於民的措施，勿使臣下行惠示恩。六防「流行」，即防止人臣養辯士，操縱輿論，破壞君主的聲望。七防「威強」，即防止人臣養俠客，威脅人民，要君行私。八防「四方」，即防止人臣勾結外國，挾外自重，脅迫君主。

(四)法勢術三者之間的互動關係

法、勢、術三者，各有其作用，各有其範圍；但在實際運用時，不是各自孤立的，而是彼此配合的。它們之間有互補互動的關係，缺一不可。

法，是實行法治的基礎，所謂「法，所以為國也」(〈安危〉)。但徒法不足以自行，必有推行之者，那便是勢。勢是一種強制的公權力，透過公權力的強制執行，法的規定，纔能實現。但，反過來說，公權力的使用，也要受法的制約，纔不致於濫權。所以法與勢的結合，最好的方式是「抱法處勢」，即依法而執行公權力。只要法制設計得健全，中等資質的人便可上來執政，不必等待聖賢，這便叫做「中人之治」。法與勢的互動關係，在此至為明顯。

其次，法的推行，固有賴於勢；但實際運作，卻在百官。若無術以控御之，則百官有可能狐假虎威，虧法自利；甚至結黨營私，蒙蔽君主，久而久之，大權在握，反以要君，所以說「君無術則弊於上，臣無法則亂於下」（〈定法〉）、「無術以知姦，則以其富強也資人臣而已矣」（〈定法〉）。然則要如何運用法與術呢？方法是因任而授官，循名而責實，「使人臣雖有智能不得背法而專制」（〈南面〉）。

至於勢和術的互動關係，同樣密不可分。勢是「勝眾之資」（〈八經〉），君主之所以尊貴，是由於掌握權勢的緣故，所以君主一定要獨攬大權，萬萬不能借與臣下。術也是君主所獨有的資本。君主用術，最大目的就是防止自己大權旁落。君主若無術以知姦，便會被臣下所脅迫，終於失去政權。然則如何並用勢和術？方法是一方面掌握賞罰二柄，一方面審合名實。名實相合則賞，名不當實則罰。如此官吏們便不容為姦於其間了。掌握賞罰是勢的運用，審合名實是術的運用。審合名實，據以賞罰，便是勢與術的互動了。

總而言之，韓非論術，基本根據在於老子的「無為而無不為」。在老子，「無為而無不為」是說保持清靜自然，不要做作，則自然的本性便會暢遂地完成他自己。施於政治，是說君主順任自然而不妄作，百姓便會生活得很好。可是韓非根據這句話，卻說成君主無為，而群臣無不為。意即為了使群臣無不為，君主必須無為。而所謂君主無為，乃指君主不要有所表現。此與老子原意是大不相同的。

伍　評論

歷來評論韓非思想的，很少給予正面的評價，因為傳統社會，大抵都服膺孔子仁義之說，對於韓非之鄙薄仁義，很難接受。

近世各門科學獨立發展，儒學在中國不復定於一尊，學者始以較客觀之態度看待儒學以外的諸子學，於是韓非思想纔獲較多的肯定。

不管如何，一家學說的產生，必定受到當時客觀條件的限制，譬如時代、社會、學風等。因此，評論一家學說的價值時，須要考慮到客觀條件所給予的限制。當然，如果慧眼獨具，高瞻遠矚，在回應時代問題的同時，又表現超越時空，放諸四海而皆準的洞見，自然價值就更高了。

一、韓非學說的優點

從上述這個觀點出發來看韓非的學說，有一部分是具備這種洞見的。那就是尚法的精神和中人之治。

韓非主張法要成文、要公布，即表示法具備客觀性、標準性。據此足以構成恆常穩定的政治體制，這一點，現代的法學理論也不能反對。

其次，韓非述尚法的理論根據說：

> 夫嚴家無悍虜，而慈母有敗子，吾以此知威勢之可以禁暴，而德厚之不足以止亂也。（〈顯學〉）
>
> 夫聖人之治國，不恃人之為吾善也，而用其不得為非也。恃人之為吾善也，境內不什數；用人不得為非，一國可使齊。為治者用眾而舍寡，故不務德而務法。（〈顯學〉）
>
> 故有術之君，不隨適然之善，而行必然之道。（〈顯學〉）

從這幾段話，又可看出韓非的另一洞見，就是，他看出政治的本質是權力，而不是道德。所以內在於政治而談政治，則政治只講權力，不講道德。所謂「不恃人之為吾善也，而用其不得為非也」，就是政治之事，不靠人民之道德自覺以為善，而靠法律之強制力使人民不敢為非。因為靠道德，沒有保障；靠法律，始有保障。在法律的尊嚴之前，道德高尚的曾參和大哥級的盜跖沒有分別；只要不犯法，都是守法的良民。這一點，又是韓非學說極有價值的部分。

再其次，韓非主張政府官員要「抱法處勢」，意即依法行使權力。根據這個觀念，建立「中人之治」。這是一種長治久安的設計。因為人類的資質，屬於中等的比較多，聖賢則極少，若期待聖賢纔能平治天下，那麼可能歷經千載纔有一次機會。若能設計一套制度，讓中等資質的人上臺，就能把天下治好，那麼政治修明的機會就多，太平的日子就長。這樣的政治理想，有賴於健全制度的建立；健全制度的建立，就建立在法上，法制健全了，中等人就可以依法運作，而達到治平的效果，所謂「抱法處勢」，就是這個意思。而韓非之尚法，主要著眼點也在這裡。這又是韓非學說極具前瞻性、極有價值的部分。

二、韓非學說的缺點

韓非學說的優點，在於尚法；而其缺點，也表現在尚法的周圍問題上。

首先，是關於法源的問題，即法是由誰制定的？這一點，韓非沒有明言交代。法既如此重要，又是其學說的中心，卻未交代法源，不能不說是一大漏洞。

更有甚者，若就韓非的著作來推論，他既明言「勢」屬於君主所獨擅，則「法」的制定權，自也屬於君主。衡以今日法學理論之法源在民說，則立顯其封閉性，這不能不說是囿限於時代環境而無可奈何的地方。

其次，君主是否受法的約束的問題，韓非也言詞閃爍，他雖然也說君主要「抱法處勢」，要「守法責成」；但又說「法者，……此人臣之所師也」（〈定法〉）。意謂法只是臣下所當守，君主則不在此限。

而且就《韓非子》全書來看，比較偏向於後者。再就韓非曾受道家影響的關係而言，道家的「道」是具超越性的，即超越於萬物之上，無物與之相對；君主法道，則君主也具超越性，而成為「絕對」。他的老師荀卿說：「天子無妻，告人無匹也；四海之內無客禮，告無適也。」（《荀子・君子》）意思就是天子至高無上，沒人與他匹敵相抗。韓非無論承道家之說或承其師說，君主都超然絕對，不在法的約束範圍之內。這與現代限制君權之說——即使最高統治者也須受法律約束，兩相比較，也顯出韓非在這方面的缺陷。

再其次，韓非尚法最主要的理論根據乃在貪婪自私的人性論上。人性是善是惡，本是見仁見智的問題，原不足據以作為判斷是非的標準。但是韓非據其人性論以建立政治學說之後，卻泛政治化地以政治的手段來解決全面的人生問題，這就遺害無窮了。

怎麼說呢？人性，是屬於生命的問題，生命的問題是整個人生的問題。人生有物質生活，有社會生活，有感情生活，有道德生活，每一方面都須得到適當的安頓。政治則是片面性的，它只能解決人生的物質生活和社會生活。至於感情生活和道德生活，需要文學的感發、藝術的陶冶、宗教的涵濡、哲學的指引等，政治是無能為力的。而韓非卻主張「無書簡之文，以法為教；無先生之語，以吏為師」（〈五蠹〉），循此以往，頂多訓練出只知有法律，不知有道德的人民；只知有紀律，不知有文化的社會。這樣的人生，是個物化的人生；這樣的社會，是個冰冷的社會。請問，人生的意義究竟在哪裡？這豈不是他學說的重大缺陷！

最後，還要一提的是，政治目的的問題。現代的民主法治，必以人民的個體生命為政治設計的目的，也就是政治的一切設計，都是為了保障個人的人權，提昇人民生活的品質，增進人民的幸福。但是韓非不是如此，誠如前文所說，韓非著書，原是本著韓國宗室的立場，希望挽救韓國的政權；他立說的角度，是訂在統治者這邊的。基本上他是意在維護政權，法律淪為專制獨裁的利器，而不是用以保障人民的權益。所以他所建立的「法治」學說，與現代的法治學說，有根本上的差異。這不能不說是他學說的又一大缺陷。

附記

本書由國立臺灣師範大學賴炎元教授與本人共同執筆，各所分擔的篇目如下：

賴炎元教授執筆部分：

初見秦、存韓、難言、愛臣、主道、有度、二柄、揚搉、八姦、十過、孤憤、說難、和氏、姦劫弒臣、亡徵、三守、備內、南面、飾邪、問辯、問田、定法、說疑、詭使、六反、八說、八經、五蠹、顯學、忠孝、人主、飭令、心度、制分。

本人執筆部分：

解老、喻老、說林上、說林下、觀行、安危、守道、用人、功名、大體、內儲說上、內儲說下、外儲說左上、外儲說左下、外儲說右上、外儲說右下、難一、難二、難三、難四、難勢、導讀。

由於本書卷帙浩繁，二人餘暇有限，自從經始，至於今日，撰寫時間長達六年。中間賴炎元教授罹患肝癌，不幸於民國八十四年春天去世。不及看見本書的完成，倍覺遺憾。今全稿已竟，即將付梓；風簷展卷，彌增對賴教授的懷念。

傅武光

民國八十六年九月

卷一

初見秦

【題解】本篇前人以為是韓非出使秦國，最初上始皇的書，於是便以「初見秦」作為篇名。但是從本篇內容考證，這篇文章不是韓非作的，主要的證據有二點：第一，韓非是韓國的公子，他在〈存韓〉中明白地勸告秦王保全韓國，充分表現他愛國的情懷；而在本篇中曾說：「韓不亡，……大王斬臣以徇國。」像這樣互相矛盾的話，不像是韓非說的。第二，韓非在秦始皇十四年（西元前二三三年）入秦，他上書應該著重議論當前天下大事，而本篇所言都為秦昭王時事，為什麼詳論過去的事，而略談當前的事呢？而且書中七次稱述大王，亦當指秦昭王而言，韓非不應對始皇稱昭王為大王。因此近代多數學者認為這篇不是韓非作的。

本篇有一段文字和《戰國策・秦策》大同小異，〈秦策〉這一段文字開始有「張儀說秦王曰」六字，因此有人說本篇作者是張儀，但是本篇所記史事大多是張儀死後的事，可見作者不是張儀。沙隨程氏以為本篇作者是范雎。容肇祖《韓非子考證》根據篇中所言長平之役，不免暗議范雎，認為不是范雎作的。容氏說本篇作者是秦昭王時人，這是可以相信的，可是他懷疑作者可能是蔡澤，那就有待作進一步的考證了。

本篇主旨是作者向秦昭王陳述如何破除合從，完成霸業的策略。全篇可分為五段：第一段作者表明願意竭盡忠心把所知道的事理陳述出來。第二段是說六國合從，因為府庫空虛，賞罰不信，故民不死戰；而秦國號令嚴正，賞罰明確，戰無不勝，攻無不取，然霸王之名不成，因為謀臣不能盡忠的緣故。第三段承接上段文字，歷舉秦國曾三次錯失了完成霸業的機會，以證實謀臣不能盡忠。第四段舉長平之役，趙當亡而不亡、秦當霸而不霸，促使天下諸侯合從，因此希望秦王深慮之。第五段藉商紂王與趙襄子之舊事，分析秦國當前情勢，倘秦王謀略得當，仍可兼併天下，作者希望能進見秦王，詳細說明破除合從成就霸業的策略。

臣聞：「不知而言，不智；知而不言，不忠。」為人臣不忠，當死；言而不當❶，亦當死。雖然，臣願悉❷言所聞，唯大王裁其罪❸。

【注釋】❶當　恰當；合理。❷悉　詳盡。❸唯大王裁其罪　希望大王治我的罪。唯，通「惟」。希望。大王，指秦昭王。裁，裁斷；量度。

【語譯】臣聽說：「不知道事理而亂說，是不明智；知道事理卻不肯說，是不忠心。」做臣子的不忠心，應該處死；說話而不恰當，也應該處死。雖然如此，臣還是情願把我所知道的詳盡地報告出來，希望大王裁量我的罪。

臣聞：天下陰燕陽魏，連荊固齊，收韓而成從，將西面以與秦強為難❶，臣竊笑之！世有三亡❷，而天下❸得之，其此之謂乎！臣聞之曰：「以亂攻治者亡，以邪攻正者亡，以逆攻順者亡。」今天下之府庫❹不盈，囷倉❺空虛，悉其士民❻，張軍❼數十百萬❽，其頓首戴羽❾為將軍，斷死於前❿，不至⓫千人，皆以言死；白刃⑫在前，斧質⑬在後，而卻走⑭不能死也，非其士民不能死也，上不能故也。言賞則不與，言罰則不行，賞罰不信，故士民不死也。今秦出號令而行賞罰，有功無功相事⑮也，出其父母懷衽⑯之中，生未嘗見寇耳，聞戰，頓足⑰徒⑱裼⑲，犯白刃，蹈鑪炭⑳，斷死於前者，皆是也。夫斷死與斷生者不同㉑，而民為之者，是貴奮死㉒也。夫一人奮死可以對㉓十，十可以對百，百可以對千，千可以對萬，萬可以剋㉔天下矣。今秦地折長補短㉕，方數千里，名師㉖數十百萬，秦之號令賞罰，地形利害㉗，天下莫若㉘也，以此與㉙天下，天下不足㉚兼而有也。是故秦戰未嘗不剋，攻未嘗不取，所當未嘗不破，開地數千里，此甚大功也。然而兵甲頓㉛，士民病㉜，蓄積索㉝，田疇荒，囷倉虛，四鄰諸侯不服，霸王之名不成，此無異故，其謀臣皆不盡其忠也。

【注釋】❶臣聞五句　周威烈王二十三年（西元前四〇三年），王命晉大夫魏斯、趙籍、韓虔為諸侯，秦、楚、燕、齊、韓、趙、魏七國並立，彼此互相攻戰，史稱戰國。周顯王三十六年（西元前三三三年），蘇秦遊說六國，合從抵禦秦國，以趙國為從約長。天下，指攻秦的六國。陰燕陽魏，北面聯合燕國，南面聯合魏國。陰，北面。陽，南面。荊，楚國的舊稱。固齊，堅定齊國抵抗秦國的心。從，南北曰從。西面，西向。秦強，當從盧文弨校作「強秦」。即強大的秦國。難，仇敵。❷三亡　即下文所說「以亂攻治者亡，以邪攻正者亡，以逆攻順者亡」。❸天下　指攻秦的六國。❹府庫　儲存財物的地方。❺囷倉　儲存穀物的地方。圓形的叫囷，方形的叫倉。❻悉其士民　動員全體人民。悉，全。❼張軍　陳兵。指部署軍隊。❽數

十百萬　數十萬以至百萬。極言軍隊眾多。❾頓首戴羽　昂首戴著羽毛標識。頓首，應是「頡首」之誤。頡首，抗首；昂首。戴羽，繫鳥羽以為標識。❿斷死於前　決死於敵前。斷，決。⓫至　止。⓬白刃　鋒利的刀。⓭斧質　古刑具。把人放在鐵鍖上，用斧頭來砍。質，或作「鑕」。鐵鍖。⓮卻走　退卻；退走。⓯相事　看事實而決定。相，視。⓰懷衽　懷抱。衽，衣襟。⓱頓足　用腳跺地。表示激憤。⓲徒　赤足。⓳裼　赤膊。⓴蹈鑪炭　踏過地面鋪著的炭火。鑪，又作「爐」。燒炭的器具。古代把熾熱的炭鋪在地上，用來防禦敵人進攻。㉑夫斷死與斷生者不同　高亨《韓非子補箋》：「趨難而誓必死，謂之斷死；臨難而求必生，謂之斷生。」㉒奮死　拚命；奮勇犧牲生命。㉓對　當；對抗。㉔剋　通「克」。勝；制勝。㉕折長補短　即截長補短。截取有餘，以補不足。㉖名師　著名的軍隊；聲威遠揚的軍隊。㉗利害　指地形的便利和險要。㉘莫若　不如；比不上。㉙與　通「舉」。攻取。一說：敵；對付。㉚不足　不難。㉛頓　通「鈍」。不鋒利。㉜病　疲倦；勞累。㉝索　竭盡。

【語譯】臣聽說：當今天下以趙國為主謀，他聯合北面的燕國和南面的魏國，連合楚國，團結齊國，羅致韓國，共同訂立合從的盟約，企圖向西和強大的秦國為敵，臣心裡在嗤笑他們。天下有三種敗亡的因素，而六國都已具有，他們的失敗大概就是這種原因吧！臣聽說：「以動亂的國家去攻打安定的國家，必定會敗亡；以邪惡的國家去攻打端正的國家，必定會敗亡；以悖理的國家去攻打順理的國家，必定會敗亡。」現在六國府庫的財物不充實，倉廩中的糧食空虛，卻動員所有人民，出兵數十百萬，那些昂首戴著羽毛標識的為將軍，決心戰死於敵前的，不止千人，都說要和敵人拚命；等到和敵人交戰，前面有敵人的白刃，後面有督戰的斧鑕，他們卻狼狽逃走，不肯犧牲；這並非他們的人民不肯犧牲，而是在上的君主不能使他們犧牲的緣故。君主說要賞賜，卻沒有賞賜；說要處罰，卻沒有處罰；賞罰不明確，所以人民不肯犧牲。現在秦國發布號令，勵行賞罰，有功無功，全看事實判定。人民離開父母的懷抱，生來沒有見過敵人，聽說要打仗，便激憤地跳起來，赤著腳，露著背，衝向銳利的刀鋒，踏過熾熱的炭火，和敵人決一死戰，個個都是這樣。決心犧牲和誓必求生大不相同，而人民都甘願犧牲，這是因為他們以奮勇犧牲為可貴。一個人奮勇犧牲，可以對抗十人，十人可以對抗百人，百人可以對抗千人，千人可以對抗萬人，那麼萬人便可制勝天下了。秦國的土地截長補短，有幾千方里，軍隊有幾十百萬，秦國號令的嚴正，賞罰的分明，地形的便利和險要，天下各國都比不上，憑藉這些優點去攻取各國，要併吞天下是不難的。因此，秦國作戰從來沒有不戰勝，攻地從來沒有不取得，對敵人的抗拒從來沒有不擊破；開拓了數千里的土地，這實在是很大的成就。但是現在兵甲鈍破，士民疲困，蓄積竭盡，耕地荒廢，倉廩空虛，加上四方諸侯不服從，霸王的名義，不能達成，沒有別的緣故，只是因為謀臣都沒有竭盡忠心罷了。

臣敢言之：往者，齊南破荊，東破宋，西服秦❶，北破燕❷，中使韓魏❸，地廣而兵強，戰剋攻取，詔令❹天下。齊之清濟濁河❺，足以為限❻；長城❼巨防❽，足以為塞❾。齊，五戰之國也❿，一戰不剋而無齊⓫。由此觀之，夫戰者，萬乘⓬之存亡也。且臣聞之曰：「削迹無遺根⓭，無與禍鄰⓮，禍乃不存。」秦與荊人戰，大破荊，襲郢，取洞庭、五渚、江南，荊王亡走，東伏於陳⓯。當此時也，隨荊以兵⓰，則荊可舉⓱，荊舉，則民足貪也，地足利也，東以弱齊、燕，中以凌⓲三晉⓳，然則是一舉而霸王之名可成也，四鄰諸侯可朝也。而謀臣不為，引軍而退，復與荊人為和⓴，令荊人得收亡國，聚散民，立社稷主㉑，置宗廟，令率天下西面以與秦為難，此固以失霸王之道一矣。天下又比意而軍華下，大王以詔破之，兵至梁郭下㉒，圍梁數旬㉓，則梁可拔㉔，拔梁則魏可舉，舉魏則荊、趙之意絕㉕，荊、趙之意絕則趙危，趙危而荊孤，東以弱齊、燕，中以凌三晉，然則是一舉而霸王之名可成也，四鄰諸侯可朝也；而謀臣不為，引軍而退，復與魏氏為和㉖，令魏氏反收亡國，聚散民，立社稷主，置宗廟，令率天下西面以與秦為難，此固以失霸王之道二矣。前者穰侯㉗之治秦也，用一國之兵，而欲以成兩國之功㉘，是故兵終身暴露㉙於外，士民疲病㉚於內，霸王之名不成，此固以失霸王之道三矣。

【注釋】❶齊南破荊三句　齊湣王二十三年（西元前三〇一年），齊國與秦國聯軍在重丘把楚國打敗，三十八年，齊國攻伐宋國，宋王逃亡，死在溫城，二十六年，齊國聯合韓、魏兩國，共同攻打秦國。事皆見於《史記・田敬仲完世家》。❷北破燕　陳啟天校本無此句，當據王先慎集解本補。齊湣王十年（西元前三一四年），王令章子率領五都之兵伐燕，齊國大勝，燕王噲死。事見《史記・燕召公世家》及《史記・六國年表》。❸中使韓魏　即上文所說與秦、韓、魏擊楚，與韓、魏攻秦。中使，韓國和魏國地處各國中央，故云。使，使令。❹詔令　號令；通告。❺清濟濁河　清澈的濟水，混濁的黃河。❻限界限。❼長城　指齊國的長城。在今山東省境，西起平陰縣，沿泰山北面，東南經諸城的瑯琊臺，終於黃海海濱。❽巨防即防門。在今山東省平陰縣東北。❾塞　要塞。❿齊五戰之國也　齊國是五次作戰都勝利的國家。指上文南破楚，東破宋，西服秦，北破燕，中使韓、魏。⓫一戰不剋而無齊　打了一仗，沒有勝利，便失掉了齊國。指周赧王三十一年（西元前二八四年），燕將樂毅率領燕、趙、楚、韓、魏五國聯軍攻打齊國，占領齊國七十多個城，只有莒和即墨兩城未被占領。⓬萬乘指強國。古代天子有兵車萬乘，諸侯千乘。戰國時，諸侯兼併，七國並立，兵力強大，都自稱為萬乘之國。乘，車輛的單位。⓭削迹無遺根　剷除禍敗的痕迹，不留下再生的根源。⓮鄰　接近。⓯秦與荊人戰六句　周赧王三十七年（西元前二七八年），秦將白起攻打楚國，占領楚都郢，焚燒楚國先王墓夷陵，楚頃襄王向東北逃亡，保守陳城（宛丘）。郢，楚國首都。在今湖北省江陵縣東南。洞庭、五渚、江南，都是楚國城邑。荊王，指楚頃襄王。楚懷王子，名橫，在位三十六年。伏，竄伏；

潛伏。陳，指古代陳國的首都宛丘。在今河南省淮陽縣東南。⑯隨荊以兵　率軍追擊楚王。隨，追擊。⑰舉　攻占；占領。⑱凌　侵犯。⑲三晉　春秋時，韓、趙、魏三家都是晉卿，到了戰國，魏文侯斯、趙烈侯籍、韓景侯虔瓜分晉國，合稱三晉。⑳復與荊人為和　秦昭王二十九年（西元前二七八年），楚頃襄王與秦昭王在襄陵談和。事見《史記・秦本紀》。㉑立社稷主　建立社神、稷神的神主。社，土地神。稷，五穀神。主，神主。供奉鬼神的牌位。㉒天下又比意而軍華下三句　秦昭王三十四年（西元前二七三年），秦將白起打敗韓、趙、魏三國聯軍，斬首十五萬，魏將芒卯逃走，秦軍包圍大梁，魏國與秦國和談，把南陽割讓給秦國。事見《史記・秦本紀》、《史記・魏世家》和《史記・六國年表》。比意，合謀。華下，即華陽。古代華國地，春秋屬鄭國，戰國屬韓國，即今河南省新鄭縣東南的華陽亭。梁，指魏都大梁。今河南省開封縣。郭，外城。㉓旬　十天。㉔拔　攻占；占領。㉕舉魏則荊趙之意絕　魏在楚國和趙國之間，秦攻占魏國，楚與趙兩國聯結的意念消失。㉖復與魏氏為和　秦昭王三十二年（西元前二七五年），秦軍包圍大梁，韓軍來救，魏與秦和談，把溫割讓給秦國。事見《史記・六國年表》、《史記・魏世家》。㉗穰侯　即魏冉。秦昭王母宣太后的異父弟，惠王、武王時當權。昭王立，年幼，宣太后把大權交給他，先後四次為相，任用白起為將軍，攻伐韓、魏、齊、楚等國，使秦國領土擴張，功勞很大，封於穰，又加封陶。昭王親政，免魏冉相，死於陶。㉘用一國之兵二句　想用秦國一國的兵力，來達成秦國和穰侯自己封邑的事業。㉙暴露　露天而處，無所隱蔽。㉚疲病　辛勞困窮。

【語　譯】臣冒昧地說：以前齊國南面擊敗楚國，東面消滅宋國，西面制服秦國，北面攻取燕國，中央控制韓、魏兩國，土地遼闊，兵力強盛，作戰必定勝利，進攻必能占領，號令天下各國。齊國西北有清澈的濟水，北面有混濁的黃河，可作為天然界限；南面有橫亙的長城，西南有寬闊的防門，可作為邊防要塞。齊國五戰五勝，但一次戰敗，便幾乎亡國。由此看來，作戰是萬乘大國存亡的關鍵。而且臣聽說：「剷除禍敗的痕迹，不要留下再生的根源；不要接近禍源，災禍便不會發生。」秦國和楚國交戰，秦將白起大破楚國，攻掠郢都，占領洞庭、五渚和江南諸邑，楚王逃走，潛伏到東邊的陳城。此刻，秦國將軍若率軍追擊楚王，必可占領楚國，楚國占領了，可盡量安撫它的人民，充分利用它的土地，東邊可以削弱齊國和燕國，中央可以侵凌韓、趙、魏，如此只要一次行動便能成為霸主或帝王，四方的諸侯都來朝貢了；但是謀臣卻不那麼做，反而率軍撤退，又與楚人講和，使楚人得以收復殘破的國家，招集離散的人民，建立社稷的神位，設置宗廟，使楚國率領各國西向和秦國為敵，這實在是失去成為霸主或帝王的第一次機會。各國又合謀而進軍至華陽城下，大王下令擊破他們，追趕到大梁外城附近，只要圍攻大梁數十天，大梁即可占領；占領大梁，便可消滅魏國；消滅魏國，就可令楚、趙兩國合作的意念打消；楚、趙兩國不合作，那麼趙國便陷入危境；趙國陷入危境，楚國便孤立無援，東面可以削弱齊國和燕國，中央可以侵凌韓、趙、魏；如此只要一次行動，便可成為霸主或帝王，使四方的諸侯都來朝貢了；但是謀臣不那麼做，他們率兵撤退，又與魏國談和，使魏國反而可收復殘破的國家，招集離散的人民，建立社稷的神位，設置宗廟，使魏國率領各國西向和秦國為敵，這實在是失去成為霸主或帝王的第二次機會。從前穰侯治理秦國時，想用秦一國的兵力，攻打韓、魏、齊、楚等國，來擴張秦國的領土和他自己的封邑，因此使士兵終身在外征戰，國內的人民辛勞窮困，霸主和帝王的功名無法取得，這實在是失去成為霸主或帝王的第三次機會。

趙氏，中央之國也❶，雜民所居❷也，其民輕而難用❸也；號令不治，賞罰不信，地形不便❹，上不能盡其民力，彼固亡國之形也；而不憂民萌❺，悉其士民，軍於長平❻之下，以爭韓上黨❼，大王以詔破之❽，拔武安❾。當是時也，趙氏上下不相親也，貴賤不相信也，然則是邯鄲❿不守，拔邯鄲，筦⓫山東⓬河間⓭，引軍而去，西攻修武⓮，踰羊腸⓯，降代⓰、上黨；代四十三⓱縣，上黨七十⓲縣，不用一領⓳甲，不苦一士民，此皆秦有也。代、上黨，不戰而畢為⓴秦矣；東陽㉑、河外㉒，不戰而畢反為齊矣；中山㉓、呼沲㉔以北，不戰而畢為燕矣。然則是趙舉，趙舉則韓亡，韓亡則荊、魏不能獨立，荊、魏不能獨立，則是一舉而壞韓、蠹㉕魏、挾㉖荊以東弱齊、燕，決㉗白馬之口㉘，以沃㉙魏氏，是一舉而三晉亡，從者㉚敗也。大王垂拱㉛以須㉜之，天下編隨㉝而服矣，霸王之名可成。而謀臣不為，引軍而退，復與趙氏為和㉞。夫以大王之明，秦兵之強，棄霸王之業，地曾不可得，乃取欺於亡國㉟，是謀臣之拙也。且夫趙當亡而不亡，秦當霸而不霸，天下固以量秦之謀臣一矣。乃復悉士卒以攻邯鄲，不能拔也㊱，棄甲負弩㊲，戰竦㊳而卻，天下固已量秦力二矣。軍乃引而退，并㊴於李下㊵，大王又并軍而至，與戰不能剋之也，又不能反運㊶，罷㊷而去，天下固量秦力三也。內者㊸量吾謀臣，外者極㊹吾兵力。由是觀之，臣以為天下之從，幾㊺不難矣。內者，吾甲兵頓，士民病，蓄積索，田疇荒，囷倉虛；外者，天下皆比意甚固，願大王有以慮之也。

【注釋】❶趙氏二句　趙國在今河北省南部、山西省北部，北面是燕國，東面是齊國，楚國、魏國在南方，韓國、秦國在西方，所以說是中央之國。❷雜民所居　趙國地處各國中央，加上從趙襄子到趙武靈王，曾先後滅代、中山、林胡、樓煩等國，四周國家的人民和北方的部族雜居趙國。❸輕而難用　意志不堅強而不適宜作戰。輕，輕浮；意志不堅強。難用，難用於作戰。❹地形不便　地勢不利於防守。趙都邯鄲，四周沒有險要的地方可供防守，故云。❺不憂民萌　不關心人民。憂，顧念；關心。民萌，人民。萌，通「氓」。人民。❻長平　戰國趙邑。故城在今山西省高平縣西北。❼上黨　戰國韓地。其地有今山西省東南部，郡治大約在今長治市。趙孝成王四年（西元前二六二年），秦攻韓上黨，上黨守馮亭遣人請降趙，趙受其降，出兵至長平，以抗秦兵。❽大王以詔破之　秦昭王四十七年（西元前二六〇年），遣王齕攻趙，趙將廉頗固守不戰，趙孝成王誤信秦國反間，以趙括替代廉頗，昭王派上將軍白起前往指揮，大破趙軍於長平，殺趙括，把趙國投降的四十多萬將士活埋。事見《史記・秦本紀》及《史記・趙世家》。❾武安　戰國趙邑。故城在今河南省武安縣西南五十里。❿邯鄲　春秋衛邑，後屬晉。戰國時趙肅侯自晉陽遷都於此，故城在今河北省邯鄲縣西南十里。⓫筦　同「管」。管束；控制。⓬山東　指太行山以東的地方。⓭河間　戰國趙地。在今河北省中部，因地處黃河與永定河之間而得名。⓮修武　本為商朝寧邑，因武王伐紂，於此駐兵，故改名修武。故城在今河南省獲嘉縣。⓯羊腸　坂名。在今山西省晉城縣南天井關之南。⓰代　春秋代國，為趙襄子所滅。地在今河北省蔚縣東二十里。⓱四十三　《四部叢刊》本、王先慎《韓非子集解》本均作「四十六」。⓲七十　當從顧廣圻校作「十七」。⓳一領　衣服一件叫一領。⓴為　屬於。㉑東陽　即今山東省恩縣西北六十里的東陽城。春秋時晉地，戰國為衛地，後屬於趙。漢以前，東陽大抵為晉之太行山東地。㉒河外　指清河（今山東省大清河，即古濟水）以外地方。㉓中山　春秋鮮虞國地。戰國時為中山國，先後為魏文侯、趙武靈王所滅，地在今河北省定縣、唐縣一帶。㉔呼沲　河名。也作「滹沱」、「虖沱」。發源於山西省繁峙縣東大戲山，東南經盂縣，入河北省境，到獻縣，合滏陽河為子牙河，東北注入沽河。㉕蠹　敗壞；損害。㉖挾　挾制；以強力使人順從。㉗決　打開缺口，導引水流。㉘白馬之口　即白馬津。在今河南省滑縣北，舊為河水分流處，現已湮塞。㉙沃　灌注。㉚從者　指合從的策略。㉛垂拱　垂衣拱手，不必有所作為。㉜須　等待。㉝編隨　相繼。編，本意為用繩子編串竹簡，引申為連結。隨，相從。㉞謀臣不為三句　指秦將白起破趙軍於長平後，趙國和韓國恐懼，趙孝成王使蘇代以厚幣說秦相應侯，請求允許割地求和，應侯告於昭王，於是韓割垣雍，趙割六城，以和。謀臣，指應侯范雎。事見《史記・白起王翦列傳》。㉟乃取欺於亡國　反而被趙國欺騙。乃，卻；反而。取欺，被欺騙。亡國，指趙國。㊱復悉士卒以攻邯鄲二句　趙國與秦國談和後，趙孝成王又不順服，秦昭王四十八年（西元前二五九年），秦將王陵攻趙邯鄲，攻戰不下，四十九年，秦派王齕代替王陵為將，於是趙向楚、魏求救，五十年，楚、魏救趙，邯鄲圍解。事見《史記・秦本紀》。㊲弩　用機械發射的弓。㊳戰竦　恐懼。㊴并　集合。㊵李下　《戰國策》高誘注：「李下，邑名，在河內。」今為何地，不可考。㊶不能及運　無法繼續運輸補給。㊷罷　疲困。㊸者　則。㊹極　窮盡；耗盡。㊺幾　殆；大概。

【語　譯】趙國地處各國的中央，是各部族雜居的地方，人民性情輕浮，不易驅使作戰；號令不嚴正，賞罰不明確，地形不利於防守，君主和官吏又不能使人民盡力，本來已具備亡國的形勢；而還不知道關心人民，動員所有的士民，駐軍於長平城下，以爭取韓國的上黨這一片土地。大王命令白起，率領秦軍，大敗趙國，攻占武安。這時，趙國君臣上下不知互相愛顧，官吏人民不知彼此信賴，這樣趙國的首都邯鄲一定不能保守，秦軍攻占邯鄲，控制太行山以東，黃河、永定河之間的地帶，然後率軍向西攻取修武，橫越羊腸坂道，占領代郡和上黨；代郡四十六縣，上黨十七縣，不使用一套盔甲，不勞動一個士卒，這些地方便都為秦國所占有。代郡和上黨不用攻戰便完全為秦國所占有；於是東陽和清河以外的地方，不用攻戰便完全為齊國收復；中山、呼沱河以北的地方，不用攻戰便完全為燕國所有。這樣便可占領趙國，占領趙國，韓國必定滅亡；韓國滅亡，楚、魏便無法獨存；楚、魏無法獨存，這就是在一次行動中便消滅韓國、敗壞魏國、挾制楚國而向東削弱齊國和燕國的力量。再相機決開白馬津渡口，利用河水沖灌魏國，這樣一次行動，就可以把三晉滅亡。合從的策略，也就失敗了。大王只須垂衣拱手等待，天下各國便相繼屈服，霸主帝王的名號便可取得了。但秦國的謀臣卻不這麼做，他們率軍撤退，又與趙國談和。以大王的英明，秦國軍力的強大，而放棄霸王的功業，土地既不曾取得，反而被趙國欺騙，這實在是謀臣的愚昧。況且趙國應當滅亡卻沒有滅亡，秦國應當稱霸卻沒有稱霸，天下諸侯實在已看透了秦國的謀臣，這是第一種失敗。秦國又動員所有軍隊，進攻邯鄲，無法攻破，反而拋棄盔甲，背負了箭，慌忙地逃走，天下諸侯實在已看透了秦國的兵力，這是第二種失敗。於是秦國的軍隊全面撤退，集合於李下一帶；大王又派兵到李下支援，與趙國、魏國和楚國的軍隊作戰，仍不能取勝；又因軍隊的補給運輸不繼，士兵疲困不堪，而班師回國，天下諸侯實在已看透秦國的國力，這是第三種失敗。各國諸侯從內部看透我們的謀臣，在外面已耗盡我們的兵力。由此看來，臣認為各國合從抗秦的策略，大概不難實現了。在內部，我們的兵甲殘破，士民疲困，蓄積竭盡，耕地荒廢，倉廩空虛；在外面，天下各國都同心合意，團結堅固，希望大王慎重地考慮。

且臣聞之曰：「戰戰栗栗❶，日慎一日，苟慎其道，天下可有。」何以知其然也？昔者紂❷為天子，將率❸天下甲兵，左飲❹於淇溪❺，右飲於洹谿❻，淇水竭而洹水不流，以與周武王❼為難。武王將素甲❽三千，戰一日，而破紂之國，禽❾其身，據其地，而有其民，天下莫傷❿。知伯率三國之眾，以攻趙襄主於晉陽，決水而灌之三月，城且拔矣⓫。襄主鑽龜⓬數筴⓭占兆⓮，以視利害，何國可降⓯；乃使其臣張孟談⓰，於是乃潛行而出⓱，反⓲知伯之約，得兩國⓳之眾，以攻知伯，禽其身，以復襄主之初。今秦地折長補短，方數千里，名師數十百萬。秦國之號令賞罰、地形利害，天下莫如也。以此與天下，天下可兼而有也。臣昧死⓴願望見大王，言所以破天下之從，舉趙，亡韓，臣荊、魏，親齊、燕，以成霸王之名，朝四鄰諸侯之道。大王誠㉑聽其說，一舉而天下之從不破，趙不舉，韓不亡，荊、魏不臣，齊、燕不親，霸王之名不成，四鄰諸侯不朝，大王斬臣以徇㉒國，以主㉓為謀㉔不忠者。

【注釋】❶戰戰栗栗　恐懼的樣子。❷紂　商朝末年的暴君。被周武王所誅滅。❸將率　統率；統領。❹飲　飲馬；馬喝水。❺淇溪　即淇水。發源於河南省林縣東南臨淇鎮，經湯陰到淇縣，注入衛河。❻洹谿　即洹水。發源於山西省黎城縣，伏流至河南省林縣隆慮山復出，東經安陽縣、內黃縣，注入衛河。❼周武王　姓姬，名發，繼承其父昌的職位為西伯。商紂王暴虐，武王率領諸侯將其誅滅，建立周朝，諡曰武。❽素甲　指穿著白色盔甲的士兵。❾禽　通「擒」。捕捉。❿傷　憐憫。⓫知伯率三國之眾四句　春秋時，晉國范氏、中行氏、知氏、趙氏、韓氏、魏氏六家，世代為卿，共掌國政。出公時，知伯與韓、趙、魏滅范氏與中行氏，出公怒，欲伐四卿，四卿逐出公，立哀公。後來知伯率領韓、魏攻趙襄子於晉陽，反被趙襄子聯合韓、魏所誅滅。事見《史記・趙世家》。知伯，也作「智伯」。名瑤。三國之眾，指知、韓、魏三家的軍隊。趙襄主，即趙襄子。名無恤。晉陽，故城在今山西省太原縣東北。水，指晉水。發源於山西省太原縣懸甕山，分為三支，東流注入汾河。且，將。⑫鑽龜　用火灼龜甲，視其坼裂之文，以驗吉凶。⑬數筴　數著草的莖來預測吉凶。筴，著草的莖。⑭占兆　用占卜所顯示的象，來推測吉凶。⑮降　和同；連結。⑯張孟談　趙襄子家臣。《國語・晉語》作「張談」，《史記・趙世家》作「張孟同」。⑰潛行而出　祕密出城。⑱反　背叛。⑲兩國　指韓、魏。⑳昧死　冒死；不避死罪。㉑誠　若；假如。㉒徇　巡行以示眾。㉓主　首要。㉔為謀　計謀；謀劃。

【語　譯】而且臣聽說：「小心戒懼，一天比一天謹慎，假如能夠謹慎治理政事，天下必可取得。」怎麼知道會這樣呢？從前紂做天子，統領天下大軍，左邊在淇溪飲馬，右邊在洹溪飲馬，馬把淇溪的水喝光了，洹溪的水也不流動了，紂王率領眾多的兵馬來和周武王作戰。武王率領三千穿著白色盔甲的士兵，交戰一天，便攻破了商朝都城，擒拿商紂，占領他的土地，並且統治了他的人民，天下人民沒有為他悲傷的。戰國時智伯率領智、韓、魏三國的軍隊，攻打晉陽的趙襄子，決開晉水河堤，沖灌晉陽，經過三個月的時間，晉陽城將被攻陷下來。趙襄子用龜甲著草占卜，以明利害所在，顯示哪一國可以連結。於是派遣他的使臣張孟談祕密出城，破壞韓、魏和智伯的盟約，取得兩國軍隊的合作，共同攻打智伯，擒拿智伯，恢復了趙襄子原來的形勢。現在秦國的土地截長補短，有數千方里，著名的軍隊有數十百萬。秦國號令的嚴正，賞罰的分明，地形的便利和險要，各國都比不上，以這些優勢去攻取天下，一定能兼併天下。臣冒死希望謁見大王，陳述如何破壞各國合從的盟約，占領趙國，消滅韓國，使楚、魏稱臣，和齊、燕親善，取得霸主或帝王的名號，使四邊臨近的諸侯都來朝貢的辦法。大王如果聽從我的說法，一次行動而不能破除各國的從約，趙國不能占領，韓國不能消滅，楚、魏不來稱臣，和齊、燕不肯親善，霸主帝王的名號不能取得，四方的諸侯不來朝貢，那麼請大王把我當作替君主謀劃不力的首犯，把我殺死，將首級巡行全國，作為警戒。

存韓

【題解】本篇是韓非在秦始皇十四年（西元前二三三年）出使秦國，上秦始皇的書，後人因為本篇主旨在說明韓國不宜攻占的道理，因此以「存韓」作為篇名。

本篇要旨在勸說秦始皇攻打趙國，以轉移秦國將要攻打韓國的計畫。全篇可分為三段：第一段說明秦國不顧趙國的禍患，攻打韓國，這將促使六國合從，對付秦國。第二段申述韓國未可輕易攻取的道理。第三段勸說秦始皇攻打趙國。

本篇附錄李斯〈上秦王書〉和〈上韓王書〉兩篇文章，這大概是當時秦國史官記錄韓非〈上秦王書〉時，把李斯駁韓非〈上秦王書〉的議論和李斯〈上韓王書〉附在韓非〈上秦王書〉的後面，作為附件，編者未加鑑別，誤編入正文。茲將李斯兩書加上標目，以示區別。

韓事秦三十餘年，出則為扞蔽，入則為蓆薦❶，秦特❷出銳師取地❸，而韓隨之怨懸於天下❹，功歸於強秦。且夫韓入貢職❺，與郡縣❻無異也。今臣竊聞貴臣之計，舉兵將伐韓。夫趙氏聚士卒，養從徒❼，欲贅❽天下之兵，明秦不弱，則諸侯必滅宗廟❾，欲西面行其意，非一日之計也。今釋❿趙氏之患，而攘內臣之韓⓫，則天下明趙氏之計矣⓬。

【注釋】❶出則為扞蔽二句　津田鳳卿《韓非子解詁》：「扞蔽以衛其身，蓆薦以安其體，喻出入必為秦役也。」扞蔽，屏障。蔽薦，草蔽。❷特　僅；只要。❸取地　奪取土地。❹韓隨之怨懸於天下　指韓助秦，因而與天下諸侯結怨。懸，結。❺貢職　進貢的職責。❻郡縣　秦始皇統一天下後，廢封建，行郡縣，初分全國為三十六郡，郡下設縣。❼從徒　指倡合從的人。如蘇秦等。從，也作「縱」。❽贅　連結；集合。❾宗廟　天子、諸侯奉祀祖先的宮室。宗廟為國家的表徵，國家滅亡，宗廟必被毀壞。❿釋　捨棄；不顧。⓫攘內臣之韓　排除內臣般的韓國。攘，排除；排斥。內臣，內屬之臣。⓬則天下明趙氏之計矣　蘇秦遊說六國，以合從抵禦秦國，以趙國為從約長，今韓為秦的內臣，秦猶排斥他，是各國將更明白趙國團結禦秦計畫的正確了。

【語　譯】韓國事奉秦國已經三十多年，戰時為秦國的捍衛者，平時則為秦國的僕役。秦國只要派出精兵，侵占土地，韓國立刻就因助秦而與各國諸侯結怨，戰勝的功績卻歸於強秦。並且韓國對秦履行進貢的職責，與秦國的郡縣一樣。近來臣聽說貴國大臣的計畫，就要出兵攻打韓國。而趙國召集兵卒，供養合從的謀士，想要集結天下諸侯的軍隊，說明若不削弱秦國，那麼各國諸侯的宗廟必定會被毀滅，因而想向西攻打秦國，這已是長久以來的計謀了。今天不顧趙國這個禍患，而要排斥內臣般的韓國，各國諸侯就明白趙國倡言合從的計畫是正確的了。

夫韓，小國也，而以應❶天下四擊❷，主辱臣苦，上下相與同憂久矣。修守備，戒強敵，有蓄積❸，築城池，以固守。今伐韓，未可一年而滅，拔一城而退，則權❹輕於天下，天下摧我兵❺矣。韓叛，則魏應之。趙據❻齊以為援。如此，則以韓魏資趙假齊，以固其從❼，而以與爭強❽，趙之福，而秦之禍也。夫進而擊趙不能取，退而攻韓弗能拔，則陷銳之卒❾懃❿於野戰⓫，負任之旅罷於內共⓬，則合群苦弱以敵而共⓭二萬乘⓮，非所以亡趙之心也。均如⓯貴臣之計，則秦必為天下兵質⓰矣。陛下雖以金石相弊⓱，則兼⓲天下之日未也。

【注釋】❶應　應付；對抗。❷四擊　各方面的攻擊。韓國的西面有秦國，東面有齊國，北面有魏國，南面有楚國，會遭到四方攻擊。❸有蓄積　指物資糧食很豐富。有，多；富足。❹權　勢力；威勢。此指秦的威勢。❺天下摧我兵　各國聯合起來，攻伐秦國的軍隊。摧，折；挫敗。我兵，指秦國的軍隊。❻據　依靠；仗恃。❼則以韓魏資趙假齊二句　韓、魏叛秦，與趙合從，趙又憑藉齊國勢力以為援助，如此一來，更堅固合從的力量。資，助。假，憑藉。從，合從。❽而以與爭強　趙與秦爭強。梁啟雄曰：「此文以字似衍，與下似脫一秦字。」❾陷銳之卒　攻破精銳的敵軍的士卒。指秦軍。❿勲　一作「勤」。辛勞。⓫野戰　此泛指戰爭。⓬負任之旅罷於內共　擔任轉運糧餉的部隊疲於供應。罷，通「疲」。疲勞。內共，言國內調配供給軍需物資給前方軍隊。⓭而共　此二字當據顧廣圻校刪。⓮二萬乘　指趙、齊二大強國。⓯均如　盡如；皆如。⓰質　箭靶。⓱以金石相弊　與金石同壽。以，與。弊，盡。金石不會毀壞，永存世間，與金石相盡，喻與金石同存、齊壽。⓲兼　併；併合。

【語譯】韓國，是一個小國，而要應付天下各方的攻擊，君主屈辱，臣子辛苦，上下憂戚與共已經很久了。韓國修築守禦防備的工事，警戒強敵的來襲，蓄積物資很豐富，整治城牆、城池，以堅固防守。現在攻打韓國，不是一年就能滅掉的，如果只攻占一城就退卻，那麼，秦國的威勢會被天下諸侯看輕，各國將聯合起來攻打我秦國的軍隊。韓國背叛秦國，魏國一定響應。趙國則拉攏齊國以為援助。這樣一來，使韓、魏資助趙國，趙國再憑藉齊國勢力，就更加強合從的力量，而與秦國爭強了。這是趙國的福利，而是秦國的禍患啊！秦國往前攻打趙國而不能獲勝，退後攻伐韓國而不能占領，攻打強敵的士卒飽經野戰的辛勞，擔任轉運糧餉的部隊疲於軍需的供應；集合這些勞苦疲弱的軍隊來抵抗齊、趙二大國，這不是當初想要滅亡趙國的心願罷！如果一切都按照貴國大臣的計畫，那麼，秦國必定成為各國軍隊攻擊的目標。陛下即使能與金石同壽，但是，兼併天下的日子是永遠不會到來的。

今賤臣[1]之愚計：使人使荊，重幣用事之臣[2]，明[3]趙之所以欺秦者；與魏質[4]，以安其心；從[5]韓而伐趙，趙雖與齊為一，不足患也。二國[6]事畢，則韓可以移書[7]定也。是我一舉，二國有亡形，則荊魏又必自服矣。故曰：「兵者，凶器也[8]。」不可不審用[9]也。以秦與趙敵衡[10]，加以齊，今又背韓[11]，而未有以堅荊魏之心。夫[12]一戰而不勝，則禍搆[13]矣。計者，所以定事[14]也，不可不察也。趙、秦強弱，在今年耳。且趙與諸侯陰謀久矣。夫一動[15]而弱於諸侯，危事也；為計而使諸侯有意我之心[16]，至殆[17]也；見二疏[18]，非所以強於諸侯也。臣竊願陛下之幸熟圖之[19]。夫攻伐而使從者閒焉[20]，不可悔也。

【注釋】[1]賤臣 韓非自稱。[2]重幣用事之臣 送重金給當權的大臣。重幣，猶言厚賄。送很多財貨給人。用事之臣，當權的大臣。[3]明 說明。[4]與魏質 派遣公子到魏國作人質。質，人質。古代君主常以自己的兒子送到別國作人質。[5]從 率領。[6]二國 指齊、趙二國。[7]移書 傳送文書。即致書。[8]兵者凶器也 兵刃是凶險的器具。《老子・三十一章》：「夫佳兵者，不祥之器。」[9]審用 謹慎的使用。[10]敵衡 抗衡。[11]背韓 秦伐韓，則是背棄韓國，不與之修好。背，棄絕。[12]夫 若；假使。[13]搆 同「構」。結合。[14]定事 決定事情的成敗。[15]一動 指伐韓。[16]諸侯有意我之心 各國諸侯對秦有猜疑之心。意，通「臆」。猜測；疑慮。我，指秦。[17]至殆 非常危險。至，極。殆，危。[18]見二疏 顯露二種疏失。見，通「現」。顯露。二疏，指上文「一動而弱於諸侯」、「為計而使諸侯有意我之心」。疏，疏失；疏漏。[19]幸熟圖之 自己仔細的考慮。幸，皇帝親臨為幸。熟，精審。圖，考慮；謀劃。[20]夫攻伐而使從者閒焉 秦一旦攻韓，將使合從者離閒六國與秦的關係。從者，主張合從的策士。閒，離閒。

【語　譯】現在，依賤臣的愚昧的計畫：派人出使楚國，送重金給當權的大臣，說明趙國欺騙秦國的實情；派遣公子到魏國作人質，使魏國安心；率領韓國攻打趙國，趙國即使與齊國聯合作戰，也不值得憂慮。打敗齊、趙二國後，韓國只要傳送一紙文書，就可以平定了。這樣，秦國一次出兵，齊、趙二國就注定滅亡的形勢，而楚、魏二國又必定會自動臣服。所以說：「兵刃是凶險的器具。」不可不謹慎的使用啊！以秦國與趙國抗衡，加上齊國，現在又棄韓國，無法堅定楚、魏向秦的心意。假使出兵一戰而不能勝利，那麼禍患就會接連而至了。計策，是決定事情成敗的關鍵，不可不明察啊！趙國、秦國，誰強誰弱，就看今年決定了。並且趙國與天下諸侯陰謀合從，已經很久了。現在秦國征伐韓國而見弱於天下諸侯，是很危險的事；依照貴國大臣的計謀去做，而使得天下諸侯對秦國有猜疑之心，是非常危險的；顯露這二種疏忽，不是秦國稱雄於天下諸侯的辦法。臣私下希望陛下能審慎的考慮。秦一旦攻韓，將使合從之士適足以離間六國與秦國的關係，這樣後悔也來不及了。

附李斯〈上秦王書〉❶

「詔❷以韓客❸之所上書，書言韓之未可舉，下❹臣斯❺，臣斯甚以為不然❻。秦之有韓，若人之有腹心之病❼也，虛處❽，則悈然❾若居濕地，著❿而不去，以極走則發矣⓫。夫韓雖臣於秦，未嘗不為秦病。今若有卒報之事⓬，韓不可信也。秦與趙為難，荊蘇⓭使齊，未知如何？以臣觀之，則齊趙之交，未必以⓮荊蘇絕也。若不絕，是悉秦而應二萬乘也。夫韓不服秦之義，而服於強也。今專於齊趙⓯，則韓必為腹心之患而發矣。韓與荊有謀，諸侯應之，則秦必復見崤塞之患⑯。非之來也，未必不以其能存韓也為重於韓也；辯說屬辭⑰，飾非⑱詐謀，以釣⑲利於秦，而以韓利闚⑳陛下。夫秦韓之交親，則非重矣，此自便之計㉑也。臣視非之言，文㉒其淫說靡辯㉓，才甚㉔。臣恐陛下淫㉕非之辯，而聽其盜心㉖，因不詳察事情。今以臣愚議，秦發兵而未名所伐㉗，則韓之用事者以事秦為計矣。臣斯請往見韓王，使來入見，大王見，因內其身而弗遣㉘，稍召其社稷之臣㉙，以與韓人為市㉚，則韓可深割㉛也。因令象武發東郡之卒㉜，闚兵㉝於境上，而未名所之㉞，則齊人懼，而從蘇㉟之計。是我兵未出，而勁韓以威擒，強齊以義從矣。聞於諸侯也，趙氏破膽㊱，荊人狐疑㊲，必有忠計㊳。荊人不動，魏不足患也，則諸侯可蠶食㊴而盡，趙氏可得與敵矣。願陛下幸察愚臣之計，無忽㊵。」秦遂遣斯使韓也㊶。

【注　釋】❶附李斯上秦王書　〈存韓〉正文，至「不可悔也」止。其下為李斯上秦王及韓王文，茲增二節目，以便閱讀。本篇為秦史官所記錄，故將韓非文與李斯上秦王及韓王書相連接，前人編纂韓非書時，以為全為韓非之文，遂一併收入。❷詔　告。多用於上告下。此指皇帝的命令。❸韓客　指韓非。❹下　交付；下達。❺斯　指李斯。戰國楚國上蔡（故城在今河南省上蔡縣西）人，與韓非同為荀子弟子，後入秦，由於秦相呂不韋的推薦，為客卿、廷尉，始皇稱帝，斯為丞相，奏行郡縣制、下禁書令、改籀文為小篆，始皇崩，與趙高並立胡亥為二世，後被趙高誣陷，腰斬於咸陽市，夷三族。❻不然　不是；不對。❼腹心之病　內臟的疾病。比喻潛伏的禍患。❽虛處　平時無事。❾悏然　憂苦的樣子。❿著　附著。⓫以極

走則發矣　如果快速急走，疾病就會發作。以，若；如果。極，通「亟」。急。⑫卒報之事　緊急的事情。卒報，警報；告急。卒，通「猝」。急遽。⑬荊蘇　人名。生平事蹟未詳。⑭以　因；因為。⑮專於齊趙　致力於齊、趙。此指集中力量來對付齊、趙二國。⑯秦必復見崤塞之患　天下諸侯於崤山攻打秦國的禍患，一定再度出現。見，通「現」。崤塞，崤山的險要處。崤山在今河南省洛寧縣北，峭壁絕澗，形勢險要，為函谷關東端，亦為由東方入秦必經之地，天下諸侯攻秦，屢次與秦兵在此決戰。崤，也作「殽」。⑰屬辭　連綴文辭。即撰寫文章。屬，連綴；連接。⑱飾非　掩飾錯誤。⑲釣　求；取。⑳闚　同「窺」。探視；窺伺。㉑自便之計　謀取自身利益的計策。便，利。㉒文　修飾。㉓淫說靡辯　邪說巧辯。㉔才甚　很有才智。甚，極。㉕淫　迷惑。㉖盜心　盜竊利益的心。㉗未名所伐　不說明攻伐何國。名，說明。㉘內其身而弗遣　指扣留韓王而不使之歸國。內，通「納」。此解作扣留。㉙社稷之臣　維繫國家安危的重臣。社稷，國家的代稱。社，土神。稷，穀神。㉚市　交易。㉛韓可深割　盡量侵奪韓國土地。割，取。此指秦扣留韓王，以與韓人交換土地。㉜令象武發東郡之卒　命令象武動員東郡的軍隊。象武，當作「蒙武」。蒙驁的兒子，蒙恬的父親，皆為秦將。東郡，始皇五年，蒙驁攻魏，取二十城，置東郡。事見《史記·秦始皇本紀》。㉝闚兵　檢閱部隊。闚，同「窺」。檢閱。此有展示兵力，威脅敵人之意。㉞之　往。㉟蘇　即荊蘇。㊱破膽　比喻恐懼至極。㊲狐疑　稱遇事猶疑不決。狐性多疑，故稱。㊳忠計　指效忠於秦國的計畫。即事秦。㊴蠶食　比喻逐漸侵吞他人土地或財物，如蠶食桑葉。㊵無忽　不要忽視。㊶秦遂遣斯使韓也　此七字為史官所記錄之詞。

【語　譯】「大王命令把韓非上書，所說韓國不可攻取的意見，交給臣李斯評議，臣認為這個意見是非常錯誤的。秦國有韓國的存在，就像人有腹心的病患，平時內心憂苦，好像居住在潮溼的地方，不祛除它，當劇烈行動的時候就會發作。韓國雖然向秦國稱臣，卻未必不是秦國的災禍，一旦有緊急的事情發生，韓國是不可以信賴的。秦國和趙國敵對，大王派遣荊蘇出使齊國，遊說齊國跟趙國絕交，不知道結果怎樣？以臣的眼光看來，齊國和趙國間的交情，未必會因為荊蘇的遊說而斷絕。齊、趙兩國如果不斷交，秦國就要竭盡全國的力量來對付兩個大國了。韓國服從秦國，並不是服從秦國的正義，而是畏服秦國的強大。秦國如集中力量對付齊、趙兩國，韓國就像腹心中的病患一定會發作。韓國如果和楚國協商，共同攻打秦國，各國諸侯響應，那麼過去秦國所遭受崤塞的禍患，一定會再度出現。韓非這次來到秦國，未必不是想用他能夠保存韓國的功勞，取得韓國的尊重；因此運用優美的言辭辯說，掩飾他的詭計，來誘騙秦國，窺探陛下的心理，而謀取韓國的利益。秦國如果和韓國親近，韓非就被尊重，這是他謀取自身利益的計策。臣看韓非上書中的話，盡量修飾他的邪說巧辯，是很有才智的。臣恐怕陛下被韓非的巧辯所迷惑，就聽從他盜竊自身利益的意見，而不詳細考察事實。現在按照臣愚昧的計策，動員軍隊，可是不說明要攻打哪個國家，韓國當權的大臣害怕受到攻打，就會採用臣事秦國的辦法了。臣請求大王派遣臣前往謁見韓王，勸他來秦國進見大王，大王接見韓王，就把他扣留，不讓他回國，然後召喚韓國的大臣前來，拿韓王的去留跟韓國大臣作交易，韓國的土地就可以盡量割取了。接著派遣蒙武率領東郡的軍隊，在邊境窺伺，可是不說明要往哪個方向去，齊國害怕受到攻打，就聽從荊蘇的意見。這樣，我國的軍隊未出國境，而堅勁的韓國用威力將他捕捉，強大的齊國用道理使他服從。其他諸侯聽到這些消息，趙國嚇破了膽，楚國猶豫不定，一定都有向秦國效忠的打算。只要楚國不敢妄動，魏國是不值得擔憂的，那麼天下諸侯就可以逐漸併吞，而趙國也就可以跟它對抗，希望陛下對臣的計策多加考慮，不要忽視。」秦王便派遣李斯出使韓國。

附李斯〈上韓王書〉

李斯往詔韓王未得見，因上書曰：「昔秦韓勠力一意❶以不相侵，天下莫敢犯，如此者數世矣。前時五諸侯相與共伐韓，秦發兵以救之❷。韓居中國，地不滿千里，而所以得與諸侯班位❸於天下，君臣相保❹者，以世世相教事秦之力也。先時五諸侯共伐秦❺，韓反與諸侯先為雁行❻，以嚮❼秦軍於關下❽矣。諸侯兵困力極❾，無奈何，諸侯兵罷❿。杜倉⓫相秦，起兵發將以報天下之怨，而先攻荊。

荊令尹⑫聞之曰：夫韓以秦為不義，而與秦兄弟⑬，共苦⑭天下；已⑮又背秦，先為雁行以攻關。韓則居中國，展轉⑯不可知。天下共割韓上地⑰十城，以謝⑱秦解其兵。夫韓嘗一背秦，而國迫⑲地侵，兵弱至今。所以然者，聽姦臣之浮說⑳，不權㉑事實，故雖殺戮姦臣，不能使韓復強。今趙欲聚兵士，卒㉒以秦為事，使人來借道，言欲伐秦，其勢必先韓而後秦。且臣聞之，脣亡則齒寒㉓。夫秦韓不得無同憂，其形可見。魏欲發兵以攻韓，秦使人將㉔使者於韓。今秦王使臣斯來，而不得見，恐左右襲曩姦臣之計，使韓復有亡地之患。臣斯不得見，請歸報，秦韓之交必絕矣。斯之來使，以奉秦王之歡心㉕，願效便計㉖，豈陛下所以逆㉗賤臣者邪？臣斯願得一見前，進道㉘愚計，退就葅戮㉙，願陛下有意焉。今殺臣於韓，則大王不足以強；若不聽臣之計，則禍必搆矣。秦發兵不留行㉚，而韓之社稷憂矣。臣斯暴身㉛於韓之市，則雖欲察賤臣愚忠之計，不可得矣。邊鄙㉜殘，國㉝固守，鼓鐸之聲聞於耳㉞，而乃用臣斯之計，晚矣。且韓之兵於天下可知也，今又背強秦。夫棄城而敗軍㉟，則反掖㊱之寇必襲城矣。城盡則聚散㊲，聚散則無軍矣。城固守，則秦必興兵而圍王一都㊳，道不通則難必謀㊴，其勢必不救。左右計之者不周㊵，願陛下熟圖之。若臣斯之所言，有不應事實者，願大王幸使得畢辭於前，乃就吏誅，不晚也。秦王飲食不甘，游觀不樂，意專在圖趙，使臣斯來言，願得身見㊶，因急與陛下有計㊷也。今使臣不通㊸，則韓之信㊹未可知也。夫秦必釋趙之患，而移兵於韓。願陛下幸復察圖之，而賜臣報決㊺。」

【注　釋】❶勠力一意　同心合力。勠力，合力。❷前時五諸侯相與共伐韓二句　韓釐王二十三年（西元前二七三年），趙、魏攻韓華陽，韓使陳筮告急於秦，秦昭王派遣白起發兵救之，八日而至，敗趙、魏於華陽之下。事見《史記・韓世家》。五，疑為衍字。❸班位　位居同列。班，列。❹相保　共同保存性命。❺先時五諸侯共伐秦　秦惠文王後元七年（西元前三一八年），魏、韓、趙、楚、燕五國擊秦，不勝而還。事見《史記・六國年表》。❻先為雁行　此指六國攻秦時，韓為先鋒。雁行，雁飛的行列。❼嚮　通「向」。趨向；向著。❽關下　指函谷關。❾力極　力窮。極，盡。❿罷　停止。⓫杜倉　人名。生平事蹟未詳。⓬令尹　楚官名。即宰相。⓭與秦兄弟　與秦國往來密切，如兄弟一般。⓮苦　使受苦。⓯已　既而；旋即。⓰展轉　反覆。指韓國對秦國的態度反覆不定。⓱上地　指韓國上黨之地。一說：美好的土地。⓲謝　道歉；認錯。⓳迫　危急。⓴浮說　沒有根據的言論。㉑權　衡量。㉒卒　通「猝」。急遽。㉓脣亡則齒寒　脣齒互相依存。比喻休戚相關。㉔將　送。㉕歡心　指秦王愛護韓國的心意。㉖願效便計　希望呈獻有利韓國的計謀。效，呈獻。便，利。㉗逆　迎接。㉘進道　進言。㉙菹戮　殺戮。將人剁成肉醬，為古代酷刑之一。菹，同「葅」。戮，殺。㉚留行　停止行進。㉛暴身　陳屍。㉜邊鄙　邊境。㉝國　京城。㉞鼓鐸之聲聞於耳　擊鼓振鐸的聲音傳進耳裡。是說敵人已經迫近。古代作戰，以擊鼓為進攻的信號。鐸，銅鈴。擊之以警眾。㉟敗軍　退兵。㊱反掖　內部叛亂。掖，通「腋」。肘腋。㊲城盡則聚散　城邑陷落，則城內聚居的民眾逃散。㊳一都　指國都、京城。㊴難必謀　難以作出果決的計謀。必，一定。有果決的意思。㊵周　周密。㊶身見　親見。㊷有計　計議。有，語氣詞。無義。㊸不通　未能謁見韓王。通，通達。㊹信　誠信；誠意。㊺報決　告知最後的決定。報，告知。

【語　譯】李斯奉命前往曉諭韓王，未獲接見，於是上書說：「從前秦、韓兩國同心協力，不相騷擾，天下諸侯都不敢來侵犯，已經好幾代了。以前趙、魏等國共同攻打韓國，秦國立刻出兵救援。韓國位居中原，領土不超過千里，所以能和天下諸侯地位平等，君臣互相保全生命，都是歷代君王教導後嗣服事秦國的力量。從前五國聯合攻伐秦國，韓國反而和他們共同行動，做他們的先鋒，向著秦國軍隊，進攻函谷關。由於各國兵疲力盡，無可奈何，才各自撤兵歸去。等到杜倉擔任秦國的宰相，便調兵遣將以報復五國共同攻秦的仇恨，首先進攻楚國，楚國令尹聽到這個消息說：『韓國明知秦國做事不合正道，卻和秦國如兄弟般密切合作，共同騷擾天下；隨即又背叛秦國，做各國的先鋒，進攻函谷關。韓國居各國當中，行事反覆無常，不能了解。』於是聯絡各國，共同迫使韓國割讓上黨十個城邑給秦國，以表示歉意，而請求秦國退兵。韓國一次背叛秦國，使得國勢危急，領土被侵，兵力衰弱，一直到現在。所以到這種地步的，無非是聽信姦臣沒有根據的言論，不能衡量實際的情勢，後來雖然把姦臣殺掉，卻不能使韓國恢復強盛。現在趙國正在聚集士兵，急著攻打秦國，派人向韓國借道，說明要攻打秦國，趙國攻打秦國，照情勢看來，一定要先占領韓國，然後向秦國進軍。臣曾聽到古人說：『人如果沒有嘴唇，牙齒就會受到寒冷。』所以秦國和韓國不能不共同應付憂患，這種情勢是明顯而可以看到的。魏國想出兵攻打韓國，派遣使者到秦國聯絡，秦國卻派人把魏國的使者送到韓國。現在秦王派遣我李斯到韓國來，卻見不到陛下，我恐怕陛下左右的臣子沿襲從前姦臣的計策，使韓國又發生喪失領土的禍患。我不能見到陛下，回國報告秦王，秦、韓兩國的邦交一定斷絕。我出使韓國，是奉著秦王愛護韓國的心意，希望貢獻對韓國有利的計策，陛下卻不接見，這難道是迎接秦國使者的禮節嗎？我希望進見陛下一次，陳述我愚昧的計策，然後被淩遲處死，也是甘願的，希望陛下答應我的請求。現在陛下把我殺死，也不能使韓國強大，如果不聽從我的計策，災禍就會到來。秦國一定出兵攻打韓國，晝夜不停地前進，韓國的社稷就很危險了。等到我陳屍在韓國的市場，那時雖然想考察我愚昧而忠誠的計策，也沒有辦法了。邊境已經喪失，京城陷於困守，耳邊聽到擊鼓振鐸的聲音，這時才想採用我的計策，已經太晚了。而且韓國軍力的微弱，天下各國都知道，如今又背叛強大的秦國，引起戰爭。如果放棄了前方的城邑，把軍隊撤退，內部的叛逆一定乘機襲取城邑。城邑失陷，人民一定逃散，人民逃散，軍隊就會潰亂。如果堅守前方的城邑，秦國一定派兵包圍韓國的首都，前方和首都的交通斷絕，就難以作出妥善的計謀，到了這種情勢，就不能挽救了。陛下左右的臣子對韓國目前的情勢計畫不周密，希望陛下仔細加以考慮。如果我所說的話，有不符合事實的，希望大王接見我，讓我當面把話完全說出來，然後把我交付刑吏處死，還不算晚。秦王正一心一意在對付趙國，飲食不覺得味道美好，遊觀不覺得快樂，派我前來韓國，希望親自謁見陛下，向陛下陳述，所以我急於見到陛下，以便計議。如今我不能進見，那麼韓國對秦國有沒有誠意，還不能確定。這樣秦國一定放棄趙國的禍患，移轉軍隊，攻打韓國。希望陛下再三考慮，賜給我最後決定的答覆。」

難言

【題解】本篇的主旨在說明對君主進言的困難，可能引起君主的誤解和自身的災禍；大旨與〈說難〉相似，所不同的是：〈說難〉是論著，而本篇是上書。這篇大約是韓非出使秦國，被拘禁在監獄裡，上秦王的書（前人或以為上韓王的書）。全篇可分為二段：第一段說明向君王進言時，有十二種可能引起君王誤解的情形；第二段列舉古代十多位聖賢因為進言而遭遇災禍的事實。

臣非，非難言也。所以難言者：言順比❶滑澤❷，洋洋纚纚然❸，則見以為華而不實❹；敦厚❺祗恭❻，鯁固慎完❼，則見以為拙而不倫❽；多言繁稱❾，連類比物❿，則見以為虛而無用；總微說約⓫，徑省⓬而不飾，則見以為劌而不辯⓭；激急親近⓮，探知人情，則見以為譖而不讓⓯；閎大⓰廣博，妙遠⓱不測，則見以為夸⓲而無用；家計小談，以具數言⓳，則見以為陋；言而近世⓴，辭不悖逆㉑，則見以為貪生而諛上；言而遠俗，詭躁㉒人間，則見以為誕㉓；捷敏辯給㉔，繁於文采，則見以為史㉕；殊釋文學㉖，以質性㉗言，則見以為鄙㉘；時稱詩書，道法往古㉙，則見以為誦㉚。此臣非之所以難言而重患㉛也。

【注釋】❶順比　順從旨意。比，從；和順。❷滑澤　言語流暢而富有文采。❸洋洋纚纚然　形容辭藻豐盛而條理順暢。洋洋，盛大眾多的樣子。纚纚，有次序的樣子。然，語尾詞。無義。❹華而不實　開花而不結果。比喻浮華沒有內容。華，古「花」字。❺敦厚　篤厚；淳樸。❻祇恭　恭敬。祇，敬。❼鯁固慎完　正直謹慎，堅守不變。鯁，通「骾」。正直。完，堅固。❽拙而不倫　笨拙而沒有條理。拙，不巧。倫，順序。❾繁稱　多所述說。稱，述。❿連類比物　連綴類舉同類事物。⓫總微說約　總括事理的精微奧妙，說明事理的旨要。總，括。微，精妙。約，要。⓬徑省　直截簡略。⓭劌而不辯　說話生硬而沒有辯才。劌，草木刺傷人。比喻說話不動聽。⓮激急親近　語意激切，侵犯君主的親信。激，急速；猛烈。親近，指君主的近臣。⓯譖而不讓　毀謗他人而不知謙讓。譖，毀謗。⓰閎大　廣大。閎，大。⓱妙遠　高遠。妙，高遠。⓲夸　通「誇」。言語誇大不實。⓳以具數言　一件一件的說明。具，器物一件叫一具。⓴近世　近於世俗。㉑悖逆　違背。㉒詭躁　怪異急切。詭，奇異。躁，急切；浮躁。㉓誕　虛妄。㉔捷敏辯給　言辭敏捷，能言善辯。捷，敏疾。辯給，即富於辯才。㉕史　古時記事的史官。多富於辭藻。㉖殊釋文學　捨棄文采、辭章。殊，斷。釋，棄。文學，此指華美豐贍的文辭。㉗質性　事物的本質、本性。㉘鄙　粗俗；鄙陋。㉙道法往古　效法遵循古代聖王的美德。道，遵從。㉚誦　陳述；論說。指陳述故實。㉛重患　重視禍患。即慎言不使禍患上身。

【語譯】臣韓非認為進言並沒有困難，可是不輕易進言的原因是：說話完全順從君主的意思，辭藻豐富順暢，就被認為是浮華而不切實；說話誠懇恭敬，鯁直謹慎，就被認為是笨拙而沒有條理；說話繁多，列舉同類的事物詳細解說，就被認為是空洞而不實用；說話擷取事理的精微，說明其要旨，簡略而不加修飾，就被認為是言辭生硬而沒有口才；說話刺激到君主的親信，以探求人事的實情，就被認為是毀謗別人而不知謙讓；

說話內容寬大廣博，高深不能測量，就被認為是誇大而不實用；說話像談家庭瑣事，一件件的說明，就被認為是庸俗淺薄；說話如果切近世俗的觀念，不違反君主的意見，就被認為是貪生怕死而諂媚君上；說話如果遠於世俗，在人類社會當中，顯得怪異急切，就被認為是狂妄；說話口才敏捷，辭藻豐富，就被認為像是記載國事的史官；說話不講究華美的文辭，注重實質，就被認為是庸俗；說話時常引據經典，效法古代聖王，就被認為是陳述故實；這就是臣韓非為什麼不輕易進言，而恐怕招惹禍患的緣故。

故度量❶雖正，未必聽也；義理雖全，未必用也。大王❷若以此不信，則小者以為毀訾❸誹謗❹，大者患禍災害死亡及其身。故子胥善謀，而吳戮之❺；仲尼善說，而匡圍之❻；管夷吾實賢，而魯囚之❼。故此三大夫豈不賢哉？而三君不明也。上古，有湯❽，至聖也，伊尹❾，至智也。夫至智說至聖，然且七十說而不受，身執鼎俎為庖宰，昵近習親，而湯乃僅知其賢而用之❿。故曰以至智說至聖，未必至而見受，伊尹說湯是也。以智說愚，必不聽，文王說紂是也。故文王說紂，而紂囚之。翼侯炙，鬼侯腊⓫，比干剖心⓬，梅伯醢⓭，夷吾束縛，而曹羈奔陳⓮，伯里子道乞⓯，傅說⓰轉鬻⓱，孫子臏腳於魏⓲，吳起仗泣於岸門，痛西河之為秦，卒枝解於楚⓳，公叔痤言國器反為悖，公孫鞅奔秦⓴，關龍逢斬㉑，萇宏分胣㉒，尹子穽於棘㉓，司馬子期死而浮於江㉔，田明㉕辜射㉖，宓子賤、西門豹不鬭而死人手㉗，董安于死而陳於市㉘，宰予不免於田常㉙，范睢折脅於魏㉚——此十數人者，皆世之仁賢忠良有道術之士也，不幸而遇悖亂㉛闇惑㉜之主而死，然則雖賢聖不能逃死亡、避戮辱㉝者，何也？則愚者難言也。且至言㉞忤於耳而倒於心，非賢聖莫能聽，願大王熟察之也。

【注釋】❶度量　法度。❷大王　指秦始皇。❸毀訾　詆毀。❹誹謗　毀謗；惡言中傷人。❺子胥善謀二句　見《史記・伍子胥列傳》。子胥，姓伍名員，春秋楚人，父伍奢、兄伍尚，皆為楚平王殺害。子胥逃亡吳國，輔佐吳王闔廬攻楚，夫差立，又佐夫差打敗越國。夫差用太宰嚭計，允許越王請和，並伐齊，子胥勸諫不聽，嚭因此讒害子胥，夫差遂以屬鏤之劍賜子胥死。❻仲尼善說二句　見《史記・孔子世家》。仲尼，孔子字，春秋魯人。定公十三年（西元前四九七年），孔子由衛國往陳國，經過匡邑，以貌似魯之陽虎，而被匡人圍困。❼管夷吾實賢二句　見《史記・管晏列傳》。管仲，名夷吾。少時與鮑叔牙交遊，後鮑叔牙事齊公子小白，管仲事公子糾，及小白立為桓公，魯即殺害公子糾，並囚禁管仲，送回齊國。鮑叔牙知管仲賢能，遂向桓公推薦。管仲輔佐桓公，完成霸業，九合諸侯，一匡天下。❽有湯　湯。商朝開國君主，世稱商湯。❾伊尹　名摯。輔佐湯伐夏桀，滅夏，湯尊稱他為阿衡。❿身執鼎俎為庖宰三句　伊尹欲輔佐商湯治理國事，而無進身的方法，後為有莘氏的陪嫁臣僕，親執廚具，為廚師，逐漸與商湯親近，以滋味勸說商湯，商湯才知伊尹的賢能而重用他。見《史記・殷本紀》。鼎俎，泛指烹飪用的器具。鼎，三足兩耳用以烹煮及盛裝食物的容器。俎，切肉的砧板。庖宰，廚師。昵近習親，親暱；親近。昵，同「暱」。親。習，近。⓫文王說紂四句　《史記・殷本紀》：「以西伯昌、九侯、鄂侯為三公。九侯有好女，入之紂。九侯女不憙淫，紂怒，殺之，而醢九侯。鄂侯爭之彊，辨之疾，并脯鄂侯。西伯昌聞之，竊嘆。崇侯虎知之，以告紂，紂囚西伯羑里。」西伯即周文王姬昌。九侯蓋即鬼侯。鄂侯蓋即翼侯。炙，燒烤。腊，乾肉。⓬比干剖心　《史記・殷本紀》：「紂愈淫亂不止。微子數諫不聽，乃與大師、少師謀，遂去。比干曰：『為人臣者，不得不以死爭。』迺強諫紂。紂怒曰：『吾聞聖人心有七竅。』剖比干，觀其心。」比干，紂之叔父。封於比，稱為比干。⓭梅伯醢　見《呂氏春秋・過理》。梅伯，紂之諸侯。說鬼侯之女美好，紂受妲己之譖，以為不好，故殺梅伯以為醢。醢，肉醬。⑭曹羈奔陳　見《公羊傳・莊公二十四年》。曹羈，曹國大夫。魯莊公二十四年（西元前六七〇年），戎將侵略曹國，曹國國君欲親自率兵抵抗，曹羈再三勸諫，曹君不聽從，曹羈於是出奔陳國。⑮伯里子道乞　見《史記・秦本紀》。伯里子，即百里奚。也作「百里傒」。字井伯，原為春秋虞國大夫。晉獻公滅虞，擄百里奚，為晉獻公女兒陪嫁的僕人，奚以為恥，逃至宛地，被楚人所執，秦繆公聞其賢，以五張黑羊皮贖之，並委以國政，稱為五羖大夫。道乞，乞食於道路。百里奚自稱，嘗遊困於齊而乞食於路。見《史記・秦本紀》。⑯傅說　殷高宗相。⑰轉鬻　展轉賣身為人奴僕。一說：轉移各地販賣貨物。⑱孫子臏腳於魏　見《史記・孫子吳起列傳》。孫子，即孫臏。戰國齊人，與龐涓同學兵法於鬼谷子。龐涓為魏惠王將軍，自以為才能不及孫臏，乃陰召孫臏至魏，以刑法斷其兩足，齊使者至魏，竊載之回國，後齊威王從田忌語，任孫臏為軍師，大破魏軍於桂陵，以計謀陷龐涓於馬陵，龐涓自知智窮兵敗，自剄而死。臏腳，去除膝蓋骨。臏，本作「髕」。膝蓋骨。⑲吳起忮泣於岸門三句　見《史記・孫子吳起列傳》、《呂氏春秋・長見》。吳起，戰國衛人。善用兵，初為魯將，聞魏文侯賢而歸附之，屢建戰功，拜為西河守，以抗拒秦、韓。武侯立，聽信公叔讒言，召回吳起。吳起到了岸門，停車望向西河而流淚，僕從問之，吳起拭去眼淚說：「君主聽信讒言，不了解我，西河不久就要被秦國奪去了，魏國從此衰弱。」於是投奔楚國，為楚悼王相，國勢大振，悼王死，吳起被貴戚殺害。忮泣，當從盧文弨校作「抆泣」。抆泣，拭淚。岸門，一名岸頭亭。在今山西省河津縣南。西河，在今陝西省東南，黃河以西之地。枝解，分解肢體。枝，通「肢」。⑳公叔痤言國器反為悖二句　魏相公叔痤病重，魏惠王親往探病，公叔痤說：「中庶子公孫鞅年少有奇才，願王任用他主持國政。」惠王離去後，對左右說：「公叔痤病重了，竟推舉公孫鞅主持國政，豈不謬誤！」公叔痤死，公孫鞅聞秦孝公下令求賢，遂往秦國，後輔佐孝公變法，國勢大盛。見《史記・商君列傳》。國器，可以擔負國家重任的人才。悖，謬。公孫鞅，衛人。因封於商，也稱商鞅。㉑關龍逢斬　見《韓詩外傳・四》。關龍逢，夏桀賢臣。桀荒淫無道，作酒池，足以運舟，堆糟丘，足以望十里，臣子俯身就飲者三千人。關龍逢進諫，立於朝廷，不肯離去，夏桀囚而殺之。㉒萇宏分胣　見《左傳・哀公三年》。周卿士劉文公與晉大夫范氏世為婚姻，當晉范氏與中行氏叛亂時，周人幫助范氏，後晉卿趙鞅責備周人不應助亂，時劉文公已死，周人便殺萇宏以謝罪。萇宏，也作「萇弘」。事劉文公。胣，剖腹出腸。㉓尹子穽於棘　尹子被關在牢獄裡。尹子，未詳何人。穽，陷。棘，有刺的植物。此指牢獄。㉔司馬子期死而浮於江　見《左傳・魯哀公十六年》。子期，即楚令尹子西之弟公子結。為司馬。白公請子西伐鄭以報父仇，子西許之而未起兵，不久，晉伐鄭，楚派子西救鄭，且與楚結盟，白公怒，作亂，殺子西、子期於朝。浮於江，棄屍於江中。㉕田明　未詳何人。㉖辜射　即辜磔。古代一種酷刑，肢解軀體並棄市。㉗宓子賤西門豹句　其事不詳。宓子賤，名不齊。春秋魯人，孔子弟子。西門豹，魏人。魏文侯時，為鄴縣縣令。㉘董安于死而陳於市　見《左傳・定公十三年》。董安于，春秋晉卿趙鞅的家臣。為梁嬰所誣陷，自縊而死，暴屍市上。㉙宰予不免於田常　見《史記・仲尼弟子列傳》。宰予，字子我。春秋魯人，孔子弟子，長於言語，為齊臨菑大夫時，田常作亂而被殺。㉚范雎折脅於魏　見《史記・范雎蔡澤列傳》。范雎，字叔。戰國魏人，有謀略，善辯，從魏中大夫須賈使齊，以有通齊之嫌，被魏相魏齊使人笞擊，折脅斷齒，佯死得免。後改名張祿，以遠交近攻的策略說服秦昭王，拜相，封於應，號稱應侯。折脅，肋骨折斷。㉛悖亂　逆亂。㉜闇惑　愚昧不明。㉝戮辱　刑辱。㉞至言　至善的言論。

【語譯】因此，所提出的法度雖然正確，未必聽從；所講的道理雖然完備，未必採用。大王如果認為這些話不真實，那麼從來進言的，誤會小的被認為是毀謗，誤會大的就會遭受災禍死亡。所以伍子胥善長於謀劃國事，吳國卻把他殺死；孔子善長於解說事理，匡人卻把他圍困；管仲實在是賢能的人，魯國卻把他囚禁起來；難道這三位大夫不夠賢能嗎？而是這三位君長不夠明智啊！上古時代商湯是極聖明的君主，伊尹是極睿智的人，以極睿智的人勸說極聖明的君主，可是經過七十次還沒有被接受，以後伊尹親自拿著烹調的器具做廚子，慢慢跟商湯接近，商湯才知道他是一個賢能的人，而重用他；所以說以極睿智的人去勸說極聖明的人，不一定剛來到就被接受，伊尹勸說商湯就是這樣。以睿智的人勸說愚人，一定不聽從，文王勸說商紂就是這樣。所以文王勸說商紂，商紂卻把他關在監牢裡。翼侯被做成烤肉，鬼侯被做成乾肉，比干被挖出心臟，梅伯被剁成肉醬。管仲被囚禁；曹羈逃到陳國；百里奚沿路討飯；傅說展轉賣身為奴僕；孫子在魏國被砍掉兩腳；吳起在岸門擦著眼淚，為西河將被秦國侵奪而悲傷，最後在楚國被肢解；公孫痤推薦主持國家政事的人才，反而被認為是荒謬，公孫鞅便逃到秦國去；關龍逢忠諫夏桀而被殺；萇宏無辜而被剖腹；尹子被關在牢獄裡；司馬子期被殺死後投入江中，田明肢體被分解；宓子賤、西門豹與人無爭，卻都死在別人手下；董安于效忠主人，死後屍首陳列市場示眾；宰予是賢人，卻不能避免被田常殺害；范雎是一個有謀略的人，可是在魏國被打得肋骨折斷——這十幾個人都是世間仁賢忠良胸懷謀略的人，不幸遇到悖亂昏庸的君主，冤枉而死，那麼雖然是聖賢，而不能逃脫死亡，避免侮辱，這是什麼緣故呢？由於愚蠢的人很難勸說，所以君子不輕易進言。並且忠善的話，使人耳朵不愛聽，心中起反感，除非聖明的君主是不能聽從的，希望大王仔細考察我這番話。

愛臣

【題解】本篇的主旨在說明君主控制群臣的方法。因為篇首有「愛臣」兩字，於是就用來作為篇名。全篇可分為二段：第一段說明君主的大害是：諸侯的勢力強大，群臣太富裕。第二段說明君主應當「盡之以法，質之以備」來控制群臣。

作者在文中自稱為臣，可見是一篇上書。梁啟超《要籍解題及其讀法》以為是韓非早年上韓王的書。陳千鈞《韓非子研究》以為篇首所謂「愛臣太親」、「大臣太貴」等語，是指姚賈、李斯而言，因此認為本篇是韓非上秦王書。根據《史記》的記載，韓非出使秦國，不久便下牢獄，從本篇的內容看來，梁氏的說法比較可信。

愛臣❶太親，必危其身；大臣太貴，必易主位；主妾無等❷，必危嫡子❸；兄弟❹不服，必危社稷。臣聞千乘之君無備，必有百乘之臣在其側，以徙其民❺而傾其國；萬乘之君無備，必有千乘之家在其側，以徙其威❻而傾其國；是以姦臣蕃息，主道衰亡。是故諸侯之博大，天子之害也；群臣之太富，君主之敗也；將相之後主❼而隆家❽，此君人者所外❾也。萬物莫如身之至貴也，位之至尊也，主威之重也，主勢之隆也；此四美者，不求諸外，不請於人，議⑩之而得之矣。故曰人主不能用其富⑪，則終於外也；此君人者之所識也。

【注釋】❶愛臣　君主左右寵愛的臣子。❷主妾無等　妻妾沒有等級之分。主，主母。古代妾對妻的稱呼。等，差；階級。❸嫡子　正妻所生的兒子。嫡，正妻。❹兄弟　指國君的兄弟。❺徙其民　爭取他的人民而據為己有。徙，遷移；奪取。❻徙其威　奪取他的權勢。威，權勢。❼後主　不為君主效力，不重視國事。❽隆家　擅權營私而使自己的家興盛。隆，盛。❾外　疏遠。❿議　謀慮；思慮。⓫富　備。指上述身貴、位尊、威重、勢隆四美具備。

【語譯】愛臣太親近，一定會危害君主的生命；大臣太尊貴，一定會奪取君主的地位；后妃沒有等級，一定會危害嫡子；君主的兄弟不能安分，一定會顛覆國家。臣聽說：擁有千輛兵車的君主如果不加防備，在他的身邊一定有擁有百輛兵車的臣子，爭取他的人民而傾覆他的國家；擁有萬輛兵車的君主如果不加防備，在他的旁邊一定有擁有千輛兵車的臣子，奪取他的權勢而傾覆他的國家。因此奸臣的勢力慢慢增長，君主的權位慢慢衰亡。所以諸侯勢力的強大，是天子的災患；群臣的財貨太富裕，是君主的禍害；將軍宰相不積極為君主效力，而積極發展自己的勢力，這是做君主的必須疏遠排斥的。一切事物都不如生命的寶貴，地位的尊顯，君主權威的重大，君主勢力的強盛；這四種美事，君主不必向外求取，不必請人幫助，只要慎重思慮就可以得到。所以說：君主不能善用自己所具備的事物，結果就要被篡弒放逐，這是做君主的應有的認識。

昔者，紂❶之亡，周❷之卑，皆從❸諸侯之博大也；晉之分❹也，齊之奪❺也，皆以群臣之太富也；夫燕宋之所以弒其君者❻，皆此類也。故上比❼之殷周，中比之齊晉，下比之燕宋，莫不從此術也。是故明君之蓄其臣也，盡之以法❽，質之以備❾；故不赦死，不宥❿刑；赦死宥刑，是謂威淫⓫，社稷將危，國家偏威⓬。是故大臣之祿雖大，不得藉⓭城市；黨與⓮雖眾，不得臣士卒⓯。故人臣處國無私朝⓰，居軍無私交⓱，其府庫不得私貸⓲於家；此明君之所以禁其邪。是故不得四從⓳，不載奇兵⓴；非傳非遽㉑，載奇兵者，罪死不赦；此明君之所以備不虞㉒者也。

【注　釋】❶紂　商朝末代的帝王。暴虐無道，被周武王所滅。❷周　周武王滅商後所建的王朝。傳至周幽王，被犬戎所殺，史稱西周。周幽王子平王遷都洛陽，從此日益衰微，史稱東周。❸從　由；因。❹晉之分　指韓、趙、魏三卿瓜分晉國。❺齊之奪　指陳恆弒齊簡公而奪取其國家。❻燕宋之所以弒其君者　指燕相公孫操弒惠王及宋大夫皇喜劫宋君二事。❼比　考校。❽盡之以法　一律以法制裁。盡，竭。❾質之以備　防範周全，以杜絕其邪心。質，正；糾正。備，周全。❿宥　寬免；赦免。⓫威淫　君主的權勢消散。淫，散。⓬偏威　權勢偏入大臣手中。⓭藉　通「籍」。徵稅。⓮黨與　指所屬官吏、親族和門客等。⓯臣士卒　私有士卒。⓰私朝　私自集會議事。朝，會見。⓱私交　私與外國交往。⓲私貸　私自借貸。貸，借出。⓳四從　四馬一乘的從車。比喻多輛隨從的車子。四，通「駟」。四馬一乘。從，從車。⓴奇兵　精銳的兵器。㉑非傳非遽　不是傳車驛騎。古代緊急傳送事物或訊息，以車曰傳，以馬曰遽。㉒不虞　非意料所及。虞，通「慮」。臆度。

【語　譯】從前，商紂的滅亡，周室的衰微，都是由於諸侯國的強大；晉國被三家瓜分，齊國被陳恆篡奪，都是因為群臣太富裕；至於燕國宰相公孫操弒惠王、宋國大夫皇喜弒宋君，都是這一類的事情。所以古時考校殷、周的事實，中期考校齊、晉的事實，近世考校燕、宋的事實，篡弒衰亡沒有不是經由這條途徑的。所以英明的君主對待他的臣子，一律用法律制裁，防範周密，使他們不生邪心。不赦免死罪，不寬宥刑罰；赦免死罪，寬宥刑罰，君主的威嚴就會散失，國家就會危險，國家大權旁落在大臣的手中。所以大臣的俸祿雖然優厚，但是不得徵收城市的賦稅；黨與雖然眾多，但是不得私自擁有軍隊。所以大臣在京城任職，不能私自集會議事；統領軍隊，不能私自跟外國交往；府庫裡的財貨，不能私自借給別人；這都是英明君主禁止姦邪的方法。因此大臣外出，不能有多輛隨從的車子，侍衛不能攜帶精銳的兵器；不是負有重任的傳車驛馬，攜帶精銳的兵器的，便被判處死刑，絕不赦免，這是英明君主防備意外事情發生的方法。

主道

【題解】本篇主旨是以道家虛靜無為的道理，建立法家做君主的道術，因此以「主道」作為篇名。

全篇論做君主的道術，有三大要點：一為持守虛靜，二為參合形名，三為嚴正賞罰。君主如果能把握這三大要點，則群臣竭盡其才智，不敢擅權而蒙蔽君主了。近代學者以本篇主旨為虛靜無為，因此懷疑為漢代道家的作品，不知道家是以虛靜說明道體，而法家從申不害、慎到以來就以虛靜無為說明君主的道術，韓非集法家大成，固未嘗捨棄早期法家君主無為之說，何況本篇所言除虛靜外，還論形名與賞罰，實融合道、名、法三家之說而成。惟篇中多用韻，跟其他篇不同，難免使人懷疑這篇是否為韓非的作品。

道者，萬物之始❶，是非之紀❷也。是以明君守始，以知萬物之源；治紀，以知善敗之端。故虛❸靜❹以待之，令名自命也，令事自定也❺。虛則知實之情，靜則知動者正❻。有言者自為名，有事者自為形❼，形名參同❽，君乃無事❾焉，歸之其情。故曰：君無見❿其所欲；君見其所欲，臣將自雕琢⓫。君無見其意；

君見其意，臣將自表異⑫。故曰：去好去惡，臣乃見素⑬；去智去舊⑭，臣乃自備⑮。故有智而不以慮，使萬物知其處⑯；有行而不以賢⑰，觀臣下之所因⑱；有勇而不以怒⑲，使群臣盡其武⑳。是故去智而有明，去賢而有功，去勇而有強㉑。群臣守職，百官有常㉒，因能而使之，是謂習㉓常。故曰：寂㉔乎其無位而處，漻㉕乎莫得其所。明君無為於上，群臣竦懼㉖乎下。明君之道，使智者盡其慮，而君因以斷事，故君不窮於智；賢者效其材，君因而任之，故君不窮於能；有功則君有其賢，有過則臣任其罪，故君不窮於名。是故不賢而為賢者師，不智而為智者正㉗。臣有其勞，君有其成功，此之謂賢主之經㉘也。

【注釋】❶始　根本；本體。❷紀　準則。❸虛　空虛；心無成見。❹靜　清靜無欲，行動不躁。❺令名自命也二句　使名義自然形成，使事物自然建立。名，名義。指事物的稱謂和義理。事，指有形的事物。❻虛則知實之情二句　君主心無成見，便可知臣子言談的誠偽，清靜無欲則可知臣子行動的是非。情，真誠。正，正直。❼有言者自為名二句　使進言的自己解說道理，使辦事的力求自我表現。形，表現。❽參同　會合比驗。❾無事　無為。❿見　通「現」。顯露。⓫雕琢　刻鏤琢磨玉石。引申為修飾。⓬表異　自矜才能，表示異於他人。⓭素　真誠、質樸的本性。⓮去智去舊　君主摒除智巧。智，智慧。舊，指經驗的智巧。⓯備　警戒；戒慎。⓰處　處所；分位。⓱有行而不以賢　疑當從王先慎《韓非子集解》校作「有賢而不以行」。君主有賢才卻不施展。⓲因　由；依循；施行。⓳怒　奮力；振奮。⓴武　勇力。㉑去智而有明三句　謂君主不用其智，而令群臣各盡其智，則集思廣益，更為明智；君主不矜其賢，而令群臣各盡其能，則群策群力，可建大功，君主不逞其勇，而令群臣各盡其力，則眾志成城，更為強勁。㉒常　法度。㉓習　通「襲」。因襲。㉔寂　寂靜；靜而無聲。

㉕繆　通「寥」。空虛；空而無形。㉖竦懼　恐懼。㉗正　君長。㉘經　常道；常法。

【語譯】道，是萬物的本體，辨別是非的準則。所以英明的君主把握萬物的本體，就知道萬物的來源；探究是非的準則，就知道善惡的端緒。因此，用虛靜的態度對待萬物，使名義自然形成，使事業自然建立。內心沖虛，就可以知道言語的誠偽；自身清靜，就可以知道行動的善惡。使進言的自加解說，使辦事的自行表現，君主只要會合比驗，不必有所作為，一切都會做到真實無偽的境地。所以說：君主不要顯露自己的欲望，如果顯露自己的欲望，臣子就會盡量裝扮，來迎合君主的欲望。君主不要表示自己的意見，如果表示自己的意見，臣子就會顯現異才，來適應君主的意見。所以說：君主摒除好惡，臣子才會顯露他的本真；君主摒除智巧，臣子才會自行戒慎。君主有智慧卻不用來謀慮，使萬物知道他們各自的分位；君主有才能卻不施展，而觀察臣子治事的準則；君主有勇氣卻不振奮，使群臣發揮他們的勇力。因此君主不用智慧卻更英明，不用才能卻更有功效，不用勇氣卻更加強勁。群臣盡忠職守，百官遵循法度，按照他們的才能而任用，這叫做因襲常道。所以說：君主要寂靜得像沒有處在君位，空虛得讓臣子不知道他在哪裡。英明的君主在上面沒有作為，群臣在下面卻沒有不恐懼。英明君主治理國家的方法，使有智慧的人竭盡他的心思謀劃，君主根據他的謀劃決定事情，所以君主的智慧是無窮的；使有才能的人盡量發揮他的才能，君主根據他們的才能而任用，所以君主的才能是無窮的；有功勞，君主獲得賢名，有過失，臣子擔負罪行，所以君主的名聲是無窮的。因此君主不賢能，卻能做賢能的人的導師；不明智卻能做明智的人的領袖。臣子做事辛勞，君主享受成就，這就是賢明君主所遵循的常道。

道在不可見，用在不可知。虛靜無事，以闇見疵❶。見而❷不見，聞而不聞，知而不知。知其言以往❸，勿變勿更，以參合閱焉❹。官置一人，勿令通言❺，則萬物皆盡❻。函❼其跡，匿其端❽，下不能原❾。去其智，絕其能，下不能意❿。保吾所以往而稽同之⓫，謹執其柄⓬而固握之。絕其望，破其意，毋使人欲之。不謹其閉⓭，不固其門，虎⓮乃將存。不慎其事，不掩其情，賊乃將生。弒其主，代其所⓯，人莫不與⓰，故謂之虎。處其主之側為姦匿⓱，閒⓲其主之忒⓳，故謂之賊。散其黨，收其餘⓴，閉其門，奪其輔㉑，國乃無虎。大不可量，深不可測，同合形名㉒，審驗法式㉓，擅為㉔者誅，國乃無賊。是故人主有五壅㉕：臣閉其主㉖曰壅，臣制財利㉗曰壅，臣擅行令㉘曰壅，臣得行義㉙曰壅，臣得樹人㉚曰壅。臣閉其主，則主失明㉛；臣制財利，則主失德㉜；臣擅行令，則主失制㉝；臣得行義，則主失名㉞；臣得樹人，則主失黨㉟。此人主之所以獨擅，非人臣之所以得操㊱也。

【注釋】❶虛靜無事二句　君主沖虛寧靜，無所作為，卻能從暗處察看群臣的過失。闇，通「暗」。隱暗。疵，小病；過失。❷而　如；好像。❸以往　以後。❹以參合閱焉　用會合比驗的方法加以考覈。參合，以形名會合比驗。閱，考覈。焉，之。指群臣的言論。❺通言　彼此言論上溝通。❻萬物皆盡　萬物都能各盡其實情。❼函　包含。引申作隱藏。❽端　端緒；頭緒。❾原　即推究根原。❿意　通「臆」。臆度；揣測。⓫保吾所以往而稽同之　依照自己的意見考覈群臣的言行是否相合。保，持；恃。稽，考覈。⓬柄　指賞罰的權柄。⓭閉　門牝。門閂所插入的孔。⓮虎　比喻篡臣。⓯代其所　取代君主的地位。所，指君位。⓰與　親附；順從。⓱姦匿　邪惡。匿，通「慝」。邪惡。⓲閒　窺伺。⓳忒　過失。⓴餘　當作「與」。黨與。㉑輔　古時夾住車轂使車輪穩固的木軸。此指輔佐的人。㉒同合形名　循名責實。同合，參合。形，事物實體。名，名稱。㉓審驗法式　考察法度。㉔擅為　以己意專斷獨行。㉕壅　阻塞不通。㉖臣閉其主　臣下堵塞君主的耳目，以致下情無法上達。閉，絕。㉗制財利　控制財政大權。㉘擅行令　擅自發布命令。即專權。㉙行義　為善；施惠。㉚樹人　培植黨與。㉛失明　喪失明智。㉜失德　喪失德惠。德，指慶賞。㉝失制　喪失斷制之權。㉞失名　喪失聲譽。㉟失黨　喪失群眾。黨，黨與。㊱操　掌握；把持。

【語譯】君主的道術是看不見的，它的作用也不能覺察，空虛寂靜，無所作為，卻從隱暗處觀察群臣的過失。看到好像沒有看到，聽到好像沒有聽到，知道好像沒有知道。知道群臣的言論以後，不要加以變更，而用參合比較的方法予以考覈。每一種官職設置一人，不讓他們互通聲氣，這樣，一切事情都能各盡其實情。君主行事，要掩藏起形迹，隱匿住端緒，群臣就不能推究事情的根源。要放棄自己的智慧，棄絕自己的才能，群臣就無法揣測。依照自己的意向去考覈群臣的言行是否恰當，謹慎地執持賞罰的權柄而牢固地掌握它。斷絕群臣的奢望，破除群臣的意圖，不讓他們產生竊取權柄的野心。如果不謹慎門上門，鞏固自己的門戶，就會有老虎潛伏。不謹慎自己的行動，不掩藏自己的情意，姦賊就會產生。殺害君主，奪取他的地位，沒有人不畏服，所以稱為老虎。站立君主的左右，窺伺君主的過錯，所以稱為姦賊。解散他的朋黨，拘捕他的黨徒，關閉他的門戶，剷除他的助手，國家就沒有老虎。君主的道術大到不可度量，深到無法探測，觀察群臣的名實是否相合，考察群臣的行動是否合法，對擅自作為的人，便予誅殺，國家就沒有姦賊。因此君主有五種壅塞：臣子掩蔽君主的耳目，是第一種壅塞；臣子控制國家的財富，是第二種壅塞；臣子擅自發布命令，是第三種壅塞；臣子任意實施義行，是第四種壅塞；臣子能夠培植黨徒，是第五種壅塞。臣子掩蔽君主的耳目，君主就會喪失明智；臣子控制國家的財富，君主就會喪失德惠；臣子擅自發布命令，君主就會喪失斷制力；臣子任意實施義行，君主就會喪失名譽；臣子能夠培植黨徒，君主就會喪失徒眾。這些都是君主必須獨自掌握的權柄，不是臣子可以把持的。

人主之道，靜退❶以為寶。不自操事，而知拙與巧；不自計慮，而知福與咎❷。是以不言而善應❸，不約而善會❹。言已應，則執其契❺；事已會，則操其符❻。符契之所合，賞罰之所生也。故群臣陳其言，君以其言授其事，以其事責❼其功。功當❽其事，事當其言，則賞；功不當其事，事不當其言，則誅。明君之道，臣不得陳言而不當❾。是故明君之行賞也，曖❿乎如時雨⓫，百姓利其澤⓬；其行罰也，畏乎如雷霆⓭，神聖不能解⓮也。故明君無偷賞⓯，無赦罰。偷賞，則功臣墮其業⓰；赦罰，則姦臣易為非⓱。是故誠有功，則雖疏賤必賞；誠有過，則雖近愛必誅。疏賤必賞，近愛必誅，則疏賤者不怠，而近愛者不驕也。

【注釋】❶靜退　清靜謙退。指下文不自操事、計慮二事。❷咎　災禍。❸應　應答。❹會　聚合。❺契　即今契約、合同。❻符　古時用為憑證之物。以金、玉、銅、木等做成，上刻文字，剖為左右兩半，用時相合以為徵信。❼責　要求。❽當　相合；相稱。❾臣不得陳言而不當　陶小石《讀韓非子札記》：「據〈二柄〉篇當作『臣不得越官而有功，不得陳言而不當』，承上文『功當其事，事當其言』而言。」意思是說：群臣不可超越任務而建立功績，進言不可不符合他的任務。❿曖　天空密雲覆蓋的樣子。⓫時雨　及時下降的雨。⓬利其澤　蒙受明君行賞的恩澤。其，代名詞。指「明君之行賞」。⓭畏乎如雷霆　威猛如雷霆般。畏，通「威」。威猛。⓮解　免除；解除。⓯偷賞　隨便獎賞。偷，苟且；隨便。⓰墮其業　懈怠他們的工作。墮，通「惰」。懈怠。⓱易為非　輕易觸犯法禁。

【語譯】君主的道術，寧靜謙讓是非常寶貴的。不親自處理政事，但要知道政事的巧拙；不要親自擬議謀略，但要知道謀略的禍福。因此，君主不需要多言，卻要善於應答；君主不需要集合群臣，卻要善於總結事體。對於群臣的言論已經應答，就要執持契券；事體已經總結，就要掌握符節。群臣的言行，是否合於契券符節，便是獎賞和懲罰的依據。所以群臣陳述他的言論，君主依照他們的言論給與任務，依照他們的任務要求功績，功績符合於他們的任務，任務符合於他們的言論，就給與獎賞；功績不符合於他們的任務，任務不符合於他們的言論，就給與懲罰。英明的君主的道術，群臣不能超越任務而建立功績，不能陳述言論而不符合任務。所以英明的君主施行獎賞，就像豐沛的時雨，人民受到他的潤澤；他施行懲罰，就像威猛的雷霆，神聖都無法解除。所以英明的君主不隨便給與獎賞，不任意赦免罪行。隨便給與獎賞，功臣就懈怠他們的工作；任意赦免罪行，姦臣就會輕易犯法。所以真正建立功勞，即使疏遠卑賤的人也一定獎賞；真正犯了過錯，即使親近喜愛的人也一定懲罰。疏遠卑賤的人有功勞一定獎賞，親近喜愛的人有過錯一定懲罰，那麼疏遠卑賤的人就不會懈怠，親近喜愛的人就不會驕傲了。

卷二

有度

【題解】有度，就是有法度。本篇文中說：「有法度之制者，加於群臣之上，則主不可欺以詐偽。」因此節取「有度」兩字作為篇名。

本篇主旨在闡明以法治國的道理。全篇可分為五段：第一段，說明楚、齊、燕、魏的盛衰，由於執行法度的強弱。第二段，說明英明的君主依據法度選擇人才、考量功績。第三段，說明賢臣在於能奉公法、棄私術，而不在於所謂廉、忠、仁、義、智等德行。第四段，說明君主親自考察百官就難治，因法任勢就易治。第五段，說明以法度治理國家，臣子便不能侵犯君主的權勢。

本篇作者在文中自稱臣，可見是一封上君主的奏書。胡適在《中國古代哲學史》中以本篇曾言荊、齊、燕、魏四國之亡，而韓非死時，六國還未滅亡，因此懷疑本篇不是韓非作的。然細考原文所謂「亡」或「亡國」，是說國家衰弱，不是說滅亡；惟文中多次稱述「先王」，與〈五蠹〉「明據先王，必定堯、舜，非愚則誣」的說法相反外，本篇所表現的思想還沒有跟韓非不相合的地方。

國無常強，無常弱。奉法者❶強❷，則國強；奉法者弱，則國弱。荊莊王❸

并國二十六，開地❹三千里，莊王之氓社稷❺也，而荊以亡❻。齊桓公❼并國三十，啟地❽三千里，桓公之氓社稷也，而齊以亡。燕昭王❾以河為境，以薊❿為國⓫，襲⓬涿⓭、方城⓮，殘齊⓯，平中山⓰，有燕者重，無燕者輕，昭王之氓社稷也，而燕以亡。魏安釐王⓱攻燕救趙，取地河東⓲；攻盡陶⓳、衛⓴之地；加兵於齊，私㉑平陸㉒之都㉓；攻韓拔㉔管㉕，勝於淇下㉖；睢陽之事，荊軍老而走㉗；蔡、召陵之事㉘，荊軍破；兵四布於天下，威行於冠帶之國㉙；安釐王死，而魏以亡。故有荊莊、齊桓，則荊、齊可以霸；有燕昭、魏安釐，則燕、魏可以強。今皆亡國者，其群臣官吏皆務㉚所以亂，而不務所以治也。其國亂弱矣，又皆釋㉛國法而私其外㉜，則是負薪而救火㉝也，亂弱甚矣。

【注釋】❶奉法者　執行法度的人。❷強　堅強。謂不曲法從私。❸荊莊王　即楚莊王。春秋楚國的國君，穆王的兒子，名旅，有雄才，先後滅庸，克宋，伐陳，圍鄭，伐陸渾戎，觀兵於周境，問九鼎的大小輕重，有滅周之意，為春秋五霸之一，在位二十三年。荊，楚國的舊名。❹開地　擴展土地。❺氓社稷　離開他的國家死去。氓，當作「泯」。滅；死。一說：當作「亡」。去。社稷，國家的代稱。❻亡　亡失。指國家的大權旁落、衰亂。❼齊桓公　春秋齊國的國君。襄公的弟弟，名小白。襄公無道，逃到莒國，等到襄公被殺，回國即位，任命管仲為相，尊崇王室，攘除夷、狄，屢次召集諸侯會盟，使天下走上正道，為春秋五霸之一，在位四十二年。❽啟地　開拓土地。❾燕昭王　戰國時燕王噲的兒子，名平。燕國被齊國攻破，噲死，燕人立平為王，以厚幣招納賢士，任命樂毅為上將軍，與秦、楚、韓、趙、魏合力攻齊，攻入齊國首都臨淄。齊地除莒和即墨外，完全為燕國所占領。❿薊　地名。周武王封堯的後嗣於此，其後為燕國所併，為燕國首都，故地在今北平市德勝門外。⓫國　首都。⓬襲　掩蔽；屏蔽。⓭涿　燕邑。今河北省涿縣。⓮方城　燕邑。今河北省固安縣西南有方城村，即其地。⓯殘齊　指樂毅與秦、楚等國聯軍合力攻入齊國首都臨淄，攻下齊國七十餘城。殘，毀滅。⓰中山　戰國時國名。在今河北省定縣一帶。燕昭王十七年，與趙國、齊國共滅中山。⓱魏安釐王　戰國魏國的國君。昭王的兒子，名圉。五年攻燕國，二十年魏公子無忌救趙邯鄲，二十一年韓、魏、楚救趙。⓲取地河東　魏昭王六年時與秦河東地方四百里，魏安釐王打敗秦兵於河外，將河東地收復。河東，黃河流經山西省境，自北而南，故稱山西省境內黃河以東的地區為河東。⓳陶　地名。在今山東省定陶縣境，與衛相鄰。⓴衛　周武王弟康叔的封國。約有今河北省南部及河南省北部一帶，都朝歌（在今河南省淇縣東北），後被秦國所滅。㉑私　以為己有。㉒平陸　戰國齊邑。故地在今山東省汶山縣北。㉓都　城邑。㉔拔　攻占。㉕管　周初管叔鮮的封地。春秋屬鄭國，戰國屬韓國，故城即今河南省鄭縣治。㉖淇下　淇山下。淇，山名。在今河南省輝縣西北，林縣東南，是淇水的發源地。㉗睢陽之事二句　宋本注云：「魏與楚相持於睢陽，而楚師遁。」睢陽，春秋宋地。故城在今河南省商邱縣南。荊軍老，楚國軍隊在外征戰日久，士氣衰落。老，衰落。走，逃走。㉘蔡召陵之事　《史記・魏世家》：「右蔡、召陵與楚兵決於陳郊。」蔡，故城在今河南省上蔡縣西南。召陵，故城在今河南省郾城縣東。㉙冠帶之國　指中原各國。古代中原各國，頭上戴冠，腰繫腰帶，而四裔民族，被髮左衽，因以冠帶之國，代表中原文明的國家。㉚務　勉力；從事。㉛釋　捨棄。㉜私其外　在國法之外，謀求私利。㉝負薪而救火　擔負柴薪去救火。比喻欲消除災害，反而使災害擴大。

【語　譯】國家不會永遠強盛，也不會永遠衰弱。執行法度的人堅強，國家就強盛；執行法度的人軟弱，國家就衰弱。楚莊王併吞了二十六個國家，擴展了三千里的土地，莊王去世後，楚國就衰落了。齊桓公併吞了三十個國家，擴展了三千里的土地，桓公去世後，齊國就衰落了。燕昭王以黃河為疆界，以薊丘為首都，以涿邑、方城為屏障，摧毀齊國，平定中山國，跟燕國聯合的國家就被看重，跟燕國疏遠的就被看輕，昭王去世後，燕國就衰落了。魏安釐王攻打燕國，援救趙國，收復河東一帶的土地；又完全攻占了陶、衛一帶的土地；出兵攻打齊國，把平陸城據為己有；進攻韓國，占領管地，在淇山下大勝韓軍；在睢陽跟楚軍對抗，相持不下；楚軍因為在外征戰日久，士氣衰落，而自動逃走；在蔡和召陵一帶跟楚軍決戰，楚軍大敗；魏國軍隊分布在天下各地，威勢盛行於中原各國；安釐王死後，魏國就衰落了。有楚莊王、齊桓公，楚國和齊國就可以稱霸；有燕昭王、魏安釐王，燕國和魏國就可以強大。現在這些國家都已經衰落，這是因為他們的大臣和官吏都從事於使國家紊亂的作法，卻不從事於使國家安定的作法。國家已經衰亂，又都放棄國法，而在國法之外謀求私利，就像是背著薪柴去救火，衰亂更要加重了。

故當今之時，能去❶私曲❷，就❸公法者，民安而國治；能去私行，行公法者，則兵強而敵弱。故審得失，有法度之制❹者，加於群臣之上，則主不可欺以詐偽；審得失，有權衡之稱❺者，以聽遠事，則主不可欺以天下之輕重。今若以譽進能❻，則臣離上❼，而下比周❽；若以黨舉官❾，則民務交❿，而不求用於法⓫。故官之失能⓬者，其國亂。以譽為賞，以毀為罰也，則好賞惡罰之人，釋公行，行私術，比周以相為⓭也。忘主外交⓮，以進其與⓯，則其下所以為上者薄矣。交眾、與多⓰，內外朋黨，雖有大過，其蔽多矣。故忠臣危死於非罪，姦邪之臣安利於無功。忠臣危死，而不以其罪，則良臣伏⓱矣。姦邪之臣，安利不以功，則姦臣進矣。此亡之本也。若是則群臣廢法而行私重⓲，輕公法矣。數⓳至能人⓴之門，不壹至主之廷㉑；百慮㉒私家之便，不壹圖主之國。屬數㉓雖多，非所以尊君也；百官雖具，非所以任國也。然則主有人主之名，而實託於群臣之家也。故臣曰：亡國之廷無人㉔焉。廷無人者，非朝廷之衰㉕也；家務相益㉖，不務厚國；大臣務相尊，而不務尊君；小臣奉祿養交㉗，不以官為事。此其所以然者，由主之不上斷於法，而信下為之也。故明主使法擇人，不自舉也；使法量功，不自度也。能者不能弊㉘，敗者不能飾，譽者不能進，非㉙者弗能退，則君臣之間明辯㉚而易治，故主讎法㉛則可也。

【注釋】❶去　屏除。❷私曲　私心。曲，曲折的地方。此指心。❸就　成全；使之成就。❹制　準則。❺權衡之稱　衡量輕重的秤。權衡，衡量輕重。稱，俗作「秤」。衡量輕重的器具。❻以譽進能　由於世俗的稱譽而進用之。❼離上　對君主疏遠。離，疏遠。上，指君主。❽比周　結黨營私。❾以黨舉官　由於朋黨的引薦，任用官吏。❿務交　專門從事交結權貴。⓫求用於法　依照法律的途徑，以求進用。⓬官之失能　任用官吏遺漏賢才。官之，任用官吏。⓭相為　互相幫助。⓮忘主外交　忽視君主，私自結交外國。⓯與　黨與。⓰交眾與多　指國外的交遊廣，國內的黨與多。⓱伏　隱居不做官。⓲行私重　當據劉師培《韓非子斠補》作「重私行」。⓳數　屢次。⓴能人　指當權的大臣。㉑廷　朝廷；君主治事的地方。㉒百慮　多方面考慮。㉓屬數　所屬官吏的數目。㉔無人　指無忠貞為國的官吏。㉕衰　衰減。指官吏的數目減少。㉖家務相益　當權的貴族致力謀求私人的利益。家，指當權的卿大夫。㉗奉祿養交　奉持俸祿，供養交遊的人，以成朋黨。㉘弊　通「蔽」。隱蔽。㉙非　通「誹」。毀謗。㉚明辯　明白分別。辯，通「辨」。分別。㉛讎法　應用法度。讎，用。

【語譯】在現在這個時代，能夠摒去私心，奉行公法的，人民就會安樂，國家就會太平；能夠去掉自利的行為，按照公法去做，自己的軍隊就會強大，而敵人的軍隊就變為衰弱。所以有法度的準則，設置在群臣的上面，用來審察他們的得失，君主就不會被臣子以詐偽的方法欺騙；有衡量輕重的器具，聽取遠方發生的事，用來審察事情的得失，君主就不會被臣子拿天下的治亂來欺騙。假如按照世俗的稱譽，進用人才，那麼臣子就疏遠君主，跟下屬勾結；假如憑藉朋黨的薦引，任用官吏，那麼人民就致力交結友朋，不按照法度，以求進用。所以任用官吏，遺漏賢能的人，國家就會混亂。由於世俗的稱譽給予賞賜，世俗的毀謗給予懲罰，那麼好賞惡罰的人就放棄為公的行為，實行為私的手法，互相勾結。不顧君主，私自跟外國交往，進用他的同黨，那麼臣子對君主的忠心微薄。國外的交遊廣，國內的同黨多，內外結成朋黨，雖然犯了重大的罪過，替他掩蔽的人很多。因此忠良的臣子沒有罪過而被處死，奸邪的臣子沒有功勞而安享利祿。忠臣沒有罪過被處死，那麼賢良的臣子隱居山林不做官。奸臣沒有功勞而安享利祿，那麼邪曲的臣子進用於朝廷，這就是亡國的根源。這樣群臣就廢棄法度，重視個人的利益，不顧公眾的法度。屢次進入權貴的家門，卻沒有一次到君主的朝廷；多方面考慮私家的利益，卻完全沒有考慮君主的國家。官屬數目雖多，卻都不是尊崇君主；各種官吏雖然具備，卻都不擔任國事。這樣君上雖然有國君的名稱，實際上是寄生在群臣的家門。所以我說：將要滅亡的國家，朝廷裡沒有人，朝廷裡沒有人，並不是朝廷裡官吏的數目減少了；而是權貴之家致力謀求私人的利益，而不謀求國家的利益；大臣致力互相推崇，而不致力尊崇國君；小臣運用俸祿，供給交遊，卻不認真辦理職分內的事。為什麼會造成這種情勢？是因為君主不用法度來裁斷國家的事情，卻信任下面的臣子所造成的。所以英明的君主依據法度來選擇人才，不用自己的觀念選拔；依據法度來衡量功績，不用自己的心理來度量。有才能的不能隱蔽，做錯事的不能掩飾，被稱譽的不能進用，受毀謗的不能黜退，這樣，君主對臣子認識得很清楚，統治就很簡便，不過君主要運用法度才能做到。

賢者之為人臣，北面❶委❷質❸，無有二心。朝廷不敢辭賤❹，軍旅不敢辭難❺；順上之為，從主之法，虛心❻以待令，而無是非❼也。故有口不以私言❽，有目不以私視❾，而上盡制之❿。為人臣者，譬之若手，上以修⓫頭，下以修足；清⓬暖寒熱，不得不救；鏌鋣⓭傅體⓮，不敢弗搏⓯。無私賢哲之臣，無私智能之士⑯。故民不越鄉而交，無百里之慼⑰。貴賤不相踰，愚智提衡而立⑱，治之至也。今夫輕爵祿，易去亡⑲，以擇其主，臣不謂⑳廉。詐說逆法㉑，倍主㉒強諫，臣不謂忠。行惠施利，收下為名㉓，臣不謂仁。離俗㉔隱居，而以非上㉕，臣不謂義。外使諸侯，內耗其國，伺其危亡，險陂㉖以恐㉗其主，曰：「交㉘非我不親，怨㉙非我不解。」而主乃信之，以國聽之。卑主之名以顯其名，毀國之厚以利其家，臣不謂智。此數物㉚者，險世㉛所說㉜也，而先王之法所簡㉝也。先王之法，曰：「臣毋或㉞作㉟威㊱，毋或作利㊲，從王之指㊳；毋或作惡㊴，從王之路。」古者世治之民，奉公法，廢私術，專意一行，具以待任。

【注釋】❶北面　古代君主的座位向南方，臣子面向北方朝見君主。❷委　交付；致送。❸質　多作「贄」。古人初次見面的禮物，如卿執羔，大夫執雁，士執雉等。❹辭賤　推辭卑下的職務。❺辭難　逃避危難。❻虛心　心裡空虛，毫無意見。❼無是非　不論是非，絕對服從。❽不以私言　不用來為自己說話。以，用。❾不以私視　不用來為自己觀看。❿上盡制之　全部受君主的控制。⓫修　修飾；整飭。一說：戒備。⓬清　通「凊」。涼。⓭鏌鎁　或作「莫邪」。良劍名。⓮傳體　迫近身體。傳，通「附」。迫近。⓯搏　搏擊。⓰無私賢哲之臣二句　任用臣子，絕不偏私，品德好的、智能高的才任用。私，偏私。⓱慼　同「戚」。親友。⓲愚智提衡而立　比喻智慧低的、智慧高的人得到公平適當的安排。提衡，提起秤桿公平地稱物的輕重。衡，秤桿。⓳易去亡　輕易離開本國，周遊各國。⓴謂　以為；認為。㉑逆法　違背法度。㉒倍主　違背君主的旨意。倍，通「背」。㉓收下為名　收攬人心，博取名譽。㉔離俗　遁世；脫離塵世。㉕以非上　以顯出君主的過失。㉖險陂　危險；驚險。指驚險的言詞。㉗恐　恐嚇。㉘交　交結。㉙怨　怨仇。㉚數物　數事。指上文廉、忠、仁、義、智五事。㉛險世　亂世。指亂世的君主。㉜說　同「悅」。喜悅。㉝簡　輕慢；輕賤。㉞毋或　無有。㉟作　造作。㊱威　威勢。指刑罰殺戮。㊲利　福利。指賞賜。㊳指　通「旨」。意旨。㊴惡　憎惡。

【語譯】賢能的人做臣子，向君主奉獻見面的禮物後，便專心一意為君主服務，在朝廷裡不敢推辭卑賤的職務，在軍隊中不敢逃避危難的任務，遵循君主的作為，依從君主的法度，虛心的等待君主的命令，不做是非的裁斷。所以嘴不為自己說話，眼不為自己觀看，完全由君主控制。做臣子的，就好像人體上的兩隻手，上面要修飾頭，下面要修飾足；身體受到冷或熱，不能不去解救；刀劍攻擊身，不敢不迎戰。任用官吏，毫不偏私，有德行的、有才能的人都能得到適當的任用。人民不需要到遠方結交，所以沒有百里以外的親友。朝廷裡，地位尊貴的、地位卑賤的各守其職分，不相踰越；智慧低的、智慧高的都得到公平適當的安排，這樣國家才算是極安定。現在有些臣子看輕官爵俸祿，輕易離開本國，周遊各國，選擇君主的，我不認為是廉；話說得巧妙，卻違反法度，違背君主的旨意，強烈勸諫的，我不認為是忠；傳布恩惠，施與利益，收攬人心，以博取名譽的，我不認為是仁；遠離俗世，隱居山林，以顯示出君主過失的，我不認為是義；出使諸侯各國，耗費國家的財貨，等候國家危急的時候，用驚險的言詞恐嚇君主，說：「友邦的結交，沒有我就不能親睦，敵國的怨仇，沒有我就不能解除。」君主便相信他們所說的話，把國家大事交給他們辦理。貶低君主的名聲，來顯揚自己的名聲，毀損國家的利益，來增加私家的利益，我不認為是智。這幾件事情，是亂世君主所喜愛的，卻是先王的法度所輕蔑的。先王的法度這麼說：「臣子不能擅行權威，也不能專行賞賜，只是遵從君主的旨意做事；不能偏心憎惡，只是遵從君主指示途徑做事。」從前太平時代的人民，奉行國家的法令，捨棄私人的智謀，集中心意和行動，完全等待君主的任命。

夫為人主而身察❶百官，則日❷不足，力不給❸。且上用目，則下飾觀❹；上用耳，則下飾聲❺；上用慮，則下繁辭❻。先王以三者為不足，故舍❼己能，而因❽法數❾，審❿賞罰。先王之所守⓫要⓬，故法省而不侵⓭。獨制四海之內，聰智不得用其詐，險躁不得關其佞⓮，姦邪無所依。遠在千里外，不敢易其辭；勢在郎中⓯，不敢蔽善飾非。朝廷群下，直湊單微，不敢相踰越⓰。故治不足，而日有餘⓱，上之任勢使然⓲也。

【注　釋】❶身察　親自考察。❷日　時日；時光。❸給　足。❹飾觀　修飾容貌舉止。觀，外觀。指人的外貌舉動。❺聲　指語言。❻繁辭　使言辭的內容繁富。❼舍　通「捨」。捨棄。❽因　遵循；按照。❾法數　法度。❿審　明確；確切。⓫所守　指治國所持守的方法。⓬要　扼要。⓭法省而不侵　法律精簡而權勢不會受到侵害。省，精簡。侵，受到侵害。⓮險躁不得關其佞　能言善辯的人不能表達他的辯才。險，通「憸」。利口。躁，通「譟」。多言。關，通「達」。佞，口才。⓯勢在郎中　近在朝廷之中。勢，當作「埶」。近。郎，古「廊」字。指廊廟，即朝廷。一說：雖居郎中的勢要。郎中，官名。為君主近侍之官。⓰朝廷群下三句　親近大臣會合疏遠卑賤的人都遵循法數，不敢超越。湊，會合。單微，指勢單力微的人。⓱治不足二句　治理國家所用的功力不多，而預期達成的時日還有剩餘。治，指治理國家所用的功力。不足，不多。日，指預期把國家治理好的時日。⓲然　如此。

【語　譯】君主如果親自考察百官，時間既不充足，精力也不夠用。而且君主用眼睛考察，臣子就在容貌舉動上表現得好看；君主用耳朵考察，臣子就在言談中說得好聽；君子用思慮考察，臣子就在言詞的內容求其繁富。先王認為以上三種方法不夠用，所以放棄個人的能力，而依照法度，切實地施行賞罰。先王治理國家，把握要領，所以法律精簡，而權勢不會受到侵犯。獨自控制四海以內的土地，聰明的人不能使用巧詐，善辯的人無法表達口才，奸邪的人沒有倚靠。遠在千里外的臣子，不敢變更他的言辭；近在朝廷中的臣子，也不敢蒙蔽善行，掩飾劣迹。朝廷大臣會合疏遠卑賤的人，都遵循法度，不敢互相超越職守。所以治理國家所用的功力不多，而預期達成的時日還有剩餘，這就是君主使用權勢造成的結果。

夫人臣之侵其主❶也，如地形焉，積漸❷以往，使人主失端❸，東西易面，而不自知。故先王立司南❹以端❺朝夕❻。故明主使其群臣不遊意❼於法之外❽，不為惠❾於法之內❿，動無非法。峻法，所以禁過外私⓫也，嚴刑，所以遂令⓬懲下也。威不貸錯⓭，制不共門⓮。威制共，則眾邪彰矣。法不信，則君行危⓯矣。刑不斷，則邪不勝⓰矣。故曰：巧匠目意中繩⓱，然必先以規⓲矩⓳為度；上智捷舉中事⓴，必以先王之法為比㉑。故繩直而枉木㉒斲㉓，準㉔夷㉕而高科㉖削，權衡縣而重益輕㉗，斗石設而多益寡㉘。故以法治國，舉措㉙而已矣。法不阿㉚貴，繩不撓㉛曲。法之所加，智者弗能辭，勇者弗敢爭。刑過不避大臣，賞善不遺匹夫。故矯㉜上之失，詰㉝下之邪，治亂決繆㉞，絀羨齊非㉟，一民之軌㊱，莫如法。厲官威民㊲，退淫㊳殆㊴，止詐偽，莫如刑。刑重則不敢以貴易㊵賤，法審㊶則上尊而不侵。上尊而不侵，則主強而守要，故先王貴之而傳之㊷。人主釋法而用私，則上下不別矣。

【注釋】❶侵其主　侵犯君主的權勢。❷積漸　逐漸。積，累積。❸失端　迷失方向。❹司南　古代測量方向的器物。其作用和近代指南針略同。❺端　正；確定。❻朝夕　日朝出於東方，夕入於西方，因以朝夕指東方、西方。❼遊意　任憑己意行事。❽法之外　法所未定。❾為惠　施與恩惠。❿法之內　法所已定。⓫外私　擯棄營私。外，棄。⓬遂令　貫徹命令。遂，達成。⓭威不貸錯　威權不能借給臣子施行。貸，借。錯，同「措」。施行。⓮制不共門　命令不能與臣子共同發出。制，帝王的命令。門，指命令所從出之處。⓯君行危　君主的作為前後不一致。危，通「詭」。違反。⓰勝　制服；剋制。⓱目意中繩　用視力測量事物，就能合於繩墨。意，測度。中，合。繩，繩墨。木匠用繩沾墨打直線的工具。⓲規　校正圓形的器具。⓳矩　校正方形的器具。⓴捷舉中事　迅速行動合於事勢。㉑比　比例。㉒枉木　彎曲的木材。㉓斲　砍；削。㉔準　測量平面是否平正的工具。㉕夷　平。㉖高科　凸凹。科，凹。㉗權衡縣而重益輕　把秤懸起稱物，就知道孰重孰輕，然後減重益輕，以求得公平。權衡，稱量物體輕重的工具。權，秤錘。衡，秤桿。縣，同「懸」。懸掛。重益輕，減重益輕。㉘斗石設而多益寡　用斗石量物，就知道孰多孰少，然後減多益寡，以求得公平。斗石，量器。十斗為一石。設，設置。多益寡，減多益少。㉙舉措　手往上舉，往下放。形容用法治國，其事甚易。㉚阿　循私；偏袒。㉛撓　曲從；順從。㉜矯　矯正。㉝詰　窮治；審問。㉞治亂決繆　治理紊亂，解決糾纏。繆，纏繞。㉟絀羨齊非　裁減多餘的，整治違反道理的事。絀，減損。羨，有餘。齊，整治。非，指違反道理的事。㊱一民之軌　統一人民的行徑。一，齊一；統一。軌，行徑。㊲厲官威民　勸勉官吏，使人民畏懼。威，通「畏」。畏懼。㊳淫　放蕩。㊴殆　通「怠」。怠惰。㊵易　輕慢。㊶審　確實。㊷貴之而傳之　重視法度，而把它傳遞到後世。貴，重視。兩「之」字皆指法度。

【語　譯】臣子侵犯君主的權勢，君主不自知，就像人走在路上，被地形迷惑一般，腳步逐漸移轉向前進，終於使得君主迷失方向，東西方向改變，自己還不知道，所以先王創製指南針，用來確定東西的方向。英明的君主創立法度，使群臣在法度以外，不能任憑己意行事；在法度以內，不能隨便施予恩惠，一舉一動都要遵循法度。峻切的法律，是用來禁止犯罪、遏阻營私的；嚴厲的刑罰，是用來貫徹法令、懲戒臣民的。權勢不能借給臣子行使，命令不能與臣子共同發布，權勢和命令與臣子共同使用，許多邪惡的人都出現了。法令不能貫徹，君主的作為就不一致；刑罰不能決斷，邪惡便無法剋制。所以說：精巧的木匠製作器物，用眼睛估計就能合於繩墨，但是一定先要有規矩作為標準；有上等智慧的人迅速行動就能合於事勢，一定要用先王的法度為準則。因為繩墨直，彎曲的木材便被削平；水準平，凹凸的地面便被鏟平；懸起權衡稱東西，減重加輕，設置斗石量東西，減多加少，便能求得公平。所以用法度來治理國家，就像把手往上舉、往下放那麼容易。法度不可偏袒尊貴的人，繩墨不可順從彎曲的木材。法度施行，智慧高的人不能爭辯，勇敢的人不敢抗拒。處罰罪過，不迴避大臣；獎賞善良，不遺漏平民。所以矯正君主的過失，審問臣民的姦邪，治理紊亂，解決糾纏，裁減多餘的、整治違反道理的事，統一人民的行為的軌範，最好是用法度。使官吏奮勉，使人民畏懼，革除放蕩和怠惰，防止欺詐和虛偽，最好是用刑罰。刑罰嚴厲，地位尊貴的就不敢欺侮貧賤的；法度確實，君主就尊崇而不被侵犯。君主地位尊崇而不被侵犯，權力強大而能把握要領，所以先王重視法度，把它傳遞於後世。君主如果放棄法度，而用私心去辦事，那麼君臣上下就沒有分別了。

二柄

【題解】二柄，指賞和罰兩種權柄。本篇主旨在說明賞和罰為君主用來控制臣下的兩種權柄，以及君主如何妥善運用這兩種權柄的方法。全篇可分為三段：第一段說明賞和罰兩種權柄，必須由君主親自操持。第二段說明君主必須審合形名，以施行賞罰。第三段說明君主必須去好去惡，以免意欲被臣下所利用。

明主之所道❶制其臣者，二柄而已矣。二柄者，刑德❷也。何謂刑德？曰殺戮之謂刑，慶賞❸之謂德。為人臣者，畏誅罰而利❹慶賞，故人主自用其刑德，則群臣畏其威而歸其利矣。故❺世之姦臣則不然，所惡，則能得之其主而罪之，所愛，則能得之其主而賞之。今人主非使❻賞罰之威利出於己也，聽其臣而行其賞罰，則一國之人皆畏其臣而易❼其君，歸其臣而去❽其君矣。此人主失刑德之患也。夫虎之所以能服狗者，爪牙也；使虎釋❾其爪牙而使狗用之，則虎反服於狗矣。人主者，以刑德制臣者也；今君人者釋其刑德而使臣用之，則君反制於臣矣。故田常❿上請爵祿而行之群臣，下大斗斛而施於百姓⓫，此簡公⓬失德而田常用之也，故簡公見弒。子罕⓭謂宋君曰：「夫慶賞賜予者，民之所喜也，君自行之；殺戮刑罰者，民之所惡也，臣請當之⓮。」於是宋君失刑，而子罕用之，故宋君見劫⓯。田常徒⓰用德，而簡公弒；子罕徒用刑，而宋君劫。故今世為人臣者，兼刑德而用之，則是世主⓱之危甚於簡公、宋君也。故劫殺擁蔽之主，兼失刑德，而使臣用之，而不危亡者，則未嘗有也。

【注釋】❶道 由。❷刑德 刑賞；賞罰。❸慶賞 獎賞。慶，賞。❹利 貪求；貪圖。❺故 假借為「顧」。轉接連詞。但是。❻非使 不使。❼易 輕視。❽去 離開；背棄。❾釋 捨棄。❿田常 春秋時，陳國公子完因國難逃到齊國，改姓田氏，其後宗族益強，傳至田常，弒簡公，立平公，為齊相，掌握齊國的大權。⓫下大斗斛而施於百姓 《史記・田敬仲完世家》：「田常復脩釐子（常父田乞）之政，以大斗出貸，以小斗收。」斛，量器名。十斗為一斛。⓬簡公 春秋時齊國的君主。悼公子，名壬，為田常所弒，在位四年。⓭子罕 樂喜。字子罕，春秋時宋人，宋戴公子樂父術的後裔，官司城，又稱司城子罕。據《左傳》、《史記》載，樂喜為宋國的良大夫，沒有劫弒的事情。本書〈內儲說下〉載皇喜和戴驩爭權，遂「殺宋君而奪其政」，恐皇氏、樂氏同出於宋戴公，又子罕名喜，與皇喜相涉，因此誤傳。⓮夫慶賞賜予者六句 據《史記・田敬仲完世家》所載，是田常向齊平公說的話，文字稍有不同。⓯劫 劫持；威脅。⓰徒 僅；只。⓱世主 當世的君主。

【語譯】英明的君主用來控制他的臣子的，不過是兩種權柄罷了。所謂兩種權柄，就是刑和德呢？殺戮叫做刑，獎賞叫做德。做臣子的都畏懼刑罰而貪求獎賞，所以君主親自施行刑賞，群臣就畏懼他的威勢而追求利祿了。可是世上的奸臣卻不是這樣的，他厭惡什麼人，就能從君主那裡得到威勢來處罰他；他喜愛什麼人，就能從君主那裡得到利祿來獎賞他。如果君主不使賞罰的威勢和利祿由自己發出，任憑他的臣子行使賞罰，全國人民就都畏懼官吏而輕視君主，歸向臣子而背棄君主了。這就是君主喪失刑賞二種權柄的禍害。老虎能使狗懾服的緣故，由於牠具有爪牙；假使老虎放棄牠的爪牙給狗應用，那麼老虎反而被狗所懾服了。君主是靠刑賞來控制臣子的；假如君主放棄刑賞兩種權柄而給臣子應用，那麼君主反而被臣子控制了。從前齊國的大臣田常向上請求君主給予爵祿獎賞群臣，對下用大斗貸出，小斗收回，而施惠於百姓，這是齊簡公喪失獎賞的權柄而給田常應用，所以簡公終於被弒死。宋國的大臣子罕告訴宋君說：「獎賞賜予，是人民喜愛的，請君主親自去施行；殺戮刑罰，是人民厭惡的，由臣來擔當。」因此宋國君主喪失刑罰的權柄，而給子罕利用，而宋君終於被劫持。田常只用獎賞，而簡公就被殺死；子罕只用刑罰，而宋君就被劫持。現在做大臣的，兼用刑賞兩種權柄，這樣，君主的危險比簡公和宋君更加嚴重了。所以被劫持、蒙蔽的君主，同時喪失刑賞兩種權柄，給臣子應用，而國家不會危險滅亡，是不曾有過的。

人主將欲禁姦，則審合形名❶；形名者，言與事也。為人臣者陳而言❷，君以其言授之事，專以其事責其功。功當❸其事，事當其言，則賞；功不當其事，事不當其言，則罰。故群臣其言大而功小者則罰，非罰小功也，罰功不當名也。群臣其言小而功大者亦罰，非不說❹於大功也，以為不當名也，害甚於有大功，故罰。昔者韓昭侯❺醉而寢，典冠者❻見君之寒也，故加衣於君之上。覺寢❼而說，問左右曰：「誰加衣者？」左右對曰：「典冠。」君因兼罪典衣❽與典冠。其罪典衣，以為失其事也；其罪典冠，以為越其職❾也；非不惡寒也，以為侵官❿之害甚於寒。故明主之畜臣⓫，臣不得越官⓬而有功，不得陳言而不當。越官則死，不當則罪。守業其官⓭，所言者貞⓮也，則群臣不得朋黨相為⓯矣。

【注釋】❶審合形名　仔細考察官吏們所說的和所做的是否相符合。審，仔細考察。形名，即下文的言與事。形，事物實體。名，名稱。❷陳而言　猶言陳其言。❸當　相合；相稱。❹說　同「悅」。喜歡。❺韓昭侯　戰國韓國的君主，哀侯孫。任用申不害為相，修術行道，國內以治，諸侯不敢侵伐，在位二十六年。❻典冠者　主管君主冠冕的官吏。❼覺寢　睡醒。❽典衣　主管君主衣服的官吏。❾越其職　超越本官的職權。❿侵官　侵犯其他官吏的職權。⓫畜臣　指君主以祿位養臣子。畜，養。⓬越官　超越本身的職權。⓭守業其官　「官守其業」的倒文。官吏能盡他的職責。⓮貞　正；適當。⓯朋黨相為　結為朋黨，相助為非。為，助。

【語譯】君主要想禁止臣子做壞事，就要仔細考察形和名是否相符合；所謂形名，就是所說的話和所做的事。臣子陳述他的言論，君主根據他的言論而給與任務，專就他的任務來考核他的功績。如果功績符合他的任務，任務符合他的言論，就給與獎賞；如果功績不符合他的任務，任務不符合他的言論，就給與處罰。所以群臣的言論偉大而功績微小的就給與處罰，並不是處罰他們的功績微小，而是處罰功績不符合他們的言論。群臣的言論微小而功績偉大的也給與處罰，並不是不喜歡偉大的功績，以為功績不符合他們的言論，害處比建立偉大的功績更嚴重，所以給與處罰。從前韓昭侯喝醉酒而睡著了，主管冠冕的官吏看到君主受寒，所以拿了衣服蓋在君主身上。昭侯醒來很高興，問左右侍奉的人說：「誰把衣服蓋在我的身上？」左右侍奉的人回答說：「是主管冠冕的官吏。」昭侯因此同時處罰主管衣服和主管冠冕的官吏。他處罰主管衣服的官吏，認為他疏忽了他的任務；他處罰主管冠冕的官吏，認為他超越了他的職權；並不是不怕受寒，認為典冠侵犯其他官吏職權的害處，比自己受寒更嚴重。所以英明的君主用爵祿畜養臣子，臣子不能超越官職而建立功績，不能陳述言論而不適當。超越本身的職權就要處死，言論不適當就要處罰。官吏們各自盡他的職責，陳述的言論適當，群臣就不能結為朋黨而為非作歹了。

人主有二患：任賢，則臣將乘於賢❶，以劫其君；妄舉❷，則事沮不勝❸。故人主好賢，則群臣飾行以要君欲❹，則是群臣之情不效❺；群臣之情不效，則人主無以異❻其臣矣。故越王好勇，而民多輕死❼；楚靈王好細腰，而國中多餓人❽；齊桓公❾妬❿而好內⓫，故豎刁⓬自宮⓭以治內⓮；桓公好味，易牙⓯蒸其首子⓰而進⓱之；燕子噲⓲好賢，故子之明⓳不受國。故君見⑳惡，則群臣匿端㉑；君見好，則群臣誣能㉒。人主欲見，則群臣之情態得其資㉓矣。故子之託於賢，以奪其君者也；豎刁、易牙因君之欲，以侵其君者也。其卒，子噲以亂死，桓公蟲流出戶而不葬㉔。此其故何也？人君以情借臣㉕之患也。人臣之情，非必能愛其君也，為重利之故也。今人主不掩其情，不匿其端，而使人臣有緣㉖以侵其主，則群臣為子之田常不難矣。故曰去好去惡，群臣見素㉗，則人君不蔽矣。

【注釋】❶乘於賢　利用賢才。乘，憑藉；利用。❷妄舉　隨便舉拔官吏。妄，任意；隨便。❸事沮不勝　事情敗壞而沒有辦好。沮，敗壞。勝，善。❹以要君欲　而求取君主的寵愛。要，求。欲，寵愛。❺效　獻出；呈現。❻異　分別；辨別。❼越王好勇二句 《墨子・兼愛下》：「昔者，越王句踐好勇，教其士臣三年，以其知為未足以知之也，焚舟失火，鼓而進之，其士偃前列，伏水火而死，有不可勝數也。」越王，指春秋越王句踐。❽楚靈王好細腰二句 《管子・七臣七主》：「夫楚王好小腰，而美人省食。」楚靈王，春秋楚國的君主。共王次子，名圍，弒共王孫郟敖，自立為王，在位十二年。❾齊桓公 春秋齊國的君主。襄公弟，名小白，任用管仲為相，尊周室，攘夷狄，九合諸侯，一匡天下，為五霸之首。❿妬 忌恨。⓫好內 指好女色。⓬豎刁 春秋時齊國人。為齊桓公的內侍，很受寵信，桓公死後，與易牙、開方作亂。⓭宮 男子割去生殖器。⓮治內 管理宮中婦女的事情。⓯易牙 春秋時齊國人。擅長烹調，齊桓公任用為廚夫，很受寵幸。⓰首子 長子。⓱進 奉獻。⓲燕子噲 當作「燕王噲」。易王子，因聽信蘇代的話，將王位讓給宰相子之，燕國大亂。齊人伐燕，噲死，醢子之。⓳明 說明；表示。⓴見 顯露。㉑匿端 把要做的事情隱蔽起來。匿，隱蔽。端，事情的開始。㉒誣能 以無能為有能。誣，欺騙。㉓資 憑藉；依托。㉔桓公蟲流出戶而不葬 指桓公晚年任用豎刁、易牙、開方，而豎刁、易牙殺群吏，擁立公子無詭為君主，太子昭逃到宋國，五公子互相攻打，以爭奪君位，桓公屍體停放床上六十七天，無人收殮埋葬，以致尸蟲爬出戶外。㉕借臣 給臣子利用。㉖緣 緣由。㉗見素 顯露真情。素，通「愫」。真情。

【語 譯】君主有兩種值得憂慮的事：任用賢臣，臣子就利用賢才來劫持君主；隨便任用臣子，事情就會敗壞而不能辦好。所以君主愛好賢才，群臣就矯飾他們的行為以求取君主的寵愛，這樣，群臣的真情就不會呈現出來，群臣的真情不呈現出來，君主就無法辨別臣子的好壞了。從前越王句踐愛好勇士，便有很多人民看輕死亡；楚靈王愛好細腰的美人，楚國便有很多忍受飢餓的女子；齊桓公忌妬男子而愛好女色，豎刁便自己去勢而管理宮內婦女的事務；桓公愛好美味的食物，易牙便殺了自己的長子，把他烹調，進獻給桓公；燕王噲愛好賢才，所以子之就表明不肯接受君主讓國給他。所以君主顯露出內心憎惡什麼，群臣就會把要做的那種事情隱藏起來；君主顯露出內心愛好什麼，群臣就會偽裝具有那種才能。君主的意願一顯露，群臣便可利用來表示他們的態度。所以燕國的子之假裝具有賢才，而奪取君主的地位；齊國的豎刁、易牙利用君主的愛好，而侵奪君主的權力。終於燕王噲死於戰亂之中；齊桓公死後，屍體所生長出的蟲爬到門外，還沒有人埋葬。這是什麼緣故呢？這是君主的真情被臣子利用所造成的禍患。臣子的真情，不一定愛戴他的君主，只是為了求得豐厚的利祿。如果君主不掩藏他的真情，不隱匿他要做什麼事情，而使臣子有機會侵奪君主的權力，那麼群臣像子之、田常般弄權奪位就不困難了。所以說君主要去掉內心的愛好和憎惡，群臣才會顯露出真情，君主就不會受到蒙蔽了。

揚搉

【題解】揚搉，各舊本作「揚權」。宋本注：「揚，謂舉之使明也；權，謂量事設謀也。」迂評注：「揚，明揚也，闡揚人君用權之事。」孫志祖《讀書脞錄》：「《文選・蜀都賦》劉逵注：韓非有〈揚搉〉篇。今搉作權，誤，注說非。」揚搉二字，曾見《莊子・徐无鬼》、《淮南子・俶真》、《漢書・敘傳》。

揚搉，猶言綱要。本篇主旨，大致與〈主道〉相同，是以道家的道理，闡發君主治國御臣的要義。全篇分為兩大節：從篇首到「上下和調」為第一節，說明君臣不同道：君主掌握樞要，臣子自然就會效忠盡力；君主控制名義，臣子便會力求表現。從「凡聽之道」到篇末為第二節，說明君主聽取臣子言論，必須採用虛靜參伍的方法；駕御臣子，必須信賞必罰，離散權臣的黨與。

本篇為四言體的韻文，在思想上雖用道家的道理來說明君主治國的方法，然其歸結仍屬法家。梁啟超《要籍解題及其讀法》：「〈揚搉〉多用韻，文體酷似《淮南子》。」胡適《中國哲學史大綱》：「〈揚搉〉又另是一派法家所作。」

天有大命，人有大命❶。夫香美❷脆味❸，厚酒肥肉，甘口❹而病形；曼理皓齒❺，說情❻而損精。故去甚去泰❼，身乃無害。權不欲見❽，素無為❾也。事在四方⑩，要⑪在中央⑫。聖人執要，四方來效⑬；虛而待之，彼自以之⑭。四海既藏，道陰見陽⑮。左右⑯既立，開門而當⑰。勿變勿易，與二⑱俱行；行之不已，是謂履理⑲也。夫物者有所宜，材者有所施，各處其宜，故上乃無為。使雞司夜⑳，令狸㉑執鼠，皆用其能，上乃無事。上有所長，事乃不方㉒。矜㉓而好能㉔，下之所欺。辯惠好生，下因其材㉕。上下易用，國故不治㉖。

用一㉗之道，以名㉘為首。名正㉙物定㉚，名倚㉛物徙㉜。故聖人執一以靜。使名自正，令事自定。不見其采㉝，下故素正㉞。因而任之㉟，使自事㊱之；因而予之㊲，彼將自舉㊳之；正與處之㊴，使皆自定㊵之。上以名舉㊶之，不知其名，復修其形㊷。形名參同㊸，用其所生㊹。二者誠信㊺，下乃貢情㊻。謹修所事，待命於天㊼。毋失其要，乃為聖人。聖人之道，去智與巧；智巧不去，難以為常㊽。民人用之，其身多殃；主上用之，其國危亡。因天之道，反形之理，督參㊾鞠㊿之，終則有(51)始。虛靜以後(52)，未嘗用己。凡上之患，必同其端(53)。信而勿同，萬民一從。

夫道者，弘大而無形，德者，覈理而普至(54)。至於群生(55)，斟酌(56)用之；萬物皆盛(57)，而不與其寧(58)。道者，下周(59)於事，因稽而命(60)，與時死生(61)；參名異事，通一同情(62)。故曰道不同於萬物，德不同於陰陽，衡(63)不同於輕重，繩(64)不同於出入(65)，和(66)不同於燥濕，君不同於群臣。凡此六者(67)，道之出也。道無雙，故曰一，是故明君貴獨道之容(68)。群臣不同道：下以名禱(69)，君操其名，臣效其形，形名參同，上下和調(70)。

【注釋】❶天有大命二句　自然有基本的規律，人事也有基本的規律。大命，規律。❷香美　指香美的肴饌。❸脆味　酥鬆可口的食物。❹甘口　嘴裡覺得好吃。❺曼理皓齒　指肌膚柔細、牙齒潔白的美女。❻說情　娛悅情欲。說，同「悅」。❼去甚去泰　去其過甚。泰，過甚。❽見　通「現」。顯露。❾素無為　經常是無所作為。素，常。❿四方　指各方面的臣子。⓫要　綱要；樞紐。⓬中央　指君主。⓭效　奉獻。⓮彼自以之　彼各自用其才能。以，用。⓯四海既藏二句　四方臣民的事已藏在君主的心裡，君主從暗中觀察群臣百官的行動。道陰見陽，由一己之虛靜，以見四海之動。道，由；從。⓰左右　指群臣。⓱當　受。⓲二　指天的大命和人的大命。⓳履理　行道。履，實行。⓴司夜　報曉。公雞在夜盡天明時啼叫，故謂之司夜。古書或作「視夜」。司，通「伺」。察看。㉑狸　貓。㉒上有所長二句　陳奇猷《韓非子集釋》：「〈解老〉篇：『所謂方者，內外相應也。』則上有所長，事乃不方，猶言上有所長，不用下之所長，則君勞而臣佚，故為是事者，非內外相應以為之也。」㉓矜　自誇。㉔好能　喜歡表現自己的才能。㉕辯惠好生二句　太田方《韓非子翼毳》：「辯，辯口也。惠、慧通，小智也。好生，謂婦人之仁，不忍姦佞之人而赦其罪也。《商子・說民》篇：『辯慧，亂之贊也；慈仁，過之母也。』材，質性也。謂下因上辯慧好生的材性以為姦也。」㉖上下易用二句　宋本注：「上代下任，下操上權，則國不治。」㉗一　指道。法家所說的道，多指君主治理國家天下的法術。㉘名　名稱；名義。㉙正　正確。㉚定　確定。㉛倚　偏；歪曲。㉜徙　遷移。㉝不見其采　不顯露其光采。見，通「現」。顯露。㉞素正　純正。㉟因而任之　依照臣子的才能而任用他們。因，依照。㊱事　從事；辦理。㊲因而予之　依照臣子的言論而賦予任務。予，給與。㊳舉　舉辦；興辦。㊴正與處之　用法術督察他們。正，指法術。與，以；用。處，處理。㊵定　完成。㊶舉　舉拔；選用。㊷復修其形　反轉來考察其事實。復，返回。修，治；考察。形，事實。㊸參同　參驗其同異。㊹用其所生　指用賞罰。〈主道〉：「言已應，則執其契；事已會，則操其符。符契之所合，賞罰之所生也。」㊺二者誠信　賞罰能確切執行。二者，指賞罰。㊻貢情　表現其真情。貢，奉獻；表現。㊼待命於天　聽從自然的發展。㊽難以為常　難以建立常道。㊾督參　考察參驗。㊿鞠　窮究；深究。51有　通「又」。52虛靜以後　君主不表現自己的意見和行動，在臣子後面觀察。虛，空虛。指無意見。靜，清靜。指無行動。53同其端　君主和臣子做同樣的事情。端，事情。54覈理而普至　考察事理而知其普遍存在。覈，考驗。普至，普遍存在。55群生　指萬物。56斟酌　量度。57盛　通「成」。形成。58寧　止息；停止。59周　普遍；普及。60因稽而命　道寄託於事物中，各有其分，因其分不同，命名為某事某物。稽，留止；寄託。命，命名。61死生　廢興。62通一同情　拿道來貫通，情理是相同的。一，指道。63衡　秤。稱重量的器具。64繩　繩墨。木匠用繩濡墨打直線的工具。65出入　指出於直線之外，入於直線之內。即曲直。66和　天候陰陽寒暖燥濕調節適宜。67六者　指「萬物」、「陰陽」、「輕重」、「出入」、「燥濕」、「群臣」六種事物。68容　法則。69禱　求。70和調　和諧。

【語　譯】自然有基本的規律，人事也有基本的規律，香美的肴饌，鬆脆的食物，醇厚的酒漿，鮮肥的魚肉，人的嘴裡覺得好吃卻傷害身體；肌膚柔細、牙齒潔白的美女，人的心裡覺得喜愛卻損傷精力。所以對一切事情要避免過分、過當，身體才不致於受到傷害。權勢不要顯露出來，經常無所作為。一切事情由四方的臣子辦理，君主在中央掌握樞紐。聖主掌握樞紐，四方的臣子就會盡心效力；君主虛心對待臣子，臣子各自發揮他們的才能。四方的事既懷藏在君主的心裡，他暗中觀察群臣的行動。君主既設置左右的群臣，只要廣開門路，接受群臣的建議。依照自然基本的規律和人事基本的規律進行，不改變，不更易；不停地進行，這就叫做行道。物體都有它的功能，人才都有他的作用，各別得到適當的安排，君主便可以清靜無為。就像讓公雞報曉，使貓捕鼠，群臣都發揮他們的才能，君主便沒有煩擾的事了。君主如果有所擅長，往往應用他的特長做事，臣子便不容易配合。君主如果自誇，喜歡表現自己的才能，便被臣子逢迎所欺騙。君主如果喜歡賣弄辯才和智慧，喜好施行小仁小惠，臣子便利用他的性格，做壞事以謀求利益。君主代臣子任事，臣子掌握君主的權勢，上下權責顛倒，國家便不會太平。

君主運用治術，首先注意名義。名義適當，事實才能確定，名義不適當，事實便有偏差。所以聖主用虛靜的態度來掌握治術。使名義自然適當，使事實自然確定。君主不顯露他的光采才華，臣子便樸素正直。就臣子的才能而任命官職，使他們自己去處理；就臣子的言論而賦予任務，讓他們自己去辨理；用法術去督察他們，使他們都能完成自己的職責。君主依照名聲來選拔臣子，如果不了解他們的名聲，就反轉來考察他們表現的事實。參驗事實和名聲的同異，來施行賞罰，賞罰能確切執行，臣子才能盡忠效力。君主切實做好應做的事，順應自然的發展，不要喪失治理國家的樞紐，這才能算是聖主。聖主治理國家，要摒棄智慧和巧詐；智慧和巧詐不摒棄，便很難建立常道。人民應用智慧和巧詐，自身會遭受災禍；君主應用智慧和巧詐，國家便會危亡。依照自然的規律，反求人事的規律，督察參驗去深究它，終了而又開始，反復不止。君主虛靜地在臣子後面觀察，從不表現自己的意見和行動。所有君主的毛病，在於做臣子所做的事情。如果切實考察臣子，而不跟他們做同樣的事情，全國人民都會服從。

道是博大而沒有形體的，德是從考察萬事萬物的理就能體驗出它是普遍存在的。萬有酌取道，就形成各種不同的事物。這些事物都生生滅滅，道卻繼續不斷運行，不隨著他們停息。道是普遍存在於萬事萬物當中，由於寄託成分的多少的不同，而取種種的名稱，這些事物，隨著時間的轉移而生滅廢興；拿名稱來參驗，事物各有不同，拿道來貫通，情理都是相同的。道是生長萬物的，所以跟萬物是不相同的；德是融合陰陽的，所以跟陰陽是不相同的；秤是用來度量輕重的，所以跟輕重是不相同的；繩墨是用來矯正曲直的，所以跟曲直是不相同的；和是調節燥濕的，所以跟燥濕是不相同的；君主是統御群臣的，所以跟群臣是不相同的；以上六種事物，都是從道產生的。道是獨一無二的，所以又稱為一，因此聖明的君主重視獨一無二的治道的法則。君主和臣子的執掌是不同的，臣子向君主求取名義，君主掌握名義，臣子便效忠盡力，名義和事實參驗符合，君主和臣子便和諧融洽了。

凡聽之道，以其所出，反以為之入[1]。故審名以定位，明分以辯類[2]。聽言之道，容若甚醉。脣乎、齒乎，吾不為始乎？齒乎、脣乎，愈惛惛❸乎！彼自離❹之，吾因以知之；是非輻湊❺，上不與構❻。虛靜無為，道之情❼也；參❽伍❾比物❿，事之形⓫也。參之以比物，伍之以合虛，根幹⓬不革，則動泄⓭不失矣。動之溶之⓮，無為而改之。喜之則多事，惡之則生怨。故去喜去惡，虛心以為道舍⓯。上不與共⓰之，民乃寵⓱之；上不與義⓲之，使獨為之。上固閉內扃⓳，從室視庭咫尺⓴已具，皆之其處。以賞者賞，以刑者刑㉑。因其所為，各以自成㉒。善惡必及，孰敢不信㉓。規矩既設，三隅乃列㉔。

主上不神㉕，下將有因㉖；其事不當，下改其常㉗。若天若地，是謂累解㉘。若地若天，孰疏孰親？能象天地，是謂聖人。欲治其內㉙，置而勿親；欲治其外，官置一人㉚。不使自恣㉛，安得移并㉜？大臣之門，唯恐多人。凡治之極，下不能得㉝。周合㉞形名，民乃守職；去此更求，是謂大惑。猾民愈眾，姦邪滿側。故曰毋富人而貸焉，毋貴人而逼焉，毋專信一人而失其都國焉㉟。腓㊱大於股㊲，難以趣㊳走。主失其神，虎隨其後㊴。主上不知，虎將為狗㊵。主不蚤止㊶，狗益無已。虎成其群，以弒其母㊷。為主而㊸無臣，奚國之有。主施其法，大虎將怯；主施其刑，大虎自寧㊹。法刑苟信㊺，虎化為人，復反其真。

欲為(46)其國，必伐其聚(47)；不伐其聚，彼將聚眾。欲為其地(48)，必適其賜(49)；不適其賜，亂人求益。彼求我予，假仇人斧；假之不可(50)，彼將用之以伐我。黃帝(51)有言曰：「上下一日百戰。」下匿其私，用試(52)其上；上操度量(53)，以割(54)其下。故度量之立，主之寶也；黨與之具，臣之寶也。臣之所不弒其君者，黨與不具也。故上失扶寸(55)，下得尋常(56)。有國之君，不大其都(57)；有道之臣，不貴其家(58)；有道之君，不貴其臣。貴之富之，備將代之。備危恐殆，急置太子，禍乃無從起。內索出圉(59)，必身自執其度量。厚者虧之，薄者靡之(60)。虧靡有量(61)，毋使臣比周(62)，同欺其上。虧之若月，靡之若熱(63)。簡令謹誅(64)，必盡其罰。毋弛而弓，一棲兩雄(65)。一棲兩雄，其鬭㘖㘖(66)。豺狼(67)在牢(68)，其羊(69)不繁(70)。一家二貴(71)，事乃無功。夫妻持政，子無適從(72)。為人君者，數披其木(73)，毋使木枝扶疏(74)；木枝扶疏，將塞公閭(75)。私門將實，公庭將虛(76)，主將壅圍(77)。數披其木，無使木枝外拒(78)；木枝外拒，將逼主處(79)。數披其木，毋使枝(80)大本(81)小，枝大本小，將不勝(82)春風(83)；不勝春風，枝將害心(84)。公子(85)既眾，宗室(86)憂吟(87)。止之之道，數披其木，毋使枝茂；木數披，黨與乃離。掘其根，木乃不神(88)。填其淵，毋使水清(89)。探其懷，奪之威(90)，主上用之，若電若雷。

【注釋】❶凡聽之道三句　高亨《韓非子補箋》：「出，謂言也，名也；入，謂功也，形也。此謂以其言責其功，以其名責其形也。」出，指進言。反，反求。入，指功效。❷審名以定位二句　審察臣子的言論來決定官位，考察他們的職分來辨別工作的類別。辯，通「辨」。❸惛惛　昏昧不清的樣子。❹離　陳列。此指陳述意見。❺輻湊　車輻集中於軸心。比喻人或事物聚集一處。❻構　交合；參與。❼情　本質；內容。❽參　參錯。❾伍　交互。❿比物　排比各種事物。⓫形　呈現。⓬根幹　指事物的根本和骨幹。⓭動泄　動靜。泄，通「歇」。止息；靜止。⓮動之溶之　動搈；動作。溶，當作「搈」，也作「容」。⓯舍　場所；居留的地方。⓰共　共事；共同工作。⓱寵　尊崇。⓲義　通「議」。商議。⓳固閉內扃　把房門緊緊關閉。比喻虛靜無為。扃，關閉門戶用的門栓。⓴咫尺　指很近的地方。咫，八寸。㉑以賞者賞二句　可賞則賞，可刑則刑。以，可。者，則。㉒自成　自己造成。㉓信　真誠。㉔列　使成行列。㉕神　隱祕莫測。㉖因　依靠；利用。㉗常　常道。㉘是謂累解　是以牽累解除。累，繫累；牽累。㉙內　指宮中。㉚官置一人　各種官職設置一位專人負責。㉛恣　放恣；任意作為。㉜移并　指轉移或兼併職權。㉝凡治之極二句　政治極清明，臣子不可能獲得君主的隱祕、移併職權和聚眾結黨的。得，獲得。指上文所說君主的隱祕、臣子移併職權和聚眾結黨三事。㉞周合　相合。周，合。㉟毋富人而貸焉三句　不要使臣子太富，至於施惠於人民，不要使臣子太貴，至於威脅君主，不要專信一位大臣，至於喪失國家。富、貴，都是使動式的動詞。貸，施與。逼，逼迫。都國，國都；京城。㊱腓　脛骨後的肌肉。即小腿肚。㊲股　大腿。㊳趣　通「趨」。疾走。㊴主失其神二句　君主可測知，臣子就會像猛虎般跟隨他的後面，伺機作亂。虎，比喻奸臣。㊵主上不知二句　君主不覺察猛虎跟隨他的後面，猛虎將招致狗為他的黨徒。為，有。狗，比喻奸臣。㊶蚤止　趁早禁止。蚤，通「早」。㊷毋　指君主。㊸而　如；如果。㊹寧　安靜；安分守己。㊺信　通「伸」。伸展。㊻為　治；治理。㊼伐其薿　翦除臣子的黨與。薿，同「叢」。草木叢生的樣子。比喻朋黨交結。㊽地　指官吏的采地。㊾適其賜　賞賜采地和他的功勞相適合。㊿假之不可　「不可假之」的倒裝句。「可」和下句「我」字叶韻。(51)黃帝　中國上古的聖王。(52)試　試探。(53)度量　法度。(54)割　制裁。(55)扶寸　古代長度的單位。形容甚小、甚短。側鋪四指為扶，鋪一指為寸。(56)尋常　古代長度的單位。形容甚長、甚大。八尺為一尋，十六尺為一常。(57)不大其都　不使臣子封地的都城擴大，防止臣子據以叛國。大，擴大。都，指采地的都城。(58)有道之臣二句　陳奇猷《韓非子集釋》以為當作「有道之君，不貴其家」。(59)內索出圉　朝廷內搜求邪惡，朝廷外抵禦奸宄。內，指朝廷內。索，求。出，指朝廷外。圉，通「禦」。(60)厚者虧之二句　刑賞過重的要減輕，過輕的要加重。厚、薄，指刑賞爵祿的輕重大小。虧，減少。靡，增加。(61)有量　按照法度。有，以。(62)比周　結黨營私。

❻❸虧之若月二句　減損刑賞要像滿月般逐漸虧損，增加刑賞要像旭日般逐漸增加熱度。比喻刑賞爵祿的損益，應逐漸進行，避免產生弊害。❻❹簡令謹誅　法令簡明，誅罰謹慎。❻❺毋弛而弓二句　君主不要放鬆你的權勢，否則一個國家將會出現兩個首領。弛，放鬆。而，通「汝」。你。弓，比喻君權。棲，棲息的地方。此指國家。兩雄，指君主和權臣。雄，首領；傑出的人。❻❻噸噸　本作「狺狺」。兩犬相齧相吠。❻❼豺狼　殘暴的野獸。比喻殘暴的權臣。❻❽牢　飼養牲畜的柵欄。比喻國家。❻❾羊　比喻人民。❼⓿繁　通「蕃」。蕃衍。❼❶貴　指地位尊貴的人。❼❷適從　遵從。適，往。❼❸數披其木　時常修剪樹木的枝葉。比喻時常削減臣子的威勢。數，屢次；多次。披，折；裂。木，比喻大臣。❼❹扶疏　枝葉繁茂的樣子。❼❺公閭　君主的宮門。❼❻私門將實二句　權臣的門庭充滿臣子，君主的門庭臣子日益減少。私門，指權臣之門。公庭，指君主之門。❼❼壅圍　壅蔽。❼❽外拒　向外伸展。❼❾主處　君主的地位。處，處所。❽⓿枝　樹枝。比喻臣子。❽❶本　樹幹。比喻君主。❽❷勝承擔；承受。❽❸春風　陳奇猷《韓非子集釋》以為比喻時機。❽❹心　樹心。比喻君主。❽❺公子　君主的嫡子叫世子，其餘的兒子叫公子。❽❻宗室　此指君主的嫡長子孫。❽❼吟　呻吟；悲歎。❽❽木乃不神　樹木的枝葉便不伸長。比喻權臣的勢力不伸張。神，于省吾《雙劍誃諸子新證》以為當作「申」。❽❾填其淵二句　填塞深淵，使水不流向其中。比喻剝奪臣子的權勢，使人不傾向他而結成朋黨。淵，深潭。清，陳奇猷《韓非子集釋》以為當作「衍」。《說文》：「衍，水朝宗於海。」❾⓿探其懷二句　刺探大臣的實情，剝奪大臣的威權。之，其。

【語譯】君主聽取臣子言論的方法，依據他們所說的話，反求他們所做的事。所以審察他們的言論來決定他們的官位，明辨他們的職分來分析工作的類別。聽取臣子言論的方法，外貌好像酒喝得醉醺醺的，嘴脣呀！牙齒呀！我不要先張開說話；牙齒呀！嘴脣呀！說話的時間越久，越顯得昏昧不清。聽取言論，要讓臣子自己陳述，君主依據他們的話了解他們真正的意思；是非不同的意見就像車輻向車轂聚會，君主不參與是非的論辯。虛靜無為是道的本質，參錯比驗是使事情呈現的方法。錯雜比驗各種事物，歸結以符合虛靜的心意，根本的道理不改變，一切動靜便不會有失誤了。臣子的行動，君主用無為的態度任憑他們演化。君主如果對臣子表示喜愛，臣子便獻媚而多事；如果表示厭惡，臣子便怨恨而怠惰。所以君主要摒棄喜愛和厭惡，使內心空虛，作為道居留的地方。君主不跟臣子共同工作，臣民才會尊重他；君主不跟臣子議論，讓臣子獨立自主去做。君主虛靜無為，好像把房門緊緊關閉，從房裡觀看庭院，事物就在很近的地方，一切情形都瞭如指掌。應該獎賞的就獎賞，應該處罰的就處罰。賞罰都依據臣子的作為，所以賞罰都是他們自己造成的。為善一定獎賞，作惡一定處罰，誰還敢不竭誠盡力呢！法度已經設立，其他各種事情便接著興作。

君主如果不像神那樣隱祕，臣子就會揣測君主的心意，予以利用；君主處理事情偶有不當，臣子就會乘機改變常道。君主如果像天地那樣高厚，不可測度，各種憂患便因此解除。君主如果像天地那樣寬大，無不覆載，還有什麼親疏厚薄的區別呢？能像天地那樣寬大高厚，就可以算是聖人了。君主想要治理好宮內的事情，設置近臣，可是不要過分親信；想要治理好國家的政事，各種官職設置一位專人。不允許官吏任意作為，怎麼會有擅離職守或侵越職權的事呢？大臣的門庭，只怕聚集許多人。政治辦到最好的地步，臣子是不能獲得君主的隱祕、移併職權和聚眾結黨的。君主施政，要求名義和事實都相符合，人民便會守著本分做事，如果放棄這種辦法另求其他做法，那便是最大的迷惑。狡猾的人民越多，姦邪的臣子自然遍布身旁。所以說：不要讓臣子的財富太多，以致市惠人民；不要讓臣子的地位過高，以致威脅君主；不要專門聽信一位大臣，以致喪失國家。這樣就像小腿比大腿大，就不容易快步奔走了。君主如果不能像神那樣隱祕，臣子就會像猛虎般跟在後面，君主不覺察，猛虎將招致狗為黨徒，君主如果不趁早制止，黨徒越來越多。猛虎結成朋黨，就會篡弒君主。君主如果沒有忠臣，怎麼能保有國家呢！君主施行法度，猛虎就會害怕；君主施行刑罰，猛虎自然服貼。法度刑罰切實伸展，猛虎就會變成普通人，恢復他原來的面目。

要想把國家治理好，必須翦除臣子的黨徒；不翦除臣子的黨徒，他們就會聚眾作亂。要想把采地治理好，必須適當地賞賜，不適當賞賜，亂臣就會趁機請求增加。亂臣請求增加，君主就給與，亂臣勢力日益強大，就好像把斧頭交給仇人，斧頭是不可以交給仇人的，因為他們將利用它來殺害君主。黃帝曾經說：「君臣上下，一天當中會經過上百次的爭鬥。」臣子隱匿自己的私心，來試探君主的心意；君主掌握法度，來制裁臣子的妄動。所以建立法度，是君主最好的辦法；結合黨與，是臣子最好的辦法。臣子所以不敢弒殺君主，因為沒有結合成黨與。君主施行法度稍有錯失，臣子就可獲得十倍百倍的利益。有國的君主，不讓臣子的封地擴大；有道的君主，不讓臣子的家財富裕；有道的君主，不讓臣子的地位貴顯。臣子的地位貴顯，家財富裕，一切具備，就要取代君主的地位。為了防備危亡，應該趁早建立太子，禍亂才不致於發生。君主對朝廷內，要盡量搜求邪惡的臣子；對朝廷外，要盡量禁止為非作歹的人民；必須親自掌握法度，刑賞過重的要減輕，刑賞過輕的要加重。減輕或加重，要有一定法度，不要讓臣子結黨營私，共同欺騙君主。減輕刑賞要像滿月，形體逐漸減損；加重刑賞要像旭日，熱度逐漸增加。法令要簡明，誅罰要謹慎，該賞的就賞，該罰的就罰。君主不要放鬆自己的權勢，否則一個國家將會出現兩個首領。一個國家出現兩個首領，他們將凶猛地鬥爭。國內有殘暴的權臣，善良的臣民就無法繁殖。一個家族有二個族長，事情就無法完成。夫妻爭主家政，子女不知聽從誰的話。君主對於臣子，就像栽培樹木一樣，要時常修剪樹木的枝葉，不要讓樹木的枝葉過分茂盛；樹木的枝葉過分茂盛，就會蔽塞君主的宮門。這樣權臣的門庭臣僚日見增加，君主的門庭臣僚日見減少，君主就會被壅蔽了。君主要時常修剪樹木，不要讓樹枝向四方伸展，樹枝向四方伸展，就會威脅君主的地位。君主時常修剪樹木，不要讓樹枝大樹幹小；樹枝大樹幹小，到了春天，就不能承受春風的吹襲；不能承受春風的吹襲，樹枝便傷害樹心。國家的公子眾多，勢力強大，宗室的嫡長子孫便擔心悲歎。遏止這種禍亂的方法，君主就要時常修剪樹木，不要讓枝葉茂盛；時常修剪樹木，大臣的黨徒就會離散。挖掘樹根，權臣的勢力便不會伸長；填塞深淵，不讓群臣趨向權臣。刺探權臣的真情，剝奪權臣的威勢，君主如能善用治術，就會產生像閃電雷霆那樣大的威勢。

八姦

【題解】八姦，就是臣子為非作歹的八種方法：第一是同牀，第二是在旁，第三是父兄，第四是養殃，第五是民萌，第六是流行，第七是威強，第八是四方。

本篇主旨在說明君主防止八姦的必要和方法。全篇分為三段：第一段說明臣子怎樣利用同牀、在旁、父兄、養殃、民萌、流行、威強、四方等八種方法為非作歹。第二段說明君主防止八姦的方法。第三段說明君主如果不防止八姦，進用賢才，勉人立功，足以亡國。

凡人臣之所道❶成姦者，有八術：一曰同牀。何謂同牀？曰：貴夫人、愛孺子❷、便僻好色❸，此人主之所惑也。託❹於燕處之虞❺，乘醉飽之時，而求其所欲，此必聽之術也。為人臣者，內事之以金玉，使惑其主，此之謂同牀。二曰在旁。何謂在旁？曰：優笑❻侏儒❼、左右❽近習❾，此人主未命而唯唯❿，未使而諾諾，先意承旨⓫，觀貌察色，以先主心者也。此皆俱進俱退，皆應皆對，一辭同軌⓬，以移主心者也。為人臣者，內事之以金玉玩好，外為之行不法，使之化⓭其主，此之謂在旁。三曰父兄。何謂父兄？曰：側室公子⓮，人主之所親愛也，大臣廷吏⓯，人主之所與度計⓰也。此皆盡力畢議，人主之所必聽也。為人臣者，事公子側室以音聲子女⓱，收⓲大臣廷吏以辭言。處約⓳言事，事成則進爵益祿，以勸⓴其心，此之謂父兄。四曰養殃㉑。何謂養殃？曰：人主樂美宮室臺池，好飾子女狗馬，以娛其心，此人主之殃也。為人臣者，盡民力以美宮室臺池，重賦斂以飾子女狗馬，以娛其主，而亂其心，從㉒其所欲，而樹私利其間，此之謂養殃。五曰民萌㉓。何謂民萌？曰：為人臣者，散公財以說㉔民人，行小惠以取百姓，使朝廷市井㉕皆勸譽㉖己，以塞㉗其主，而成其所欲，此之謂民萌。六曰流行㉘。何謂流行？曰：人主者固㉙壅其言談，希於聽論議，易移以辯說。為人臣者，求諸侯之辯士，養國中之能說者，使之以語其私，為巧文之言，流行之辭，示之以利勢㉚，懼之以患害，施屬㉛虛辭，以壞其主㉜，此之謂流行。七曰威強㉝。何謂威強？曰：君人者，以群臣百姓為威強者也。群臣百姓之所善，則君善之；非群臣百姓之所善，則君不善之。為人臣者，聚帶劍之客，養必死之士㉞，以彰㉟其威，明為己者必利，不為己者必死，以恐其群臣百姓，而行其私，此之謂威強。八曰四方㊱。何謂四方？曰：君人者，國小則事大國，兵弱則畏強兵。大國之所索㊲，小國必聽；強兵之所加，弱兵必服。為人臣者，重賦斂，盡府庫，虛其國以事大國，而用其威，求誘其君；甚者，舉兵㊳以聚邊境，而制斂㊴於內；薄者，數內㊵大使，以震其主，使之恐懼，此之謂四方。

【注釋】❶道　由；從。❷孺子　指嬪妃。❸便僻好色　指逢迎諂媚的美女。便僻，也作「便辟」、「便嬖」。逢迎諂媚的樣子。❹託　假借。❺燕處之虞　在私室休息時。燕，安息。處，居於室內。虞，疑當作「餘」。後。❻優笑　表演諧劇，使人喜樂的人。❼侏儒　身材矮小的人。❽左右　指在身旁侍奉的人。❾近習　親近的人。習，狎。❿唯唯　表示順從的應答詞。下「諾諾」同。⓫先意承旨　揣摩君主的意志，奉承迎合，以博取其歡心。⓬一辭同軌　大家的言語是相同的，行動是一致的。⓭化　改變；轉變。⓮側室公子　君主的嫡子繼位為君主，嫡子以外的公子為側室公子。⓯大臣廷吏　指朝廷中高級官員。⓰度計　計畫商議。⓱子女　女子。⓲收　獲取；博取。⓳處約　預先商定。處，辦理。⓴勸　勉勵；鼓勵。㉑養殃　培養禍害。㉒從　通「縱」。放縱。㉓民萌　人民。此指利用人民，以達成其姦術。萌，通「氓」。人民。㉔說　通「悅」。取悅；博取歡心。㉕市井　指市鎮上的人民。㉖勸譽　稱讚。㉗塞　阻隔；蒙蔽。㉘流行　指社會上流傳的言論。㉙固　本來。㉚利勢　便利的形勢。㉛施屬　編造。施，設施。屬，連綴。㉜以壞其主　包圍君主，使他聽不到其他言論。壞，當作「環」。圍繞。㉝威強　強烈的力量。此指憑藉強烈的力量威脅群臣百姓，來達成其姦術。㉞必死之士　不惜犧牲生命為人效力的人。㉟彰　彰顯；誇耀。㊱四方　四方鄰近的國家。此指憑藉外國的勢力，來達成其姦術。㊲索　要求。㊳舉兵　指暗中招致敵軍。㊴制斂　挾制。斂，收束。㊵數內　屢次接引。數，屢次。內，通「納」。接引。

【語譯】臣子怎樣為姦作惡？有八種方法：第一種方法是同牀。什麼叫做同牀？是指尊貴的夫人、寵愛的妃子、諂媚的美女，這都是君主所迷戀的。他們利用君主回宮休息，趁著他酒醉飯飽的時候，請求所希望得到的事物，這是一定能夠獲得允許的。臣子拿金玉等寶物去賄賂她們，使她們迷惑君主，這種方法叫做同牀。第二種方法是在旁。什麼叫做在旁？是指表演諧劇的演員、供人笑樂的侏儒、在身旁侍候的親信，這些人在君主還沒有下達命令便說「好的好的」，君主還沒有指使去辦事便說「是的是的」，揣摩君主的意志，奉承迎合，隨時觀察君主的神情臉色，以逢迎君主的心意。這些人同時進退，同聲應對，大家的言語相同，步伐一致，來左右君主的心意。臣子拿金玉珍寶奉獻給他們，並且在外面替他們做非法的事情，使他們改變君主的心意，這種方法叫做在旁。第三種是父兄。什麼叫做父兄？是指王室的庶孽公子，是君主最親愛的人；朝廷的大臣，是君主商議政事的人。這些人盡力向君主建議，君主一定聽從。臣子便用音樂女色事奉庶孽公子，用甜言蜜語說服朝廷大臣。他們預先商量好向君主建議，事情成功便能升遷官爵，增加俸祿，拿這些利益來勉勵他們，這種方法叫做父兄。第四種方法是養殃。什麼叫做養殃？是指君主喜歡修治宮室臺池，愛好裝飾美女狗馬，來尋求內心的快樂，這是君主的禍患。臣子用盡民力，來修治宮室臺池，加重賦稅，來裝飾美女狗馬，以博取君主的歡心，而迷亂他的心志，使他放縱情欲，而從中培植自己的利益，這種方法叫做養殃。第五種方法是民萌。什麼叫做民萌？是指臣子分散公家的財物以討好人民，施與細微的恩惠以收攬百姓，使朝廷的官吏、市鎮的人民都稱讚自己，以蒙蔽君主，而達成自己的願望，這種方法叫做民萌。第六種方法是流行。什麼叫做流行？是指君主本來就跟外界隔絕，很少聽到各種議論，因此容易受到辯說的轉移。臣子就尋求各國的辯士，培養本國口才好的人，使他們替自己講話，把言辭說得美麗動聽，把事理說成社會流行的議論，拿形勢來誘導他，拿患害來恐嚇他，編造虛偽的言論，來蒙蔽君主的視聽，這種方法叫做流行。第七種方法是威強。什麼叫做威強？是指君主把群臣百姓當作強大的力量，群臣百姓認為是好的，君主就認為是好的；群臣百姓不認為是好的，君主就不認為是好的。臣子聚集佩帶寶劍的俠客，蓄養勇於犧牲的武士，來顯揚自己的威力，表明幫助我的一定獲得利益，反對我的一定被殺死，來恐嚇群臣百姓，而謀求自己的利益，這種方法叫做威強。第八種方法是四方。什麼叫做四方？是指君主的國土狹小，就要侍奉大國；兵力微弱，就要畏懼兵力強大的。大國有所要求，小國一定要聽從；兵力強大的有所行動，兵力微弱的一定要屈服。臣子加重人民的賦稅，用盡府庫的財物，盡量侍奉大國，利用大國的威勢，要脅誘騙君主；嚴重的勾結大國的軍隊，聚集在本國的邊境，來挾制國內；輕微的時常接納大國的使臣，來威嚇君主，使他畏懼，這種方法叫做四方。

凡此八者，人臣之所道成姦，世主所以壅劫❶，失其所有也，不可不察焉。

明君之於內❷也，娛其色，而不行其謁❸，不使私請❹。其於左右也，使其身，必責其言，不使益辭❺。其於父兄大臣也，聽其言也，必使以罰任於後❻，不令妄舉。其於觀樂玩好也，必令知其所出❼，不使擅❽進❾擅退❿，不使群臣虞⓫其意。其於德施⓬也，縱禁財⓭，發墳倉⓮，利於民者，必出於君，不使人臣私其德。其於說議⓯也，稱譽者所善，毀疵者所惡⓰，必實⓱其能，察其過，不使群臣相為語⓲。其於勇力之士也，軍旅之功無偷⓳賞，邑鬭⓴之勇無赦罪，不使群臣行私。其於諸侯之求索也，法㉑則聽之，不法則距㉒之。所謂亡國㉓者，非莫有其國也，而有之者皆非己有也。令臣以外為制於內㉔，則是君人者亡也。聽大國，為救亡也，而亡亟於不聽㉕，故不聽。群臣知不聽，則不外市㉖諸侯；諸侯之㉗不聽，則不受之㉘臣誣㉙其君矣。

【注釋】❶壅劫　蒙蔽脅迫。❷內　內人。指后妃夫人。❸謁　請求。❹私請　私下請託。❺益辭　多言。❻必使以罰任於後　事後一定受處罰。使，疑當刪去。任，施用。❼必令知其所出　一定在法令中有所根據。知其，當從舊本作「之有」。❽擅　任意處置。❾進　增。❿退　減。⓫虞　揣度。⓬德施　施行恩惠。⓭縱禁財　放散君主宮中的財物。禁，宮殿。⓮墳倉　高大的穀倉。墳，大。⓯說議　議論；進言。⓰稱譽者所善二句　稱讚他們所喜愛的，毀謗他們所憎惡的。⓱實　考覈確實。⓲相為語　互相幫助講好話。為，幫助。⓳偷　苟且；不合道理。⓴邑鬭　在鄉里中打鬥。㉑法　合道理。㉒距　通「拒」。拒絕。㉓亡國　當從各本作「亡君」。㉔令臣以外為制於內　讓臣子憑藉外力而挾制國內。為，而。㉕而亡亟於不聽　滅亡比不聽從大國更快。亟，急速。於，表比較。㉖市　交易；買賣。㉗之　尚且。㉘之　其。㉙誣　欺騙。

【語譯】以上八種方法，臣子用來為姦作惡，君主因而被蒙蔽脅迫，喪失所有的權勢，這是不可以不明察的。所以英明的君主對於后妃夫人，只享樂她們的美色，而不聽從她們的要求，禁止她們私下請託。對於左右的親信，指使他們去辦事，一定督促他們說話，不許他們胡言亂語。對於父兄大臣，聽從他們的話，如果有錯誤，事後一定處罰，防止他們隨便言行。對於遊樂玩好，一定在法令中有所根據，不許任意增減，不讓群臣揣摩他的心意。對於施行恩惠，放散宮中的財物，散發倉庫中的糧食，對於人民有利的措施，必須由君主發動，不讓臣子當作自己的恩惠。對於臣子進言，稱讚他們所喜愛的，毀謗他們所憎惡的，君主一定要考覈被稱讚的是不是確有才能，明察被毀謗的是不是真有過錯，防止群臣互相幫助說好話。對於有勇力的人，在戰場上立功，一定給予適當的賞賜；在鄉里間私鬥，絕不赦免罪刑；不讓群臣利用勇力圖謀私利。對於諸侯的要求，合理就允許，不合理就拒絕。所謂亡國的君主，不是說他喪失了國家，而是說他雖擁有國家，其實都不能由自己掌握，讓臣子利用外力挾制國政，這樣，君主就算是亡國了。君主聽從大國，為的是要挽救國家的滅亡，可是滅亡比不聽從更快，所以不必聽從大國。群臣知道君主不聽從大國，就不會對大國出賣國家的利益；對大國諸侯尚且不聽從，君主就不會受臣子的欺騙了。

明主之為官職爵祿也，所以進❶賢材、勸有功也。故曰賢材者，處厚祿，任大官，功大者，有尊爵，受重賞。官❷賢者量❸其能，賦❹祿者稱❺其功。是以賢者不誣能❻以事其主，有功者樂進其業，故事成功立。今則不然。不課❼賢不肖，不論❽有功勞，用諸侯之重❾，聽左右之謁❿。父兄大臣上請爵祿於上，而下賣之以收財利，及以樹私黨。故財利多者，買官以為貴；有左右之交者，請謁以成重。功勞之臣不論，官職之遷⓫失謬。是以吏偷官⓬而外交，棄事而親財⓭。是以賢者懈怠而不勸⓮，有功者隳⓯而簡⓰其業，此亡國之風也。

【注釋】❶進　進用；選拔。❷官　授與官職。❸量　量度。❹賦　給與。❺稱　相當；符合。❻誣能　以不能為能。❼課　考核。❽論　評量；考量。❾重　指重視的人。❿謁　進見。此指薦舉人才。⓫遷　升遷。⓬偷官　不認真辦事。偷，苟且。官，職事。⓭親財　愛好財貨。⓮勸　努力。⓯隳　通「惰」。偷惰；懶惰。⓰簡　怠慢；疏忽。

【語譯】英明的君主設置官職爵祿，為的是選拔有才能的人，勸勉人建立功勞。所以說有賢才的人，享用豐富的俸祿，擔任高級的官職；建立大功的人，獲得尊貴的爵位，接受優厚的賞賜。授與官職，要考量他的才能；給與俸祿，要跟他的功勞相當。因此有才能的人不會誇張自己的能力來侍奉君主，有功勞的人樂於發展功業，所以事情能完成，功勞能建立。現在的君主們卻不是這樣，不考核臣子有沒有才能，不評量臣子有沒有功勞，任用諸侯所推重的，聽信左右所薦舉的。父兄大臣向君主要求爵祿，出賣給臣民，因而獲取錢財，並且建立私黨。所以錢財多的人，買得官爵而變為有地位；結交君主左右親信的人，由於薦舉而變為有勢力。有功勞的臣子不加考量，官職的升遷沒有標準，官吏馬虎辦事而勾結外國，廢棄職守而貪取財貨，所以有才能的人懈怠而不肯努力，有功勞的人懶惰而疏忽功業，這是亡國的作風呀！

卷三

十過

【題解】十過，是指人主所犯的十種重大過失。

本篇引用歷史故事，證明人主所犯的十種重大過失，就是：一、行小忠，二、顧小利，三、行僻無禮，四、好五音，五、貪愎喜利，六、耽於女樂，七、離內遠遊，八、不聽忠臣，九、內不量力，十、國小無禮；足以危身亡國。篇文首先列舉十種大過失的項目，然後分節引用歷史故事加以說明。體例與〈內儲說〉、〈外儲說〉相似，而且篇中所引用的故事，多見於他書及本書其他篇章。

前人懷疑本篇不是韓非作的，梁啟超《要籍解題及其讀法》說：「〈十過〉篇有膚廓語，頗類《管子》中之一部分，是否出於非手，不能無疑。」門無子《韓子迂評》說：「語多枝冗，不及左氏遠矣。」容肇祖《韓非子考證》以「奚謂好音」一節，漫引傳說，為弗能必而據之。劉汝霖《周秦諸子考》以本篇意少辭費，「不用忠臣」節所述管仲之事，與〈難一〉所論者衝突，因此斷為偽作。陳啟天《韓非子校釋》：「本篇旨趣，大體與韓非思想似無不合，然語多枝冗，則不能令人無疑也。」梁啟雄《韓子淺解》說：「無論從思想體系上看，或從記載和文字上看，本篇都有些問題。」前人從思想體系上、引述的歷史故事和所用的文辭等方面，把本篇跟本書其他篇章相比較，發現有不相同或不相符合的地方，他們的意見都可供我們作進一步探討的參考。

十過：一曰，行小忠，則大忠之賊❶也。二曰，顧小利，則大利之殘❷也。三曰，行僻自用❸，無禮諸侯，則亡身之至❹也。四曰，不務聽治❺，而好五音❻，則窮身❼之事也。五曰，貪愎❽喜利，則滅國殺身之本也。六曰，耽❾於女樂❿，不顧國政，則亡國之禍也。七曰，離內⓫遠遊，而忽於諫士，則危身之道也。八曰，過而不聽於忠臣，而獨行其意⓬，則滅高名為人笑之始也。九曰，內不量力，外恃⓭諸侯，則削國之患也。十曰，國小無禮，不用諫臣，則絕世⓮之勢也。

【注釋】❶賊　敗壞。❷殘　損害；傷害。❸行僻自用　行為乖僻，固執己見。僻，乖僻；違反常理。❹亡身之至　即「至亡身」。到達毀滅自己生命的地步。❺聽治　處理國事。❻五音　宮、商、角、徵、羽五種音調。此指音樂。❼窮身　使自己遭受困窮。❽貪愎　貪婪剛愎。愎，任性；執拗。❾耽　沉溺。❿女樂　善長歌舞的伎女。⓫內　指首都以內。⓬獨行其意　一意孤行。⓭恃　依賴。⓮絕世　斷絕世系。世，父死子繼。

【語譯】處理國事有十種重大的過失：第一種是實行小忠，就會敗壞大忠。第二種是貪圖小利，就會損害大利。第三種是行為乖僻，固執己見，對待諸侯無禮，就會走到毀滅自己的道路。第四種是不致力處理國事，卻喜好音樂，使自己遭受窮困的事。第五種是貪婪剛愎，這就是滅國殺身的根源。第六種是迷戀女樂，不處理國家政事，就會招致亡國的災禍。第七種是離開首都，到遠方遨遊，忽略臣子的勸告，這是危害生命的作為。第八種是做錯了事，不聽從忠臣的勸諫，而一意孤行，這就是敗壞名聲，被人譏笑的開始。第九種是不度量國內的力量，而依賴國外的諸侯，這就是削弱國家的禍患。第十種是國家弱小，行為無禮，不採納諫臣的意見，這是亡國絕後的情勢啊。

奚謂❶小忠？昔者，楚共王與晉厲公戰於鄢陵，楚師敗，而共王傷其目❷。酣戰❸之時，司馬子反❹渴而求飲，豎❺穀陽❻操觴酒❼而進之。子反曰：「嘻❽，退，酒也。」豎穀陽曰：「非酒也。」子反受而飲之。子反之為人也，嗜酒而甘❾之，弗能絕於口，而醉。戰既罷❿，共王欲復戰，令人召司馬子反，司馬子反辭以心疾。共王駕而自往，入其幄⓫中，聞酒臭⓬而還，曰：「今日之戰，不穀⓭親傷⓮，所恃者司馬也。而司馬又醉如此，是亡⓯楚國之社稷，而不恤⓰吾眾也。不穀無與復戰矣。」於是還師而去，斬司馬子反以為大戮⓱。故豎穀陽之進酒，不⓲以讎⓳子反也，其心忠愛之，而適足以殺之。故曰：行小忠，則大忠之賊也。

【注　釋】❶奚謂　何謂；什麼叫做。❷楚共王三句　周簡王十一年（西元前五七五年）鄭國背叛晉國，而與楚國結盟，晉厲公率領軍隊攻打鄭國，楚共王出兵救鄭國，戰於鄢陵，晉軍擊敗楚軍，射傷共王的眼睛。事見《左傳・成公十六年》。楚共王，春秋時楚國的君主。莊王的兒子，名審。晉厲公，春秋時晉國的君主。景公的兒子，名壽曼。鄢陵，春秋鄭邑。即今河南省鄢陵縣。❸酣戰　戰事激烈。❹司馬子反　春秋時楚國的公子。名側，字子反，官司馬，鄢陵之戰，率領中軍。❺豎　宮中小臣。❻穀陽　或作「陽穀」。小臣的名字。❼觴酒　一杯酒。觴，酒杯。❽嘻　驚怒聲。❾甘　覺得味美。❿罷　停止；停頓。⓫幄　軍帳。⓬臭　氣味。⓭不穀　古代王侯自稱的謙詞。⓮親傷　親身受傷。⓯亡　通「忘」。⓰恤　愛惜。⓱大戮　處死。戮，陳屍示眾。⓲不　非。⓳讎　仇恨。

【語　譯】什麼叫做小忠？從前，楚共王跟晉厲公在鄢陵作戰，楚國軍隊打敗，楚共王的眼睛被箭射傷。當戰爭最激烈的時候，楚國的司馬子反口渴了，向部下要求水喝，小臣穀陽拿了一大杯酒送給他。子反說：「噯！

拿走，這是酒呀！」小臣穀陽說：「這不是酒。」子反便接過來，喝了。子反生性最喜歡喝酒，喝起酒來就不停地喝，這次他又喝醉了。當戰爭停頓下來，楚共王想整理部隊，再跟晉國作戰，派人召請司馬子反，司馬子反推辭心痛。楚共王親自駕車探望子反，進入他的帳幕，聞到酒的氣味就退回來，說：「今天作戰，我自己受了傷，想再作戰，要靠司馬主持，可是司馬又醉成這個樣子，這是不顧楚國的社稷，不愛惜楚國的人民。我沒法子再作戰了。」於是率領軍隊回國，殺了司馬子反，並且陳屍示眾。小臣穀陽拿酒給子反喝，並不是仇恨子反，他忠心愛子反，反而把他害死。所以說：實行小忠，就會敗壞大忠。

奚謂顧小利？昔者，晉獻公欲假道於虞以伐虢[1]，荀息[2]曰：「君其[3]以垂棘[4]之璧與屈產[5]之乘[6]，賂[7]虞公，求假道焉，必假我道。」君曰：「垂棘之璧，吾先君之寶也；屈產之乘，寡人之駿馬也。若受吾幣[8]，不假之道[9]，將奈何？」荀息曰：「彼不假我道，必不敢受我幣。若受我幣，而假我道，則是寶猶取之內府[10]，而藏之外府也；馬猶取之內廄[11]，而著[12]之外廄也。君勿憂。」君曰：「諾。」乃以垂棘之璧與屈產之乘，賂虞公，而求假道焉。虞公貪，利其璧與馬，而欲許之。宮之奇[13]諫曰：「不可許。夫虞之有虢也，如車之有輔[14]，輔依車，車亦依輔，虞虢之勢正是也。若假之道，則虢朝亡，而虞夕從之矣。不可，願勿許。」虞公弗聽，遂假之道。荀息伐虢，克之，還反[15]處三年，興兵伐虞，又克之。荀息牽馬操璧而報⑯獻公，獻公說⑰曰：「璧則猶是⑱也，雖然馬齒亦益長⑲矣。」故虞公之兵殆而地削⑳者，何也？愛小利而不慮㉑其害。故曰：顧小利，則大利之殘也。

【注　釋】❶晉獻公句　事見《左傳・僖公二年》及《左傳・僖公五年》。晉獻公，春秋時晉國的君主。武公的兒子，名詭諸，在位二十六年，併吞虞、虢等小國，晉國從此強大。虞，周朝國名。周武王封虞仲於虞，故城在今山西省平陸縣東北六十里，春秋時被晉國併吞。虢，周朝國名。周文王弟虢仲所封，號西虢，故城在今陝西省寶雞縣東，平王東遷，徙於上陽，號南虢，故城在今河南省陝縣東南，另一支徙居下陽，號北虢，在今山西省平陸縣境，先後被晉國所滅。❷荀息　春秋時晉國的大夫。字叔，輔佐晉獻公，滅虞、虢，獻公死後，輔佐奚齊和卓子，被里克所殺。❸其　若；如果。❹垂棘　地名。出產美玉，其地不詳。❺屈產　屈地所產。屈，地名。在今山西省吉縣北，出產良馬。一說：屈產，地名。在今山西省石樓縣境。❻乘　車一輛馬一匹。此借指馬匹。❼賂　贈送財物。❽幣　指繒帛。古時以束帛為祭祀、貢賜或贈送賓客的禮物。❾不假之道　不假以道。❿內府　宮內儲藏財物的處所。⓫內廄　宮內養馬的處所。⓬著　放置。⓭宮之奇　春秋時虞國的大夫。⓮輔　車兩旁夾輔車的板。一說：面頰。⓯還反　疊韻連語。回來。⓰報　反；送還。⓱說　同「悅」。喜悅。⓲猶是　還是這樣。猶，仍然。是，這樣。⓳馬齒亦益長　馬的年齡也增長了。馬的牙齒隨著年齡而增加。⓴兵殆而地削　軍隊被毀滅，土地被侵奪。㉑慮　憂慮；顧慮。

【語　譯】什麼叫做貪圖小利呢？從前，晉獻公打算向虞國借路去攻打虢國。大夫荀息說：「君主如果拿垂棘出產的玉璧和屈地出產的良馬，贈送虞公，請求借路，虞公一定會答應的。」獻公說：「垂棘出產的玉璧，是先君的寶物；屈地所產的良馬，是我騎的駿馬。如果他接受我們的禮物，不答應借路，怎麼辦呢？」荀息說：「他如果不答應借路，一定不敢接受我們的禮物。如果他接受我們的禮物，答應借路，那麼玉璧就像從內庫取出，藏在外庫一樣；良馬就像從內廄牽出，放在外廄飼養一樣。君主不要擔心。」獻公說：「好的。」

於是拿垂棘出產的玉璧和屈地出產的良馬，送給虞公，請求借路。虞公貪婪，想要得到玉璧和良馬，打算答應借路給晉國。大夫宮之奇勸諫說：「不能答應。虞國有虢國，就像車子有兩旁夾木，兩旁夾木依靠車子而存在，車子也依靠兩旁夾木而行駛，虞、虢兩國的情勢正是這樣。如果借路給晉國，那麼虢國早晨被滅亡，虞國晚上就隨著被滅亡了。這是不可以的，請不要答應。」虞公不聽宮之奇的話，借路給晉國。荀息率領軍隊攻打虢國，把他吞滅，回來休息三年，起兵攻打虞國，又把他吞滅。荀息牽著良馬拿著玉璧送還晉獻公，獻公高興地說：「玉璧還是一樣，可是良馬的年齡增長了。」虞公的軍隊被擊潰，土地被侵奪，是什麼緣故呢？就是貪圖小利而沒有考慮後患。所以說：貪圖小利，就會損害大利。

奚謂行僻？昔者，楚靈王為申之會，宋太子後至，執而囚之，狎徐君，拘齊慶封❶。中射士❷諫曰：「合諸侯，不可無禮，此存亡之機也。昔者，桀為有戎之會，而有緡叛之❸；紂為黎丘之蒐，而戎狄叛之❹，由無禮也。君其圖之。」君不聽，遂行其意。居未期年❺，靈王南遊，群臣從而劫❻之，靈王餓而死乾溪❼之上。故曰行僻自用，無禮諸侯，則亡身之至也。

【注釋】❶楚靈王為申之會五句　事見《左傳・昭公四年》。楚靈王，春秋時楚國的君主。共王的次子，名圍，弒郟敖自立為國君，周景王七年（西元前五三八年），會諸侯於申。申，春秋時楚國的地名。今河南省南陽市北二十里有申城。宋太子，名佐。宋平公的兒子，後嗣立為元公。狎，侮慢。徐君，徐國的君主，吳國的外甥。楚靈王懷疑他有二心，因此把他捉起來。慶封，春秋時齊國的大夫。幫助崔杼弒莊公，立景公，使景公欲誅之，於是逃到吳國，楚靈王率領諸侯攻打吳國，被執殺。❷中射士　官名。即王宮中執掌射禮的人。《左傳・昭公四年》作「椒舉」。❸桀為有戎之會二句　《竹書紀年》：

「十一年會諸侯於仍，有緡氏逃歸，遂滅有緡。」桀，夏朝末代的君主。有，助詞。戎，《左傳》作「仍」。古國名，地在今山東省濟寧縣。有緡，古國名。地在今山東省金鄉縣東北。❹紂為黎丘之蒐二句　顧廣圻《韓非子識誤》：「蒐下，當依《史記》、《左傳》補『而東夷叛之；幽王為太室之盟』二句。此上下二事各脫其半也。」紂，商朝末代的君主。《竹書紀年》：「四年大蒐於黎。」黎丘，《史記・楚世家》作「黎山」，《左傳・昭公四年》作「黎」。黎，古國名。在今山西省長治縣西南三十里黎侯嶺下。蒐，春獵。幽王，周宣王的兒子。名宮湦，寵愛褒姒，生子伯服，因欲廢申后及太子宜臼，被申侯和犬戎攻殺於驪山下。《竹書紀年》：「十年春，王及諸侯盟於太室。十一年春，申人、鄫人及犬戎人宗周，弒王。」太室，山名。即嵩山，在河南省登封縣北。❺居未期年　根據《左傳》：魯昭公四年，楚靈王會諸侯於申，昭公十三年，楚公子比弒靈王於乾谿。此云未期年，誤。期年，一周年。❻劫　脅迫。❼乾溪　也作「乾谿」。楚國東境地，在今安徽省亳縣東南七十里。

【語　譯】什麼叫做行為乖僻？從前，楚靈王召集諸侯在申這個地方會盟，宋國的太子後到，靈王把他拘禁起來，又侮慢徐國的君主，捕殺齊國大夫慶封。中射士勸諫說：「召集諸侯會盟，不可以沒有禮貌，這是國家存亡的關鍵。從前，夏桀王召集諸侯在有戎會盟，有緡便背叛他；殷紂王召集諸侯在黎丘狩獵，而東夷卻背叛他；幽王召集諸侯在太室山訂盟，而戎狄卻背叛他，這是因為沒有禮貌的緣故。君王多加考慮。」靈王不聽從中射士的話，一意孤行，不到一年，靈王南遊，群臣用武力脅迫他去位，靈王飢餓而死在乾溪一帶。所以說：行為乖僻，固執己見，對諸侯沒有禮貌，就會走上毀滅自己的道路。

奚謂好音？昔者，衛靈公❶將之❷晉，至濮水❸之上，稅車❹而放馬❺，設舍❻以宿，夜分❼而聞鼓❽新聲者而說之，使人問左右，盡報弗聞。乃召師涓❾而告之曰：「有鼓新聲者，使人問左右，盡報弗聞，子為我而寫❿之。」師涓曰：「諾。」因靜坐撫琴⓫而寫之。師涓明日報曰：「臣得之⓬矣，而未習⓭也，請復一宿習之。」靈公曰：「諾。」因復留宿，明日而習之，遂去之晉。晉平公[14]觴之[15]於施夷之臺[16]，酒酣[17]，靈公起曰：「有新聲，願請以示[18]。」平公曰：「善。」乃召師涓，令坐師曠[19]之旁，援[20]琴鼓之。未終，師曠撫止之曰：「此亡國之聲，不可遂[21]也。」平公曰：「此奚道出[22]？」師曠曰：「此師延[23]之所作，與紂[24]為靡靡之樂[25]也。及武王伐紂，師延東走，至於濮水而自投。故聞此聲者，必於濮水之上。先聞此聲者，其國必削，不可遂。」平公曰：「寡人所好者音也，子其使遂之。」師涓鼓究[26]之。平公問師曠曰：「此所謂何聲也？」師曠曰：「此所謂清商[27]也。」公曰：「清商，固最悲乎？」師曠曰：「不如清徵[28]。」公曰：「清徵可得而聞乎？」師曠曰：「不可。古之得聽清徵者，皆有德義之君也。今吾君德薄，不足以聽。」平公曰：「寡人之所好者音也，願試聽之。」師曠不得已，援琴而鼓。一奏之，有玄鶴二八[29]道南方來，集於郎門[30]之垝[31]，再奏之而列[32]，三奏之，延頸[33]而鳴，舒翼[34]而舞，音中[35]宮商之聲，聲聞於天。平公大說，坐者皆喜。平公提觴[36]而起，為師曠壽[37]，反坐[38]而問曰：「音莫悲於清徵乎？」師曠曰：「不如清角[39]。」平公曰：「清角可得而聞乎？」師曠曰：「不可。昔者，黃帝[40]合鬼神於泰山[41]之上，駕象車[42]而六蛟龍㊸，畢方並鎋㊹，蚩尤㊺居前，風伯㊻進掃，雨師㊼灑道，虎狼在前，鬼神在後，騰蛇㊽伏地，鳳皇㊾覆上，大合鬼神，作為清角。今吾君德薄，不足聽之，聽之將恐有敗。」平公曰：「寡人老矣，所好者音也，願遂聽之。」師曠不得已而鼓之：一奏之，有玄雲從西北方起；再奏之，大風至，大雨隨之，裂帷幕，破俎豆㊿，隳廊瓦(51)，坐者散走。平公恐懼，伏於廊室之間。晉國大旱，赤地(52)三年。平公之身遂癃病(53)。故曰不務聽治，而好五音不已，則窮身之事也。

【注釋】❶衛靈公　春秋時衛國的君主。襄公的兒子，名元。❷之　往。❸濮水　本黃河分流，今已淤枯。舊道自今河南省封丘縣東北流，經延津、滑縣，及河北省濮陽縣，至山東省濮縣，注入鉅野澤。古時所謂桑間濮上，即指此水。❹稅車　停車；把馬匹從車上解下來。稅，通「脫」。解脫。❺放馬　讓馬在田野吃草。❻設舍　設置行館。舍，客舍。❼夜分　夜半。❽鼓　彈奏。❾師涓　春秋時衛靈公的樂官。古樂官稱師。涓，樂官名。❿寫　仿製。⓫撫琴　彈琴。撫，用手按。⓬得之　指能彈奏此樂曲。⓭習　熟練。⓮晉平公　春秋時晉國的君主。悼公的兒子，名彪。⓯觴之　宴之；設宴款待。觴，本意是盛有酒的酒杯，此用作動詞。⓰施夷之臺　即《左傳・昭公八年》晉侯所築虒祁之宮。在今山西省曲沃縣西南，新絳縣南。⓱酣　飲酒而樂。⓲示　表現；演奏。⓳師曠　春秋時晉國的樂官。名曠，字子野。⓴援　取。㉑遂　完成；終了。㉒此奚道出　這支樂曲從哪裡得來的。奚，何。道，從。㉓師延　商紂時的樂官。㉔與紂　為商紂王。與，通「為」。㉕靡靡之樂　頹廢的樂曲。㉖究　竟；完畢；終了。㉗清商　較清的商聲。古代按照聲音的清濁高下，分為宮、商、角、徵、羽五音，或稱五聲。宮，最下最濁。商，次下次濁。角，在清濁高下之間。徵，次高次清。羽，最高最清。㉘清徵　較清的徵聲。㉙玄鶴二八　十六隻黑色的鶴。古代傳說鶴千年化為蒼，二千年變為黑。二八，十六。㉚郎門　宮殿的門。郎，通「廊」。宮殿四周的通道。㉛垝　通「危」。棟上，俗稱屋脊。㉜列　排成行列。㉝延頸　伸長脖子。㉞舒翼　張開翅膀。㉟中　相合。㊱提觴　拿著酒杯。提，持。觴，酒杯。㊲壽　敬酒。㊳反坐　又坐下來。㊴清角　較清的角聲。㊵黃帝　相傳是少典的兒子。姓公孫，居軒轅之丘，故號軒轅氏，又居姬水，因改姓姬，建國於有熊，故又稱有熊氏，敗炎帝於阪泉，又與蚩尤戰於涿鹿之野，斬殺蚩尤，諸侯尊為天子。㊶泰山　山名。在山東省中部，古稱東嶽，為五嶽之一，也稱岱宗，主峰玉皇頂在泰安縣北，古代帝王常在泰山舉行封禪大典。㊷駕象車　乘坐用象牙裝飾的車輛。㊸蛟龍　龍一類的動物。㊹畢方並鎋　畢方在車的兩旁照顧。畢方，木神。一說：怪鳥。並，通「傍」。依傍；靠近。鎋，也作「轄」。車軸兩頭的鐵鍵。㊺蚩尤　古代九黎族部落的酋長。㊻風伯　風神。㊼雨師　雨神。㊽騰蛇　也作「螣蛇」。龍一類的動物，能興雲霧而遊其中。㊾鳳皇　也作「鳳凰」。傳說中的神鳥。㊿俎豆　祭祀或宴享時盛物的器具。(51)隳廊瓦　毀壞宮殿上的瓦。(52)赤地　因旱災造成遍地不生五穀。(53)癃病　衰弱不能任事的病。

【語　譯】什麼叫做愛好音樂呢？從前，衛靈公前往晉國，走到濮水邊上，卸下車子，讓馬吃草，安排行館住宿，到了夜半，聽到有人彈奏新的樂曲，覺得很好聽，使人詢問左右侍從，都回答說沒有聽到。於是召請樂官師涓來，告訴他說：「有人彈奏新的樂曲，使人詢問左右侍從，都回答說沒有聽到，莫非是鬼神彈奏的，你仔細聽聽，給我摹寫下來。」師涓回答說：「好的。」就靜坐彈琴，摹寫這首新的樂曲。第二天，師涓回報說：「我已經會彈這支樂曲了，可是還不熟練，請讓我再練習一個晚上。」靈公說：「好的。」便再住一個晚上，第三天已經熟練，就離開濮水，到晉國去。晉平公在施夷臺上設宴款待衛靈公，酒喝到舒暢的時候，靈公站起來說：「有一支新的樂曲，請彈奏給您聽。」平公說：「好。」於是把師涓召來，教他坐在師曠身旁，拿起琴來彈奏。樂曲還沒有彈奏完畢，師曠按住師涓的手，阻止說：「這是亡國的音樂，不可以彈完。」平公說：「這支樂曲從哪裡得來的呢？」師曠說：「這是師延作的，他給商紂王作的頹廢的樂曲。等到武王討伐紂王，師延向東方逃走，逃到濮水邊，投水而死。所以這支樂曲一定是在濮水邊聽來的。先聽到這支樂曲的，他的國家一定衰落，所以不可以把它彈完。」平公說：「我最喜愛的是音樂，你讓他彈完這支樂曲罷！」師涓就把這支樂曲彈奏完畢。平公問師曠說：「這支樂曲是什麼聲調呢？」師曠說：「這是清商聲。」平公說：「清商是最淒涼的嗎？」師曠說：「還不如清徵。」平公說：「可以聽清徵的樂曲嗎？」師曠說：「不可以。古代能聽清徵樂曲的，都是德義極高的君主。現在君主道德修養不高，不可以聽。」平公說：「我最喜愛的是音樂，很想聽一聽。」師曠不得已，便拿起琴來彈奏：第一次彈奏，有十六隻黑鶴從南方飛來，聚集在郎門的屋脊；第二次彈奏，黑鶴便排成行列；第三次彈奏，玄鶴便伸長脖子鳴叫，張開翅膀飛舞，叫聲好像宮商的樂曲，天上都能聽到。平公大喜，在座的人都高興。平公拿著酒杯，站起身來，向師曠敬酒，又坐下來問道：「音調沒有比清徵更悲愴的嗎？」師曠回答說：「還不如清角。」平公說：「清角可以聽聽嗎？」師曠說：「不可以。從前，黃帝在泰山上聚集鬼神，乘坐象車，由六隻蛟龍拖拉著，畢方在車旁照顧，蚩尤在車前開路，風神掃地，雨神灑水，虎狼在前面防衛，鬼神在後面保護，騰蛇匍匐在地上，鳳凰在天空翱翔，鬼神紛紛聚集，然後演奏清角。君王的德行不高，不可以聽，聽了恐怕會有災害。」平公說：「我已經衰老了，平生喜好的就是音樂，希望能達成聽音樂的願望。」師曠不得已而彈奏清角的樂曲：開始彈奏，有烏雲從西北方升起；繼續彈奏，狂風吹來，接著便下大雨，帷幕破裂，俎豆跌碎，宮殿上的瓦飄落，在座的人紛紛逃走。平公恐懼，蜷伏在宮殿的內室。晉國發生旱災，三年田地都不生長作物。平公身患重病，不能治事。所以說：不盡力治理國事，沉迷在音樂中，這是使自身遭受困窮的事啊。

奚謂貪愎？昔者，智伯❶瑤率趙韓魏而伐范❷中行❸滅之，反歸休兵數年，因令人請地於韓，韓康子❹欲勿許。段規❺諫曰：「不可不與也。夫智伯之為人也，好利而驁愎❻。彼來請地而弗與，則移兵於韓必矣。君其與之。與之彼狃❼，又將請地他國，他國且❽有不聽，不聽則智伯必加之兵。如是，韓可以免於患，而待其事之變。」康子曰：「諾。」因令使者致萬家之縣一於智伯。智伯說，又令人請地於魏，魏宣子❾欲弗與。趙葭❿諫曰：「彼請地於韓，韓與之。今請地於魏，魏弗與，則是魏內自強⑪，而外怒智伯也。如弗予，其措兵⑫於魏必矣，不如予之。」宣子曰：「諾。」因令人致萬家之縣一於智伯。智伯又令人之趙，請蔡皋狼⑬之地，趙襄子⑭弗與。智伯因陰約韓魏，將以伐趙。襄子召張孟談⑮而告之，曰：「夫智伯之為人也，陽親而陰疏，三使韓魏，而寡人不與⑯焉，其措兵於寡人必矣。今吾安居⑰而可？」張孟談曰：「夫董閼于⑱，簡主⑲之才臣也，其治晉陽⑳，而尹鐸㉑循之，其餘教猶存，君其定居晉陽而已矣。」君曰：「諾。」乃召延陵生㉒令將車騎，先至晉陽，君因從之。君至，而行㉓其城郭及五官之藏㉔，城郭不治，倉無積粟，府無儲錢，庫無甲兵，邑無守具。襄子懼，乃召張孟談曰：「寡人行城郭及五官之藏，皆不備具，吾將何以應敵？」張孟談曰：「臣聞聖人之治藏於民，不藏於府庫，務修其教，不治城郭。君其出令：令民自遺㉕三年之食，有餘粟者入之倉；遺三年之用，有餘錢者入之府；遺有奇人㉖者，使治城郭之繕㉗。」君夕出令，明日倉不容粟，府無積錢，庫不受甲兵。居五日，而城郭已治，守備已具。君召張孟談而問之，曰：「吾城郭已治，守備已具，錢粟已足，甲兵有餘，吾奈無箭何！」張孟談曰：「臣聞董子之治晉陽也，公宮㉘之垣，皆以荻蒿楛楚㉙牆之，其高至于丈，君發而用之，有餘箭矣。」於是發而試之，其堅則雖菌簵㉚之勁，弗能過也。君曰：「吾箭已足矣，奈無金㉛何！」張孟談曰：「臣聞董子之治晉陽也，公宮令舍㉜之堂，皆以鍊銅㉝為柱質㉞。君發而用之，有餘金矣。」於是發而用之。號令已定，守備已具，三國㉟之兵果至，至則乘㊱晉陽之城，遂戰㊲，三月弗能拔㊳，因舒軍㊴而圍之，決晉陽之水㊵以灌之，圍晉陽三年。城中巢居而處，懸釜而炊，財食將盡，士大夫㊶羸病㊷。襄子謂張孟談曰：「糧食匱㊸，財力盡，士大夫羸病，吾恐不能守矣。欲以城下㊹，何國之可下？」張孟談曰：「臣聞之，亡弗能存，危弗能安，則無為貴智矣。君釋㊺此計者㊻，臣請試潛行㊼而出，見韓魏之君。」張孟談見韓魏之君，曰：「臣聞脣亡齒寒，今智伯率二君㊽而伐趙，趙將亡矣，趙亡則二君為之次㊾。」二君曰：「我知其然也。雖然，智伯之為人也，麤中而少親㊿，我謀而覺(51)，則其禍必至矣。為之奈何？」張孟談曰：「謀出二君之口，而入臣之耳，人莫之知也。」二君因與張孟談約二軍之反，與之期日(52)。夜遣孟談入晉陽，以報二君之反。襄子迎孟談而再拜之，且恐且喜。二君以約遣張孟談，因朝智伯而出，遇智過(53)於轅門(54)之外。智過怪其色，因入見智伯，曰：「二君貌將有變。」君曰：「何如？」曰：「其行矜而意高(55)，非他時(56)之節也，君不如先之(57)。」君曰：「吾與二君約謹矣，破趙而三分其地，寡人所以親之，必不我欺。兵之著[58]於晉陽三年，今日暮[59]將拔之，而嚮[60]其利，何乃將有他心！必不然，子釋勿憂，勿出於口。」明旦，二主又朝而出，復見智過於轅門。智過入見曰：「君以臣之言告二主乎？」君曰：「何以知之？」曰：「今日二主朝而出，見臣而其色動，而視屬[61]臣，此必有變，君不如殺之。」君曰：「子置勿復言。」智過曰：「不可，必殺之；若不能殺，遂親之。」君曰：「親之奈何？」智過曰：「魏宣子之謀臣曰趙葭，韓康子之謀臣曰段規，君其與二子約，破趙國，因封二子者各萬家之縣一。如是，則二主之心可以無變矣。」智伯曰：「破趙而三分其地，又封二子者各萬家之縣一，則吾所得者少，不可。」智過見其言之不用也，出，因更其族[62]為輔氏。至於期日之夜，趙氏殺其[63]守隄之吏，而決其水灌智伯軍。智伯軍救水而亂，韓魏翼而擊之[64]，襄子將卒犯[65]其前，大敗智伯之軍，而擒智伯。智伯身死軍破，國分為三，為天下笑。故曰：貪愎好利，則滅國殺身之本也。

【注釋】❶智伯　名瑤，諡襄子。❷范　春秋時晉國大夫士會食邑於范，子孫遂為范氏。❸中行　晉大夫荀偃將中軍，晉改中軍為中行，荀偃的子孫遂為中行氏。❹韓康子　春秋時晉國的卿，名虎。❺段規　韓康子的謀臣。❻驁愎　驕傲剛愎。驁，通「傲」。驕傲不馴。❼狃　習慣。一說：驕傲。❽且　必。❾魏宣子　當作「魏桓子」。春秋晉國的卿，名駒。❿趙

葭 魏桓子的謀臣。⑪自強 自逞強盛。⑫措兵 用兵。⑬蔡皋狼 地名。《史記・趙世家》作「宅皋狼」。疑「蔡」為「宅」音之訛。周成王居孟增於皋狼，故曰宅皋狼。今山西省離石縣境有皋狼故城。⑭趙襄子 春秋時晉國的卿。趙簡子的兒子，名毋恤。⑮張孟談 趙襄子的家臣。⑯與 參預。⑰安居 怎麼處置。居，處置。⑱董閼于 春秋時趙簡子的家臣。為簡子治理晉陽。⑲簡主 即趙簡子。名鞅，趙襄子的父親。⑳晉陽 古唐國地。春秋晉邑，故城在今山西省太原市。㉑尹鐸 趙簡子的家臣。繼董閼于治理晉陽。㉒延陵生 趙襄子的家臣，事蹟未詳。㉓行 巡視；視察。㉔藏 倉庫。㉕遺留。㉖奇人 多餘的人手。奇，多餘。㉗繕 修補。㉘公宮 官署。㉙荻蒿楛楚 二草二木皆可以作箭。荻，草名。與蘆同為禾木科而異種，葉較蘆稍闊而韌。蒿，草名。艾類。楛，木名。荊類。楚，木名。即牡荊。㉚菌簬 美竹。材質堅勁，可以作箭。㉛金 金屬。此指箭鏃。㉜令舍 官邸。㉝鍊銅 精鍊的銅。㉞質 柱下石。㉟三國 指智氏、韓、魏。此時雖未列為諸侯，實已具備大國的條件。㊱乘 進攻。㊲遂戰 繼續作戰。㊳拔 攻占。㊴舒軍 舒散軍隊。㊵晉陽之水 即晉水。源出於山西省太原市西南懸甕山，分北、中、南三渠，東流入汾河。智伯遏晉水以灌晉陽，即此水之北渠。㊶士大夫 指官兵。㊷羸病 瘦弱疲憊。㊸匱 窮盡。㊹下 投降。㊺釋 放棄。㊻者 語末助詞。表假設。㊼潛行 私行。㊽二君 指韓康子、魏桓子。㊾次 繼續。㊿麤中而少親 性情粗暴，沒有仁愛心。麤，同「粗」。(51)而覺 如果被發覺。而，如。(52)期日 約定時日。(53)智過 智伯的族人。(54)轅門 古代帝王巡狩田獵，止宿處，以車環繞作為屏障，出入的地方以車轅相向為門，叫做轅門。轅，車前駕牲畜的直木。(55)行矜而意高 行動驕縱而意氣高昂。(56)他時 從前。(57)先之 先發制人。(58)著 附著；包圍。(59)旦暮 不久。(60)嚮 通「饗」。享受。(61)視屬 注視。屬，注目。(62)更其族 改變他的姓氏。更，改變。(63)其 指智伯。(64)翼而擊之 左右夾擊。(65)犯 衝擊。

【語譯】什麼叫做貪婪剛愎？從前，智伯率領趙、韓、魏的軍隊攻打范氏和中行氏；把他們消滅了，回國後，休息了幾年，便派人到韓國要求割讓土地，韓康子想不答應，段規勸諫說：「不可以不給他。智伯為人，貪求財利，又驕傲剛愎，他來要求土地，君王如果不給，他一定出兵攻打韓國，君王還是給他吧！給他土地，便助長他貪便宜的習性，又將向別國要求土地，別國一定有不答應的，不答應，智伯一定出兵攻打他。這樣，韓國就可以避免禍患，靜候事情的變化。」康子說：「好吧！」就派遣使者割讓一個萬戶的縣分給智伯，智伯很高興，又派遣人向魏國要求割讓土地，魏宣子想不給與。趙葭勸諫說：「智伯向韓國要求土地，韓國已經給了。現在向魏國要求土地，魏國不給，這是魏國自逞強大，而激怒智伯呀！如果不給與土地，他一定派兵攻打魏國，不如給他土地。」魏宣子說：「好吧！」於是派人割讓一個萬戶的縣分給智伯。智伯又派人到趙國去，要求蔡皋狼那塊土地，趙襄子不給。智伯便暗中聯絡韓魏兩國，準備攻打趙國。襄子召請家臣張孟談，告訴他說：「智伯為人，外表對人親近，而心裡卻疏遠。他三次派人到韓魏兩國去，卻沒有到趙國來，他一定要派兵攻打趙國了。現在我們怎樣對付才好呢？」張孟談說：「董閼于是簡主屬下最能幹的臣子，他曾經治理晉陽，死後，尹鐸又依照他的辦法治理，到現在他的政教還存在，君主還是遷都到晉陽去吧！」襄子說：「好吧！」於是把延陵生召來，派他率領軍隊，先到晉陽，襄子隨後出發。襄子到達晉陽，先視察城郭和各官署的庫藏，看到城郭不夠堅固，倉庫沒有糧食，府裡沒有錢財，庫裡沒有兵器，城裡沒有防守的器具。趙襄子非常恐懼，就把張孟談召來，對他說：「我視察城郭和各官署的庫藏，都不完備，我們怎樣應付敵人呢？」張孟談回答說：「臣聽說聖人治理人民，把財物儲藏在民間，不儲藏在府庫，致力教化人民，不修治城郭。請君主下達命令：人民留下三年自用的糧食，多餘的糧食繳納到公家倉庫；留下三年自用的財帛，多餘的財帛繳納到公家的府庫；留下自家工作必須的人手，多餘的人手參加修繕城郭的工作。」襄子晚上發出命令，第二天倉裡就滿得不能再容納糧食，府裡無法再堆積錢財，庫裡無法再收藏甲兵。過了五天，城郭已經修好，防守的設施已經具備。襄子把張孟談召來，問他說：「我們的城郭已經修好，防守的設施已經具備，財帛糧食足夠食用，甲兵也有多餘，只是沒有箭桿，怎麼辦呢！」張孟談回答說：「臣聽說董先生治理晉陽，官署的圍牆，都種植荻蒿楛楚等植物作為圍牆，現在已經長到一丈多高，君主取來應用，便有多餘的箭桿了。」於是把這些材料取來試用，都非常堅勁，即使用菌簬做的箭桿，也不能比這些材料做的更好。襄子說：「我們的箭桿已經夠用了，可是沒有箭鏃怎麼辦呢！」張孟談說：「臣聽說董先生治理晉陽，官署和邸舍的堂屋，都用鍊銅作為柱下基石。君主取來應用，便有多餘的箭鏃了。」於是把這些鍊銅取來應用。各種號令已經發布，防守的設施已經具備，智伯韓魏的軍隊果然到達，軍隊到達後，就攻打晉陽城，繼續作戰，連續三個月，不能把城攻陷，因此舒散軍隊，把城包圍起來，決開晉水，灌入城內，這樣圍困晉陽城三年。

城裡的人民搭建高巢居住，吊起鍋子煮飯，財帛糧食將要食用完了，官兵瘦弱疲憊。襄子對張孟談說：「糧食缺乏，財物用完了，官兵瘦弱疲憊，我恐怕無法再防守了。我打算以晉陽城投降，你看向哪一國家投降比較好？」張孟談說：「臣聽說：國家將滅亡時，不能使他保全；國家在危險時，不能使他安定；那就不必尊重有才智的人了。君主如能放棄這種計畫，臣請求祕密出城，進見韓魏兩國的君主。」張孟談謁見韓魏的君主，說：「臣聽說：嘴唇沒有了，牙齒就要受到寒冷。現在智伯率領兩位君主攻打趙國，趙國就要滅亡了，趙國滅亡後，接著滅亡的便是韓國和魏國了。」韓魏兩國的君主說：「我們也知道一定是這樣的。不過智伯為人，粗暴殘忍，我們的計畫如果被發覺，禍害一定會到來。這該怎麼辦呢？」張孟談說：「計畫從兩位君主的嘴裡說出來，只進入臣的耳朵，誰也不會知道的。」韓魏的君主因此跟張孟談約定兩國軍隊反攻智伯，並且訂定發動的日期。夜裡打發張孟談回到晉陽城內，報告與韓魏兩國君主相約的情形。襄子迎接張孟談，向他行禮致謝，又恐懼，又歡喜。韓魏兩國的君主打發張孟談回去後，謁見智伯，出來時，在軍營門外遇見智過。智過覺得他們的臉色怪異，就進去謁見智伯，說：「看韓魏兩國的君主的外貌，恐怕要叛變了。」智伯說：「怎樣看出來呢？」智過說：「我看他們行動驕傲，意氣高昂，禮貌不像從前那樣，您最好先發制人。」智伯說：「我跟韓魏兩國君主相約，非常確切，打敗趙國以後，把他的土地由三國平分，我對待他們很好，他們一定不會欺騙我。三國的軍隊包圍晉陽城已經三年了，不久就要攻占下來，分享勝利的成果，怎麼會生異心呢！一定不會這樣，你放心，不要擔憂，不要再說這種話。」第二天早晨，韓魏兩國的君主謁見智伯出來，又在營門遇見智過。智過進見智伯說：「君主把我說的話告訴韓魏兩國的君主了嗎？」智伯說：「你怎麼知道呢？」智過說：「今天韓魏兩國君主朝見您出去時，看見了我，臉色就變了，一直盯著我，這一定是要叛變，君主最好把他們殺了。」智伯說：「你丟開這件事，不要再說了。」智過說：「不可以，必須殺掉他們；如果不能殺掉他們，就要對他們更加親善。」智伯說：「怎樣對他們更加親善？」智過說：「魏宣子的謀臣叫趙葭，韓康子的謀臣叫段規，您跟他們兩個人相約，擊敗趙國後，封給他們每人萬戶的縣邑。這樣，魏韓兩國的君主就不會變心了。」智伯說：「本來約定，擊敗趙國後，把他的土地三國平分，現在又要封給他們每人萬戶的縣邑，那麼我所得到的太少了，這是不可以的。」智過見他的話不被智伯採用，告辭出來，便改姓為輔。到趙與魏韓約定的那天夜晚，趙國派人殺死智伯守隄的官吏，決開隄防，引水灌注智伯的軍隊。智伯的軍隊為防禦突然到來的水患，秩序大亂，魏韓兩國軍隊左右夾攻，襄子率領軍隊，迎頭攻擊，大敗智伯的軍隊，把智伯捉住。智伯自己被殺死，軍隊被打敗，國家被三國瓜分，被天下人譏笑。所以說貪婪剛愎，愛好財利，就是滅國殺身的根源。

奚謂耽於女樂？昔者，戎王❶使由余❷聘於秦，穆公❸問之曰：「寡人嘗聞道，而未得目見之也。願聞古之明主得國失國常何以❹？」由余對曰：「臣嘗得聞之矣，常以儉得之，以奢失之。」穆公曰：「寡人不辱❺而問道於子，子以儉對寡人何也？」由余對曰：「臣聞昔者堯有天下，飯於土簋❻，飲於土鉶❼，其地南至交趾❽，北至幽都❾，東西至於日月之所出入者，莫不賓服❿。堯禪⓫天下，虞舜受之，作為食器，斬山木而財⓬之，削鋸修之迹⓭，流⓮漆墨其上，輸之於宮，以為食器，諸侯以為益侈⓯，國之不服者十三。舜禪天下，而傳之於禹，禹作為祭器，墨漆其外，而朱畫其內，縵帛⓰為茵⓱，蔣席⓲頗緣⓳，觴酌⓴有采，而樽俎㉑有飾，此彌侈㉒矣，而國之不服者三十三。夏后氏㉓沒，殷人受之，作為大路㉔，而建九旒㉕，食器雕琢，觴酌刻鏤，四壁堊墀㉖，茵席雕文，此彌侈矣，而國之不服者五十三。君子皆知文章㉗矣，而欲服者彌少，臣故曰儉其道也。」由余出，公乃召內史㉘廖㉙而告之，曰：「寡人聞鄰國有聖人，敵國之憂也。今由余，聖人也，寡人患之，吾將奈何？」內史廖曰：「臣聞戎王之居，僻陋而道遠㉚，未聞中國之聲㉛。君其遺㉜之女樂，以亂其政，而後為由余請期㉝，以疏㉞其諫。彼君臣有間㉟，而後可圖㊱也。」君曰：「諾。」乃使內史廖以女樂二八遺戎王，因為由余請期。戎王允諾，見其女樂而說之，設酒張飲㊲，日以聽樂，終歲不遷㊳，牛馬半死。由余歸，因諫戎王，戎王弗聽，由余遂去之秦。秦穆公迎而拜之上卿㊴，問其兵勢與其地形。既以㊵得之，舉兵而伐之，兼國十二，開地千里。故曰：耽於女樂，不顧國政，則亡國之禍也。

【注釋】❶戎王　西戎的君主。戎，我國古代西方的民族。❷由余　春秋時晉國人。逃亡到西戎，後又降秦，幫助秦穆公征服西戎十二國，使穆公成為西方的霸主。❸穆公　秦穆公。春秋時秦國的君主，秦德公的第三子，名任好，繼承他的哥哥成公為君主，任用賢人由余、百里奚、蹇叔等，勵精圖治，國勢日強，為春秋五霸之一。❹何以　何由；什麼緣故。❺不辱　不自以為恥。❻土簋　以土製成，用來盛黍稷的器具。❼土鉶　以土製成，用來盛羹的器具。❽交趾　古地名。本指五嶺以南一帶的地方，漢置交趾郡，專指今越南的北部。❾幽都　幽州。今河北省北部及遼寧省一帶。❿賓服　服從。賓，服從的意思。⓫禪　把帝王的位子讓給人。⓬財　通「裁」。製作。⓭削鋸修之迹　疑當作「修削鋸之迹」。修飾削鋸的痕迹。⓮流　塗。⓯益侈　過分奢侈。⓰縵帛　素綢；沒有花紋的絲織品。⓱茵　席。此指褥墊。⓲蔣席　蔣草所做的席。蔣，草名。⓳額緣　邊緣合於規格。⓴觴酌　都是飲酒的器具。㉑樽俎　盛酒肉的器具。㉒彌侈　更奢侈。彌，更。㉓夏后氏　禹接受舜的禪讓，國號夏，史稱夏禹，又稱夏后氏。㉔大路　大車；帝王所乘的車。路，通「輅」。㉕旒　旌旗附在竿上的直幅叫做緣，綴在緣上的橫幅叫做旒。天子的旌旗有九旒。㉖堊墀　塗飾。堊，用白土塗刷。墀，經過塗飾的地。㉗文章　錯雜的色彩或花紋。㉘內史　官名。㉙廖　人名。㉚道遠　當作「遼遠」。㉛聲　指音樂。㉜遺　贈送；給予。㉝請期　請求緩期歸國。㉞疏　稀少。㉟間　間隙；隔閡。㊱圖　謀取。㊲張飲　設酒。㊳不遷　不逐水草遷徙。㊴上卿　官名。周制，宗周及諸侯皆有卿，分上中下三級。㊵以　同「已」。已經。

【語　譯】什麼叫做迷戀女樂？從前，戎王派遣由余到秦國聘問。秦穆公問他說：「我曾聽過治理國家的道理，但是不曾親眼看到過。請你告訴我古代君主得國失國大都是什麼緣故呢？」由余回答說：「我曾聽說：得國通常由於節儉，失國通常由於奢侈。」秦穆公說：「我不顧自己的愚昧，向你請教治理國家的道理，你只拿節儉回答我。這是什麼道理呢？」由余回答說：「我聽說：從前，堯做天子，用土製的碗吃飯，用泥製的杯喝水，他的土地，南面到交趾，北面到幽都，東面到日出的地方，西面到日落的地方，人沒有不服從的。堯讓天下，虞舜做了天子，製作飲食的器具，砍伐山上的樹木來製作，磨光削鋸的痕迹，塗上油漆，運送到宮裡，作為飲食的器具，諸侯以為過分奢侈，有十三個國家不肯服從。舜讓天下，傳授給禹，禹製作祭器，外面漆成黑色，裡面用紅色繪畫，褥墊用素綢做成，草席用花邊滾邊，酒器都有文采，食器都加雕飾，器物更加奢侈，就有三十三個國家不肯服從。夏朝滅亡，殷朝興起，製作大車，上面豎立九旒的旌旗，食器上加雕琢，飲器上加刻鏤，牆壁用白土粉刷，褥墊都加文飾，器物更加奢侈，便有五十三個國家不肯服從。在上位的人都喜愛美麗的裝飾，而服從的人卻越來越少，所以我說節儉是治理國家的道理。」由余退出後，秦穆公召請內史廖而告訴他說：「我聽說：鄰國有聖人，是本國的憂患。現在由余就是聖人，我非常憂慮，我該怎麼辦呢？」內史廖說：「臣聽說：戎王居住的地方，偏僻遙遠，沒有聽過中國的音樂，請您贈送他能歌善舞的美女，來擾亂他的政治，然後為由余請求展緩回國的日期，使由余沒有機會勸諫戎王，他們君臣疏遠，然後才可以謀取。」穆公說：「好吧！」於是派遣內史廖贈送十六個能歌善舞的美女給戎王，並且為由余請求延期回國。戎王答應了。戎王看見這些能歌善舞的美女，非常高興，陳設酒席，每天欣賞歌舞，整年不從事游牧，牛馬大半餓死。由余回國，勸諫戎王，戎王不聽從，由余於是離開戎地，前往秦國。秦穆公親自迎接，任命他為上卿，詢問戎王的兵力和地形，秦穆公全部明瞭後，便派兵攻打戎王，攻占十二個部落，開拓一千里土地。所以說：迷戀女樂，不理國家政事，就會招致亡國的災禍。

奚謂離內遠遊？昔者，田成子❶遊於海而樂之，號令諸大夫曰：「言歸者死。」顏涿聚❷曰：「君遊海而樂之，奈臣有圖國者何！君雖樂之，將安歸？」田成子曰：「寡人布令曰：言歸者死，今子犯寡人之令。」援戈❸將擊之。顏涿聚曰：「昔桀殺關龍逢❹而紂殺王子比干❺，今君雖殺臣之身，以三之❻可也。臣言為國，非為身也。」延頸而前曰：「君擊之矣。」君乃釋戈，趣駕❼而歸，至三日，而聞國人有謀不內❽田成子者矣。田成子所以遂❾有齊國者，顏涿聚之力也。故曰：離內遠遊，則危身之道也。

【注釋】❶田成子　即田恆。又名田常，春秋時齊國的權臣，他的祖先陳公子完逃到齊國，改姓田氏，其後宗族強大，至田常，弒齊簡公，立平公，自任為齊相。❷顏涿聚　春秋時齊國的大夫。❸援戈　拿起武器。❹桀殺關龍逢　夏桀無道，關龍逢極力勸諫，被殺。桀，夏朝末代的君主。關龍逢，夏朝的賢臣。❺紂殺王子比干　商紂無道，比干強諫，商紂怒，殺比干。紂，商朝末代的君主。王子比干，商紂的叔父。封於比，所以稱為比干。❻三之　總合成三件事。三，動詞。之，指桀殺關龍逢、紂殺王子比干兩事。❼趣駕　趕快駕車。趣，急速。❽內　通「納」。接納。❾遂　終於。

【語譯】什麼叫做離開首都到遠方遨遊呢？從前，田成子到海上遊玩，覺得非常快樂，於是下達命令給隨行的大夫們說：「勸我回去的人，我將處死他。」顏涿聚說：「您在海上遊玩，覺得非常快樂，如果有臣子圖謀奪取您的地位，您怎麼辦呢！您現在雖然覺得非常快樂，如果失去了地位，您將回到哪裡去？」田成子說：「我已經發布命令：勸我回去的人，我將處死他。現在你觸犯了我的命令。」拿起武器要殺顏涿聚。顏涿聚說：「從前夏桀王殺死關龍逢，商紂王殺死王子比干，現在您把我殺死，總共有三件為忠諫犧牲的事情，也是很好的。我勸諫您，完全是為了國家，並非為自己。」伸長了脖子走向田成子說：「請您殺我吧！」田成子於是放下武器，趕快駕車回去，回到首都三天，便聽到有人曾經計畫阻止田成子回國。田成子所以終於取得齊國，完全是顏涿聚的力量。所以說：離開首都，到遠方遊玩，這是危害自己生命的作為呀！

奚謂過而不聽於忠臣？昔者，齊桓公❶九合諸侯❷，一匡天下❸，為五伯長❹，管仲❺佐之。管仲老，不能用事❻，休居於家。桓公從而問之曰：「仲父❼家居有病，即❽不幸而不起❾，政安遷之❿？」管仲曰：「臣老矣，不可問也。雖然，臣聞之，知臣莫若君，知子莫若父，君其試以心決之。」君曰：「鮑叔牙⓫如何？」管仲曰：「不可。夫鮑叔牙為人，剛愎⓬而上悍⓭。剛則犯民以暴，愎則不得民心，悍則下不為用。其心不懼⓮，非霸者之佐也。」公曰：「然則豎刁⓯何如？」管仲曰：「不可。夫人之情，莫不愛其身。公妬而好內⓰，豎刁自獖⓱以為治內。其身不愛，又安能愛君？」曰：「然則衛公子開方⓲何如？」管仲曰：「不可。齊衛之間，不過十日之行。開方為事君，欲適君之故，十五年不歸見其父母，此非人情也。其父母之不親也，又安能親君乎？」公曰：「然則易牙⓳何如？」管仲曰：「不可。夫易牙為君主味⓴，君之所未嘗食，惟人肉耳。易牙蒸其首子㉑而進之，君所知也。人之情，莫不愛其子，今蒸其子以為膳於君，其子弗愛，又安能愛君乎？」公曰：「然則孰可？」管仲曰：「隰朋㉒可。其為人也，堅中而廉外㉓，少欲而多信。夫堅中則足以為表㉔，廉外則足以大任，少欲則能臨㉕其眾，多信則能親鄰國，此霸者之佐也，君其用之。」君曰：「諾。」居一年餘，管仲死，君遂不用隰朋，而與豎刁。刁涖事㉖三年，桓公南遊堂阜㉗，豎刁率易牙、衛公子開方及大臣為亂，桓公渴餒㉘而死南門之寢㉙、公守之室㉚，身死三月不收㉛，蟲㉜出於戶。故桓公之兵橫行㉝天下，為五伯長，卒見弒於其臣而滅高名，為天下笑者，何也？不用管仲之過也。故曰過而不聽於忠臣，獨行其意，則滅其高名為人笑之始也。

【注釋】❶齊桓公　春秋時齊國的君主。齊襄公的弟弟，名小白。襄公被弒，桓公即位，任用管仲為相，富國強兵，尊王攘夷，為春秋五霸中的第一位霸主。❷九合諸侯　多次召集諸侯會盟。九，多的意思。❸一匡天下　使動亂的天下走上正軌。匡，糾正。❹五伯長　五霸中的第一位。伯，通「霸」。❺管仲　春秋時潁上人。名夷吾，字仲，諡敬，所以也稱為管敬仲，為齊桓公相，輔佐桓公，稱霸於諸侯。❻用事　擔任國事。❼仲父　齊桓公對管仲的尊稱。仲是字，父是尊稱。❽即　假使。❾不起　不能痊癒。死的意思。❿政安遷之　政事移交何人掌管。⓫鮑叔牙　春秋時齊國的大夫。年輕時與管仲友善，管仲事公子糾，鮑叔牙事公子小白，公子糾失敗，小白立為桓公，鮑叔牙推薦管仲為宰相，輔佐桓公，使為諸侯的盟主。⓬剛愎　剛強固執。愎，固執；執拗。⓭上悍　崇尚凶悍。上，通「尚」。悍，凶悍。⓮不懼　沒有戒慎恐懼的心。⓯豎刁　春秋時齊國人。因齊桓公好女色，便自行割勢，到宮中服務，以接近桓公，後與易牙、開方作亂。⓰妒而好內　妒恨男子而愛好女色。內，指婦女。⓱自獖　自己割去生殖器。獖，又作「豶」。割去生殖器的豬。⓲開方　春秋時衛國的公子。事齊桓公，很受寵幸。⓳易牙　春秋時齊國人。善烹調，齊桓公任用為廚夫，很受寵幸。⓴主味　管理膳食。㉑首子　長子。㉒隰朋　春秋時齊國的大夫。幫助管仲輔佐桓公，稱霸於天下。㉓堅中而廉外　意志堅定而行為正直。中，內心；意志。外，指行為。㉔表　標準；表率。㉕臨　治理。㉖涖事　治事；視事。㉗堂阜　春秋時齊國的地名。在今山東省蒙陰縣西北三十里。㉘餒　飢餓。㉙寢　寢宮；臥室。㉚公守之室　桓公被圍困在寢宮。守，被守；被圍困。之，於。㉛收　收斂。㉜蟲　指屍體腐爛所生的蟲。㉝橫行　縱橫馳騁，所向無阻。

【語譯】什麼叫做做錯了事，不肯聽從忠臣的勸諫呢？從前，齊桓公屢次召集諸侯會盟，使動亂的天下走上正軌，成為五霸中的第一位，完全靠管仲的輔佐。管仲年老，不能擔任國家政事，在家中休養。齊桓公前往詢問說：「仲父有病在家休養，假使不幸，不能痊癒，政事移交哪一位執掌？」管仲回答說：「我年紀老了，不值得詢問。不過我聽說：最了解臣子的是君主，最了解兒子的是父親，請您按照您的想法作決定。」齊桓公說：「鮑叔牙怎麼樣？」管仲說：「不可以。鮑叔牙為人，剛強固執，凶悍嚴厲。剛強，就會以暴力侵犯人民；固執，就不能獲得人民的愛戴；嚴厲，人民便不肯為他效勞。他缺少戒慎恐懼的心理，不是霸主的好助手。」齊桓公說：「那麼豎刁怎麼樣呢？」管仲說：「不可以。人類的天性，沒有不愛惜自己的身體的。您妒忌男子，愛好女色，豎刁割去自己的生殖器，到宮中服務。連他自己的身體都不愛，怎麼會愛君主呢？」齊桓公說：「那麼衛公子開方怎麼樣呢？」管仲說：「不可以。齊國和衛國中間，不過十天的路程。開方為了侍奉君主，討君主的歡心，十五年都不回家探望他的父母，這太不近人情了。連他的父母都不愛，又怎麼會愛君主呢？」齊桓公說：「那麼易牙怎麼樣呢？」管仲說：「不可以。易牙替君主辦理膳食，君主沒有吃過的，只有人肉罷了。易牙殺他的長子，加以烹調，獻給君主，這是君主知道的事情。人類的天性，沒有不愛他的兒子，易牙烹調他的兒子給君主吃，連他的兒子都不愛，又怎麼會愛君主呢？」齊桓公說：「那麼誰可以執掌政事呢？」管仲說：「隰朋可以。隰朋為人，意志堅定，行為正直，嗜欲少而有足夠的誠信。意志堅定，就可以為群倫的表率；行為正直，就可以擔當重任；嗜欲少，就可以治理百姓；有足夠的誠信，就可以親善鄰國；這是霸主的好助手，請您任用他。」齊桓公說：「好的。」過了一年多，管仲死了，桓公終於沒有任用隰朋，把政事授與豎刁。豎刁執掌國事三年，齊桓公到南部的堂阜遊覽，豎刁率領易牙、衛公子開方及一部分大臣作亂，桓公臥病在南門的寢宮，飢渴而死，桓公被圍困在寢宮，死後三個月，沒人收屍，屍體腐爛，屍蟲爬到門外。桓公的軍隊曾縱橫馳騁於天下，所向無敵，成為五霸中的第一位，結果被臣子害死，聲名敗壞，被天下人譏笑，是什麼緣故呢？這是因為不採用管仲的忠諫而產生的過錯。所以說：不聽從忠臣的勸諫，一意孤行，便是敗壞名譽，被人譏笑的開端呀！

奚謂內不量力？昔者，秦之攻宜陽❶，韓氏急，公仲朋❷謂韓君曰：「與國❸不可恃也，豈如因張儀❹為和於秦哉？因賂以名都，而南與伐楚，是患解於秦，而害交❺於楚也。」公曰：「善。」乃警❻公仲之行，將西和秦。楚王❼聞之懼，召陳軫❽而告之，曰：「韓朋❾將西和秦，今將奈何？」陳軫曰：「秦得韓之都一，驅其練甲❿，秦韓為一，以南鄉⓫楚，此秦王之所以廟祠⓬而求也，其為楚害必矣。王其趣⓭發信臣⓮，多其車，重其幣⓯，以奉韓，曰：『不穀⓰之國雖小，卒已悉起，願大國之信意於秦⓱也，因願大國令使者入境，視楚之起卒也。』」韓使人之楚，楚王因發車騎陳之下路⑱，謂韓使者曰：「報韓君言弊邑⑲之兵，今將入境矣。」使者還報，韓君大悅，止公仲。公仲曰：「不可。夫以實告⑳我者，秦也；以名救我者，楚也。聽楚之虛言，而輕誣㉑強秦之實禍，則危國之本也。」韓君弗聽，公仲怒而歸，十日不朝㉒。宜陽益急，韓君令使者趣卒㉓於楚，冠蓋相望㉔，而卒㉕無至者。宜陽果拔㉖，為諸侯笑。故曰：內不量力，外恃諸侯者，則國削之患也。

【注釋】①秦之攻宜陽　《史記・韓世家》記載：韓襄王四年，秦使甘茂攻我宜陽。然公仲請和事，〈韓世家〉載在韓宣惠王十六年，「秦敗我脩魚」下，疑此「宜陽」當作「脩魚」。宜陽，戰國時韓邑。在今河南省宜陽縣西五十里。②公仲朋　太田方《韓非子翼毳》：「《史記・韓世家》《索隱》曰：『公仲，韓相國，名侈。』按侈朋字相似，當有一誤。」③與國　友好的國家。④張儀　戰國時魏人。相秦惠王，以連橫之策遊說六國，使六國背棄蘇秦縱約而共同事秦。秦惠王死，武王立，六國諸侯聞儀不為武王所信任，復合縱以抗秦，張儀離秦至魏，為魏相一年而卒。⑤交　給與。⑥警　告誡。⑦楚王　指楚懷王。⑧陳軫　戰國時楚國夏人。善於辯說，歷仕秦、楚。⑨韓朋　指公仲朋。⑩練甲　精兵。⑪鄉　通「向」。⑫廟祠　祈禱於宗廟。⑬趣　趕快。⑭信臣　使臣。⑮幣　繒帛。古時常用作祭祀或贈送賓客的禮物。⑯不穀　古代王侯自稱的謙辭。⑰信意於秦　對秦國不要屈意求和。信，通「伸」。不屈。⑱下路　下道；小路。⑲弊邑　敝國。弊，通「敝」。⑳告　疑當作「害」。侵害。一說：當作「苦」。㉑輕誣　輕視。㉒朝　臣子見君主。㉓趣卒　催促出兵。㉔冠蓋相望　指官吏一路上前後不絕。冠蓋，官吏的服飾和車乘。借指官吏。冠，禮帽。蓋，車蓋。相望，接連不斷。㉕卒　終。㉖拔　攻占；占領。

【語譯】什麼叫做不考量國家的力量？從前，秦國攻打韓國的宜陽，韓國的情勢危急，公仲朋對韓國的君主說：「同盟的國家是不可靠的，不如透過張儀向秦國求和，送給秦國一個大城，聯合秦國一起向南攻伐楚國，這樣可以解除秦國的侵略，把禍害轉移給楚國。」韓國的君主說：「很好。」於是叮嚀公仲朋西行到秦國求和。楚王聽到這個消息，非常恐懼，把陳軫召來，告訴他說：「韓國公仲朋將往西方向秦國求和，現在怎麼辦呢？」陳軫回答說：「秦國得到韓國一個大城，率領精銳的軍隊，和韓國的軍隊聯合，往南攻打楚國，這是秦王經常在宗廟祭拜而祈求的事情，一定會危害到楚國。請大王趕快派遣使者，多帶車輛，厚備禮物，送給韓國，說：『我們的國家雖然弱小，現在已經動員全國軍隊，希望貴國對秦國不要屈意求和，同時希望貴國派遣使者到敝國來，看楚國軍隊出動的情形。』」韓國於是派遣使者到楚國去，楚王調派軍隊，排列在小路上，對韓國使者說：「請您報告貴國君主說，敝國的軍隊就要進入貴國了。」韓國的使者回去報告，韓王非常高興，便派人阻止公仲朋到秦國去求和。公仲朋說：「這是不對的。秦國是以實力侵害我們；楚國是以空言援救我們。聽信楚國的空言，而忽視強秦的實禍，這會危害國家的根本。」韓國的君主不肯聽從，公仲朋很生氣地回家，十天沒有上朝。宜陽更加危急，韓國的君主派遣使者催促楚國出兵，使者一個接著一個，楚國的救兵卻始終沒有到來。宜陽終於淪陷，這件事被諸侯各國所譏笑。所以說：不考量國內的力量，而依賴國外的諸侯，這是國家削弱的禍患。

奚謂國小無禮？昔者，晉公子重耳出亡，過於曹，曹君袒裼而觀之❶。釐負羈❷與叔瞻❸侍於前。叔瞻謂曹君曰：「臣觀晉公子，非常人也，君遇之無禮，彼若有時反國而起兵，即❹恐為曹傷❺。君不如殺之。」曹君弗聽。釐負羈歸而不樂，其妻問之曰：「公從外來，而有不樂之色，何也？」負羈曰：「吾聞之，有福不及，禍來連❻我。今日吾君召晉公子，其遇之無禮，我與❼在前，吾是以不樂。」其妻曰：「吾觀晉公子，萬乘之主⑧也；其左右從者，萬乘之相也。今窮而出亡，過於曹，曹遇之無禮，此若反國，必誅⑨無禮，則曹其首也。子奚⑩不先自貳⑪焉？」負羈曰：「諾。」乃盛黃金於壺，充之以餐⑫，加璧⑬其上，夜令人遺⑭公子。公子見使者，再拜受其餐，而辭其璧。公子自曹入楚，自楚入秦。入秦三年，秦穆公召群臣而謀曰：「昔者，晉獻公與寡人交，諸侯莫弗聞。獻公不幸離群臣⑮，出入十年⑯矣，其嗣子⑰不善，吾恐此將令其宗廟不祓除，而社稷不血食也⑱。如是弗定，則非與人交之道。吾欲輔重耳而入之晉，何如？」群臣皆曰：「善。」公因起卒，革車⑲五百乘，疇騎⑳二千，步卒五萬，輔重耳入之于晉，立為晉君。重耳即位三年，舉兵而伐曹矣。因令人告曹君曰：「懸叔瞻而出之㉑，我且㉒殺而以為大戮㉓。」又令人告釐負羈曰：「軍旅薄㉔城，吾知子不違㉕也，其表㉖子之閭㉗；吾即以為令，令軍勿敢犯。」曹人聞之，率其親戚而保㉘釐負羈之閭者七百餘家，此禮之所用也。故曹小國也，而迫㉙於晉楚之間，其君之危猶累卵㉚也，而以無禮莅之，此所以絕世也。故曰：國小無禮，不用諫臣，則絕世之勢也。

【注　釋】❶晉公子重耳出亡三句　周襄王十五年（西元前六三七年），公子重耳逃亡，經過曹國，曹共公聽說重耳駢脅，便在他洗澡時窺視。事見《左傳．僖公二十三年》、《國語．晉語》。公子重耳，春秋時晉獻公的兒子。獻公寵愛驪姬，殺世子申生，重耳逃亡各國，經過十九年，才獲得秦穆公的幫助，回國即位為文公。曹，春秋時國名。周武王克商，封其弟振鐸於曹，都陶丘，春秋末期，被宋國所滅，故地在今山東省荷澤、定陶、曹縣一帶。袒裼，脫衣露體。❷釐負羈　春秋時曹國的大夫。釐，《左傳》、《國語》作「僖」。❸叔瞻　春秋時鄭國的大夫。此誤把叔瞻諫鄭文公的事情併入曹國。❹即　則。❺傷　害。❻連　連累；牽連。❼與　參預。❽萬乘之主　大國的君主。乘，車輛的單位。周朝的制度，天子地方千里，出兵車萬乘，諸侯地方百里，出兵車千乘。到春秋戰國，諸侯兼併，大國也有車萬乘。❾誅　討伐。❿奚　疑問副詞。何；為什麼。⓫貳　別異。⓬餐　當作「飧」。熟食。⓭璧　平圓而中有孔的玉石。⓮遺　贈送。⓯離群臣　死的意思。⓰出入十年　十年上下。⓱嗣子　繼承君位的嫡長子。此指奚齊、卓子和晉惠公夷吾。⓲宗廟不袚除二句　亡國的意思。古代滅亡人國，首先毀滅他的宗廟和社稷。宗廟，天子諸侯祭祀祖先的宮室。袚除，掃除。社稷，天子祭祀土地神和穀神的處所。血食，殺牲取血以祭祀。⓳革車　兵車。⓴疇騎　久經訓練的騎兵。疇，已耕作的田。㉑懸叔瞻而出之　用繩索把叔瞻從城牆上縋下，送出城外。㉒且　將。㉓大戮　把人殺死，陳屍示眾。㉔薄　迫近。㉕違　離開。㉖表　標記；作記號。㉗閭　里門。㉘保　被保護。㉙迫　逼迫。㉚累卵　堆疊起來的蛋。比喻非常危險。

【語　譯】什麼叫做國家弱小卻沒有禮貌呢？從前，晉國公子重耳流亡到各國，經過曹國，曹國的君主聽說重耳的脅骨駢連，在重耳裸體洗浴時觀看。釐負羈和叔瞻在曹君旁邊侍奉，叔瞻勸諫曹國的君主說：「我看晉國的公子，不是平常的人，您對他沒有禮貌，他一旦回國做了君主，派軍隊報復，恐怕曹國會受到傷害。您不如把他殺掉。」曹國的君主不聽從。釐負羈回到家裡，悶悶不樂，他的妻子問道：「您從外面回來，滿臉不高興的樣子，這是什麼緣故呢？」釐負羈回答說：「我聽過這樣的話：君主有福，輪不到我；君主有禍，卻連累我。今天我們的君主見晉國的公子，對他沒有禮貌，當時我也在場，所以我悶悶不樂。」他的妻子說：「我看晉國的公子，一定是大國的君主；他左右的隨員，一定是大國的卿相。現在遭遇窮困，流亡各國，經過曹國，曹國對他沒有禮貌，他一旦回國做了君主，一定派軍隊討伐無禮的國家，那麼曹國大概是第一個國家。您為什麼不先表示自己的態度跟曹國的君主不同呢？」釐負羈說：「你說的對。」於是把黃金盛在壺裡，再裝滿食物，上面放一塊玉璧，夜裡派人送給公子。公子接見使者，一再作揖道謝，接受食物，卻把玉璧退還。晉國的公子從曹國到楚國，又從楚國到秦國，到秦國後三年，秦穆公召集群臣商議說：「從前，晉獻公跟我交好，各國諸侯沒有不知道。獻公不幸去世，已經十年左右了，繼位的兒子很不好，我恐怕這將使得晉國的宗廟荒廢，社稷毀滅。到了這種地步，還不設法使晉國穩定，這便不合和人交好的道理。我想幫助重耳回晉國做君主，你們認為怎樣？」群臣都說：「很好。」穆公因此調集軍隊，戰車五百輛，精銳騎兵二千人，步兵五萬人，幫助重耳回到晉國，立他為晉國的君主。重耳做晉國的君主，三年以後，率領軍隊討伐曹國。派人告訴曹國的君主說：「把叔瞻用繩索從城上送出來，我要把他殺死，陳屍示眾。」又派人告訴釐負羈說：「晉國的軍隊已經到達城下，我知道您不會臨難逃走，請您在里門上做個標誌；我馬上下達命令，里門上有標誌的，不許軍士進去騷擾。」曹國人聽到這個消息，率領他們的親戚進入釐負羈所住里內避難的有七百多家，這是做事有禮貌的效用。曹國本來是一個小國，又夾在晉楚兩大強國中間，曹國的君主的地位像把蛋重疊起來那樣危險，做事又沒有禮貌，這就是他亡國絕後的原因。所以說：國家弱小，做事無禮，又不採用諫臣的忠告，就是亡國絕後的情勢啊。

卷四

孤憤

【題解】孤憤，耿直孤行，憤世嫉俗的意思。本篇是說法術之士，具有遠見，明察隱私，勇毅剛直，矯正姦邪，因而被權臣近侍所排斥，孤立無援，終於不被重用，內心感到憤恨。

本篇主旨為說明法術之士和當權的大臣不能相容的原因和實況。全文可分五段：第一段說明法術之士被當權大臣仇視的原因。第二段說明法術之士與權臣競爭，不能取勝的原因和結果。第三段說明君主受到蒙蔽，大臣專權，足以使國家滅亡。第四段說明無論大國或小國，修士和智士都被愚汙的侍臣所剋制，不被重用。第五段說明權臣率同愚昧汙濁的官吏，迷惑君主，敗壞法紀，朋比為奸，終會使國家滅亡。

《史記・老子韓非列傳》說：「（韓非）悲廉直不容於邪枉之臣，觀往者得失之變，故作〈孤憤〉、〈五蠹〉、……人或傳其書至秦，秦王見〈孤憤〉、〈五蠹〉之書曰：『嗟乎！寡人得見此人，與之游，死不恨矣。』李斯曰：『此韓非之所著書也。』」這篇文章大致可說是韓非親身的經歷和感受，因此寫來特別深刻真切。

知術之士❶，必遠見而明察；不明察，不能燭私❷。能法之士❸，必強毅❹而勁直❺；不勁直，不能矯姦❻。人臣循令而從事❼，案法而治官❽，非所謂重人❾

也。重人也者，無令而擅為❿，虧法以利私⓫，耗國以便家⓬，力能得其君⓭，此所謂重人也。知術之士明察，聽用⓮，且⓯燭重人之陰情⓰；能法之士勁直，聽用，且矯重人之姦行。故知術能法之士用，則貴重之臣必在繩之外矣⓱。是知術能法之士與當塗之人⓲，不可兩存之仇也。

【注　釋】❶知術之士　通曉治術的人。❷燭私　看透壞人的姦邪。燭，洞悉。私，指奸臣的姦邪。❸能法之士　擅長法律的人。❹強毅　堅強果決。❺勁直　剛勁正直。❻矯姦　矯正壞人的姦行。❼循令而從事　遵照君主的命令而執行政事。❽案法而治官　按照國家的法律而治理本身的職務。案，通「按」。依照。官，官職；職掌。❾重人　重臣；權臣；權勢很大的人。❿擅為　擅自作為，獨斷獨行。⓫虧法以利私　破壞國家法律而謀求私人利益。⓬耗國以便家　耗損國家的財富而便利自己的私家。家，指重臣的封邑或采地。⓭得其君　獲得君主的信任。⓮聽用　信用；信任。聽，指言語被君主聽取。用，指自身被君主任用。⓯且　將。⓰陰情　隱情；隱祕的實情。⓱則貴重之臣句　是說權臣必被削除。繩，繩墨。木工用繩墨度量木材，繩墨以外沒有用的材料，就把它削除。⓲當塗之人　指權臣。居重要地位的人。當塗，當途；當路；當道。塗，通「途」。

【語　譯】通曉治術的人，對事情一定要能夠看得遠，看得清楚；不能看得清楚，就不能夠識破隱私。擅長法律的人，一定要能夠堅強果決，剛勁正直；不剛勁正直，就不能夠矯正姦邪。臣子遵照命令，推行政事，依據法律，處理官職，這不能稱為權臣。所謂權臣，沒有君主的命令而擅自行事，破壞國家的法律而謀取個人的利益，耗損國家的財富而便利自己的家族，他的力量能夠獲得君主信從，這才是所謂權臣。通曉治術的人對事情看得清楚，如果被君主信任，就能夠識破權臣隱祕的實情；擅長法律的人剛勁正直，如果被君主信任，就能夠矯正權臣姦邪的行為。所以通曉治術、擅長法律的人被信用，那麼地位高、權力大的臣子一定被削除。這樣看來，通曉治術、擅長法律的人和當權的大臣，是不能並存的仇敵。

當塗之人擅事要❶，則外、內為之用❷矣。是以諸侯不因❸，則事不應❹，故敵國為之訟❺；百官不因，則業不進❻，故群臣為之用；郎中❼不因，則不得近主❽，故左右為之匿❾；學士❿不因，則祿薄、禮卑⓫，故學士為之談⓬也。此四助⓭者，邪臣之所以自飾⓮也。重人不能忠主而進其仇⓯，人主不能越四助⓰而燭察其臣⓱，故人主愈蔽，而大臣愈重。凡當塗者之於人主也，希⓲不信愛也，又且習故⓳；若夫即主心⓴，同乎好惡，固其所自進也。官爵貴重，朋黨又眾，而一國為之訟。則法術之士欲干上㉑者，非有所信愛之親，習故之澤㉒也；又將以法術之言，矯人主阿辟㉓之心，是與人主相反也。處勢卑賤，無黨孤特㉔。夫以疏遠與信愛爭，其數㉕不勝也；以新旅㉖與習故爭，其數不勝也；以反主意與同好惡爭，其數不勝也；以輕賤與貴重爭，其數不勝也；以一口與一國爭，其數不勝也。法術之士，操㉗五不勝之資㉘，以歲數㉙而又不得見；當塗之人，乘五勝之資，而日暮獨說於前；故㉚法術之士奚道㉛得進，而人主奚時得悟乎？故資必不勝，而勢不兩存，法術之士焉得不危？其可以罪過誣㉜者，以公法而誅之；其不可被㉝以罪過者，以私劍而窮之㉞。是明法術而逆主上者，不僇㉟於吏誅，必死於私劍矣。

【注釋】❶擅事要　專有權柄。擅，專有。事要，權柄。指賞罰。❷外內為之用　指諸侯、百官、郎中、學士都被他利用。外，指諸侯。內，指百官、郎中和學士。之，指權臣。❸因　依附；依靠；憑藉。❹則事不應　兩國交往的事便沒有結果。應，反應；應諾。❺訟　通「頌」。讚美功德。❻則業不進　職位便不能升遷。業，事業；職位。進，升遷。❼郎中　官名。君主左右的侍臣。郎官居中，所以叫做郎中。中，指宮中或朝中。❽近主　與君主接近。❾左右為之匿　左右的侍臣替權臣隱瞞罪行。❿學士　學者；有學問的人。⓫禮卑　不被尊重禮敬。⓬談　談論。此引申為讚揚。⓭四助　指權臣所有的四種幫助。即上文所說的敵國為之訟、群臣為之用、左右為之匿、學士為之談。⓮所以自飾　指用來增加自己人格聲譽更加美好的方法。以，用。飾，修飾；增加華美。⓯進其仇　推薦他的仇敵。進，推薦。其仇，重人的仇敵。指法術之士。⓰越四助　超越四助。即不受四助的影響。⓱其臣　指重人、權臣。⓲希　少。今多作「稀」。⓳習故　指親近的老臣。習，親近。故，故舊。⓴即主心　逢迎君主的心意。即，就；逢迎。㉑干上　求君主任用。㉒澤　恩澤；恩德。㉓阿辟　偏私；偏愛。辟，同「僻」。㉔孤特　孤獨。㉕數　道理。㉖新旅　新從別國來的賓客。㉗操　拿；執持。㉘資　憑藉。㉙以歲數　以年為單位來計算時日。數，計算。㉚故　則；那麼。㉛奚道　何由；何從。㉜誣　誣陷。㉝被　加。㉞以私劍而窮之　派遣刺客暗中把他殺死。私劍，猶今言暗殺。窮，盡。此指生命終止。㉟僇　通「戮」。殺。

【語譯】當權的大臣獨自掌握國家的權柄，諸侯和官吏士民都被他利用。因此諸侯不憑藉權臣的力量，事情就沒有結果，所以敵國就為他讚頌；百官不憑藉權臣的力量，職位就不能升遷，所以群臣都為他效力；侍臣不憑藉權臣的力量，就不能接近君主，所以君主左右的侍臣替他隱瞞罪行；有學問的人不憑藉權臣的力量，就俸祿微薄，不被禮敬，所以有學問的人替他宣揚。這四種幫助，是奸邪權臣抬高自己聲望的方法。權臣不能為盡忠於君主而推薦他的仇敵，君主不能擺脫四助的影響而認清楚自己的大臣，所以君主的視聽越受到蒙蔽，而大臣的權力越大。大凡當權的人對於君主，很少不被信任寵愛的，而且又是經常接近，至於迎合君主的心意，以君臣的好惡為好惡，這本來是他所以能夠飛黃騰達的慣技。當權的人官爵高、權力大，黨與又多，全國的人都對他讚頌。法術之士想求得君主任用，既沒有信愛的關係和親近故舊的恩澤；又要拿法術的言論，矯正君主偏私的心意，這是跟君主相反的。處在低賤的地位，孤獨而沒有黨與。拿君主所疏遠的和所信愛的競爭，照道理是不能獲勝的；拿新進的客卿和親近的老臣競爭，照道理是不能獲勝的；以違反君主心意的人和與君主好惡相同的人競爭，照道理是不能獲勝的；拿地位低、權力小的和地位高、權力大的競爭，照道理是不能獲勝的；拿一張嘴和全國的人競爭，照道理是不能獲勝的。法術之士執持五種不能獲勝的憑藉，又多年不能謁見君主；當權的人利用五種必能獲勝的憑藉，又隨時能夠單獨在君主面前談論，那麼法術之士怎麼能夠進見君主，君主什麼時候才能醒悟呢？由於所憑藉的一定不能獲勝，而且情勢不能與權臣並存，法術之士怎能沒有危險？那可以捏造罪名誣陷的，就用國法把他處死；那不能加上罪名的，就派刺客把他殺死。由此可見，通曉法術而違背君主心意的人，不被官吏誅殺，就一定被刺客殺死。

朋黨比周❶以蔽主，言曲以便私❷者，必信於重人矣。故其可以功伐借者❸，以官爵貴之；其可以美名借者❹，以外權重之❺。是以蔽主上而趨於私門❻者，不顯於官爵，必重於外權矣。今人主不合參驗❼而行誅，不待見功而爵祿❽，故法術之士安能蒙❾死亡而進其說，姦邪之臣安肯棄利而退其身❿？故主上愈卑，私門益尊。夫越⓫雖國富兵強，中國之主⓬皆知無益於己也，曰：「非吾所得制⓭也。」今有國者，雖地廣人眾，然而人主壅蔽，大臣專權，是國為越也。知不類越，而不知不類其國，不察其類者也。人之所以謂齊亡者，非地與城亡也，呂氏弗制，而田氏用之也⓮。所以謂晉亡者，亦非地與城亡也，姬氏不制，而六卿專之也⓯。今大臣執政獨斷，而上弗知收⓰，是人主不明也。與死人同病者，不可生也；與亡國同事者，不可存也。今襲迹⑰於齊晉，欲國安存，不可得也。

【注釋】❶朋黨比周　結黨營私，排斥異己。❷言曲以便私　發表不合理的言論以謀求私人的便利。❸可以功伐借者　可以拿功勞作為藉口的。功伐，功勞。伐，功。❹可以美名借者　可以拿美名作為藉口的。❺以外權重之　拿外交的職權來重用他們。❻私門　權貴之家。❼不合參驗　不比對證實。合，比對。參驗，證實。參，驗。❽不待見功而爵祿　不等表現功勳就先給與爵祿。見，表現。❾蒙　冒著。❿退其身　自身退職閒居。⓫越　春秋時國名。姒姓，子爵。夏少康封他的庶子無余於會稽（今浙江省紹興縣），春秋末，越王句踐滅吳，稱霸，戰國時，被楚國滅亡。⓬中國之主　指中原諸國的君主。春秋時，中原諸國把越、秦、楚等國家看作夷狄。⓭制　統御。⓮人之所以謂齊亡者四句　周武王封呂尚於齊，姜姓，陳厲公子完，因為國難逃到齊國，改姓田，子孫世代做齊國的卿，戰國初年，奪取齊國，世稱田齊。⓯所以謂晉亡者四句　周成王（姬姓）封其弟叔虞於唐，叔虞之子燮父徙居晉，改稱晉侯，至晉景公始置六卿（韓厥、鞏朔、趙穿、荀騅、趙括、趙旃），後併為韓、趙、魏三家，至晉靜公，三家分晉，晉國滅亡。⓰收　指收回統御國家的政權。⓱襲迹　指重蹈前人的覆轍。

【語譯】結黨營私，排除異己，蒙蔽君主，發表歪曲的言論，以謀取私人便利的人，一定被權臣信任。權臣對他們，凡是可以拿功勞來做藉口的，就給他們官爵，使他們顯貴；凡是可以拿美名來做藉口的，就拿外交的職權來重用他們。因此，蒙蔽君主而奔走於權臣私門的人，不是在官爵上顯達，就一定在外交職權上受到重用。假如君主不多方面比對證實然後誅罰，不等功勞表現就先給與爵祿，那麼法術之士怎能冒著死亡的危險，貢獻他們的意見；姦邪的臣子怎肯放棄自己的利益，而退職閒居呢？這樣，君主就越來越卑下，而權臣就越來越尊貴了。越國雖然國家富裕，兵力強大，中原諸國的君主都知道它對自己沒有利益，說道：「越國不是我所能統御的。」現在有些國家，雖然土地廣大、人口眾多，可是君主被蒙蔽，大臣獨攬大權，這樣的國家表面上是君主的國家，實際上和越國一樣不能統御。君主知道自己的國家和越國表面上不一樣，卻不知道自己今天的國家不能統御，和自己以往的國家不一樣，這就是沒有認識清楚類似的事實。人們所以說齊國滅亡，不是說齊國的土地和城池毀滅，是因為呂氏不能統御國家，而由田氏治理。所以說晉國滅亡，也不是說土地和城池毀滅，是因為姬氏不能統御國家，而由六卿執掌政權。假如大臣執掌政權，獨斷獨行，可是君主不知道收回政權，這是君主不夠明智。跟已經死亡的人患同樣病症的，便不能救活；跟已經滅亡的國家有同樣作為的，便不能保全，現在重蹈齊國和晉國的覆轍，希望國家安定生存，這是辦不到的。

凡法術之難行也，不獨萬乘❶，千乘❷亦然。人主之左右，不必智❸也；人主於人有所智❹而聽之，因與左右論其言，是與愚人論智也。人主於人有所賢❺而禮之，因與左右論其行，是與不肖❻論賢也。智者決策❼於愚人，賢士程行❽於不肖，則賢智之士羞，而人主之論悖❾矣。人臣之欲得官者，其修士❿且以精潔固身⓫，其智士且以治辯進業⓬，不能以貨賂⓭事人；恃其精潔治辯，而更不能以枉法⓮為治，則修、智之士，不事左右，不聽請謁⓯矣。人主之左右，行非伯夷⓰也，求索⓱不得，貨賂不至，則精辯之功⓲息，而毀誣之言起矣。治辯之功制於近習，精潔之行決於毀譽，則修智之吏廢，而人主之明塞矣。不以功伐決智、行，不以參伍⓳審罪過，而聽左右近習之言，則無能之士在廷，而愚污之吏處官⓴矣。

【注釋】❶萬乘　指大國。天子有兵車萬乘，諸侯千乘。乘，車輛的單位。❷千乘　指小國。❸不必智　不一定具有才智。❹有所智　認為具有才智。❺有所賢　認為具有德行。❻不肖　不賢。❼決策　決定策略。❽程行　度量德行。❾悖　錯誤。❿修士　修養品德的人。⓫以精潔固身　用精誠廉潔的修養來鞏固自身的地位。⓬以治辯進業　用辦事的幹練來增進自身的官職。⑬貨賂　財貨賄賂。⑭枉法　違法；以私意歪曲法律。⑮請謁　請託；私相囑託。⑯伯夷　商朝末年孤竹君的長子。其父臨終，遺命由三子叔齊繼承君位，伯夷遵照父命，逃離孤竹，叔齊也追隨伯夷離去。周武王討伐商紂王，伯夷、叔齊曾經勸阻，武王不聽從，等到武王戰勝紂王，做了天子，伯夷、叔齊不吃周朝糧食，餓死首陽山。⑰求索　請求；要求。索，求。⑱精辯之功　指修士純潔和智士幹練的功能。⑲參伍　指錯綜考察、多方面考察。⑳處官　在官府。官，官府。

【語　譯】法術不容易施行，不只是有萬輛兵車的大國，有千輛兵車的小國也是一樣的。君主左右的侍臣，不一定具有智慧；君主認為某人智慧很高，想聽從他的意見，就跟侍臣評論他的言論，這就是跟智慧低的人評論智慧高的。君主認為某人品格很好，想尊重禮敬他，就跟侍臣評論他的品行，這就是跟品格壞的人評論品格好的。智慧高的人要由智慧低的決定他的策略，品格好的人要由品格壞的人度量他的品行，這樣，品格好、有智慧的人便覺得羞恥，而君主的評量也是錯誤的。那些想做官的人，品德好的人就用精誠廉潔來鞏固地位，智慧高的人就用幹練來進取官職，不能拿財貨賄賂去侍奉人；為了保持純潔幹練，更不能違反法律去處理政事，那麼品德好、智慧高的人，既不能侍奉左右侍臣，也不能接受他們的請託。君主左右的侍臣，品行不像伯夷那麼清高，他們的請求不能實現，財貨無法獲得，那麼修士純潔、智士幹練的功能就消失，而毀謗誣蔑的流言就興起了。智士幹練的功能被君主的侍臣所剋制，修士純潔的品行由侍臣的毀譽來決斷，那麼品德好、有智慧的官吏就被廢棄，君主的明智也就被蒙蔽了。不拿辦事的功勞來判斷智慧、品德的高下，不用錯綜考察的方法來推究罪過，卻聽信左右侍臣的閒話，那麼無能的人就置身朝廷，愚昧汙濁的官吏便充滿官署了。

萬乘之患，大臣太重；千乘之患，左右太信，此人主之公患❶也。且人臣有大罪，人主有大失。臣主之利，與相異者也❷，何以明之哉？曰：主利在有能而任官，臣利在無能而得事❸；主利在有勞而爵祿，臣利在無功而富貴；主利在豪傑使能❹，臣利在朋黨用私❺。是以國地削而私家富，主上卑而大臣重。故主失勢而臣得國，主更稱蕃臣❻，而相室剖符❼，此人臣之所以譎主便私❽也。故當世之重臣，主變勢而得固寵者，十無二三。是其故何也？人臣之罪大也。臣有大罪者，其行欺主也，其罪當死亡也。智士者遠見，而畏於死亡，必不從重人矣；賢士者修廉❾，而羞與姦臣為伍，必不從重人矣。是當塗者之徒屬，非愚而不知患者，必污而不避姦❿者也。大臣挾愚污之人，上與之欺主，下與之收利侵漁⓫，朋黨比周，相與一口⓬，惑主敗法，以亂士民，使國家危削，主上勞辱⓭，此大罪也。臣有大罪，而主弗禁，此大失也。使其主有大失於上，臣有大罪於下，索國之不亡者，不可得也。

【注釋】❶公患　通病；共同的病害。❷臣主之利二句　臣子和君主的利益是完全不相同的。與，通「舉」。皆。一說：「與」字疑在「臣主」兩字之間。❸無能而得事　沒有才能而得到職位。❹豪傑使能　任用豪傑，發揮才能。使，使用。❺朋黨用私　結為朋黨，謀取私利。❻蕃臣　藩臣；藩屬的大臣。蕃，通「藩」。屏障。❼相室剖符　大臣分封官爵。相室，相國。指執政大臣。符，古時帝王分封諸侯和功臣，用金、玉、竹、木製成符，上面刻有文字，剖為兩半，君臣各執一半，以為憑證。❽譎主便私　欺騙君主，謀取私利。譎，欺騙。❾修廉　修養廉潔的人格。❿不避姦　不惜與姦人同為邪惡。⓫收利侵漁　侵奪百姓的利益。收利，收斂百姓的利益。侵漁，侵奪百姓的利益，像漁人捕魚一樣。⓬相與一口　大家說同樣的話，就像一張嘴裡說出來的。⓭勞辱　憂苦屈辱。

【語譯】當前大國的病害，在於大臣的權勢太大；小國的病害，在於侍臣太親信，這是君主共同的病害。而且臣子都有重大的罪過，君主都有重大的錯誤。君主和臣子的利益是完全不同的，這從哪裡知道呢？可以說：君主的利益在於臣子有才能然後任命為官吏，臣子的利益在於自身沒有才能就可以得到職位；君主的利益在於臣子有功勞然後給予爵祿，臣子的利益在於自身沒有功勞就能享受富貴；君主的利益在於任用豪傑發揮才能，臣子的利益在於結為朋黨謀取私利。因此，國家的土地減少，而私家的財富增加；君主的地位降低，而大臣的權勢加大。所以君主喪失了權勢，而大臣奪取了國家；君主改稱為藩臣，而大臣分封官爵，這就是大臣欺騙君主謀取私利的緣故。因此現代許多大臣，當君主的權勢轉變後，仍能保持寵幸的，十個當中沒有兩三個。這是什麼緣故呢？大臣的罪過太大了。大臣有大罪的，他的行為都是欺騙君主，他的罪過應當處死。智慧高的人能夠看得遠，害怕被連帶處死，一定不肯依從權臣；品德好的人要修養廉潔的人格，不屑與姦臣共事，一定不肯依從權臣。由此可見，權臣的黨徒，不是愚昧而看不到災禍的，一定是汙濁而不惜同為邪惡的。大臣率領愚昧汙濁的人，對上共同欺騙君主，對下共同侵奪百姓的利益，結為朋黨，謀取私利，大家說同樣的話，迷惑君主，敗壞法紀，擾亂人民，使國家危險削弱，君主憂苦屈辱，這是莫大的罪過！大臣有重大的罪過，君主卻不加禁止，這是莫大的錯誤！假如上面君主有重大的錯誤，下面大臣有重大的罪過，希望國家不滅亡，這是辦不到的。

說難

【題解】說難，就是遊說的困難。戰國時，許多具有才智的人從事遊說的活動，不僅是縱橫家，就是法家也講求遊說的方法，希望得到國君的重用，但是成功的人卻不多。《史記・老子韓非列傳》說：「非見韓之削弱，數以書諫韓王，韓王不能用。」韓非親身體會到遊說的困難，因此寫了這篇文章。

本篇主旨在說明遊說的困難，同時提出遊說成功的方法。全篇可分為五段：第一段說明遊說的困難，在於了解對方的心理，能夠用自己的言論去適應他。第二段列舉遊說的人可能遭遇的十五種危害到自己生命的情況，以闡明遊說的困難。第三段說明適應對方的心理，委曲迎合以取得對方信任的各種方式。第四段引用故事說明遊說的困難，不在於具有智識，而在於應用智識。第五段說明遊說時必須先注意君主對自己的愛憎，並且不可觸犯君主的逆鱗。

本篇也見於《史記・老子韓非列傳》，文字稍有不同，可證是韓非所作的。

凡說之難，非吾知之❶有以說之之❷難也，又非吾辯❸之能明吾意之難也，又非吾敢橫佚❹而能盡之難也。凡說之難，在知所說❺之心，可以吾說當之❻。所說出於❼為名高者也，而❽說之以厚利，則見下節而遇卑賤❾，必棄遠矣。所說出於厚利者也，而說之以名高，則見無心而遠事情❿，必不收⓫矣。所說陰⓬為厚利而顯為名高者也，而說之以名高，則陽⓭收其身，而實疏之；說之以厚利，則陰用其言，顯棄其身矣。此不可不察也。

【注釋】❶知之　智識。知，通「智」。之，語中助詞。無義。❷之之　上「之」字，為代名詞。指君主。下「之」字，為介詞。猶口語「的」字。❸辯　辯才；口才。❹橫佚　同「橫逸」。本為放縱奔馳的意思，此用來形容遊說時任意辯說，充分表達自己的意見。❺所說　指被遊說的君主。❻可以吾說當之　能夠用我的言論適應他。說，說辭；言論。當，適應。❼出於　指意思在於。❽而　假設連詞。假使；如果。後面兩句的「而」字，用法相同。❾見下節而遇卑賤　會被君主看成為志節低下，從而用卑賤的待遇來對待。❿見無心而遠事情　會被君主看成為沒有心計而不切實際。⓫收　收用；收留。⓬陰　暗中。⓭陽　表面。

【語譯】遊說的困難，並不在自己的智識夠不夠說動君主，也不在自己的口才能不能表明自己的意見，也不在於敢不敢痛快詳盡地發表言論。遊說的困難，在於了解對方的心理，能夠用自己的言論去適應他。君主的心意是在求取高尚的名譽，如果勸告他求取大量的財利，就要被他看成志節低下，而用卑賤的禮數來相待，一定會疏遠你了。君主的心意是在求取大量的財利，如果勸告他求取高尚的名譽，就會被看作沒有心計而不切實際，一定不會收留你。君主暗中要求大量的財利，表面卻要求高尚的名譽，如果勸告他求取高尚的名譽，他會表面上收留你，實際上疏遠你；如果勸告他求取大量的財利，他就暗中採用你的話，表面上卻不留用你。這是不可不考察清楚的。

夫事以密成，語以泄敗。未必其身泄之也，而語及所匿之事，如此者身危。彼顯有所出事❶，而乃以成他故❷，說者不徒知所出而已矣，又知其所以為❸，如此者身危。規異事❹而當❺，智者揣❻之外而得之，事泄於外，必以為己也，如此者身危。周澤未渥也，而語極知❼，說行而有功，則見忌❽，說不行而有敗，則見疑❾，如此者身危。貴人❿有過端⓫，而說者明言禮義以挑⓬其惡，如此者身危。貴人或⓭得計⓮，而欲自以為功，說者與知⓯焉，如此者身危。彊⓰以其所不能為，止⓱以其所不能已⓲，如此者身危。故與之論大人⓳，則以為間⓴己；與之論細人㉑，則以為賣重㉒；論其所愛，則以為藉資㉓；論其所憎，則以為嘗己㉔也。徑省㉕其說，則以為不智而拙之㉖；米鹽㉗博辯，則以為多而交之㉘。略事陳意㉙，則曰怯懦㉚而不盡；慮事廣肆㉛，則曰草野而倨侮㉜。此說之難，不可不知也。

【注　釋】❶出事　做事。❷他故　他事；另外的事。❸所以為　為什麼這樣做。❹異事　異常的事；重要的事。❺當　適合；恰當。❻揣　揣度；量度。❼周澤未渥也二句　君主的恩寵不深厚，卻對他說極親密的話。即交淺言深的意思。周澤，恩寵；親密的恩澤。渥，濃厚；深厚。語，說。極知，相知很深。❽見忌　被妒忌。忌，一本作「忘」。忘，被遺忘。❾見疑　被懷疑。❿貴人　地位高貴的人。此指被遊說的君主。⓫過端　錯誤的事。⓬挑　揀選；挑剔。⓭或　有。⓮得計　想到個好計策。⓯與知　指同樣想到君主的計策。與，參與。⓰彊　勉強。今多作「強」。⓱止　阻止。⓲不能已　指不能不做的事。已，止；停止。⓳大人　指地位高的人。即卿大夫。⓴間　離間。㉑細人　指地位低的人。即小臣。㉒賣重　出賣君主的權力。重，指君主的權力。㉓藉資　指依著君主所愛的人來做自己的憑藉。藉，依著。資，憑藉；靠山。㉔嘗己　指試探自己憎惡的程度。㉕徑省　直捷簡略。㉖拙之　認為是笨拙。拙，不巧。指口才笨拙。㉗米鹽　本指家庭瑣事，此指言辭瑣碎。㉘交之　認為是錯雜。㉙略事陳意　略說其事、粗陳大意。㉚怯懦　畏怯懦弱。㉛慮事廣肆　謀慮事情廣泛不加收束。肆，放縱而無收束。㉜草野而倨侮　粗野而傲慢。

【語　譯】事情因為保密而成功，言語因為洩漏而失敗。不一定是自己洩漏了君主的祕密，只要談話中說到了君主心中隱祕的事，這樣自身就有危險。君主表面上要做一件事，實際上是用來成就另外的事；遊說的人不但知道他的企圖，又知道他為什麼這樣做，這樣自身就有危險。替君主計畫一件重要的事，做得很妥當，卻被聰明人在局外猜測到，事情洩漏到外面，他一定會以為是你洩漏的，這樣自身就有危險。跟君主的關係不深厚，卻對他說極親密的話，假如你的意見實行而有功效，就會被妒忌；你的意見行不通而遭遇失敗，那就會被懷疑，這樣自身就有危險。君主有過錯，遊說的人公開談論禮義，就像是挑剔他的缺點，這樣自身就有危險。君主有個好計策，而想誇示他自己的功績，遊說的人也想到這個計策，這樣自身就有危險。勉強君主做他不能做的事，阻止君主做他不能不做的事，這樣自身就有危險。跟君主評論他的大臣，他就認為你在挑撥離間；跟君主談論他的小臣，他就認為你在出賣他的權力。談論君主所喜歡的人，他就認為你要借取一些助力。談論君主所憎惡的人，他就認為你在試探他的口氣。直截了當地說，就認為你不高明而口才笨拙。詳細巧妙地說，就認為你話多而沒有條理。粗略地陳述意見，就認為你畏怯懦弱而不敢盡情說話。多方面考慮事情，就認為你粗野而傲慢。這些遊說的困難，是不可以不知道的。

凡說之務，在知飾所說之所矜❶，而滅其所恥❷。彼有私急❸也，必以公義示而強之❹。其意有下❺也，然而不能已，說者因為之飾其美，而少❻其不為也。其心有高❼也，而實不能及，說者為之舉其過而見其惡，而多❽其不行也。有欲矜❾以智能，則為之舉異事之同類者，多為之地❿，使之資⓫說於我，而佯⓬不知也，以資⓭其智。欲內⓮相存⓯之言，則必以美名明之，而微見⓰其合於私利也。欲陳危害之事，則顯⓱其毀誹⓲，而微見其合於私患也。譽異人與同行者⓳，規異事與同計者⓴。有與同汙者㉑，則必以大飾其無傷㉒也；有與同敗者，則必以明飾其無失㉓也。彼自多其力㉔，則毋以其難概㉕之；自勇其斷，則毋以其謫㉖怒之㉗；自智其計，則毋以其敗窮之㉘。大意㉙無所拂忤㉚，辭言無所擊摩㉛，然後極騁㉜智辯焉。此所道㉝親近不疑，而得盡之辭㉞也。伊尹為宰㉟，百里奚為虜㊱，皆所以干㊲其上也。此二人者，皆聖人也，然猶不能無役身以進㊳，如此其汙也。今以吾為宰虜，而可以聽用而振世㊴，此非能士㊵之所恥也。夫曠日彌久㊶，而周澤既渥，深計而不疑，引爭㊷而不罪，則明割利害㊸以致其功，直指是非㊹以飾其身㊺，以此相持㊻，此說之成也。

【注釋】❶飾所說之所矜　誇耀君主自負的事情。飾，修飾；增加華美。所矜，指自負的事情、自己感覺滿足驕傲的事情。❷滅其所恥　掩飾他覺得羞恥的事情。滅，消滅；掩飾。❸私急　指私人急需辦的事。❹強之　勸勉他；鼓勵他。❺其意有下　他心裡有覺得卑鄙的事。下，卑鄙。❻少　指惋惜。❼其心有高　他心裡有覺得高尚的事。❽多　指讚美。❾矜誇耀。❿多為之地　多供給參考的地步。⓫資　採取。⓬佯　假裝。⓭資　幫助。⓮內　通「納」。進獻。⓯相存　並存；共存。⓰微見　暗示。微，隱微。見，通「現」。⓱顯　顯言；明白說。⓲毀誹　毀謗。⓳譽異人與同行者　讚美其他和君主有同樣行動的人。異人，別人；其他人。⓴規異事與同計者　規劃別一件和君主作同樣計畫的事。規，規劃。㉑有與同汙者　如果別人有和君主同樣卑汙的。㉒無傷　沒有害處。㉓無失　沒有錯誤。㉔自多其力　君主誇張自己的力量。㉕概　本是平斗斛的器具，此用作動詞，壓抑使平的意思。㉖謫　過錯；過失。㉗怒之　使他生氣。㉘窮之　使他窘迫。㉙大意　指說士遊說君主的大意。㉚拂忤　違反。㉛擊摩　牴觸摩擦。㉜騁　施展；發揮。㉝所道　所由；所以。㉞得盡之辭　得盡其辭；把要說的話全部說出來。㉟伊尹為宰　《史記・殷本紀》記載：伊尹想事奉商湯而沒有機會，這時，有莘氏的女兒嫁給商湯，伊尹就去做陪嫁的僕人，帶著炊具，以烹調的技巧接近商湯，勸導商湯施行王道。伊尹，名摯。為商湯的賢相，輔佐商湯，平定天下。宰，廚夫。㊱百里奚為虜　晉國滅了虞國，百里奚被俘虜，晉獻公的女兒嫁給秦穆公，使百里奚做陪嫁的僕人，百里奚覺得很羞恥，便逃到宛地，被楚國邊境的人捉住，而做了牧羊奴，秦穆公聽說百里奚賢能，用五張黑羊皮把他贖回，任命他做宰相，經過七年，秦穆公就成為西戎的霸主。百里奚，春秋時虞國人。曾為虞國的大夫。虜，奴隸。㊲干求。㊳役身以進　身執賤役，以求進用。㊴振世　救世。㊵能士　賢能的人。㊶曠日彌久　經過長久的時日。㊷引爭　爭辯。㊸明割利害　明白地剖析利害。割，分析。㊹直指是非　直率地指出是非。㊺以飾其身　修飾君主的品行。其身，指君主的品行。㊻相持　相待。持，通「待」。

【語譯】遊說的要訣，在於誇耀君主自負的事情，而掩飾他覺得羞恥的事情。當君主有私人急需辦理的事情，就一定要表示這件事合於公義而鼓勵他去做。君主心裡有覺得卑鄙的事，可是不能不做，遊說的人就美化那件事，認為不去做是可惜。君主心裡有覺得高尚的事，可是實際做不到，遊說的人就舉出那件事的毛病，而顯示那樣做的壞處，對他不去做加以讚美。有時君主想誇耀他的智慧和能力，就幫他舉出其他類似的事，多供給他參考的資料，使他採用自己的意見，還要假裝不知道，來幫助他的智慧。想向君主進獻共存互助的意見，就必須表明這樣做可以獲得好的名聲，同時暗示對他本身有利益。想向君主陳述事情的危險有害，就要顯示做這件事會遭到毀謗，同時暗示對他本身有害處。稱讚和君主行為相同的人，規劃和君主計畫相同的事。有和君主同樣卑汙的，一定要盡量掩飾這是沒有妨害的；有和君主遭受同樣失敗的，一定要公開表明這是沒有錯誤的。君主如果認為自己能力很強，就不要拿難題去壓抑他；如果他認為自己很有決斷力，就不要拿他判斷錯誤的事來激怒他；如果他認為自己的計畫很高明，就不要拿他失敗的事困窘他。進說的大意和君主不相違反，言語和他沒有牴觸，然後才盡量發揮自己的智識和口才，這樣使君主對遊說的人親近不疑，而把要說的話全部說出來。伊尹做過廚子，百里奚做過奴隸，這都是求得君主任用的方法。這兩個人，都是聖人，然而還不能不親自做低賤的工作，以求進用，像這樣的卑汙啊！現在讓我做廚子，做奴隸，就可以被重用而救世，這並不算賢能的人的恥辱啊。君臣相處的日子久了，造成深切的關係，為他作深遠的計畫，不致引起懷疑；互相爭辯，不致構成罪過；就可以明白地剖析利害，以建立功業；直率地指出是非，以整飭君主的德行；能這樣相待，這才算是遊說的成功。

昔者，鄭武公❶欲伐胡❷，故❸先以其女妻胡公，以娛其意。因問於群臣曰：「吾欲用兵，誰可伐者❹？」大夫關其思對曰：「胡可伐。」武公怒而戮之，曰：「胡，兄弟之國❺也，子言伐之，何也！」胡君聞之，以鄭為親己，遂不備鄭，鄭人襲胡取之。宋❻有富人，天雨牆壞。其子曰：「不築，必將有盜。」其鄰人之父❼亦云。暮而果大亡其財，其家甚智其子，而疑鄰人之父。此二人❽，說者❾皆當矣，厚者為戮，薄者見疑❿，則非知之難也，處知⓫則難也。故繞朝⓬之言當矣，其為聖人於晉⓭，而為戮於秦⓮也。此不可不察。

【注　釋】❶鄭武公　名掘突。桓公友的兒子，為春秋時鄭國第二代的君主。❷胡　春秋時國名，姓媯。在今河南省偃城縣。❸故　故意。❹者　語末助詞。表示疑問。❺兄弟之國　古時稱親戚之屬曰兄弟，故鄭武公把女兒嫁給胡公，則胡、鄭稱為兄弟之國。❻宋　春秋時國名。周封殷遺臣微子啟於宋，故城在今河南省商邱縣南。❼父　對老人的通稱。❽二人　指關其思和鄰人之父。❾說者　指所說的話。❿厚者為戮二句　受害重的被殺戮，受害輕的被懷疑。厚、薄，指招來禍害的輕重。⓫處知　應用知識。⓬繞朝　春秋時秦國的大夫。晉國的大夫士會逃到秦國，秦國很器重他，晉國派遣壽餘假裝叛變，投降秦國，邀士會渡河來洽，繞朝諫阻，秦穆公不聽，諫阻秦穆公讓士會離開。⓭其為聖人於晉　指繞朝拆穿士會回國的詭計，在晉國看來，他是個具有最高知識的人。聖人，具有最高知識的人。⓮為戮於秦　指繞朝在秦國，受到計謀不見用的屈辱。戮，同「僇」。侮辱。

【語　譯】從前，鄭武公要攻打胡國，故意先把女兒嫁給胡君，使他心裡高興。接著問臣子們說：「我想用兵，哪一國可以攻打呢？」大夫關其思回答說：「胡國可以攻打。」武公聽了非常生氣，把關其思殺了，說：「胡國，是親戚的國家，你說攻打他，是什麼意思。」胡君聽到這個消息，以為鄭國和他很親近，就不再防備鄭國。鄭國人就偷襲胡國，把他併吞。宋國有一個有錢人，下雨時，他家的牆倒坍了，他的兒子說：「要不趕快修理，一定會有盜賊來偷竊。」他鄰家的老頭子也這樣說。晚上果然被偷去很多財物，這家的人覺得自己的兒子很聰明，卻懷疑鄰家的老頭子。關其思和鄰家老人勸告的話都是很正確的，然而受害重的被殺戮，受害輕的被懷疑，可見具有知識並不難，而應用知識卻是非常困難。所以繞朝諫阻秦穆公讓士會離開的話是很正確的，在晉國看來，他是個具有最高智識的人，在秦國卻受到屈辱，這是不可不注意的。

昔者，彌子瑕❶有寵於衛君❷。衛國之法，竊駕君車者罪刖❸。彌子瑕母病，人間往❹夜告彌子，彌子矯❺駕君車以出。君聞而賢之，曰：「孝哉，為母之故，忘其犯刖罪！」異日❻，與君遊於果園，食桃而甘❼，不盡，以其半啗❽君。君曰：「愛我哉，忘其口味，以啗寡人！」及彌子色衰愛弛❾，得罪於君，君曰：「是固嘗矯駕吾車，又嘗啗我以餘桃。」故彌子之行，未變於初也，而以前之所以見賢❿，而後獲罪者，愛憎之變也。故有愛於主，則智當而加親；有憎於主，則智不當，見罪而加疏。故諫說談論之士，不可不察愛憎之主而後說焉。夫龍之為蟲也，可柔狎⓫而騎也；然其喉下有逆鱗徑尺⓬，若人有嬰⓭之者，則必殺人。人主亦有逆鱗，說者能無嬰人主之逆鱗，則幾⓮矣。

【注釋】❶彌子瑕　春秋時衛靈公的嬖臣。❷衛君　指衛靈公。❸刖　斷足的刑罰。❹人間往　指彌子瑕的家人私自往宮裡去。間，乘間；私自。❺矯　擅稱君主的命令。❻異日　他日。❼甘　甜美。❽啗　吃。此指給人吃。❾色衰愛弛　姿色衰退，君主對他的寵愛冷淡下來。弛，本意把弓弦放鬆，引申為鬆緩，此解釋為冷淡的意思。❿見賢　被認為有賢德。⓫柔狎　馴服親近。柔，通「擾」。馴服。⓬逆鱗徑尺　逆生的鱗，直徑有一尺。⓭嬰　觸犯；碰到。⓮幾　庶幾；接近。此指接近成功的意思。

【語　譯】從前，彌子瑕受衛靈公寵愛。衛國的法律，私自乘坐君主的車子，處刖刑。彌子瑕的母親生病，他的家人私自在深夜前往告訴他。彌子瑕便假託君主的命令，乘坐君主的車子出宮回家。衛君聽到這件事，稱讚他說：「多孝順呀！為了看母親的病，竟不顧自己觸犯刖罪。」又有一天，他和衛君遊果園，吃一顆桃子，覺得很甜美，沒吃完，把剩下的一半給君主吃。衛君說：「多愛我呀！犧牲自己的口福，留給我吃。」等到彌子瑕的姿色衰退，君主對他的寵愛冷淡下來，得罪了衛君。衛君說：「這個人曾經假託我的命令，乘坐我的車子，又曾把剩下的桃子給我吃。」彌子瑕的行為，和當初並沒有改變，可是從前被稱讚的，後來卻被認為是罪過，原因是喜愛和憎惡的改變。所以一個人要是受到君主喜愛，才智就適當而更加親近；要是受到君主憎惡，才智就不適當，認為有罪過而更加疏遠。所以勸諫遊說發表言論的人，不可不考察君主的愛憎，然後進言。龍這種蟲，可以馴服親近而騎在牠的身上；可是牠的喉嚨下面長著倒生的鱗片，直徑有一尺長，假如有人碰到了牠，牠一定會殺死人。君主也有倒生的鱗片，遊說的人能夠不碰到君主的逆鱗，那就接近成功了。

和　氏

【題　解】本篇借用春秋時楚國和氏奉獻玉璞的故事，以申論法術之士處境的困難，因此用「和氏」作為篇名。

本篇主旨在說明法術之士不容易被任用的原因。全文可分為三段：第一段敘述和氏奉獻玉璞而被砍斷腳的故事。第二段以和氏獻璞的故事與法術之士施行法術相比較，說明法術之士雖至死亡，仍難被任用的道理。第三段引用楚國吳起被肢解、秦國商鞅被車裂的故事，說明法術之士不能冒著生命的危險，輔佐君主成為霸王。

本篇的思想和文字與〈孤憤〉相近，〈孤憤〉可以確定為韓非所作，由此推斷本篇也是韓非作的。篇中引用秦國車裂商鞅這件事，可斷定這篇文章是韓非到秦國前寫作的。

楚人和氏❶得玉璞❷楚山❸中，奉而獻之厲王❹，厲王使玉人❺相❻之。玉人曰：「石也。」王以和為誑❼，而刖❽其左足。及厲王薨❾，武王❿即位，和又奉其璞而獻之武王，武王使玉人相之，又曰：「石也。」王又以和為誑，而刖其右足。武王薨，文王⓫即位，和乃抱其璞而哭於楚山之下，三日三夜，泣盡而繼之以血。王聞之，使人問其故，曰：「天下之刖者多矣，子奚⓬哭之悲也？」和曰：「吾非悲刖也，悲夫寶玉而題⓭之以石，貞士⓮而名⓯之以誑，此吾所以悲也。」王乃使玉人理其璞而得寶焉，遂命⓰曰「和氏之璧」。

【注　釋】❶和氏　春秋楚國人。一作「卞和」。❷璞　未經雕琢的玉。❸楚山　荊山。在今湖北省南漳縣西北八十里。❹厲王　《史記·楚世家》中沒有厲王，可能是楚武王的哥哥蚡冒，謚為厲王，史書遺漏，沒有記載。本書作厲王、武王、文王，其他書作武王、文王、成王。二者不同，尚待考定。❺玉人　雕琢玉石的工匠。❻相　察看；鑑定。❼誑　欺騙。❽刖　古代砍掉腳的酷刑。❾薨　死亡。諸侯死亡叫做薨。❿武王　楚蚡冒的弟弟熊通。⓫文王　楚武王的兒子熊貲。在位十三年。⓬奚　何；為什麼。⓭題　視；看作。⓮貞士　誠信的人。⓯名　稱說；稱為。⓰命　命名；取名。

【語　譯】楚國人和氏在楚山中找到一塊璞玉，把它奉獻給楚厲王，厲王命雕琢玉石的工匠來鑑定。玉工鑑定後，說：「是一塊石頭。」厲王認為和氏欺騙，便教人砍斷他的左腳。等到厲王去世，武王繼位，和氏又把那塊璞玉奉獻給武王，武王命玉工鑑定，玉工又說：「是一塊石頭。」武王也認為和氏欺騙，便教人砍斷他的右腳。武王去世，文王繼位，和氏抱著那塊璞玉在楚山下痛哭，哭了三天三夜，眼淚流完了，接著流血。文王聽到這件事，便派人去問和氏說：「天下被砍斷腳的人很多，你為什麼哭得那麼悲傷呢？」和氏回答說：

「我不是因為腳被砍斷而悲傷，是因為寶玉被看成石頭而悲傷，誠信的君子卻說他是騙子，這是我悲傷痛哭的緣故呀！」文王便命玉工剖開那塊璞玉，經過雕琢成為精美的寶玉，就取名為「和氏之璧」。

夫珠玉，人主之所急❶也。和雖獻璞而未美，未為王之害也，然猶兩足斬，而寶乃論❷，論寶若此其難也。今人主之於法術也，未必和璧之急也，而禁群臣士民之私邪❸；然則有道者❹之不僇❺也，特帝王之璞❻未獻耳。主用術，則大臣不得擅斷❼，近習❽不敢賣重❾；官行法，則浮萌❿趨於耕農，而游士危⓫於戰陳⓬；則法術者，乃群臣士民之所禍也。人主非能倍⓭大臣之議，越民萌之誹⓮，獨周⓯乎道言⓰也，則法術之士，雖至死亡，道必不論矣。

【注　釋】❶急　急切需求。❷論　辨別；賞識。❸私邪　偏私姦邪。❹有道者　指精通法術的人。❺僇　通「戮」。誅戮。❻帝王之璞　指獲致帝王的法術。璞，璞玉。指法術。❼擅斷　指擅自決定事情。❽近習　指君主親近的人。❾賣重　出賣君主的權勢。即憑藉君主的權力，謀取自己的利益。❿浮萌　游民；無業游民。萌，假借為「氓」。人民。⓫危　此用作動詞。冒著危險。⓬戰陳　軍隊的行列。今作「戰陣」。⓭倍　通「背」。背棄；擯棄。⓮越民萌之誹　輕視平民的誹謗。越，超越；不理會；不重視。民萌，人民。⓯周　合。⓰道言　主張法術的言論。

【語　譯】珍珠寶玉，是君主急切需求的。和氏奉獻的璞玉，即使不精美，對楚王也沒有害處；可是還要被砍斷兩隻腳，寶玉才得到賞識，寶玉得到賞識，竟像這樣不容易呀。現在君主需求法術，未必像需求和氏璧那麼急切，卻能防止群臣士民的偏私和姦邪；然則精通法術的人沒有被誅戮，只是因為沒有奉獻帝王之術罷了。君主運用權術，大臣就不能擅自決定事情，親近的侍臣就不敢憑藉君主的權力，謀取自己的利益；官吏執行法律，無業遊民就趕快去耕種，遊說之士就會到前線冒險作戰；可見法術是對君主有利而對群臣士民有害的。君主如果不能擯棄大臣的議論，不理會平民的誹謗，獨自依照法術的言論去實行，那麼主張法術的人，即使被君主誅戮，法術也一定不能獲得賞識的。

昔者，吳起❶教楚悼王❷以楚國之俗，曰：「大臣太重❸，封君❹太眾，若此，則上偪❺主，而下虐民，此貧國弱兵之道也。不如使封君之子孫，三世而收爵祿，裁減百吏之祿秩❻，損不急之枝官❼，以奉❽選練之士❾。」悼王行之期年❿而薨矣，吳起枝解⓫於楚。商君⓬教秦孝公⓭以連⓮什伍⓯，設告坐之過⓰；燔⓱詩書而明法令；塞私門之請⓲，而遂公家之勞⓳；禁游宦之民⓴，而顯㉑耕戰之士。孝公行之，主以尊安，國以富強，八年而薨，商君車裂㉒於秦。楚不用吳起而削亂，秦行商君法而富強，二子之言也已當矣，然而枝解吳起，而車裂商君者，何也？大臣苦法㉓，而細民惡治㉔也。當今之世，大臣貪重㉕，細民安亂㉖，甚於秦、楚之俗，而人主無悼王、孝公之聽㉗，則法術之士，安能蒙二子之危，而明己之法術哉！此世所以亂無霸王也。

【注釋】❶吳起 戰國時衛國人。善用兵，魏文侯任命他為西河守，魏文侯死，被魏相公叔所讒，逃往楚國，楚悼王任命他為令尹，內修政事，外拓疆土，國勢大盛，楚悼王死，起被楚國宗室大臣所殺害。❷楚悼王 楚聲王的兒子熊疑。在位二十一年。❸大臣太重　指大臣的權力太大。❹封君　領受封邑的貴族。如孟嘗君、平原君等。❺偪　逼迫。❻祿秩　俸給；薪俸。❼枝官　多餘的、非必要的官吏。猶今所謂冗員。❽奉　養。❾選練之士　精選的兵士。練，選。❿期年　一周年。⓫枝解　古代的一種酷刑。分解人的肢體。也作「支解」、「肢解」。⓬商君　戰國時衛國人。姓公孫名鞅，喜好刑名法術的學問，輔佐秦孝公變法，廢井田，開阡陌，獎勵耕戰，使秦國富強。封於商，稱為商君，孝公死，被誣陷謀反，車裂死。⓭秦孝公　穆公十五世孫。獻公的兒子，名渠梁，在位二十四年。⓮連　連結；編組。⓯什伍　古代戶籍與軍隊的基層編制。戶籍以五家為伍，互相擔保，十家相連，叫做什伍。軍隊以五人為伍，二伍編組為什。⓰設告坐之過　制訂告姦和連坐的懲罰。設，制訂。告，告姦。告發為非作歹的人。坐，連坐。一人犯法，其他人連帶受罰。⓱燔　焚燒。⓲塞私門之請　阻塞權貴的請託。私門，指權貴之家。請，請託。⓳遂公家之勞　進用對國家有功勞的人。遂，進用。⓴禁游宦之民　禁絕奔走求官的遊士。㉑顯　表彰；表揚。㉒車裂　古代酷刑之一。以車撕裂人體。㉓苦法　以守法為痛苦。㉔惡治　憎惡政治安定。即小民不喜變法，使政治安定。㉕貪重　指貪權。㉖安亂　安於亂政。指一般人民不喜歡變法，不變法則政治不安定。㉗聽　指聽信賢人的話。

【語　譯】從前吳起就楚國的情勢勸告楚悼王說：「大臣的權力太大，分封的貴族太多，因此對上逼迫君主，對下虐待人民，這是使國家貧窮、軍隊微弱的方法。不如對封君的子孫，到第三代就把爵祿收回，裁減百官的薪俸，減少不必要的冗員，將節省下來的經費，供養精練的兵士。」悼王依照他的意見實行了一周年就去世，吳起就被楚國肢解了。商鞅勸告秦孝公把人民編成五人與十人為單位的組織，制訂告姦和連坐的刑罰，焚燒詩、書，厲行頒布的法令；阻塞權貴的請託，進用對國家有功勞的人；禁絕奔走求官的遊士，表揚努力耕戰的人民。秦孝公實行商君的辦法，君主的地位因此崇高安定，國家因此富裕強大，經過八年，孝公去世，商君被秦人用車撕裂而死。楚國不採用吳起的意見而削弱衰亂，秦國實行商君的新法而富裕強大，吳起、商君兩人的言論都很恰當，可是吳起被肢解，商君被車裂，為什麼呢？大臣以守法律為痛苦，小民不喜歡政治安定。現在這個時代，大臣貪求權力，小民安於亂政，不喜歡變法，比當時秦國和楚國的情勢更嚴重，而且君主沒有像楚悼王、秦孝公那樣聽信善言，那麼法術之士怎能冒著像吳起、商君般的危險，而貢獻自己的法術呢！這就是天下紛亂而沒有霸王出現的緣故。

姦劫弒臣

【題解】姦劫弒臣，就是運用姦謀威脅弒殺君主的臣子。

本篇主旨為說明君主治理國家的法術，在於運用權勢，制訂明確的法律，施行嚴厲的刑罰，使得姦臣不敢欺主成私，以建立其霸王的功業。全篇可分為六段：第一段說明姦臣欺騙君主，博取寵信，以達成其奸私的方法。第二段說明君主治理國家，在於運用威嚴的權勢，整飭賞罰的法律。第三段評論愚學不了解國家治亂的道理。第四段說明法術之士大多數被姦臣讒言所傷害，不能獲得尊顯的緣故。第五段說明君主欲建立霸王的功業，在於嚴刑重罰，不在於仁義惠愛。第六段說明君主不運用法術控制臣子，將招致劫殺的惡果。

凡姦臣皆欲順人主之心，以取信幸之勢❶者也。是以主有所善，臣從而譽之；主有所憎，臣因而毀之。凡人之大體❷，取舍❸同者，則相是也；取舍異者，則相非也。今人臣之所譽者，人主之所是也，此之謂同取；人臣之所毀者，人主之所非也，此之謂同舍。夫取舍合，而相與逆者，未嘗聞也，此人臣之所以取信幸之道也。夫姦臣得乘信幸之勢，以毀譽進退❹群臣者，人主非有術數❺以御❻之也，非有參驗❼以審❽之也，必將以曩❾之合己，信今之言，此幸臣之所以得欺主成私者也。故主必蔽於上，而臣必重於下矣，此之謂擅主❿之臣。國有擅主之臣，則群下不得盡其智力以陳其忠，百官之吏⑪不得奉法以致其功矣。何以明之？夫安利者就之，危害者去之，此人之情也。今為臣盡力以致功，竭智以陳忠者，其身困而家貧，父子罹⑫其害；為姦利以蔽人主，行財貨⑬以事貴重之臣者，身尊家富，父子被其澤。人焉能去安利之道，而就危害之處哉？治國若此其過也，而上欲下之無姦，吏之奉法，其不可得亦明矣。故左右知貞信之不可以得安利⑭也，必曰：「我以忠信事上，積功勞而求安，是猶盲而欲知黑白之情⑮，必不幾⑯矣。若以道術行正理，不趨富貴，事上而求安，是猶聾而欲審清濁之聲也，愈不幾矣。二者不可以得安，我安能無相比周⑰，蔽主上，為姦私，以適重人⑱哉？」此必不顧人主之義矣。其百官之吏，亦知方正之不可以得安也，必曰：「我以清廉事上而求安，若無規矩而欲為方圓也，必不幾矣。若以守法不朋黨，治官而求安，是猶以足搔頂也，愈不幾也。二者不可以得安，能無廢法行私，以適重人哉？」此必不顧君上之法矣。故以私為重人者眾，而以法事君者少矣。是以主孤於上，而臣成黨於下，此田成之所以弒簡公者也⑲。

【注釋】❶信幸之勢　信任寵愛的地位。❷大體　大致的情形。❸取舍　即「取捨」。採取和捨棄。❹進退　指提拔和排斥。❺術數　權術；治術。數，術。❻御　同「馭」。駕馭。❼參驗　參考驗證。❽審　審察；審核。❾曩　從前。❿擅主控制君主。⓫百官之吏　各官署的屬吏。官，官署。⓬罹　遭受。⓭行財貨　行使財貨。賄賂的意思。⓮利　當刪。下文「亦知方正之不可以得安也」、「知偽詐之不可以得安也」、「亦知為姦利之不可以得安也」，可證。⓯盲而欲知黑白之情　瞎子想要辨別黑白的情形。情，一本作「色」。顏色。⓰不幾　無望；沒有希望。幾，借為「冀」。希望。⓱比周　結黨營私。⓲以適重人　迎合權臣的心意。適，合；迎合。⓳此田成句　春秋時，陳公子完以內亂逃亡到齊國，改稱田氏，子孫世代為齊國的卿，宗族逐漸強大，傳至田常，弒簡公，立平公，獨自掌握齊國的大權，卒諡成子。田成，即田常。

【語　譯】凡是姦臣都想順從君主的心意，以取得信任寵愛的地位。所以君主喜愛的人，臣子就稱讚他；君主討厭的人，臣子就毀謗他。人類大致的情形，取捨相同的，就互相贊成；取捨不同的，就互相反對。臣子所稱讚的，就是君主所贊成的，這叫做同取；臣子所毀謗的，就是君主所反對的，這叫做同捨。取捨相同，而互相反對，還沒有聽說過，這就是臣子博取君主信任寵愛的道理。姦臣能夠憑藉信任寵愛的地位，來毀謗、稱讚、提拔、排斥群臣，君主沒有治術來駕馭他們，沒有參考證據來審核他們，一定會因為他們從前說的合於自己的心意，而相信他們現在說的話，這就是寵臣能夠欺騙君主而達成奸私的緣故。所以上面的君主一定被蒙蔽，下面的臣子一定攬取大權，這叫做控制君主的臣子。國家有控制君主的臣子，那麼朝廷的官員就不能竭盡他們的智慧來效忠，各官署的屬吏就不能依照法律來辦事。怎麼知道會造成這種情形呢？因為追求安樂利益，逃避危險禍害，這是人類的常情。假如臣子盡力辦事，竭盡智慧來效忠的，他的宦途艱困，家境貧窮，父子跟著受罪；而蒙蔽君主以營求不正當的利益，行使賄賂以事奉有權勢大臣的，他便身居高位，家境富裕，父子都跟著享福。人怎麼會捨棄安樂利益的途徑，而走向危險禍害的境地呢？治理國家犯了這種錯誤，君主想要臣子不做姦邪的事，屬吏遵守法律，無法做到是很明顯的。所以朝廷的臣子知道忠信不能得到安樂，一定會說：「我以忠信來事奉君主，累積功勞以求取安樂，這就像瞎子想要辨別黑白的顏色，一定是沒有希望的。如果用道術事奉君主，按照正理做事，不追求富貴，事奉君主以求取安樂，這就像聾子想要辨別清濁的聲音，更加是沒有希望的。這兩種情形都不能獲得安樂，我怎麼能不結黨營私，蒙蔽君主，從事姦私，來迎合權臣的心意呢？」這樣，一定不會顧到君主的治道了。各官署的屬吏，也知道正直不能獲得安樂，一定會說：「我以清廉事奉君主而求取安樂，就像沒有規矩想做成方形圓形的器物，一定是沒有希望的。如果以遵守法律，不結朋黨，辦理公事，而求取安樂，這就像用腳來搔爬頭癢，更加是沒有希望。這兩種情形都不能獲得安樂，我怎麼能不拋開法律，謀求私利，來迎合權臣的心意呢？」這樣，一定不會顧到君主的法律了。因此拿姦私幫助權臣的人多，而拿法律事奉君主的人少。所以君主在上面變為孤立，臣子在下面結成朋黨，這就是田成逐漸強大，終於殺掉齊簡公的道理呀！

夫有術者之為人臣也，效❶度數❷之言，上明主法，下困姦臣，以尊主安國者也。是以度數之言，得效於前，則賞罰必用於後矣。人主誠明於聖人之術，而不苟❸於世俗之言，循名實❹而定是非，因參驗而審言辭。是以左右近習之臣❺，知偽詐之不可以得安也，必曰：「我不去姦私之行，盡力竭智以事主，而乃以相與比周，妄毀譽以求安，是猶負千鈞❻之重，陷於不測之淵❼而求生也，必不幾矣。」百官之吏，亦知為姦利之不可以得安也，必曰：「我不以清廉方正奉法，乃以貪污之心，枉法❽以取私利，是猶上高陵❾之顛，墮峻谿❿之下而求生也，必不幾矣。」安危之道，若此其明也，左右安能以虛言惑主，而百官安敢以貪漁下⓫？是以臣得陳其忠而不蔽，下得守其職而不怨。此管仲⓬之所以治齊，而商君⓭之所以強秦也。從是觀之，則聖人之治國也，固有使人不得不為我之道，而不恃[14]人之以愛為我也。恃人之以愛為我者危矣，恃吾不可不為者安矣。夫君臣非有骨肉之親，正直之道，可以得利，則臣盡力以事主；正直之道，不可以得安，則臣行私以干上[15]。明主知之，故設利害之道[16]，以示天下而已矣。夫是以人主雖不口教百官，不目索姦衺[17]，而國已治矣。人主者，非目若離婁[18]，乃為明[19]也；非耳若師曠[20]，乃為聰[21]也。不任其數[22]，而待[23]目以為明，所見者少矣，非不弊之術[24]也。不因[25]其勢，而待耳以為聰，所聞者寡矣，非不欺之道[26]也。明主者，使天下不得不為己視，使天下不得不為己聽。故身在深宮之中，而明照四海之內，而天下弗能蔽、弗能欺者，何也？闇亂之道廢[27]，而聰明之勢興[28]也。故善任勢者國安，不知因其勢者國危。古秦之俗，群臣廢法而服私[29]，是以國亂兵弱而主卑。商君說秦孝公[30]以變法易俗，而明公道，賞告姦[31]，困末作[32]而利本事[33]。當此之時，秦民習故俗之有罪可以得免，無功可以得尊顯也，故輕犯新法。於是犯之者，其誅重而必；告之者，其賞厚而信。故姦莫不得，而被刑者眾，民疾怨[34]而眾過日聞[35]。孝公不聽，遂行商君之法，民後知有罪之必誅，而告姦者眾也，故民莫犯，其刑無所加[36]。是以國治而兵強，地廣而主尊。此其所以然者，匿罪之罰重，而告姦之賞厚也。此亦使天下必為己視聽之道也。至治之法術已明矣，而世學者弗知也。

【注釋】❶效 貢獻；陳述。❷度數 法度；法術。❸苟 隨便。❹循名實 即循名責實。按照名義，求其實質。❺近習之臣 親近的臣子。習，熟習。❻千鈞 三萬斤。通常用來形容器物很重。鈞，三十斤。❼不測之淵 無法測量的深淵。淵，深水。❽枉法 違背法律；以私意歪曲法律。❾高陵 高山。陵，土山。❿峻谿 深谷。⓫以貪漁下 當作「以貪利漁下」。與上文「以虛言惑主」相對。即以貪求利益而奪取人民的錢財。漁，捕魚。引申為奪取的意思。下，指人民。⓬管仲（？～西元前六四五年）春秋齊潁上人。名夷吾，字仲，初事公子糾，後相齊桓公，主張通貨積財，富國強兵，九合諸侯，尊王攘夷，一匡天下，使齊桓公成為春秋五霸之一。著有《管子》一書。⓭商君 即商鞅（西元前三九〇？～前三三八年）。戰國衛人，姓公孫，名鞅，以封於商，故稱商鞅、商君，為魏相公叔痤家臣，入秦，歷任左庶長、大良造，相秦十九年，輔佐秦孝公變法，廢井田，開阡陌，獎勵耕戰，使秦國富強。孝公死，被誣陷謀反，車裂死。著有《商君書》二十九篇。⓮恃 依賴。⓯干上 求君主任用。干，求。⓰設利害之道 制訂賞罰的辦法。利，指賞賜。害，指刑罰。⓱目索姦衺 眼睛搜尋姦邪的人。索，搜求。衺，同「邪」。⓲離婁 古代視力最敏銳的人。⓳明 視力明察。⓴師曠 春秋晉平公的樂師。㉑聰 聽力敏銳。㉒不任其數 指君主不使用自己的治術。數，術；治術。㉓待 恃；依靠；依賴。㉔非不弊之術 不是防止蒙蔽的方法。弊，通「蔽」。蒙蔽。㉕因 憑藉。㉖非不欺之道 不是防止欺騙的方法。㉗闇亂之道廢 廢棄昏亂的方法。㉘聰明之勢興 發揮聰明的作用。興，興起；發動。㉙服私 營求私利。服，行；從事。㉚秦孝公 戰國時秦國的君主。秦穆公十五世孫，名渠梁，任用商鞅變法，國富兵強，在位二十四年。㉛賞告姦 賞賜告發姦邪的人。㉜末作 指工商。㉝本事 指耕織。㉞疾怨 指怨恨新法。疾，同「嫉」。憎恨。㉟眾過日聞 眾人指責新法的過失每天都能聽到。過，責。㊱刑無所加 刑罰沒有施行的對象。

【語　譯】懂得治術的臣子，提供法術的言論，對上整飭君主的法律，對下防範姦邪的臣子，來提高君主的地位，使得國家安定。法術的言論能先被採用，那麼賞罰隨後一定能夠實行。君主如果了解聖人的治術，不隨便接受世俗的言論，按照名義，求其實質，來斷定是非，依據證驗來審察說話的詞句。這樣在君主左右親近的臣子，便知道虛偽欺詐不能獲得安樂，一定會說：「我不改掉姦私的行為，盡心竭力事奉君主，卻勾結朋黨，隨意毀謗稱讚以求取安樂，這就像背負著三萬斤的重物，掉進無法測量的深淵，而希求生存，一定是沒有希望的。」各官署的屬吏，也知道姦私不能獲得安樂，一定會說：「我如果不廉潔正直，依照法律辦事，卻懷著貪汙的心，違背法律，謀取私利，這就像爬在高山頂上，墮落到深谷中，而希求生存，一定是沒有希望的。」安定和危險的道理，是這樣顯明，在君主左右的臣子怎麼能用虛偽的話來迷惑君主？各官署的屬吏怎麼敢貪求利益而奪取人民的錢財？因此臣子能夠表現他的忠誠而不會被蒙蔽，屬吏能夠謹守他的職責而沒有埋怨。這就是管仲使齊國安定，商鞅使得秦國強大的方法。從以上所說的道理來看，就知道聖人治理國家，一定有使人不能不為我效力的方法，而不依賴人因為愛慕而為我效力。依賴人因為愛慕而為我效力是危險的，依賴我使人不能不為我效力是安全的。君主和臣子沒有至親骨肉的關係，用正直的方法可以獲得利益，那麼臣子就會竭盡心力來事奉君主；用正直的方法不能夠獲得安樂，那麼臣子就運用姦私謀求進用。英明的君主知道這個道理，就制定賞罰的辦法，告示天下的人。這樣，君主雖然沒有親口教導官吏，沒有親眼搜索姦邪的人，可是國家已經安定了。君主不要眼力像離婁才算是明察；不要耳力像師曠才算是聰敏。不任用自己的治術，卻依靠眼睛的明察，能夠看到的就很少了，這不是防止蒙蔽的方法。不憑藉自己的權勢，卻依靠耳朵的聰敏，能夠聽到的就很少了，這不是防止欺騙的方法。英明的君主，使天下的人不能不幫助自己看，使天下的人不能不幫助自己聽。自己居住在深宮裡面，目光卻照射到整個天下，天下的人都不能蒙蔽，不能欺騙，這是什麼道理呢？這是廢棄昏亂的方法，而發揮聰明的作用啊。所以善長運用權勢的國家就安全，不知道憑藉權勢的國家就危險。古時秦國的習俗，群臣都不顧法律，營求私利，所以國家紊亂，兵力衰弱，君主沒有權勢。商鞅勸告秦孝公，更改法制，改變習俗，推行公道的政治，賞賜告發姦邪的人，抑制工商，獎勵耕織。當這個時候，秦國人民已經過慣了以前的習俗，有罪的可以得到赦免，無功的可以獲得尊顯，所以輕易地違犯新法。這時犯法的，處罰嚴重而堅決；告姦的，賞賜豐厚而確實。所以姦邪的人沒有不被捕捉，而受刑的人數眾多，人民怨恨，天天指責新法的種種弊害。孝公完全不聽信，盡力貫徹商君的新法，後來人民知道有罪一定會受到誅罰，告發姦邪的人眾多，人民都不敢犯法，刑罰就沒有施行的對象了。因此國家安定，軍隊強大，土地廣闊，君主地位尊崇。秦國為什麼能這樣呢？隱匿罪犯的懲罰嚴厲，而告發姦邪的賞賜豐厚。這就是使天下的人幫助自己視聽的方法。這種使國家安定的法術已很明顯，可是現在一般學者還不知道。

且世之愚學❶，皆不知治亂之情❷，讘誺❸多誦先古之書，以亂當世之治；智慮不足以避穽井之陷❹，又妄非❺有術之士。聽其言者危，用其計者亂。此亦愚之至大，而患之至甚者也。俱與有術之士有談說之名，而實相去❻千萬也，此夫名同而實有異者也。夫世愚學之人，比有術之士也，猶螘垤❼之比大陵也，其相去遠矣。而聖人者，審於是非之實，察於治亂之情也，故其治國也，正明法❽，陳嚴刑❾，將以救群生之亂❿，去天下之禍，使強不陵⓫弱，眾不暴⓬寡，耆老得遂⓭，幼孤得長，邊境不侵，君臣相親，父子相保⓮，而無死亡繫虜⓯之患，此亦功之至厚⓰者也。愚人不知，顧以為暴⓱。愚者固⓲欲治，而惡其所以治者；皆惡危，而喜其所以危者。何以知之？夫嚴刑重罰者，民之所惡也，而國之所以治也；哀憐百姓，輕刑罰者，民之所喜也，而國之所以危也。聖人為法於國者，必逆於世⓳，而順於道德⓴。知之者，同於義㉑而異於俗；弗知之者，異於義而同於俗。天下知之者少，則義非㉒矣。

【注釋】❶愚學　愚笨的學術。大概是譏刺儒學。❷情　情實；道理。❸讘詉　多言的樣子。❹穽井之陷　陷阱的陷害。穽井，陷阱。此指害人的事物。穽，捕獸的陷坑。本字作「阱」。井，水井。❺非　詆毀；抨擊。❻相去　相差。去，距離。❼螘垤　螞蟻窠外的土堆。螘，「蟻」的本字。垤，螞蟻窠外小土堆。也叫蟻冢。❽正明法　制定明確的法律。正，定。❾陳嚴刑　施行嚴厲的刑罰。陳，施行。❿救群生之亂　防止百姓作亂。救，阻止；防止。群生，指百姓。⓫陵　欺侮；侵犯。⓬暴　殘害；傷害。⓭耆老得遂　老年人能終其天年。六十歲叫做耆，七十歲叫做老。得遂，得終其天年。遂，終。⓮父子相保　父子互相愛護。⓯繫虜　俘虜。繫，捆綁。⓰至厚　至大；極大。⓱顧以為暴　反認為是暴虐。顧，反。⓲固　原來；本來。⓳必逆於世　一定違背大眾的意願。世，世俗；大眾的意願。⓴道德　指人類社會的原理原則。㉑義　正道；正理。㉒非　被反對。

【語譯】並且現在研習愚學的人，都不知道國家治亂的道理，繁複地講說古代的典籍，以擾亂當時的政治；智慮不能躲避陷阱的陷害，又隨便抨擊懂得治術的人。君主聽從他們的話，國家就會危險；實行他們的計策，國家就有變亂。這是最大的愚蠢，也是最嚴重的禍害。他們跟懂得治術的人同樣具有談說的名聲，可是實際相差很多，這就是名稱相同而實質不同啊。現在這些研習愚學的人，跟懂得治術的人相比較，就像蟻冢跟大山比較，高低相差太遠了。聖人探究是非的實質，考察治亂的道理，所以他治理國家，制定明確的法律，施行嚴厲的刑罰，用來防止百姓作亂，消除天下的禍害，使勢力大的不會欺侮勢力小的，人數多的不會傷害人數少的，年老的人得終天年，年幼的孤兒可獲得成長，邊境沒有敵國的侵略，君臣彼此親近，父子互相愛護，人民沒有殺傷俘虜的禍患，這便是最大的成就。愚昧的人不知道這個道理，反而認為是暴虐的政治。愚昧的人都想國家安定，卻厭惡使國家安定的辦法；都厭惡國家危亂，卻喜歡使國家危亂的辦法。怎麼會知道是這樣的情形呢？嚴厲的刑罰，是人民所厭惡的，卻是國家安定的根本；憐憫百姓，減輕刑罰，是人民所喜歡的，卻是國家危亂的根源。聖人制定國家的法律，一定要跟世俗相反，而跟人類社會的原則相合。了解這種道理的人，便同意正道，而反對世俗；不了解這種道理的人，便反對正道，而同意世俗。天下了解這種道理的人很少，那麼正道就必然遭受反對了。

處非道之位❶，被眾口之譖❷，溺於當世之言❸，而欲當嚴天子❹而求安，幾❺不亦難哉！此夫智士所以至死而不顯於世者也。楚莊王❻之弟，春申君❼有愛妾曰余❽，春申君之正妻子曰甲❾。余欲君之棄其妻也，因自傷其身，以示君而泣，曰：「得為君之妾，幸甚。雖然，適❿夫人，非所以事君也；適君，非所以事夫人也。身故不肖⓫，力不足以適二主。其勢不俱適，與其死夫人所⓬者，不若賜死君前。妾以賜死，若復幸⓭於左右，願君必察之，無為人笑。」君因信妾余之詐，為棄正妻。余又欲殺甲，而以其子為後，因自裂其親身衣之裡，以示君而泣，曰：「余之得幸君之日久矣，甲非不知也。今乃欲強戲余，余與爭之，至裂余之衣，而此子之不孝，莫大於此矣⓮。」故妻以妾余之詐棄，而子以之死。從是觀之，父之愛子也，猶可以毀而害也。君臣之相與也，非有父子之親也，而群臣之毀言，非特⓯一妾之口也，何怪夫聖賢之戮死哉！此商君之所以車裂於秦，而吳起之所以枝解於楚者也。凡人臣者，有罪固不欲誅，無功者皆欲尊顯。而聖人之治國也，賞不加於無功，而誅必行於有罪者也。然則有術數者之為人也，固左右姦臣之所害，非明主弗能聽也。

【注　釋】❶處非道之位　站在沒有權力的地位。❷譖　誣陷；進讒言。❸溺於當世之言　被現時世俗的言論所淹沒。溺，落水；淹沒。❹當嚴天子　冒犯威嚴的天子。當，抵抗；抵敵。❺幾　豈。❻楚莊王　春秋時楚國的君主。名侶，是楚穆王的兒子，任用伍舉、蘇從，勵精圖治，與晉國爭霸，在邲，擊敗晉國，為春秋五霸之一，在位二十三年。❼春申君　姓黃名歇。戰國時楚國人，博聞有口辯，事頃襄王。考烈王嗣立，黃歇為相，封為春申君，後為李園所殺。按：春申君上距楚莊王三百餘年，上言之「楚莊王」或為頃襄王之誤。一說：楚莊王之弟，別是一人，而不是黃歇。❽余　疑為愛妾的姓。❾甲　春申君正妻兒子的名字。或不知其名，而用甲字替代。❿適　適合；順從。⓫不肖　不賢；沒有才能。⓬死夫人所　死在夫人那裡。所，處所。⓭幸　寵幸；寵愛。⓮莫大於此矣　句下當據《韓非子集釋》補「君怒，而殺甲也」六字。⓯非特　不但；不僅。特，但；僅。

【語　譯】站在沒有權力的地位，受到大臣們的誣陷，被現時世俗的言論所淹沒，想干犯有權威的天子而求取安樂，豈不太困難呢！這就是智術之士到死也不能獲得尊顯的緣故。楚莊王的弟弟春申君，有一個愛妾姓余的，春申君正妻的兒子名甲。余氏想使春申君拋棄他的正妻，就故意打傷自己的身體，給春申君看，並且哭著說：「我能夠做您的妾，是非常幸運的。不過，順從夫人，就無法事奉您；事奉您，就無法事奉夫人。我生來就沒有才能，能力不夠事奉兩個主人。照目前的情勢，我不能適應兩方面，與其被夫人害死，不如請您賜死。我死了以後，假如再有在您身邊受到寵愛的人，希望您一定多加注意，以免被別人說笑。」春申君因為相信余氏的話，拋棄正妻。余氏又想殺死正妻的兒子甲，而使自己所生的兒子繼承春申君的地位，就把自己內衣的裡層撕破，給春申君看，並且哭著說：「我得到您的寵愛已經很久了，甲不是不知道。現在他竟想強迫調戲我，我和他爭持，以致把我的內衣撕破，這個兒子的不孝，已經太嚴重了。」由於余氏的詭詐，春申君的正妻被拋棄，兒子也被殺死。從這件事情看來，父親愛兒子，還可以用毀謗的方法加以殺害。君主和大臣相處，沒有像父子那麼親愛，而群臣的毀謗，不像愛妾只有一張嘴，因此對聖賢因毀謗而被殺戮，怎麼會感到奇怪呢！這就是商君在秦國被車裂、吳起在楚國被支解的緣故。所有的臣子，有罪過都不願受到懲罰，無功勞都希望獲得尊顯。但是聖人治理國家，對於沒有功勞的絕不賞賜，對於有罪過的一定懲罰。那麼有治術的人輔佐君主，一定被君主身邊的姦臣陷害，不是英明的君主就不能斷決是非。

世之學者[1]說人主，不曰「乘威嚴之勢[2]，以困姦衺之臣」，而皆曰：「仁義惠愛[3]而已矣。」世主美仁義之名，而不察其實，是以大者國亡身死，小者地削主卑。何以明之？夫施與貧困者，此世之所謂仁義；哀憐百姓，不忍誅罰者，此世之所謂惠愛也。夫施與貧困，則無功者得賞；不忍誅罰，則暴亂者不止。國有無功得賞者，則民外不務[4]當敵[5]斬首，內不急力田疾作[6]，皆欲行貨財，事富貴，為私善，立名譽，以取尊官厚俸。故姦私之臣愈眾，而暴亂之徒愈勝，不亡何待？夫嚴刑者，民之所畏也；重罰者，民之所惡也。故聖人陳其所畏，以禁其衺；設其所惡，以防其姦；是以國安，而暴亂不起。吾是以明仁義愛惠之不足用，而嚴刑重罰之可以治國也。無捶策之威[7]，銜橛之備[8]，雖造父[9]不能以服馬[10]；無規矩之法[11]，繩墨之端[12]，雖王爾[13]不能以成方圓。無威嚴之勢，賞罰之法，雖堯舜不能以為治。今世主皆輕釋[14]重罰嚴誅，行愛惠，而欲霸王之功，亦不可幾[15]也。故善為主者，明賞設利以勸之，使民以功賞，而不以仁義賜；嚴刑重罰以禁之，使民以罪誅，而不以愛惠免；是以無功者不望[16]，而有罪者不幸⑰矣。託於犀車⑱良馬之上，則可以陸犯⑲阪阻⑳之患；乘舟之安，持檝之利㉑，則可以水絕㉒江河之難㉓；操法術之數，行重罰嚴誅，則可以致霸王之功。治國之有法術賞罰，猶若陸行之有犀車良馬也，水行之有輕舟便檝也，乘之者遂得其成㉔。伊尹㉕得之，湯以王；管仲得之，齊以霸；商君得之，秦以強。此三人者，皆明於霸王之術，察於治強之數㉖，而不以牽㉗於世俗之言；適當世明主之意，則有直任㉘布衣之士㉙，立為㉚卿相之處㉛；處位治國，則有尊主廣地之實：此之謂足貴之臣。湯得伊尹，以百里之地，立為天子；桓公得管仲，為五霸主㉜，九合諸侯，一匡天下；孝公得商君，地以廣，兵以強。故有忠臣者，外無敵國之患，內無亂臣之憂；長安於天下，而名垂後世，所謂㉝忠臣也。若夫豫讓為智伯臣也，上不能說人主使之明法術度數之理，以避禍難之患；下不能領御其眾，以安其國。及襄子之殺智伯也，豫讓乃自黔劓，敗其形容，以為智伯報襄子之仇㉞。是雖有殘形殺身以為人主之名，而實無益於智伯若秋毫之末㉟。此吾之所下㊱也，而世主以為忠而高㊲之。古有伯夷、叔齊者，武王讓以天下而弗受，二人餓死首陽之陵㊳。若此臣者，不畏重誅，不利重賞，不可以罰禁也，不可以賞使也。此之謂無益之臣也，吾所少㊴而去也，而世主之所多㊵而求也。

【注　釋】❶學者　指儒家。❷乘威嚴之勢　利用威嚴的權勢。乘，利用。❸惠愛　恩惠慈愛。❹務　致力；盡力。❺當敵　抵抗敵人。❻力田疾作　努力耕田，辛勤勞作。❼捶策之威　馬鞭的威脅。捶策，馬鞭。❽銜橛之備　馬銜的設備。銜橛，馬銜。在馬口中，用來控制馬的行止。橛，馬口所銜的橫木。❾造父　周朝最擅長駕車的人。為周穆王駕車有功，封於趙城。後來晉國的趙氏，便是他的子孫。❿服馬　駕馭車馬。⓫規矩之法　規矩的法度。規，作圓形的工具。矩，作方形的工具。⓬繩墨之端　繩墨的訂正。繩墨，木匠用繩沾墨打直線的工具。端，修正；糾正。⓭王爾　古代技術巧妙的工匠。⓮輕釋　輕易放棄。⓯幾　借為「冀」。希望。⓰無功者不望　沒有功勞的人就不希望賞賜。⓱有罪者不幸　有罪的人不希望免罪。幸，希望。⓲犀車　堅車。犀，堅固。⓳陸犯　在陸地上穿越。犯，侵犯；衝擊。⓴阪阻　山坡艱險的地方。阪，山坡。㉑持檝之利　依靠船槳的便利。持，借為「恃」。依靠。檝，也作「楫」。船槳。利，便利。㉒絕　橫渡。㉓難　阻難。㉔乘之者遂得其成　疑當作「乘之者遂，得之者成」。乘之者遂，指車馬舟楫而言。得之者成，指法術賞罰而言。下文「伊尹得之，湯以王；管仲得之，齊以霸；商君得之，秦以強」，即承「得之者成」而言。㉕伊尹　名摯。商湯的賢相，輔佐商湯，伐桀滅夏，平定天下。㉖數　道理。㉗牽　拘束；牽制。㉘直任　直接任用。㉙布衣之士　指平民。㉚立為　立於。㉛卿相之處　卿相的地位。㉜五霸主　五霸首。春秋五霸中的第一人。主，首。㉝所謂　上疑脫漏「此吾」兩字。㉞若夫豫讓為智伯臣也九句　春秋時，晉國的范氏、中行氏、智氏、韓、趙、魏六家，世代為卿，同時掌管國政。范氏、中行氏滅亡，智伯強大專政，率領韓魏圍趙襄子於晉陽，趙襄子反而與韓魏合謀，共滅智氏，智伯死，其臣豫讓改變容貌，謀刺趙襄子，被趙襄子捕獲，自殺而死。智伯，也作「知伯」。名瑤，亦稱「荀瑤」，智罃的玄孫。領御，領導。襄子，即趙襄子。名無恤，也作「毋恤」，趙鞅的次子。黥劓，古代的刑罰。黥，面部刺字。劓，割鼻子。形容，容貌。㉟秋毫之末　鳥獸秋天新生毫毛的尖端。比喻極微細的事物。㊱下　輕視；鄙視。㊲高　尊敬；看重。㊳古有伯夷叔齊者三句　伯夷、叔齊為商朝末年孤竹國君主的兩個兒子，父親死後，兄弟讓國，相繼逃走，往歸西伯。周武王伐紂，伯夷、叔齊曾加諫阻，武王滅商，伯夷、叔齊不食周粟，隱居首陽山，採薇而食，後餓死。至於武王讓天下事，史書不載，可能為戰國時辯士的言詞。首陽之陵，即首陽山。在今山西省永濟縣南，即雷首山，又名首山。㊴少　輕視。㊵多　讚許；稱讚。

【語　譯】現在一般學者勸說君主，不說「利用威嚴的權勢，來防止姦邪的臣子」，卻都說：「只要施行仁義惠愛就好了。」一般君主羨慕仁義的美名，卻不深究仁義的實效，因此受害大的，國家滅亡，君主慘死；受仁義；把利益施與貧困的人，這就是世人所說的仁害小的，國土被侵占，君主地位卑賤。怎麼知道會變成這樣呢？把利益施與貧困的人，這就是世人所說的仁義；憐憫百姓，不忍心懲罰，這就是世人所說的惠愛。把利益施與貧困的人，那麼沒有功勞的也能獲得賞賜；不忍心懲罰有罪的人，那麼暴亂就會不停的發生。國家有無功而獲得賞賜的，人民對外就不肯奮勇殺敵，對內不願努力耕種，都想使用貨財，事奉權貴，實行小善，建立美名，以獲取高官厚祿。所以姦邪的臣子越來越多，暴亂的黨徒愈變愈烈，國家怎能不滅亡呢？嚴刑是人民所畏懼的，重罰是人民所厭惡的，因此聖人制定人民畏懼的嚴刑，來禁止邪惡；訂定人民所厭惡的重罰，來防範奸詐；所以國家安定，暴亂無從發生。我因此知道仁義愛惠不能應用，嚴刑重罰卻可以把國家治理好。沒有馬鞭的威脅、銜轡的裝備，即使造父也不能駕馭車馬；沒有規矩的依循、繩墨的訂正，即使王爾也不能製作方圓。沒有威嚴的權勢、賞罰的準則，即使堯舜也不能治理國家。現在一般君主都輕易放棄嚴厲的刑罰，施行愛惠的政治，卻想建立霸王的功業，也是沒有希望的。所以善於做君主的，明白訂立獎賞條例來勸勉人民立功，使人民以自己的功勞受到獎賞，卻不以君主的仁義獲得賜予；制定嚴厲的刑罰來禁止人民犯罪，使人民以自己的罪惡受罰，而不以君主的愛惠免刑；因此無功的人就不希望得到賞賜，有罪的人就不企圖獲得免刑。駕御堅固的車、優良的馬，就可以穿越山陵的險阻；乘坐安穩的船，執持便利的槳，就可以橫渡江河的阻隔；運用法術的效能，實行嚴厲的刑罰，就可以建立霸王的功業。治理國家有法術賞罰，就好像陸上行動有堅車良馬，水上行動有輕舟便槳；憑藉這些器具，就能達成願望；運用這種方法，就能成就事功。伊尹運用這種方法，商湯就做了天子；管仲運用這種方法，齊桓就成了霸主；商君運用這種方法，秦國就變為強大。這三個人，都明瞭稱霸致王的方法，明察治民強國的道理，而不受世俗言論的牽制；適合當時明主的意思，就直接從穿著布衣的平民，登上卿相的地位；做了卿相，治理國家，就有提高君主的聲望，擴大國家領土的功績：這才是值得尊重的大臣。商湯得到伊尹的輔佐，靠百里的土地，成為天子；齊桓公得到管仲的輔佐，成為五霸的首位，屢次召集諸侯會盟，使天下逐漸有秩序；秦孝公得到商君的輔佐，國土日漸廣大，軍隊日漸強勁。所以君主任用忠臣，外面就沒有敵國侵略的禍患，裡面就沒有亂臣作亂的憂慮，國家永久安定，名聲流傳於後世，這就是我所說的忠臣。至於豫讓為智伯的臣子，他對上不能勸勉君主使他明瞭法度的道理，以避免災難；對下不能領導大眾，以安定國家。等到趙襄子誅殺了智伯，豫讓才自行刺字割鼻，毀壞面貌，為智伯報仇。這雖然有殘毀形貌、犧牲生命以報效君主的名聲，可是實際對於智伯沒有絲毫的益處。這是我所鄙視的臣子，現時的君主卻以為是忠臣而尊重他。古代有伯夷、叔齊兄弟二人，周武王要把天下讓給他們，他們不肯接受，後來二人餓死在首陽山。像這種臣子，不畏懼嚴厲的誅罰，不貪圖優厚的賞賜，不能用刑罰禁止他，不能用賞賜使令他。這叫做沒有益處的臣子，是我所輕視而要除去的，卻是現時君主所稱讚而要尋求的。

諺曰：「厲憐王❶。」此不恭之言也。雖然，古無虛諺❷，不可不察也。此謂❸劫殺死亡之主言也。人主無法術以御其臣，雖長年而美材，大臣猶將得勢擅事❹主斷❺，而各為其私急❻；而恐父兄❼豪傑之士❽，借人主之力，以禁誅❾於己也，故弒賢長而立幼弱，廢正適❿而立不義⓫。故《春秋》記之曰：楚王子圍將聘於鄭，未出境，聞王病而反，因入問病，以其冠纓絞王而殺之，遂自立也⓬。齊崔杼，其妻美，而莊公通之，數如崔氏之室。及公往，崔子之徒賈舉，率崔子之徒而攻公。公入室，請與之分國，崔子不許；公請自刃於廟，崔子又不聽。公乃走踰於北牆，賈舉射公，中其股，公墜，崔子之徒以戈斫公而死之，而立其弟景公⓭。近之所見：李兌之用趙也，餓主父百日而死⓮；卓齒之用齊也，擢湣王之筋，懸之廟梁，宿昔而死⑮。故厲雖癰腫⑯疕瘍⑰，上比於春秋，未至於絞頸射股也；下比於近世，未至於餓死擢筋也。故劫殺死亡之君，此其心之憂懼，形之苦痛也，必甚於厲矣。由此觀之，雖「厲憐王」可也。

【注　釋】❶厲憐王　患痲瘋病的人憐憫做君王的。厲，借為「癩」。痲瘋。一種極難治癒的惡疾。患痲瘋病的人雖然痛苦，但比被劫殺的君主要好些，所以患痲瘋病的人反而憐憫做君王的。❷虛諺　不切合實際的俗語。❸謂　通「為」。❹事　指政事。❺主斷　專斷。❻私急　指私人急迫的事。❼父兄　指同姓的大臣。❽豪傑之士　就是上文所說「有術之士」。❾禁誅　壓制誅戮。❿正適　嫡子；正妻所生的長子。適，今作「嫡」。⓫不義　指不應該繼承君位的庶子。⓬楚王子圍將聘於鄭六句　事見《左傳・昭公元年》。王子圍，楚共王的次子，康王的弟弟。康王死後，子員嗣立，是為郟敖。圍為令尹，出使鄭國，在路上聽說郟敖生病，便趕回楚國首都，入宮問病，絞殺郟敖自立，就是楚靈王。聘，古代諸侯之間派遣卿大夫通問修好之禮。鄭，國名。本周西都畿內地，在今陝西省華縣境，周宣王封季弟友於此，是為鄭桓公。其後犬戎殺周幽王，桓公死之，其子武公與晉文侯輔周平王遷於東都，武公遷居東都畿內，都新鄭（今河南省新鄭縣），即春秋的鄭國。纓，結冠的帶子。絞，縊死。⓭齊崔杼十八句　事見《左傳・襄公二十五年》。崔杼，春秋齊國的大夫，殺齊莊公，立莊公弟杵臼，就是齊景公。通，私通。數，屢次。如，前往。自刃，用刀自殺。廟，祖廟。股，大腿。斫，用刀斧砍。⓮李兌之用趙也二句　趙武靈王傳位給少子何，是為惠文王，而自稱為主父，封長子章為安陽君，不久章起兵作亂，公子成和李兌把他打敗，章逃往沙丘宮，想靠主父庇護，公子成和李兌率兵包圍沙丘宮，殺公子章，主父欲出不得，遂餓死在沙丘宮中。李兌，戰國時趙國的大臣。⓯卓齒之用齊也四句　齊湣王時，兵力強盛，想併吞周室為天子，燕將樂毅率領燕、秦、三晉諸國的軍隊，攻打齊國，齊國大敗，湣王逃到莒城，楚國派遣卓齒率領軍隊援救齊國，湣王任命為相，後來反被卓齒殺死。擢，抽。湣王，戰國時齊國的君主。宣王的兒子，名地。筋，動物肌腱或骨頭上的韌帶。宿昔，通「宿夕」。等於說「旦夕」。比喻短時間內。⓰癰腫　同「臃腫」。惡瘡腫脹。⓱疕瘍　頭瘡；惡瘡。

【語　譯】俗語說：「連患痲瘋病的人都憐憫國王。」這是一句對國王很不恭敬的話。話雖然不恭敬，可是自古流傳下來的俗語沒有不切實際的，不可以不仔細加以考察，這是為被臣子劫持殺死的君主而說的話呀。君主不運用法術來控制臣子，雖然年紀大，資質好，大臣還會竊取權勢，專斷政事，而各自作他私人急要的事；可是他擔心同姓的大臣和法術之士，憑藉君主的力量，來壓制誅戮自己，所以他殺掉賢明年長的君主而擁立年幼無能的人；廢棄正室所生的長子而擁立不應繼承君位的庶子。所以《春秋》的傳文裡記載說：楚國的王子圍將往鄭國聘問，還沒有走出楚國的國境，聽到楚王生病，便趕回楚國的首都，進宮探病，用他的帽帶，把楚王勒死，就自立為楚王。齊國大夫崔杼的妻子長得很美麗，齊莊公和她私通，屢次到崔杼的家裡。等莊公前往崔杼的家裡，崔杼的部屬賈舉，率領家丁攻擊莊公。莊公躲在屋裡，請求和崔杼平分齊國以免死，崔杼不答應；莊公請求到祖廟裡自殺，崔杼又不答應。莊公便跑出屋外，爬過北面的圍牆逃走，賈舉用箭射莊公，射中莊公的大腿，莊公從牆上掉下來，崔杼的家丁們用戈把莊公砍死，崔杼擁立莊公的弟弟杵臼做君主，便是齊景公。近代所看到的，李兌在趙國當權，把趙主父（趙武靈王）圍困在沙丘宮裡，大約一百天，主父終於餓死在宮裡；卓齒在齊國當權，把齊湣王的筋抽掉，把他吊在東廟的屋樑上，過了一夜便死了。患癩瘋病的人雖然全身臃腫，遍體惡瘡，但是往上跟春秋時代的君主相比，還沒有到被勒脖子或射中大腿的地步；往下跟近代的君主相比，還沒有到餓死抽筋的地步。至於被脅迫而殺死的君主，心裡的憂懼，形體的痛苦，一定比患癩瘋病的人更厲害。這樣看來，即使說「連患癩瘋病的人都憐憫做君王的」是對的。

卷五

亡徵

【題解】亡徵，就是國家可能滅亡的徵象。本篇就戰國時實際的情勢，列舉可能招致國家滅亡的徵象四十七種，來警惕當時的君主，最後認為大國的君主如果能夠運用治術，施行法律，很容易就可以兼併具有亡徵的國家了。

凡人主之國❶小而家❷大，權輕❸而臣重❹者，可亡也。簡❺法禁❻而務❼謀慮❽，荒❾封內❿而恃⓫交援⓬者，可亡也。群臣為學⓭，門子⓮好辯，商賈外積，小民內困者，可亡也。好宮室臺⓯榭⓰陂⓱池⓲，事車服器玩⓳，好罷露⓴百姓，煎靡㉑貨財者，可亡也。用時日㉒，事鬼神，信卜筮㉓，而好祭祀者，可亡也。聽以爵不以眾言參驗㉔，用一人為門戶㉕者，可亡也。官職可以重㉖求，爵祿可以貨㉗得者，可亡也。緩心㉘而無成，柔茹㉙而寡斷，好惡無決，而無所定立者，可亡也。饕貪而無饜(30)，近利而好得者，可亡也。喜淫刑(31)而不周於法(32)，好辯說而不求其用，濫於文麗(33)而不顧其功者，可亡也。淺薄而易見，漏泄而無藏，不能周密，而通(34)群臣之語者，可亡也。很剛(35)而不和，愎諫(36)而好勝，不顧社稷而輕為自信者，可亡也。恃交援而簡(37)近鄰，怙(38)強大之救，而侮(39)所迫之國(40)者，可亡也。羈旅僑士(41)，重帑在外(42)，上閒(43)謀計，下與(44)民事者，可亡也。民信其相，下不能(45)其上，主愛信之，而弗能廢者，可亡也。境內之傑不事(46)，而求封外(47)之士，不以功伐課試(48)，而好以名問舉錯(49)，羈旅起貴(50)，以陵故常(51)者，可亡也。輕其適正(52)，庶子稱衡(53)，太子未定，而主即世(54)者，可亡也。大心(55)而無悔，國亂而自多(56)，不料(57)境內之資，而易(58)其鄰敵者，可亡也。國小而不處卑，力少而不畏強，無禮而侮大鄰，貪愎(59)而拙交(60)者，可亡也。太子已置，而娶於強敵以為后妻，則太子危，如是則群臣易慮(61)，群臣易慮者，可亡也。怯懾而弱守(62)，蚤見而心柔懦(63)，知有謂可，斷而弗敢行(64)者，可亡也。出君在外，而國更置(65)，質太子未反，而君易子(66)，如此則國攜(67)，國攜者，可亡也。挫辱大臣而狎(68)其身，刑戮小民而逆其使(69)，懷怒思恥而專習(70)，則賊(71)生，賊生者，可亡也。大臣兩重(72)，父兄眾強(73)，內黨外援(74)，以爭事勢(75)者，可亡也。嬖妾之言聽，愛玩(76)之智用，外內悲惋[77]，而數[78]行不法者，可亡也。簡侮[79]大臣，無禮父兄，勞苦百姓，殺戮不辜[80]者，可亡也，好以智矯法[81]，時以私雜公[82]，法禁變易[83]，號令數下者，可亡也。無地固[84]，城郭惡，無畜積，財物寡，無守戰之備而輕攻伐者，可亡也。種類不壽[85]，主數即世，嬰兒為君，大臣專制，樹羈旅以為黨[86]，數割地以待交[87]，者，可亡也。太子尊顯，徒屬眾強，多大國之交，而威勢蚤具者，可亡也。變褊[88]而心急，輕疾[89]而易動發，心悁忿[90]而不訾[91]前後者，可亡也。主多怒而好用兵，簡本教[92]而輕戰攻者，可亡也。貴人相妬，大臣隆盛，外藉敵國，內困百姓，以攻怨讎，而人主弗誅者，可亡也。君不肖而側室[93]賢，太子輕而庶子伉[94]，官吏弱而人民桀[95]，如此則國躁[96]，國躁者，可亡也。藏怒[97]而弗發，懸罪[98]而勿誅，使群臣陰憎[99]而愈憂懼，而久未可知[100]者，可亡也。出軍命將太重，邊地任守太尊，專制擅命，徑為[101]而無所請者，可亡也。后妻淫亂，主母畜穢[102]，外內混通[103]，男女無別，是謂兩主，兩主者，可亡也。后妻賤而婢妾貴，太子卑而庶子尊，相室[104]輕而典謁[105]重，如此則內外乖[106]，內外乖者，可亡也。大臣甚貴，偏黨[107]眾強，壅塞主斷[108]，而重擅國[109]者，可亡也。私門[110]之官用，馬府之世絀[111]，鄉曲[112]之善舉，官職之勞廢[113]，貴私行而賤公功者，可亡也。公家虛而大臣實，正戶(114)貧而寄寓(115)富，耕戰之士(116)困，末作之民(117)利者，可亡也。見大利而不趨，聞禍端而不備，淺薄(118)於爭守之事，而務以仁義自飾者，可亡也。不為人主之孝(119)，而慕匹夫之孝(120)，不顧社稷之利，而聽主母之令，女子用國，刑餘用事(121)者，可亡也。辭辯而不法，心智而無術，主多能而不以法度從事者，可亡也。親臣(122)進而故人退，不肖用事而賢良伏，無功貴而勞苦賤，如是則下怨，下怨者，可亡也。父兄大臣(123)，祿秩(124)過功，章服侵等(125)，宮室供養太侈，而人主弗禁，則臣心無窮，臣心無窮者，可亡也。公壻公孫(126)，與民同門(127)，暴慠其鄰(128)者，可亡也。

亡徵者，非曰必亡，言其可亡也。夫兩堯不能相王(129)，兩桀不能相亡。亡、王之機，必其治亂，其強弱相踦(130)者也。木之折也，必道蠹(131)；牆之壞也，必道隙。然木雖蠹，無疾風不折；牆雖隙，無大雨不壞。萬乘之主，有能服(132)術行法，以為亡徵之君風雨者，其兼(133)天下不難矣。

【注釋】❶國　諸侯的封國。❷家　大夫的采邑。❸權輕　國君的權力小。❹臣重　臣子的權力大。❺簡　輕忽；忽視。❻法禁　法律禁令。❼務　致力；專力。❽謀慮　權謀智慮。❾荒　荒廢。❿封內　封疆以內。指國內政事。⓫恃　依靠；憑藉。⓬交援　外援。⓭為學　研治私家學術。學，指私家學術。⓮門子　卿大夫的嫡子。將代父當門，故云。⓯臺　可供眺望的高建築物。⓰榭　在臺上蓋的高屋。⓱陂　池岸。⓲池　水池。⓳事車服器玩　把車馬服飾器具珍玩當作重要的事做。事，從事；以之為事。⓴罷露　勞苦。罷，通「疲」。露，借為「羸」。疲勞。㉑煎靡　浪費；消耗。煎，熬汁使乾。

靡，竭盡。㉒用時日　卜問良時吉日。㉓卜筮　用龜甲占吉凶稱卜，用蓍草占吉凶稱筮。㉔聽以爵句　聽別人意見時，以提意見的人爵位高低作為接受或不接受的標準，而不拿眾人的言論來參合檢驗事實。㉕用一人為門戶　重用一個人，把他看成像門戶般重要，君主出令或臣下進言都要經過他。㉖重　重臣。一說：指權勢。㉗貨　賄賂。㉘緩心　思慮事情遲緩。㉙柔茹　柔軟；懦弱。茹，柔的意思。㉚饕貪而無饜　貪財而不知滿足。饕，貪財。饜，滿足。㉛淫刑　濫用刑罰。㉜不周於法　不合於法。周，合。㉝文麗　文采；詞藻。㉞通　洩漏。㉟很剛　倔強。㊱愎諫　一意孤行，不聽勸諫。愎，執拗。㊲簡　輕視。㊳怙　恃；仗恃。㊴侮　輕慢。㊵所迫之國　指侵迫的國家。㊶羈旅僑士　寄居國內的外籍游士。羈旅，寄居作客。僑，寄居異地。㊷重帑在外　大量財物來自國外。㊸間　偵伺；刺探。㊹與　參與。㊺能　親善。㊻事　任用。㊼封外　國外。㊽不以功伐課試　不依照功績考核任用。功伐，功績。伐，功的意思。㊾以名問舉錯　以聲譽為進退。名問，聲譽。問，借為「聞」。舉，舉拔。錯，同「措」。廢棄。㊿起貴　提升於高位。(51)以陵故常　超過任職長久的官吏。陵，超過。故常，指任職長久的官吏。(52)適正　指嫡長子。諸侯正室夫人所生的長子。其餘稱為庶子。適，借為「嫡」。(53)稱衡　對抗；抗衡。(54)即世　去世。(55)大心　粗心大意。(56)自多　自賢；自以為賢能。(57)料　量度。(58)易　輕視。(59)貪愎　貪婪固執。(60)拙交　不善交結。(61)群臣易慮　群臣改變他們的想法，侍奉此后妻的兒子。(62)怯懾而弱守　膽小怕事而不能堅守其判斷。(63)蚤見而心柔懦　早見禍端，但內心懦弱不能制止。蚤，借為「早」。(64)知有謂可二句　智慧以為可行，決斷力不足，不敢實行。知，同「智」。謂，以為。(65)出君在外二句　君主出亡在國外，國內改立君主。(66)質太子未反二句　抵押到外國的太子還未回國，可是君主另立太子。反，同「返」。回國。易，更換。(67)國攜　國人就有分歧的心意。攜，離。指離心。(68)狎　親近。(69)刑戮小民而逆其使　對受過刑罰戮辱的小民，還違背道理來使役他。(70)專習　信任親近。專，專任。習，親狎；親近。(71)賊　劫殺。指劫奪王位、弒殺君主的事件。(72)大臣兩重　有兩位大臣掌握大權。(73)父兄眾強　同姓大臣眾多而強有力。父兄，指同姓大臣。(74)內黨外援　在國內結黨派，在國外求援助。(75)以爭事勢　爭奪職務和權力。事，職務。勢，權力。(76)愛玩　指弄臣。君主所親近狎玩的臣子。(77)外內悲惋　朝廷內外的臣民都悲傷歎惜。外，指一般人民。內，指朝廷內的群臣。(78)數　屢次；時常。(79)簡侮　輕侮；怠慢。(80)不辜　無罪。(81)以智矯法　以個人智慧改變國法。(82)以私雜公　以個人行為擾亂公義。(83)法禁變易　法律禁令隨便變更。(84)無地固　地形不險固。即沒有山河的險要。(85)種類不壽　指國君的家族不長壽。種類，族類。(86)樹羈旅以為黨　扶植外籍政客為私黨。(87)數割地以待交　屢屢割讓土地而維持和外國的關係。待，當作「持」。維持。(88)變褊　指度量狹小。變，「辯」的假借字，與「褊」同義。狹小的意思。(89)輕疾　輕佻；不穩重。

❾悁忿　忿怒。❾不訾　不顧；不考量。❾簡本教　忽略對農事的教導。簡，怠慢。本，指農事。❾側室　指側室公子。即和君主同輩的庶子。❾伉　強大。❾桀　暴戾難服。❾躁　不安。❾藏怒　內心藏著忿怒。❾懸罪　長久不判決其罪過。❾陰憎　暗中憎惡。❿未可知　不可知；不可預測。❿徑為　直截行事。❿主母畜穢　君主的母親畜養男寵。穢，指汙穢的人。即面首、男寵。❿外內混通　宮外與宮內混亂交通。❿相室　卿相。❿典謁　掌管賓客進見的官吏。即內廷小官。❿乖　相背；不和。❿偏黨　私黨。❿壅塞主斷　掩蔽君主的決斷。❿重擅國　當作「擅國重」。獨攬國家的大權。重，權勢。一說：「重」為衍文，當刪去。擅國，獨攬國家政事。⓫私門　指權臣的家。⓫馬府之世絀　有軍功的子孫被貶黜。馬府，掌管有軍功者名冊的官。此指有軍功者。世，世族；子孫。絀，同「黜」。廢免。⓫鄉曲　鄉野偏僻的地方。⓫官職之勞廢　做官任職而有勞績的被廢棄。⓫正戶　指有戶籍而不遷移的人民。⓫寄寓　指寄居國內的外籍僑民。⓫耕戰之士　指耕種的農人和作戰的士兵。⓫末作之民　指從事工商業的人民。古代以農業為本業。末作，指從事工業或商業。作，作業。⓫淺薄　疏忽；不重視。⓫人主之孝　君主所行的孝道。即大孝，指保衛國家，使人民生活和樂。⓬匹夫之孝　常人所行的孝道。即小孝，指行為謹慎，節省用度，以奉養父母。匹夫，常人。⓬刑餘用事　宦官當權。刑餘，指刑餘的人。即宦官。用事，執政；當權。⓬親臣　新臣。親，通「新」。⓬父兄大臣　宗室大臣；同姓大臣。⓬祿秩　複詞。俸祿；薪俸。⓬章服侵等　禮服超越等級。章服，古代君臣穿著的禮服。以圖文為標誌，用來表示貴賤等級。⓬公壻公孫　諸侯的女婿，叫做公壻，諸侯的子孫，叫做公子、公孫。⓬同門　同一里門。門，指里門。古代以二十五家為里，里巷有門，叫做閭，也叫里門。⓬暴慠其鄰　以粗暴驕傲的態度對待他的鄰居。慠，同「傲」。⓬王　動詞。為王、統治的意思。⓭相踦　相差很遠。踦，通「觭」。角一俯一仰。⓭道蠹　由於生了蛀蟲。道，由於。蠹，蛀蟲。⓭服　運用；實行。⓭兼　兼併；併吞。

【語　譯】大概君主的封地小，而大夫的采邑大；君主的權力小，而臣下的權力大，這樣的國家，可能滅亡。忽視法律禁令，而專用權謀智慮；荒廢國內政事，而依靠國外援助，這樣的國家，可能滅亡。一般臣下研習私家的學術，貴族子弟喜好辯論是非；商人在國外積蓄財貨，小民在國內生活窮困，這樣的國家，可能滅亡。喜好建築宮室臺榭池沼，講求車馬服飾器具珍玩；好勞苦百姓，浪費財貨，這樣的國家，可能滅亡。卜問良時吉日，事奉鬼神，迷信卜筮，而喜好祭祀，這樣的國家，可能滅亡。聽信爵位高的人的話，不拿眾人的言論來參證；重用一人，把他當作門戶，臣下進言必須經過他，這樣的國家，可能滅亡。官職可靠權勢來求取，爵祿可用賄賂以獲得，這樣的國家，可能滅亡。思慮事情遲緩而沒有成就，處理事情軟弱而缺乏果斷，喜好或憎惡都無法決定，而沒有堅定立場，這樣的國家，可能滅亡。貪圖財貨而不知滿足，喜愛利益而力求獲得，這樣的國家，可能滅亡。濫用刑罰而不合法律，喜好辯論而不求實用，愛用優美的文辭而不考慮功效，這樣的國家，可能滅亡。智慮淺薄而容易被人看透，說話隨便而沒有隱藏，心思不能周到細密，而洩漏臣下的言語，這樣的國家，可能滅亡。個性倔強而不隨和，性情好勝而不聽勸諫，不顧國家而自以為是，這樣的國家，可能滅亡。仗恃友邦的支援，而輕視鄰近的國家；依賴大國的救助，而侮慢侵犯的國家，這樣的國家，可能滅亡。寄居本國的政客遊士，有大量的財物來自國外，刺探國家謀略，參與人民事務，這樣的國家，可能滅亡。人民信任宰相，而不愛戴君主，君主愛護而信任宰相，卻不能撤換他，這樣的國家，可能滅亡。國內的人才不用，卻尋求國外的人才；不依照功績考核任用，卻以虛名作為拔擢的標準；外籍人士升遷在高位，超過任職長久的官吏；這樣的國家，可能滅亡。輕視嫡子的地位，庶子與嫡子對抗；太子還沒有確定，君主便去世了；這樣的國家，可能滅亡。粗心大意，做錯了事而不知悔改，國家紊亂而自以為賢能，不度量國內的資源，而輕視鄰近的敵人，這樣的國家，可能滅亡。國土狹小卻不願處於低下的地位，力量微弱卻不畏懼強國，沒有禮貌而侮慢強大的鄰國，貪婪固執而不善於外交，這樣的國家，可能滅亡。已經立了太子，又娶強敵的女子為王后，太子就危險了，這樣，群臣就改變他們的想法，群臣改變他們的想法，這樣的國家，可能滅亡。膽小怕事而不能堅守其判斷，早見禍端而內心懦弱不能制止，智慧認為可行，決斷力不足，不敢實行，這樣的國家，可能滅亡。君主逃亡國外，國內更立君主；太子在別國為人質，還未回國，而君主另立太子，這樣，人民就有貳心，人民有貳心的國家，可能滅亡。挫折羞辱大臣，還親近他；刑罰戮辱小民，還使役他；這些懷著憤怒忍受恥辱的人，還信任親近他們，就會發生劫奪弒殺的事件，發生劫殺事件的國家，可能滅亡。同時有兩位大臣掌握大權，同姓大臣眾多而強有力，在國內結黨派，在國外求援助，而爭奪權勢，這樣的國家，可能滅亡。聽信女子的言語，採用弄臣的智謀，朝廷內外的臣民都悲傷惋惜，仍然時常作出不合法度的事情，這樣的國家，可能滅亡。對大臣怠慢，對尊長無禮，勞苦百姓，殺戮無罪的臣民，這樣的國家，可能滅亡。喜好以個人智慧改變國法，時常以個人行為擾亂公義，法律禁令隨時改變，命令時常發布，這樣的國家，可能滅亡。沒有險要的地形，城郭又不堅固，沒有蓄積的糧食，又缺少財物，沒有防守作戰的準備，而輕率發動戰爭，這樣的國家，可能滅亡。王族短命，君主接連去世，小孩繼承為君主，大臣專斷行事，扶植外國政客為黨羽，時常割讓土地，以維持跟外國的關係，這樣的國家，可能滅亡。太子的地位尊貴顯赫，部屬眾多又能幹，跟許多大國交好，早已具備君主的聲威勢力，這樣的國家，可能滅亡。氣量狹小而性情急躁，態度輕佻而容易激動，內心忿怒而不考慮事情的前因後果，這樣的國家，可能滅亡。君主時常發怒而喜好作戰，忽略對農事的督導，而輕易發動戰爭，這樣的國家，可能滅亡。貴族互相嫉妒，大臣勢力強盛，外面借助敵國的力量，裡面使百姓生活困苦，以攻擊自己的仇家，而君主卻不加以懲罰，這樣的國家，可能滅亡。君主無能而公子賢能，太子輕賤而庶子強大，官吏懦弱而人民暴戾，這樣國家就不能安定，國家不安定，可能滅亡。內心蘊藏忿怒而不發作，長久擱置臣下的罪過而不加懲罰，使得群臣暗中憎恨而更加憂慮恐懼，長期生活在不能預料自己的命運當中，這樣的國家，可能滅亡。派遣軍隊，任命的大將權力太大，邊疆地方，任命的守將地位太高，獨斷獨行，擅自發令，直截行事而不向君主請示，這樣的國家，可能滅亡。后妃淫蕩放肆，母后畜養男寵，王宮內外，混亂交通，男女沒有分別，這就形成內外兩主，內外兩主的國家，可能滅亡。后妃的地位低賤而婢妾的地位尊貴，太子的地位卑下而庶子的地位崇高，卿相的權力小而內廷小官的權力大，這樣內外就不和睦，內外不和睦的國家，可能滅亡。大臣地位非常尊貴，私黨眾多而有力，掩蔽君主的決斷，獨攬國家的大權，這樣的國家，可能滅亡。權臣家裡的官吏被任用，有軍功的世族反被貶黜，鄉野善良的人被提拔，有勞績的官吏反被廢棄，重視個人的品行，輕視人對國家的貢獻，這樣的國家，可能滅亡。國家的府庫空虛而大臣的倉庫充實，本國的國民貧窮而外來的僑民富裕，農民戰士生活困苦而工人商人享受厚利，這樣的國家，可能滅亡。看到重大的利益卻不趕快去爭取，聽到災禍將要發生卻不預先防備，忽略攻擊防禦的軍事，卻專門講求仁義用來裝飾自己，這樣的國家，可能滅亡。不從事君主保國安民的大孝，卻羨慕平民奉養父母的小孝，不顧慮國家的利益，而聽從母后的命令，以致婦人主政，宦官當權，這樣的國家，可能滅亡。能言善辯卻不合法律，心思敏銳卻不用治術，君主很有才能卻不按照法度處理國事，這樣的國家，可能滅亡。進用新臣而黜退舊人，庸人當權而賢人埋沒，沒有功績的人顯貴而為國辛勞的人卑賤，這樣下面的人就會怨恨，下面的人怨恨的國家，可能滅亡。宗室大臣，俸祿超過功績，禮服僭越等級，宮室建築和享用物品，非常奢侈，可是君主不加禁止，因此臣子的欲望無窮無盡，臣子的欲望無窮無盡，這樣的國家，可能滅亡。君主的女婿子孫，跟百姓居住在同一里巷，欺侮鄰居，這樣的國家，可能滅亡。

有滅亡徵象的國家，不是說他一定會滅亡，而是說他可能滅亡。兩個像唐堯那樣好的君主，誰也不能統治誰；兩個像夏桀那樣壞的君主，誰也不能滅亡誰。滅亡或統治的關鍵，一定在於他們的國家安定或混亂、強盛或衰弱相差太遠了。樹木的折斷，一定是因為生了蛀蟲；牆壁的倒塌，一定是因為有了縫隙。可是樹木雖然生了蛀蟲，沒有強風吹襲，不會折斷；牆壁雖然有了縫隙，沒有大雨沖刷，不會倒塌。大國的君主，如果有能夠運用治術、施行法律，來做那些具有滅亡徵象的君主的風雨，他要兼併天下就不難了。

三守

【題　解】三守，就是三種君主必須持守的事情。本篇主旨在說明君主必須保持三守，以遏止三劫。全文分為兩段：第一段說明三守：一是持守著超越左右的蒙蔽，才能聽到正直臣子的忠言；二是持守著不受左右毀譽的影響，主動地愛利人和憎惡人；三是持守著殺生奪予的權力，不讓大臣侵奪。第二段說明三劫，就是名劫、事劫和刑劫。君主能夠保持三守，國家就會安定，自身就不會受到臣子的劫制了。

本篇文字簡明，內容與韓非的思想體系相合，前人懷疑這篇文章可能不是韓非作的，但是沒有明確的證據。

人主有三守：三守完❶，則國安身榮❷；三守不完，則國危身殆❸。何謂三守？人臣有議當途❹之失、用事❺之過、譽臣❻之情❼，人主不心藏，而漏之近習❽能人❾，使人臣之欲有言者，不敢不下適❿近習能人之心，而乃上以聞人主。然則端言直道⓫之人不得見，而忠直日疏。愛人，不獨利⓬也，待譽而後利之；憎人，不獨害⓭也，待非⓮而後害之。然則人主無威，而重⓯在左右矣。惡自治⓰之勞憚⓱，使群臣輻湊⓲用事⓳，因傳柄移籍⓴，使殺生之機，奪予之要㉑，在大臣，如是者侵。此謂三守不完。三守不完，則劫殺之徵㉒也。

【注　釋】❶完　完好；完備。❷榮　光榮；顯耀。❸殆　危險。❹當途　當道。指掌握大權的人。❺用事　指主管某些事務的官吏。❻譽臣　指讚揚君主的官吏。❼情　實情。❽近習　指君主左右親近的人。❾能人　指君主認為有才能，而得到君主寵信的人。❿適　投合；迎合。⓫端言直道　說正直的話。⓬獨利　自行賞賜。獨，獨斷。利，施與利益。指賞賜。⓭獨害　自行處罰。害，施與損害。指處罰。⓮非　借為「誹」。毀謗。⓯重　指主權。⓰自治　指親自治理國事。⓱勞憚　辛勞。憚，借為「癉」。勞苦。⓲輻湊　車輻集中於軸心。比喻人或物聚集一處。⓳用事　施行政事。用，施行。⓴傳柄移籍　指權勢下移。柄，權柄。籍，或作「藉」。籍、藉，古時通用。指勢位。㉑殺生之機二句　指生死賞罰的大權。機，指事物的樞要、關鍵。下「要」字意同。奪，剝奪。指處罰。予，給與。指賞賜。㉒徵　徵兆；預兆。

【語　譯】君主有三種必須保持完好的事，叫做三守。三守能夠保持完好，國家就會安定，自身就會榮耀；三守不能保持完好，國家就會不安定，自身就會危險。什麼叫做三守呢？第一，臣子中有議論權臣的失誤、主管的過錯、諛臣的實情，君主不把這些話藏在心裡，而洩漏給親近寵信的人，使得臣子想要進言的，不敢不迎合親信的心意，以便能把話上達給君主。這樣，說正直話的人不能進見君主，忠誠正直的臣子便一天天地漸漸疏遠了。第二，君主喜愛人，不能自行賞賜，要等有人稱讚他，然後才賞賜；君主憎惡人，不能自行處罰，要等有人毀謗他，然後才處罰。這樣，君主沒有權威，而大權掌握在左右的手中了。第三，厭惡親自治理國事的辛勞，任命群臣共同治理國事，因此權柄勢力都轉移到臣子，使得生死賞罰的權力，都落在大臣的手中，這樣，君主的權力就被侵占。這叫做三守不能保持完好。三守不能保持完好，就是君主被劫制弒殺的預兆啊！

凡劫有三：有名劫❶，有事劫❷，有刑劫❸。人臣有大臣之尊，外操國要❹，以資❺群臣，使外內之事，非己不得行，雖有賢良，逆者必有禍，而順者必有福。然則群臣直莫敢❻忠主憂國，以爭❼社稷之利害。人主雖賢，不能獨計❽，而人臣有❾不敢忠主，則國為亡國矣。此謂國無臣。國無臣者，豈郎中虛❿而朝臣少哉？群臣持祿養交⓫，行私道而不效公忠，此謂名劫。鬻寵擅權⓬，矯外以勝內⓭，險言⓮禍福得失之形，以阿⓯主之好惡。人主聽之，卑身輕國以資之，事敗與主分其禍，而功成則臣獨專之。諸用事之人，壹心同辭，以語其美，則主言惡者⓰必不信矣，此謂事劫。至於守司囹圄⓱，禁制刑罰，人臣擅之，此謂刑劫。三守不完，則三劫者起；三守完，則三劫者止。三劫止塞⓲，則王⓳矣。

【注釋】❶名劫 由名稱而劫制君主。言徒有臣子之名，享受俸祿，而不效忠君主，憂慮國事。❷事劫 由國事而劫制君主。❸刑劫 由刑罰而劫制君主。❹國要 國家權力的樞要。即國家大權。❺資 給與利益。❻直莫敢 竟不敢；始終不敢。❼爭 論辯。❽獨計 獨自計謀國家的政事。❾有 通「又」。❿郎中虛 朝廷空虛。郎，通「廊」。廊中，廊廟；朝廷。⓫持祿養交 領取俸祿，供養黨與。交，私交；黨與。⓬鬻寵擅權 培養君主對自己的寵愛，專有國家的大權。鬻，養。⓭矯外以勝內 假託外國的勢力，控制國內的政治。⓮險言 故作驚人之語。⓯阿 迎合。⓰主言惡者 倡導說這件事不好的人。指正直的臣子。⓱囹圄 周朝監獄名。⓲止塞 止息。塞，遏止。⓳王 統治天下。

【語譯】通常君主所受到的劫制有三種：一是名劫，二是事劫，三是刑劫。臣子擁有大臣崇高的地位，掌握國家的大權，他把利益給與群臣，使得朝廷內外的事，非他不能施行，雖然有賢良的人，反對他的一定遭受災禍，順從他的一定得到幸福。這樣，群臣始終不敢效忠君主，憂慮國事，為國家的利害論辯。君主雖然賢能，也不能獨自謀劃國家的政事，而臣子又不敢效忠君主，那麼國家將成為滅亡的國家。這叫做國家沒有臣子。所謂國家沒有臣子，哪裡是朝廷空虛而臣子稀少呢？而是群臣領取俸祿，供養黨與，只謀取私人利益，而不為君主效忠，這叫做名劫。臣子培養君主對自己的寵愛，專有國家的大權，假借外國的勢力，控制國內的政治，故意誇張國家禍福得失的情勢，來迎合君主好惡的心理。君主聽了這些話，用盡自身和國家的力量給予支持，事情失敗，君主分擔災禍；事情成功，臣子獨享利益。許多參與這件事情的人，大家心理相同，言辭一致，稱讚這件事的好處，倡導說這件事不好的人，君主一定不會相信的，這叫做事劫。至於管理監獄，禁制和刑罰，由臣子專有這種權力，這叫做刑劫。三守不能保持完好，三劫就會發生；三守保持完好，三劫就會止息。三劫止息，就可以統治天下了。

備內

【題解】備內，就是防備宮內的姦邪，如后妃、夫人和太子等，似乎也包括宮內尊貴的臣子。

本篇主旨在說明君主不可以太信賴后妃、夫人和太子，防備他們被姦臣利用，以劫殺君主。全篇可分為兩段：第一段說明君主的妻子可能覺得君主早死對他們有利，而殺害君主，因此舉出防範的辦法。第二段說明尊貴的大臣常憑藉權勢，結黨營私，背叛君主；君主減輕人民的徭役，就可以削減大臣的權勢了。

梁啟雄《韓子淺解》以為第一段是〈備內〉文，第二段與本篇文旨不相蒙，或是他篇的錯簡誤附於此。有待作進一步考證。

人主之患❶，在於信人，信人則制於人❷。人臣之於其君，非有骨肉之親❸也，縛於勢❹而不得不事也。故為人臣者窺覘❺其君心也，無須臾之休❻，而人主怠慠❼處其上，此世所以有劫君❽弒主也。為人主而大信其子，則姦臣得乘於子以成其私❾，故李兌傅趙王而餓主父❿。為人主而大信其妻，則姦臣得乘於妻以成其私，故優施傅麗姬，殺申生而立奚齊⓫。夫以妻之近與子之親，而猶不可信，則其餘無可信者矣。且萬乘之主、千乘之君，后妃、夫人、適子⓬為太子者，或有欲其君之蚤⓭死者。何以知其然？夫妻者，非有骨肉之恩⓮也，愛則親，不愛則疏。語曰：「其母好者，其子抱⓯。」然則其為之反⓰也，其母惡者，其子釋⓱。丈夫年五十，而好色未解⓲也；婦人年三十，而美色衰矣。以衰美之婦人，事好色之丈夫，則身疑見疏賤⓳，而子疑不為後⓴，此后妃夫人之所以冀其君之死者也。唯母為后，而子為主，則令無不行，禁無不止；男女之樂，不減於先君，而擅萬乘不疑㉑，此鴆毒㉒扼昧㉓之所以用也。故《桃兀春秋》㉔曰：「人主之疾死㉕者，不能處半㉖。人主不知，則亂多資㉗。」故曰：利君死者眾㉘，則人主危。故王良㉙愛馬，越王句踐㉚愛人，為戰與馳㉛。醫善吮人之傷㉜，含人之血，非骨肉之親也，利所加也。輿人㉝成輿，則欲人之富貴；匠人㉞成棺，則欲人之夭死㉟也；非輿人仁，而匠人賊也；人不貴，則輿不售；人不死，則棺不買；情㊱非憎人也，利在人之死也。故后妃、夫人、太子之黨成，而欲君之死也；君不死，則勢不重；情非憎君也，利在君之死也。故人主不可以不加心㊲於利己死者。故日月暈圍於外，其賊在內；備其所憎，禍在所愛㊳。是故明主不舉不參之事㊴，不食非常之食；遠聽而近視，以審內外之失；省同異之言，以知朋黨之分㊵，偶參伍之驗，以責陳言之實㊶；執後以應前㊷，按法以治眾㊸，眾端以參觀㊹。士無幸賞，賞無踰行㊺；殺必當，罪不赦，則姦邪無所容其私㊻矣。

【注釋】❶患　病害。❷制於人　被人控制。❸骨肉之親　關係最近的血親。❹縛於勢　受權勢的束縛。❺窺覘　偷看。❻無須臾之休　沒有片刻的休止。❼怠慠　懈怠傲慢。慠，今作「傲」。❽刦君　挾持君主。刦，同「劫」。脅迫。❾乘於子以成其私　利用君主的兒子，以達成自己的願望。❿李兌傅趙王而餓主父　趙武靈王把王位傳給少子何，自稱為主父，封長子章為安陽君，不久，章起兵作亂，公子成和李兌把他打敗，章逃到沙丘宮，想靠主父庇護，公子成和李兌率兵包圍沙丘宮，公子章死，主父想離開沙丘宮，李兌等不允許，於是便餓死在宮裡。李兌，春秋時趙國的大臣。傅，假借為「附」。依附。趙王，指趙惠文王，名何。⑪優施傅麗姬二句　晉獻公攻打驪戎，驪戎把女兒驪姬獻給獻公，獻公寵愛驪姬，立為夫人，生奚齊，而驪姬陪嫁的妹妹生卓子。優施慫恿驪姬在獻公前進讒言，殺害太子申生，立奚齊為太子，並逐諸公子，獻公死，奚齊和卓子相繼為晉國的君主，都被里克殺死，驪姬也被殺。優施，春秋時晉獻公的優人（扮演雜戲的人），名施。麗姬，一作「驪姬」。⑫適子　正妻所生的長子。適，同「嫡」。⑬蚤　假借為「早」。⑭恩　恩愛。一說：當作「親」。⑮其母好者其子抱　母親被喜愛，她的兒子就被君主寵愛而抱在懷裡。好，喜好；喜愛。⑯其為之反　把這一句話反過來說。⑰其母惡者其子釋　母親被厭惡，她的兒子就得不到君主的寵愛，而被丟在地上。釋，捨棄。不抱之意。⑱解　假借為「懈」。厭倦。⑲身疑見疏賤　本身疑慮被疏遠看輕。身，本身。指衰美的婦人。疑，疑慮。賤，輕視。⑳不為後　不能繼承君主的位子。㉑擅萬乘不疑　毫不猶疑的據有這萬乘的國家。擅，據有。㉒鴆毒　用鴆酒毒死。鴆，毒鳥。相傳把牠的羽毛浸在酒裡，人喝了這種酒，立刻就死。㉓扼昧　暗中絞縊。㉔桃兀春秋　桃兀，大概是「檮兀」的異文。楚國的史書叫做「檮兀」，有時稱為「春秋」。㉕疾死　生病而死。㉖處半　居半數。㉗則亂多資　姦臣則多利用妻子來作亂。資，憑藉；依託。㉘利君死者眾　覺得君主的死亡對自己有利益的人很多。㉙王良　春秋時晉國人，擅長駕車。㉚越王句踐　春秋時越國的國王。曾被吳王夫差打敗，圍困在會稽山，忍辱求和。任用文種、范蠡為相，臥薪嘗膽，生聚教訓，終於滅掉吳國，又渡淮水，會諸侯，受命為方伯，僭稱王。㉛為戰與馳　指句踐愛人，是為了作戰，王良愛馬，是為了驅馳。㉜醫善吮人之傷　醫生會用口吸病人的瘡毒。這是古代醫治創傷癰疽的一種方法。吮，用口含吸。傷，創傷。一說：通「瘍」。瘡疽。㉝輿人　製造車輛的人。㉞匠人　木匠。㉟夭死　短命早死。㊱情　實在。㊲加心　多用心；注意。㊳日月暈圍於外四句　語出《戰國策・趙策四》。太陽月亮周圍所現出紅綠色的光圈，是由太陽月亮的光透射周圍的雲氣所造成的，所以說其賊害在內部。而防備所憎恨的人，災禍卻起於所喜愛的人。暈，太陽月亮周圍的光圈。㊴不舉不參之事　不做沒有考察證實的事。參，參驗。㊵省同異之言二句　審察臣子們言論的異同，藉此以知道黨派紛爭的情勢。㊶偶參伍之驗二句　參合多方面的證驗，以求取臣子們言論的實情。偶，合。參伍，一作「三五」。指多方面。㊷執後以應前　拿事情後來的發展和結果，來考驗他們以前的話是不是恰當。應，驗。㊸按法以治眾　依照法律治理民眾。㊹眾端以參觀　拿許多事情互相比較觀察。㊺士無幸賞二句　士人不會希求非分的賞賜，賞賜不超過他的成就。幸，通「倖」。僥倖。㊻無所容其私　沒辦法包藏他的私心。

【語譯】君主的大毛病，在於信賴人，信賴人就會受人控制。臣子對於君主，並不是骨肉至親，他們受權勢的束縛，不得不侍奉君主。所以臣子們暗中體察君主的心理，沒有片刻的休止；君主卻懈怠傲慢的使役他們，這就是世間會有挾持君主、殺害君主這類事情發生的緣故。君主如果特別信賴兒子，姦臣就利用君主的兒子，以達成自己的願望，所以春秋時趙國的李兌，依附趙王，餓死主父。君主如果特別信賴妻子，姦臣就利用君主的妻子，以達成自己的願望，所以春秋時晉國的優施，就慫恿驪姬，殺害太子申生，然後立奚齊為太子。以妻子的親近和兒子的親愛，尚且不能信賴，其他的人就更沒有可以信賴的了。現在萬乘的國王、千乘的封君，他們的后妃、夫人，以及嫡子被立為太子的，也許有希望君主早死的。怎麼知道有這種情形呢？妻子並沒有骨肉至親那份恩愛，君主喜愛就親近，不喜愛就疏遠。古語說：「母親被喜愛，她的兒子就被抱在懷裡。」把這句話反過來說，母親被厭惡，她的兒子就被丟在地上。男子到了五十歲，對於女色的喜愛還沒有厭倦；女人到了三十歲，美麗的顏色就已經衰減了。以美色衰減的女人，侍奉好色的丈夫，本身懷疑被疏遠輕視，兒子懷疑不能繼承君位，這就是后妃、夫人希望君主早死的緣故。因為母親做了太后，兒子做君主，命令就無不實行，禁忌全部廢止；男女的歡樂，像先君在世時一樣，所以毫不猶疑的據有萬乘的國家，這就是他們用鴆酒，或暗中絞殺君主的緣故。因此《桃兀春秋》裡面說：「君主由於生病死亡的，不到一半。」君主不加注意，姦臣就常利用妻子來作亂。」所以說：覺得君主的死亡對自己有利的人很多，君主就危險了。從前王良喜愛馬，是為了要牠奔馳；越王句踐喜愛人民，是為了要他們作戰。醫生會吮吸病人的瘡疽，嘴裡含人的膿血，他並不是病人的骨肉至親，因為這樣可以得到利益。車匠製造車子，就希望人富貴；木匠製造棺材，就希望人早死；並不是車匠仁慈，而木匠殘忍；人不富貴，車子就賣不出去；人不死亡，棺材就沒有人買；實在木匠並非憎恨人，因為他的利益就在於人的死亡。所以后妃、夫人和太子的黨派結成，就希望君主死亡；君主不死亡，他們的權勢就不會大；實在他們並非憎恨君主，因為他們的利益就在於君主的死亡。因此君主不可以不注意以他的死亡為有利的人。太陽月亮的光圈雖然在外面，但造成光圈的病根卻在內部；防備所憎恨的人，災禍卻來自所喜愛的人。因此英明的君主不做沒有參證的事情，不吃特別的食物；多方聽取遠處的訊息，盡量察看近處的事情，以審察朝廷內外的得失；察看臣子言論的同異，以了解黨派紛爭的情勢；參合各方面的證驗，以求取臣子言論的實情；拿事情後來的發展和結果，來考驗臣子以前說的話是不是恰當，依照法律治理民眾，拿許多事情互相比較觀察。這樣士人不會希求非分的賞賜，賞賜不會超過他的成就；殺戮必求恰當，犯罪絕不赦免，這樣姦邪的人就無法包藏他的私心了。

徭役❶多則民苦，民苦則權勢起❷，權勢起則復除重❸，復除重則貴人富。苦民以富貴人，起勢以藉人臣❹，非天下長利❺也。故曰徭役少則民安，民安則下無重權，下無重權則勢滅，權勢滅則德在上❻矣。今夫水之勝火❼亦明矣，然而釜鬵間之❽，水煎沸竭盡其上，而火得熾盛❾焚其下，水失其所以勝者❿矣。今夫法之禁姦，又明於此；然守法之臣，為釜鬵之行⓫，則法獨明於胸中⓬，而已失其所以禁姦者矣。上古之傳言⓭，《春秋》⓮所記，犯法為逆以成大姦者，未嘗不從尊貴之臣⓯也；而法令之所以備，刑罰之所以誅，常於卑賤；是以其民絕望，無所告愬⓰。大臣比周蔽上為一⓱，陰相善而陽相惡，以示無私；相為耳目，以候主隙⓲。人主掩蔽，無道⓳得聞；有主名而無實，臣專法而行之，周天子是也。偏借其權勢⓴，則上下易位矣，此言人臣之不可借權勢也。

【注釋】❶徭役　古代人民對政府的義務勞動。❷權勢起　指貴人的權勢增強。❸權勢起則復除重　貴人的權勢增強，人民要免除徭役的代價加多。復除，複詞。免役的意思。重，多。❹藉人臣 給臣子利用。藉，假借。❺長利 長期有利益。❻德在上 恩惠屬於君主。❼水之勝火 水能克制火。勝，克制。❽釜鬵間之 鍋子把水火隔離。釜，鍋子。鬵，大鍋。❾熾盛 火勢猛烈。❿水失其所以勝者 水喪失克制火的功能。⓫守法之臣二句 執法的臣子，作隔離君主與臣民的行為。釜鬵之行，指蒙蔽君主的行為。如鍋子隔離水火一般。⓬法獨明於胸中 法律只有君主的心裡知道。⓭傳言 傳說。⓮春秋 本為東周時魯國史官的記載，經孔子編纂成書，是我國最早的編年體史書。⓯未嘗不從尊貴之臣 都是由大臣發動。從，由。⓰無所告愬 沒有地方去告訴。愬，通「訴」。⓱大臣比周蔽上為一 大臣結黨營私蒙蔽君主，結合成一股勢力。比周，結黨營私。⓲以候主隙 以偵察君主的間隙，予以危害。⓳無道 無由；無從。⓴偏借其權勢 把權勢只借給一二個大臣。偏，側重一面。

【語譯】國家徭役多，人民就困苦；人民困苦，貴人的權勢增強；貴人的權勢增強，人民免除徭役的代價就要加多；人民免除徭役的代價加多，貴人就富裕了。苦害人民使貴人富裕，增加權勢給臣子利用，這不是使天下長期獲利的辦法。所以說徭役少，人民就安樂；人民安樂，臣子就沒有大權；臣子沒有大權，威勢就消滅；臣子的權勢消滅，那麼對人民的恩惠便都歸屬君主了。水能克制火是很明顯的，可是鍋子在中間隔離水火，鍋子裡的水被煮沸，漸漸蒸發完了，火在鍋子下面旺盛燃燒著，水就喪失克制火的性能了。現在法律能禁止姦邪，比水克制火更為明顯；可是執行法律的臣子，像鍋子一樣，隔離君主和臣民，結果法律只有君主心裡明白，而已經喪失禁止姦邪的作用了。上古的傳說，《春秋》記載的史實，那些觸犯法律，背叛君主，造成重大罪行的，都是由位高權重的大臣發動的；可是法令所防備的，刑罰所誅戮的，經常是卑賤的人民；所以人民非常失望，心裡的怨憤，沒有地方可以告訴。大臣結黨營私，蒙蔽君主，結合成為一股勢力，暗中親善合作，表面卻互相憎惡，向人顯示彼此沒有私情；互相幫助，傳送消息，以偵察君主的間隙，以便予以危害。君主被蒙蔽，無從知道他們的陰謀；雖有君主的名義，卻沒有君主的實質，大臣掌握法律，任意施行，東周的天子就是這樣的。君主把權勢借給一二個大臣，那麼君主和大臣上下的地位就改變了，這就是說君主對於臣子，不可把權勢借給他。

南面

【題解】古代君主聽政，面向著南方，群臣面向著北方。本篇為闡述君主的治術，所以用「南面」作為篇名。

本篇的主旨在於說明君主統御臣子的方法。全篇分為三段：第一段說明君主必須明法，就是整飭法律，以控制大臣的威權。第二段說明應該責實，也就是責求臣子言行真實的情況。第三段說明君主應該改變舊法，更易常俗。第一二兩段文意尚可相通，第三段則與上文不相連貫，可能是其他篇文誤入本篇的。從「是以愚贛窳惰之民」以下，文字有脫誤，所以沒有翻譯為語體文。

人主之過，在已任臣❶矣，又必反與其所不任者備❷之。此其說❸必與其所任者為讎❹，而主反制於其所不任者。今所與備人者，且曩❺之所備也。人主不能明法❻以制大臣之威，無道❼得小臣之信矣。人主釋法❽，而以臣備臣，則相愛者比周❾而相譽❿，相憎者朋黨⓫而相非⓬，非譽交爭，則主惑亂⓭矣。人臣者，非名譽請謁⓮，無以進取⓯；非背法專制⓰，無以為威⓱；非假於忠信，無以不禁⓲；三者，惛主壞法之資⓳也。人主使人臣雖有智能不得背法而專制，雖有賢行不得踰功⓴而先勞㉑，雖有忠信不得釋法而不禁，此之謂明法。

【注釋】❶任臣　指任命臣子去辦理事情。❷備　防備；監視。❸其說　他的言論。指所不任者的言論。❹為讎　敵對；

相反。讎，借為「仇」。❺曩 從前。❻明法 整飭法律。明，修明。❼無道 無由；無從。❽釋法 捨棄法律。❾比周 親近。❿相譽 互相稱譽。⓫朋黨 勾結同類。⓬相非 互相毀謗。⓭惑亂 迷惑。⓮請謁 請求。⓯進取 指求取比較高的爵位俸祿。⓰專制 獨斷獨行。⓱無以為威 無法造成權威。⓲無以不禁 無法不受到制裁。禁，制止。⓳惛主壞法之資 迷惑君主敗壞法紀的根源。⓴踰功 獎勵多於貢獻。㉑先勞 報酬超過辛勞。

【語譯】君主的錯誤，在於已經派遣臣子去辦理事情，又必派遣不辦事的臣子去監視他。負責監視臣子的意見，一定和辦事臣子的意見敵對，這樣君主反而被負責監視的臣子所控制。並且現在所監視的人，就是從前派遣監視別人的人。君主不能整飭法律去抑制大臣的威權，就無法得到小臣的信任。君主捨棄法律，而派遣臣子去防備臣子，那麼相親愛的臣子便更加親近，互相稱譽，相憎惡的臣子就勾結黨羽，彼此毀謗，毀謗和稱譽，交相爭論，君主就迷亂了。臣子如果不製造名譽，奔走請求，就無法求取爵祿；不違背法律，獨斷獨行，就無法樹立威權；不偽裝言行忠信，就無法不受到制裁；這三種情形，就是迷惑君主敗壞法紀的根源。君主能使臣子雖有智慧，不能違背法律而獨斷獨行；雖有好的表現，不能超越辛勞貢獻而獲得賞賜；雖有忠信的美德，不能逃避法律而不受制裁；這叫做整飭法律。

人主有誘於事❶者，有壅於言❷者，二者不可不察也。人臣易言事❸者，少索資❹，以事誣❺主，主誘而不察，因而多❻之，則是臣反以事制主也。如是者謂之誘於事，誘於事者困於患❼。其進言少❽，其退費多❾，雖有功，其進言不信❿；夫不信者有罪，事雖有功不賞，則群臣莫敢飾言以惛主⓫。主道者，使人臣前言不復於後，後言不復於前⓬，事雖有功，必伏其罪⓭，謂之任下⓮。人臣為主設事⑮，而恐其非⑯也，則先出說設言⑰曰：「議是事者，妬事者也。」人主藏是言，不更聽群臣；群臣畏是言，不敢議事；二勢⑱者用，則忠臣不聽⑲，而譽臣獨任⑳；如是者謂之壅於言，壅於言者制於臣矣。主道者，使人臣必有言之責㉑，又有不言之責。言無端末㉒，辯無所驗㉓者，此言之責也；以不言避責，持重位㉔者，此不言之責也。人主使人臣言者，必知其端末，以責㉕其實；不言者，必問其取舍㉖，以為之責，則人臣莫敢妄言矣，又不敢默然矣。言默，則皆有責也。人主欲為事，不通其端末㉗，而以明其欲㉘，有㉙為之者，其為不得利，必以害反㉚。知此者，舉事有道㉛，計其入多，其出少者，可為也。惑主㉜不然，計其入，不計其出，出雖倍其入，不知其害，則是名得而實亡㉝。如是者，功小而害大矣。凡功者，其入多，其出少，乃可謂功。今大費無罪，而少得為功，則人臣出大費而成小功，小功成而主亦有害。

【注　釋】❶誘於事　受事情誘惑。❷壅於言　被語言蒙蔽。壅，蔽塞；掩蓋。❸易言事　說事情容易辦理。❹少索資　要求的經費很少。索，求。❺誣　欺騙。❻多　稱讚。❼困於患　被憂患所困阨。❽進言少　指見君言事，要求的經費很少。❾退費多　指退朝辦事，應用的經費很多。❿不信　不誠實。⓫飾言以惛主　說虛偽的話來迷惑君主。⓬使人臣前言不復於後二句　假使臣子以前所說的和以後所說的不一致，以後所說的和以前所說的不符合。復，返回。引申為前後一致的意思。⓭伏其罪　治理其罪過。⓮任下　使臣子負責任。即以言責事，以事責功的意思。⓯設事　計畫事情。⓰恐其非　恐怕被別人批評。非，指責；批評。⓱設言　假設的言辭。⓲勢　情勢。⓳忠臣不聽　忠臣不被聽從。⓴譽臣獨任　諛臣單獨被信任。譽臣，稱譽君主的臣子。和「諛臣」相近，與「忠臣」相對。㉑責　責任。㉒言無端末　說話無頭無尾。端，開始。末，結果。㉓辯無所驗　辯論沒有事實證明。㉔持重位　保持尊貴的爵位。㉕責　求。㉖取舍　採取和捨棄。舍，通「捨」。㉗通其端末　了解事情的前因後果。㉘明其欲　表明自己的欲望。㉙有　如果。㉚必以害反　反而一定會受到損害。㉛道　原則。㉜惑主　愚昧的君主。惑，迷惑；迷亂。㉝名得而實亡　名義上有收穫，實質上有損失。

【語譯】君主有時受事情的誘惑，有時受言語的蒙蔽，這兩種情形，不可以不仔細考察。臣子把某事說得很容易辦，要求的經費也少，用辦事來欺騙君主，君主受到誘惑而不仔細考察，就隨著加以稱讚，這樣臣子反而利用辦事來控制君主。這種情形就叫做受事情的誘惑，受事情誘惑的就會受到憂患的困阨。臣子在君主的面前要求的經費少，退朝後辦事，應用的經費多，雖然辦事有功效，但是他在君主面前說話不誠實；在君主面前說話不誠實就有罪，辦事雖然有功效，也不賞賜他，這樣臣子們就不敢說假話來迷惑君主了。做君主的方法，假使臣子以前所說的話和以後所說的不一致，以後所說的話和以前所說的不符合，辦事雖然有功效，一定要治罪，這叫做要臣子負責任。臣子為君主計畫事情，恐怕被別人批評，就預先提出假設的言辭說：「假如有人議論這件事情，就是嫉妒這件事情的成功。」君主心裡記住這句話，就不再聽其他臣子的議論；臣子們害怕這句話，也不敢議論這件事；這兩種情勢形成，就使忠臣的話不被聽從，諛臣的話單獨被信任；這種情形就叫做受言語的蒙蔽，君主受言語的蒙蔽，就會被臣子控制。做君主的方法，要使臣子知道有說話的責任，又有不說話的責任。說話無頭無尾，辯論沒有事實證明，這是說話的責任；用不說話躲避責任，以保持尊貴的地位，這是不說話的責任。君主要使臣子說話的一定要知道事情的原委，以便責求事情的真實狀況；不說話的一定追問他，什麼辦法可以採取，什麼辦法應該捨棄，這樣要求他；那麼臣子就不敢亂說話，也不敢不說話；說話和不說話都有責任。君主要做什麼事情，還不了解事情的原委，就表明自己的欲望，如果去做，不但得不到利益，反而一定會受到禍害。知道這個道理，辦事就有原則，計算收入多，付出少，才可以去做。愚昧的君主便不是這樣，計算收入，不計算付出，付出比收入雖然多一倍，不知道是有害的，這樣名義上有收穫，實質上卻有損失。像這樣，功效小而損害大。大凡所謂功效，收入多，付出少，才能算是有功效。如果付出大量費用而沒有罪，收入少也算有功，那麼臣子就付出大量費用，而完成小功，小功完成，君主卻受到了損害。

不知治者，必曰：「無變古❶，無易常❷。」變與不變，聖人不聽❸，正治❹而已。然則古之無變，常之毋易，在常古之可與不可。伊尹❺毋變殷❻，太公❼毋變周，則湯、武不王矣。管仲毋易齊，郭偃❽毋更晉，則桓、文❾不霸矣。凡人難❿變古者，憚易民之安⓫也。夫不變古者，襲亂之迹⓬；適⓭民心者，恣姦之行⓮也。民愚而不知亂，上懦⓯而不能更，是治之失也。人主者明能知治，嚴必行之⓰，故雖拂於民心⓱，必立其治，說⓲在商君之內外⓳，而鐵殳重盾⓴而豫戒㉑也。故郭偃之始治也，文公有官卒㉒；管仲之始治也，桓公有武車㉓，戒民之備也。是以愚戇窳惰之民㉔，苦小費㉕而忘大利，故夤虎受阿謗㉖；輾小變而失長便㉗，故鄒賈非載旅㉘；狃習於亂而容於治，故鄭㉙人不能歸。

【注　釋】❶變古　指改變古法、舊法。❷易常　指改變習俗。常，指常行的事情。即習俗。❸不聽　指不聽從眾人的議論。❹正治　把政治辦理得很適當。❺伊尹　商湯的臣子。名摯，是湯妻陪嫁的奴隸，其後輔佐湯討伐夏桀，被尊為阿衡（宰相）。湯死後，其孫太甲破壞商湯的法制，伊尹把他放逐到桐宮，三年後迎之復位。❻殷　朝代名。契封於商，至湯滅夏，因以商為國號，傳至盤庚，遷都於殷（在今河南省安陽縣小屯村），便改商為殷。❼太公　周初人。姓姜，先代封於呂，子孫又以呂為氏，名尚。相傳釣於渭水濱，周文王出獵相遇，與語，大悅，同載而歸，說：「吾太公望子久矣！」因號為太公望，立為師，武王即位，尊為師尚父，輔佐武王滅商，周朝建立，封於齊，為齊國始祖。❽郭偃　春秋時晉國人。自晉獻公至晉襄公時為卜大夫，又稱卜偃。❾桓文　指齊桓公、晉文公。❿難　畏懼。⓫憚易民之安　畏懼改變人民安定的生活。⓬襲亂之迹　因襲造成國家紊亂的事跡。襲，因襲；沿用。迹，指前人遺留下來的事物。⓭適　迎合。⓮恣姦之行　放縱姦邪的行為。恣，放縱。⓯懦　懦弱。⓰嚴必行之　嚴厲堅決地實行。必，堅決做到。⓱拂於民心　違反民眾的心理。拂，違反；違背。⓲說　解說。⓳內外　出入。⓴鐵殳重盾　用鐵製造的殳和厚重的盾牌。殳，古兵器名。一端有稜。盾，盾牌。古代兵器，用來防衛敵人攻擊。㉑豫戒　預防。㉒官卒　即現在的衛士。㉓武車　兵車。㉔愚贛窳惰之民　愚昧怠惰的人民。贛，愚昧。窳，懶惰。盧文弨《群書拾補》說：「以下多不可曉，疑有脫誤。」㉕苦小費　以少量的費用為苦。即吝惜少量費用的意思。㉖貪虎受阿謗　貪虎受到責罵。貪虎，未詳。一說：陳大夫慶寅、慶虎，見《左傳・襄公二十年》、《左傳・襄公二十三年》。阿，借為「訶」。大聲責罵。謗，指責別人的過失。㉗輒小變而失長便　畏懼細微的變革而喪失長遠的便利。輒，當作「震」。畏懼。一說：輒，或作「輭」，輭通「茹」。茹，食。變，當作「便」。㉘鄒賈非載旅　未詳其義。㉙鄭　國名。本周西都畿內地，周宣王封其弟友（桓公）於此，在今陝西省華縣境。其後犬戎殺周幽王，鄭桓公死難，鄭桓公子武公與晉文公輔佐周平王定都洛邑，武公在東都畿內建立新的鄭國，在今河南省新鄭縣，戰國時為韓所滅。

【語　譯】不了解治術的人，一定說：「不要改變舊法，不要更易常俗。」要不要變法易俗，聖明的君主是不輕易聽從眾人的議論，只求把政治辦理得很適當罷了。那麼不改變舊法，不更易常俗，完全在於舊法常俗本身的好不好。假如伊尹不改變商國的舊法常俗，呂尚不改變周國的舊法常俗，商湯和周武便不會做天子。管仲不改變齊國的舊法常俗，郭偃不改變晉國的舊法常俗，齊桓公和晉文公便不會成為霸主。一般人怕改變舊法常俗，是怕改變人民在舊法常俗下安定的生活。不改變舊法常俗，就是沿用過去造成國家紊亂的事跡；迎合民眾的心理，就是放縱姦邪的行為。民眾愚昧而不知道舊法為亂源，君主懦弱而不能改變舊法，這就是政治敗壞主要的原因。君主的明智能了解治術，嚴厲堅決去實行，雖然違反民眾的心理，他的政治措施一定能夠成功，例如商鞅在變法的時候，出入都有衛士攜帶武器嚴密警戒；郭偃開始治理晉國，晉文公左右有衛士保護；管仲開始治理齊國，齊桓公出行有兵車跟隨，都是防備人民反動。

飾邪

【題解】飾，通「飭」，整治的意思。飾邪，就是對迷信卜筮星象、依恃大國的幫助、賞罰無度、背法飾智、去公義行私心等姦邪作為，必須予以整治禁絕。

本篇主旨在說明君主治理國家，必須整飭法制，禁絕姦邪。全篇可分為五段：第一段說明不可迷信卜筮、星象。第二段說明不可依恃大國的幫助。第三段說明刑賞不可以沒有標準。第四段說明法律整飭，國家就強盛，法律敗壞，國家就衰弱。第五段說明運用賞賜，以勸勉臣民實行公義，施行刑罰，以禁絕臣民的私心。

本篇的體裁，像是一篇臣子給君主的奏書。近代學者根據文中五次稱述先王，又有「以道為常」的話，因此懷疑不是韓非作的，但從全篇所表現的思想來看，無疑是法家的著作。

鑿龜❶數筴❷，兆❸曰「大吉」，而以攻燕者，趙也。鑿龜數筴，兆曰「大吉」，而以攻趙者，燕也。劇辛之事燕，無功而社稷危❹；鄒衍之事燕❺，無功而國道絕。趙先得意於燕❻，後得意於齊❼，國亂節高❽，自以為與秦提衡❾。非趙龜神❿，而燕龜欺也。趙又嘗鑿龜數筴，而北伐燕，將刦燕以逆秦⓫，兆曰「大吉」，始攻大梁⓬，而秦出上黨⓭矣；兵至釐⓮，而六城拔矣；至陽城⓯，秦拔鄴⓰矣；龐援⓱揄兵⓲而南，則鄣盡⓳矣。臣故曰趙龜雖無遠見於燕，且宜近見於秦。

秦以其大吉，辟地有實⑳，救燕有㉑有名；趙以其大吉，地削兵辱，主不得意而死㉒。又非秦龜神，而趙龜欺也。初時者，魏數年東鄉，攻盡陶衛㉓；數年西鄉，以失其國㉔。此非豐隆㉕、五行㉖、太乙㉗、王相㉘、攝提㉙、六神㉚、五括㉛、天河㉜、殷槍㉝、歲星㉞，數年在西也；又非天缺㉟、弧逆㊱、刑星㊲、熒惑㊳、奎㊴、台㊵，數年在東也。故曰：龜、筴、鬼神，不足以舉勝㊶；左右背鄉，不足以專戰㊷。然而恃㊸之，愚莫大焉。

【注釋】❶鑿龜　指卜人鑽灼龜甲，使龜甲發熱，形成坼裂的紋，從裂紋以推測吉凶。❷數筴　指筮人數蓍草的莖，從計數蓍草中，來斷定吉凶。筴，同「策」。卜筮用的蓍草。❸兆　占卜所顯示的形象。❹劇辛之事燕二句　見《史記・趙世家》及〈燕世家〉。燕昭王招賢，劇辛從趙國前往，為燕國將軍。趙悼襄王三年（西元前二四二年），趙國將軍龐煖率領軍隊，攻打燕國，俘擄劇辛。劇辛，戰國時趙國人。❺鄒衍之事燕　燕昭王招賢，鄒衍從齊國前往，昭王以師禮相待，燕惠王時被讒下獄。見《史記・孟子荀卿列傳》。鄒衍，戰國時齊國人。著書言五德終始天地陰陽之事。❻趙先得意於燕　指趙悼襄王三年，趙將龐煖率軍打敗燕國，俘擄劇辛事。得意，因如願以償而感到滿意。這裡指戰勝燕國。❼後得意於齊　指趙悼襄王四年，趙將龐煖率領趙、楚、魏、燕的銳師，攻打齊國，占領饒安。見《史記・趙世家》。❽節高　意氣高傲。❾提衡　抗衡；對抗。❿神　神奇；靈驗。⓫北伐燕二句　趙悼襄王九年（西元前二三六年），趙國攻打燕國，占領貍陽城，兵未罷，秦國攻占鄴城。刦，同「劫」。威脅；強迫。逆，抗拒。見《史記・趙世家》。⓬大梁　戰國時魏國都城。今河南省開封縣地。⓭上黨　地名。戰國時韓國地，後屬趙國，今山西省長治市地。⓮釐　地名。本齊國地，後屬燕國，今地未詳。⓯陽城　地名。古博水，發源於河北省望都縣，東流入清苑縣為陽城河，今清苑縣東南濱河有陽城鎮，或即其地。⓰鄴　地名。在今河南省臨漳縣境。⓱龐援　即趙將龐煖。亦作「龐涓」。援，通「煖」。⓲揄兵　引兵；率領軍隊。⓳鄣盡　指趙國首都邯鄲的屏障完全失守。鄣，「障」的本字。屏障；設置要塞。⑳辟地有實　有擴展土地的實利。辟，同「闢」。開拓。實，指實利。

㉑有　假借為「又」。㉒主不得意而死　據《史記・趙世家》及〈六國年表〉，悼襄王九年，秦拔我閼與、鄴九城，是歲悼襄王卒。主，指趙悼襄王。㉓初時者三句　指魏安釐王時對東方用兵。鄉，同「向」、「嚮」。陶，即陶丘。周武王封弟振鐸於曹，以陶丘為都邑，在今山東省定陶縣。衛，周武王同母少弟康叔的封國，建都朝歌（今河南省淇縣東北朝歌城），文公遷都楚丘（在今河南省滑縣東），成公又遷到帝丘（今河北省濮陽縣西南的顓頊城）。㉔數年西鄉二句　指魏景湣王時向西方用兵，其子王假終於被秦國滅亡。見《史記・魏世家》。㉕豐隆　雷神。一說：雲師。這裡似為星名。豊，同「豐」。㉖五行　指水、火、金、木、土五星。㉗太乙　或作「太一」，《漢書・五行志》作「泰乙」。星名。㉘王相　王良。星名。㉙攝提　星名。屬亢宿，位於大角星兩側，左右各三星。㉚六神　星名。指文昌宮六星：上將、次將、貴相、司命、司中、司祿。㉛五括　星名。即五車，屬畢宿，共有五星。㉜天河　星名。㉝殷槍　疑即「天槍」。星名。㉞歲星　星名。即木星。傳說地上跟上文「豐隆」以下諸星相對應的國家，戰爭會獲得勝利。㉟天缺　星名。似即「天闕」。㊱弧逆　疑當作「弧矢」。星名，共有九星，位於天狼星東南，六星彎者為弧，中三星直者為矢。㊲刑星　星名。即太白星，主刑殺。㊳熒惑　火星的別名。因隱現不定，令人迷惑，故名。㊴奎　星名。㊵台　星名。指三台星，位於北斗星下，共有六星，分三組，兩兩相對。三台星的顏色不和，為凶戾。傳說地上跟上文「天缺」以下諸星相對應的國家，戰爭會失敗。㊶舉勝　猶言論勝。論斷勝敗。㊷左右背鄉二句　指不能以星宿的左右背向，來決定戰爭。㊸恃　依賴；憑藉。

【語　譯】用火灼龜甲和計算蓍草來推測吉凶，占卜所顯示的兆象非常吉利，因此出兵來攻打燕國的是趙國。用火灼龜甲和計算蓍草來推測吉凶，占卜所顯示的兆象非常吉利，因此出兵來攻打趙國的是燕國。劇辛為燕國統領軍隊，沒有建立功績而使國家瀕於危亡；鄒衍為燕國策劃，沒有建立功勞而使國家瀕於滅亡。趙國起先戰勝燕國，隨後打敗齊國，國家混亂，意氣高傲，自以為可以和秦國抗衡。這不是趙國的龜蓍靈驗，而燕國的龜蓍欺騙人。後來趙國又曾經用火灼龜甲和計算蓍草來占卜吉凶，打算向北攻打燕國，脅迫燕國共同抗拒秦國，占卜所顯示的兆象非常吉利。但是趙國剛進攻大梁，秦國就向趙國的上黨進兵；趙國的軍隊到達釐這個地方，秦國便已攻占趙國六個城；趙國的軍隊進攻到陽城，秦國便攻占了趙國的鄴城；趙國的大將龐援率領軍隊向南援救，可是趙國首都邯鄲附近的要塞都已經全部喪失了。我認為趙國的龜蓍雖然不能預先看出攻打燕國無功，也應該就近看出抗秦有禍。秦國因為龜蓍的兆象非常吉利，既有擴張土地的實利，又有援救燕國的美名；趙國因為龜蓍的兆象非常吉利，軍隊受挫辱，土地被侵占，君主憂憤而死。這又不是秦國的龜蓍靈驗，而趙國的龜蓍欺騙人。最初，魏國有幾年向東方用兵，把陶衛兩地全部占領；後來，有幾年向西用兵，國家因此被滅亡。這不是豐隆、五行、太乙、王相、攝提、六神、五括、天河、殷槍、歲星等星宿那幾年在西方，而對西方的魏國有利；也不是天缺、弧逆、刑星、熒惑、奎、台等星宿那幾年在東方，而對東方的魏國不利。所以我認為龜蓍鬼神都不可依據以論斷勝敗；星宿的左右背向，都不可依據以決定和戰。可是有些君主卻迷信這些，這是非常愚蠢的。

古者，先王盡力於親民，加事於明法。彼法明，則忠臣勸❶；罰必，則邪臣止。忠勸邪止，而地廣主尊者，秦是也。群臣朋黨❷比周❸，以隱正道，行私曲❹，而地削主卑者，山東❺是也。弱亂者亡，人之性也❻；治強者王，古之道也。越王句踐❼恃大朋之龜❽，與吳戰而不勝，身臣入宦❾於吳；反國，棄龜、明法、親民以報吳，則夫差為擒。故恃鬼神者慢❿於法，恃諸侯者危其國。曹恃齊而不聽宋，齊攻荊而宋滅曹⓫；邢恃吳而不聽宋，越伐吳而齊滅邢⓬；許恃荊而不聽魏，荊攻宋而魏滅許⓭；鄭恃魏而不聽韓，魏攻荊而韓滅鄭⓮。今者，韓國小而恃大國，主慢⓯而聽秦魏，恃齊荊為用，而小國愈亡。故恃人不足以廣壤⓰，而韓不見⓱也。荊為攻魏而加兵許鄢⓲，齊攻任⓳扈⓴而削魏，不足以存鄭㉑，而韓弗知也。此皆不明其法禁㉒以治其國，恃外以滅其社稷者也。

【注釋】❶勸　奮勉；努力。❷朋黨　結為黨派。❸比周　互相勾結。❹私曲　不公正。❺山東　戰國時稱秦以外六國。因為六國在崤山以東。一說：在太行山以東。❻人之性也　疑當作「今之勢也」。一說：猶言人事之常。❼句踐　春秋時越國國王。為吳王夫差所敗，困於會稽，屈膝求和。其後臥薪嘗膽，發憤圖強，十年生聚，十年教訓，於吳王夫差二十三年（西元前四七三年）滅掉吳國，稱霸諸侯。見《史記・越王句踐世家》。❽大朋之龜　價值很高的龜；最神貴的龜。古時以貝為貨幣，五貝為朋。一說：兩貝為朋。又一說：五貝為一系，二系為一朋。❾宦　做僕隸。❿慢　輕慢；怠慢。⓫曹恃齊而不聽宋二句　宋景公三十年（西元前四八七年），曹國仗恃齊國，背棄宋國，又背棄晉國。宋國攻打曹國，晉國不去援救，宋國於是把曹國滅掉。見《史記・宋世家》。曹，周武王同母弟的封國。都陶丘，在今山東省定陶縣西北。宋，周成王封殷遺臣微子啟為宋公，都商丘，在今河南省商丘縣南。荊，楚國的舊稱。⓬邢恃吳而不聽宋二句　《左傳・僖公二十五年》：「春王正月丙午，衛侯燬滅邢。」這裡說「齊滅邢」，記載不同。邢，周朝國名。姬姓，在今河北省邢臺縣西南。⓭許恃荊而不聽魏二句　春秋魯定公六年，鄭滅許。魯哀公元年，許男從楚子圍蔡。杜預注疑鄭國滅許國後，楚國又封許國。這裡說「魏滅許」，可能到了戰國，魏國滅掉許國。許，周朝國名。姜姓，故地在今河南省許昌縣東。⓮鄭恃魏而不聽韓二句　韓哀侯二年（西元前三七五年）滅鄭。見《史記・鄭世家》及〈韓世家〉。鄭，周宣王弟友的封國。在今陝西省華縣西北。周平王東遷，鄭徙於溱洧之上，是為新鄭，即今河南省新鄭縣。⓯慢　懈怠。⓰廣壤　擴張土地。廣，開闢。⓱韓不見　指韓王看不見靠別國的幫助比不上靠自己以法治國的道理。⓲鄢　周朝國名。春秋時被鄭國滅亡，改名鄢陵，在今河南省鄢陵縣西北。⓳任　周朝國名。在今山東省濟寧縣，戰國時滅亡。⓴扈　戰國時魏邑。故城在今河南省原武縣西北。㉑存鄭　即存韓。韓哀侯二年，韓國滅鄭國，遷都於鄭，因改號為鄭。見《史記・韓世家》司馬貞《索隱》。㉒法禁　法律禁令。

【語譯】古代的聖君竭盡心力愛護人民，盡量修明法律。法律修明，忠臣就會奮勉努力；刑罰必行，奸臣就會警惕匿跡。忠臣奮勉，奸臣匿跡，而使得土地擴展，君主尊貴的，秦國就是這樣。群臣組成黨派，互相勾結，隱蔽正道，行為不公正，而使得土地削減，君主卑微的，六國就是這樣。衰弱紊亂的國家就會滅亡，這是人事的常理；安定強盛的國家就統治天下，這是自古顯示的道理。越王句踐依靠神龜的啟示，跟吳國作戰，結果戰敗投降，親身到吳國為僕役；後來回國，拋棄神龜，修明法律，愛護人民，再跟吳國作戰，把吳王夫差俘擄。所以依靠鬼神的便對法律怠慢，依靠諸侯的會使國家危亡。從前曹國依靠齊國，而不聽從宋國，到齊國攻打楚國時，而宋國便滅掉曹國；邢國依靠吳國，而不聽從宋國，到越國攻打吳國時，而齊國便滅掉邢國；許國依靠楚國，而不聽從魏國，到楚國攻打宋國，而魏國便滅掉許國；鄭國依靠魏國，而不聽從韓國，到魏國攻打楚國，而韓國便滅掉鄭國。現在韓國弱小而依靠大國，君主懈怠而聽從秦國和魏國，依靠齊國和楚國的幫助，加速弱小韓國的滅亡。所以依靠別國幫助，不能使自己國家強大，可是韓國卻看不到這種情勢。楚國為了攻打魏國，而出兵攻打許地鄢地，齊國為了攻打任地扈地，而進攻魏國，並不能保全韓國，可是韓國卻不了解這個道理。這都是不修明法律禁令來治理國家，而依靠外國勢力，使得國家滅亡的史實。

臣故曰：明於治之數❶，則國雖小，富；賞罰敬信❷，民雖寡，強。賞罰無度❸，國雖大而兵弱者，地非其地，民非其民也。無地無民，堯舜不能以王，三代❹不能以強。人主又以過予❺，人臣又以徒取❻。舍法律而言先王明君之功者，上任之以國❼。臣故曰：是願❽古之功，以古之賞，賞今之人也。主以是過予，而臣以此徒取矣。主過予，則臣偷幸❾；臣徒取，則功不尊。無功者受賞，則財匱❿而民望⓫；財匱而民望，則民不盡力矣。故用賞過者失民，用刑過者民不畏。有賞不足以勸，有刑不足以禁，則國雖大必危。故曰：小知不可使謀事，小忠不可使主法⓬。荊恭王與晉厲公戰於鄢陵，荊師敗，恭王傷⓭，酣戰⓮，而司馬子反⓯渴而求飲，其豎⓰穀陽⓱奉卮⓲酒而進之。子反曰：「去之，此酒也！」豎穀陽曰：「非也。」子反受而飲之。子反為人嗜酒，甘之⓳不能絕之於口，醉而臥。恭王欲復戰而謀事，使人召子反，子反辭以心疾。恭王駕而往視之，入幄⓴中，聞酒臭㉑而還，曰：「今日之戰，寡人目親傷，所恃者司馬，司馬又如此，是亡㉒荊國之社稷，而不恤㉓吾眾也，寡人無與復戰矣。」罷師㉔而去之，斬子反以為大戮㉕。故曰豎穀陽之進酒也，非以端惡子反㉖也，實心以忠愛之，而適㉗足以殺之而已矣。此行小忠而賊㉘大忠者也，故曰小忠，大忠之賊也。若使小忠主法，則必將赦罪以相愛，是與下安㉙矣，然而妨害於治民者也。

【注釋】❶數　術；方法。❷敬信　慎重確實。❸度　法度；標準。❹三代　指夏、商、周三個朝代。❺過予　指不應給予的卻失當地給予了。❻徒取　指沒有功勞的卻白白地取得利祿。❼舍法律二句　指君主把國政委託給不談法律而談先王明君功業的人。舍，通「捨」。棄置。上，指君上、君主。國，指國政。❽願　仰慕；傾慕。❾偷幸　苟且；僥倖。❿財匱　財物缺乏。匱，缺乏。⓫民望　人民怨恨。望，怨恨。⓬主法　主持法律禁令。⓭荊恭王三句　春秋成公十六年（西元前五七五年），鄭國背叛晉國，而和楚國訂盟，晉厲公率領軍隊攻打鄭國，楚共王救鄭，戰於鄢陵，晉國擊敗楚國，射傷共王的眼睛。事見《左傳・成公十六年》。荊恭王，本書〈十過〉作「楚共王」。春秋時楚國的君主，莊王的兒子，名審。晉厲公，春秋時晉國的君主。景公的兒子，名壽曼。鄢陵，地名。在今河南省鄢陵縣西北。⓮酣戰　戰事正激烈。酣，劇烈。⓯司馬子反　春秋時楚國的公子。名側，字子反，官司馬，鄢陵之戰，將中軍。⓰豎　小的侍者。⓱穀陽　小侍的名字。⓲卮　古時一種盛酒器。⓳甘之　覺得味美。⓴幄　軍帳。㉑酒臭　酒的氣味。㉒亡　借為「忘」。忘記。㉓恤　愛惜。㉔罷師　撤兵回來。㉕大戮　殺死後，陳屍示眾。㉖非以端惡子反　不是借故害子反。端，事故。惡，害。㉗適　恰巧。㉘賊　傷害；毀壞。㉙是與下安　這是對下級寬厚。安，指寬容、寬厚。

【語譯】所以我說：懂得治國的方法，國土雖然狹小，卻可以富足；賞罰慎重確實，人民雖然少，卻可以強大。賞罰沒有標準，國土雖然廣大，可是兵力弱小的，這樣，土地等於不是他的土地，人民等於不是他的人民。沒有土地，沒有人民，即使堯舜也不能為天下帝王，三代也不能控制天下。君主又賞賜不得當，臣子又平空取得利祿。捨棄法律而專談古代聖王明君的功業的人，君主把國政委託給他。我認為這是仰慕古代聖王明君的功業，拿古代的賞賜，來賞賜現代的人。因此君主賞賜不得當，而臣子便平空獲取利祿。君主賞賜不得當，臣子便圖謀僥倖；臣子平空獲取利祿，功勞便不被尊重。沒有功勞的人得到賞賜，國家的財物匱乏，人民便會怨恨；財物匱乏，而人民怨恨，人民便不會為君主盡力了。所以賞賜不得當，便會失掉民心；刑罰不得當，人民便不畏懼。這樣，雖有賞賜，卻沒有勸勉的作用，雖有刑罰，卻沒有禁阻的力量，這樣，國土雖然廣大，也一定會危亡的。所以說：小智的人不能使他謀劃國事，小忠的人不能讓他主持法禁。楚恭王和晉厲公在鄢陵作戰，楚軍戰敗，恭王的眼睛被射傷，當戰爭最激烈的時候，楚國的司馬子反口渴，向侍從要水喝，他的小侍穀陽捧一杯酒給他喝。子反說：「拿走，這是酒呀！」小侍穀陽說：「這不是酒。」子反便接過來，喝了。子反生性最愛喝酒，覺得這種酒的味道很好，不停地喝，終於醉倒在那裡。楚恭王想再戰，計畫反攻的事宜，派人召請司馬子反，子反拿心痛來推辭。恭王親自乘車前往探視，進入子反的帳幕中，聞到酒的氣味，就退回來，說：「今天與晉國交戰，我的眼睛受傷，戰事要靠司馬主持，可是司馬又醉成這個樣子，這簡直是忘記了楚國的社稷，而不愛惜楚國的人民，我無法再作戰下去了。」於是撤兵回國，殺掉司馬子反，並且陳屍示眾。所以說：小侍穀陽拿酒給子反喝，並不是借故陷害子反，實在是忠心愛護他，可是正好把他害死。這就是實行小忠而敗壞大忠的例子，所以說小忠就是大忠的禍害呀！如果任命小忠的人主持法禁，他一定會憐愛犯人而赦免他的罪過，這是對下民寬容，將妨害治理人民的準則。

當魏之方明立辟❶、從憲令❷之時，有功者必賞，有罪者必誅，強匡❸天下，威行四鄰；及法慢❹、妄予❺，而國日削❻矣。當趙之方明國律、從大軍❼之時，人眾兵強，辟地❽齊燕；及國律慢、用者❾弱，而國日削矣。當燕之方明奉法、審❿官斷⓫之時，東縣⓬齊國，南盡中山⓭之地；及奉法已亡，官斷不用，左右交爭，論從其下⓮，則兵弱而地削，國制於鄰敵矣。故曰明法者強，慢法者弱。強弱如是明矣，而世主弗為，國亡宜矣。語曰：「家有常業，雖饑不餓；國有常法，雖危不亡。」夫舍常法而從私意，則臣下飾於智能⓯；臣下飾於智能，則法禁不立矣。是妄意⓰之道行，治國之道廢也。治國之道，去害法者，則不惑於智能，不矯於名譽⓱矣。昔者舜使吏決鴻水⓲，先令⓳有功，而舜殺之。禹朝⓴諸侯會稽㉑之上，防風之君㉒後至，而禹斬之。以此觀之，先令者殺，後令者斬，則古者先貴如令㉓矣。故鏡執清而無事㉔，美惡從而比焉㉕；衡㉖執正而無事，輕重從而載焉㉗。夫搖鏡則不得為明，搖衡則不得為正，法之謂也。故先王以道為常，以法為本。本治者名尊，本亂者名絕。凡智能明通，有以則行，無以則止㉘。故智能單㉙，道不可傳㉚於人。而道法萬全，智能多失。夫懸衡而知平，設規而知圓，萬全之道也。明主使民飾於法㉛，知道之故，故佚㉜而有功。釋規而任巧，釋法而任智，惑亂之道也。亂主使民飾於智，不知道之故，故勞而無功。釋法禁而聽請謁[33]，群臣賣官於上，取賞[34]於下，是以利在私家[35]，而威在群臣。故民無盡力事主之心，而務為交於上；民好上交，則貨財上流，而巧說者用。若是，則有功者愈少，姦臣愈進而材臣退，則主惑而不知所行，民聚而不知所道[36]。此廢法禁，後功勞，舉名譽，聽請謁之失也。凡敗法之人，必設詐託物以求親[37]，又好言天下之所希有，此暴君亂主之所以惑也，人臣賢佐之所以侵[38]也。故人臣稱伊尹、管仲之功[39]，則背法飾智有資[40]；稱比干[41]、子胥[42]之忠而見殺，則疾爭強諫有辭。夫上稱賢明，下稱暴亂，不可以取類[43]，若是者禁。君之立法，以為是也；今人臣多立其私智，以法為非者；以邪為智[44]，過法立智[45]，如是者禁，主之道也。

【注釋】[1]方明立辟　正講求立法。明，使之顯明。講求，致力的意思。辟，法；法制。[2]從憲令　遵循法令。憲令，法令。[3]匡　糾正。[4]法慢　法制廢弛。慢，簡略。[5]妄予　濫賞。予，給予；賞賜。[6]削　削弱。[7]從大軍　擴充軍力。[8]辟地　擴展土地。辟，通「闢」。開闢；擴充。[9]用者　指用事者。執政的人；當權的人。[10]審　慎重。[11]官斷　官吏依法斷事。[12]縣　滅其國以為縣。[13]中山　古國名。春秋時為鮮虞，戰國時為中山國，魏文侯滅中山，封其少子摯於中山，後被趙武靈王所併吞。[14]論從其下　評論功過，以臣下的毀譽來決定。[15]飾於智能　炫耀自己的智能。飾，修飾；裝飾。[16]妄意　胡亂思索。妄，胡亂；隨便。[17]矯於名譽　被名譽所欺騙。[18]決鴻水　疏導大水。決，除去壅塞或打開缺口，導引水流。鴻水，洪水；大水。[19]先令　未令而先行。[20]朝　會。[21]會稽　山名。在今浙江省紹興縣東南。[22]防風之君　夏時諸侯。今浙江省武康縣就是古時防風氏之國。[23]先貴如令　首先以遵令為貴。[24]鏡執清而無事　鏡子保持清明而不搖動。執，保持。清，清明。無事，指不搖動。㉕從而比焉　從此比較出來。㉖衡　秤桿。㉗從而載焉　從此辨識出來。㉘有以則行二句　合於道就施行，不合於道就停止。以，之。指道。㉙智能單　只有智能。單，僅；只。㉚傳　傳布；施行。㉛飾於法盡力守法。飾，借為「飭」。致力。㉜佚　安逸。㉝請謁　請求。㉞賞　通「償」。報酬。㉟私家　指大夫以下之家。㊱不知所道　不知所從。㊲求親　希求親近寵幸。㊳侵　侵犯；迫害。㊴故人臣稱伊尹管仲之功　此句下疑脫「而見用」三字。稱，稱道。伊尹，名摯。商湯的賢相，輔佐商湯伐桀滅夏，平定天下。商湯死後，其孫太甲破壞商湯法制，伊尹把他放逐到桐宮，自行攝政。三年，太甲悔過，伊尹迎太甲復位。管仲，春秋時潁上人。名夷吾，字仲，起初和召忽事奉公子糾，公子糾爭位失敗，召忽自殺，管仲被裝上囚車，送回齊國。由於鮑叔牙的推薦，桓公任命為相，富國強兵，稱霸天下。㊵資　憑藉。㊶比干　商紂王的叔父。封於比，故稱。紂王淫亂，比干強諫，紂王怒，剖其心而死。㊷子胥　春秋時楚國人，姓伍，名員。楚平王殺害其父奢、兄尚，子胥逃到吳國，輔佐吳王闔閭，打敗楚國，後輔佐吳王夫差，打敗越國，越國請和，子胥諫，不從。夫差聽信伯嚭讒言，迫子胥自殺。㊸取類　拿來作例證。㊹以邪為智　拿姦邪當作智能。㊺過法立智　認為法制錯誤，而想施行自己的智能。

【語　譯】當魏國正在盡力建立法制，遵循憲令的時候，有功勞的一定賞賜，有罪過的一定懲罰，國力強大足以匡正天下，威勢到達四周的國家；等到法制廢弛，濫用刑賞，而國家漸漸地削弱了。當趙國正在修明國法，擴展軍事力量的時候，人口眾多，兵力強大，奪取齊國燕國的土地；等到國法敗壞，執政的人懦弱無能，而國家漸漸地削弱了。當燕國正在積極奉行法律，官吏審慎地辦事，向東侵略齊國，向南併吞中山的地方；等到法律廢棄，官吏不審慎辦事，左右近臣互相爭權奪利，評論功過，則以臣下的毀譽來決定，結果兵力薄弱，土地削減，而受到鄰近敵國的控制。所以說法律修明的國家強大，法律敗壞的國家衰弱。國家強弱的道理是這麼明顯，可是當代的君主卻不修明法律，使得國家衰亡，那是當然的。古語說：「家庭有固定的職業，雖然遭受饑荒，也不會挨餓；國家有一定的法律，雖然面臨危險，也不會滅亡。」假如廢棄一定的法律，而聽從私人的意見，臣子就炫耀自己的智能；臣子炫耀自己的智能，法律禁令就不能確立了。這樣，胡亂思索的方法實行，治理國家的正道便廢棄了。治理國家的正道，是要除去破壞法制的人，便不會被臣子的智能所迷惑，不會被臣子的名譽所欺騙了。從前虞舜派遣一位官吏治理洪水，還沒下令，他先去做，虞舜把他處死。夏禹在會稽山上朝會諸侯，防風國的君主後到，夏禹把他砍殺。從這兩件事來看，在命令前先做的會被處死，延誤命令的也會被砍殺，可見古代的君主首先注重遵守命令。所以鏡子保持清明而不搖動，美醜就能比較出來；秤桿保持端正而不搖動，輕重就能辨識。如果搖動鏡子，就會喪失清明的功用；搖動秤桿，就會喪失端正的功用；法制就像鏡子秤桿般不能變動的。所以先王以道為常行的原則，以法為治國的根本。根本處理得好，名譽就會崇高；根本處理得不好，名譽就會毀滅。智能明通的人，合於道就去做，不合於道就不去做。如果只有智能，不合於道，就不可施行於大眾。道法是萬無一失的，智能經常有錯失。提起秤桿便知道平不平，運用圓規便知道圓不圓，這是萬無一失的方法。明智的君主使人民盡力守法，懂得什麼是道，所以安逸而有功效。放棄圓規而運用技巧，放棄法制而運用智能，這是迷惑的方法。昏庸的君主使人民盡力用智，不懂得什麼是道，所以辛勞而沒有功效。放棄法律禁令而聽從臣子的請求，群臣便在上面賣官，而從下面的人民獲取報酬，這樣利益歸於私家，而權勢在群臣手中。所以人民沒有盡力事奉君主的心意，而專門結交在上位的臣子；人民喜好結交在上位的臣子，財貨就往上流，有口才的人便被重用。這樣有功勞的臣子越來越少，奸邪的臣子越來越得勢，而有才能的臣子隱退，君主迷惑而不知道怎麼施政，人民聚集而不知道何去何從。這就是廢棄法律禁令，不重視功勞，任用有名聲的人，聽從臣子請求所造成的過失。凡是敗壞法禁的人，一定施行詐騙、致送財物而求親近，又喜好談論天下稀奇的事情，這就是暴君亂主所以被迷惑、賢臣所以被侵犯的緣故。所以臣子稱述伊尹、管仲的大功而被重用，違法飾智就有藉口；稱述比干、伍子胥的忠貞而被殺戮，疾爭強諫便有託辭。前者稱述君主的賢明，後者指陳君主的暴亂，都是脅制君主的作為，不可以拿來作為例證，像這樣的必須加以禁止。君主建立法制，認為是正確的；現在有很多臣子想施展自己的智能，認為法制是錯誤的；以奸邪當作智能，認為法制是錯誤的，而想施展自己的智能，這種作為必須禁絕，這是君主治國的方法。

明主之道，必明於公私之分，明法制，去私恩。夫令必行，禁必止，人主之公義❶也。必行其私，信於朋友，不可為賞勸❷，不可為罰沮❸，人臣之私義❹也。私義行則亂，公義行則治，故公私有分。人臣有私心，有公義：修身潔白，而行公行正，居官無私，人臣之公義也；汙行從欲❺，安身利家，人臣之私心也。明主在上，則人臣去私心，行公義；亂主在上，則人臣去公義，行私心。故君臣異心：君以計畜臣❻，臣以計事君。君臣之交計也：害身而利國，臣弗為也；害國而利臣，君不行也。臣之情，害身無利❼；君之情，害國無親❽。君臣也者，以計合者也。至夫臨難必死，盡智竭力，為法為之❾。故先王明賞以勸之，嚴刑以威之。賞刑明，則民盡死；民盡死，則兵強主尊。刑賞不察，則民無功而求得，有罪而幸免，則兵弱主卑。故先王賢佐盡力竭智❿。故曰：公私不可不明，法禁不可不審，先王知之矣。

【注釋】❶公義　指對大眾有益，大眾認為對的作為。❷不可為賞勸　不能以賞賜來勸勉。為，猶「以」。❸不可為罰沮　不能以刑罰來阻止。沮，假借為「阻」。阻止。❹私義　指對個人或少數人有益，自己或少數人認為對的作為。❺汙行從欲　品行卑汙，放縱情欲。從，通「縱」。放縱。❻君以計畜臣　君主以計算利害來畜養臣子。❼害身無利　自身受到損害便不願報效國家。利，指對國家有利益。❽害國無親　國家受到損害便不願惠愛臣子。❾為法為之　由於法紀使他這樣做。❿盡力竭智　陳奇猷《韓非子集釋》疑下脫「於公私之分，法禁之立」九字。

【語譯】英明君主治國的方法，公私一定要分明，修明法制，去除私人的恩惠。命令一定要施行，禁令一定要貫徹，這是君主的公義。依照私人利益行事，以誠信交結朋友，不能以賞賜來勸勉，不能以刑罰來阻止，這是人臣的私義。私義實行，國家就紛亂；公義實行，國家就安定；所以公私一定要分別清楚。臣子有私心，也有公義：人格純潔，行為公正，做官不偏私，這是臣子的公義；品行卑汙，放縱情欲，追求自身的安逸、家庭的富裕，這是臣子的私心。英明的君主在位，臣子就摒去私心，實行公義；昏亂的君主在位，臣子就摒去公義，實行私心。所以君主和臣子的心理是不同的：君主以計算利害來畜養臣子，臣子以計算利害來事奉君主。君主和臣子互相計算：自身受到損害而使國家得到利益，臣子不會這樣做的；國家受到損害而使臣子得到利益，君主不會這樣做的。臣子的私情，自身受到損害，便不願報效國家；君主的私情，國家受到損害，便不願惠愛臣子。君主和臣子間的關係，是以計算利害相結合的。至於臣子面臨國家危難，不惜犧牲生命，竭盡智慧和力量，這是由於法紀使他這樣做。所以先王以明確的賞賜來勸勉他，以嚴厲的刑罰來威迫他。刑賞嚴明，人民才肯犧牲生命；人民肯犧牲生命，這樣軍隊的力量就會強大，君主的地位就會崇高。刑賞不嚴明，人民沒有功勞而可以獲得賞賜，有罪過而可以倖免刑罰，這樣軍隊的力量就會衰弱，君主的地位就會卑微。所以先王賢相竭盡力量和智慧，把公私分清，把法禁建立。所以說：公私不可以不分別清楚，法禁不可以不確實執行，先王是了解這個道理的。

卷六

解老

【題解】解老，就是解釋老子《道德經》的經文。為今傳解釋《老子》的最早作品。所釋經文，只是部分而非全部，而且與今傳《老子》次序不同。

本篇主旨，在取《老子》經文，加以闡釋，而偏重在道理的申說。

《史記》將韓非和老子合為一傳，本有深意。今檢韓非之書，確有許多觀念，根源於老子，譬如〈主道〉說：「明君無為於上，群臣竦懼乎下。」又說：「人主之道，靜退以為寶。……是以不言而善應，不約而善會。」此其本之於老子，極為顯明。可見韓非不僅深解老子，而且善於運用老子。所以韓非解釋老子的能力，不容懷疑，他會把對老子的了解，用文字寫出來，也是很自然的事。

不過近人還是有懷疑本篇和下篇〈喻老〉不是出於韓非之手的。如胡適《中國古代哲學史》及容肇祖《韓非子考證》就持這種看法。

德者，內也；得者，外也。「上德不德」❶，言其神不淫於外❷也。神不淫於外則身全；身全之謂德，德者，得身❸也。凡德者，以無為❹集❺，以無欲❻

成，以不思[7]安，以不用[8]固。為之欲之，則德無舍[9]；德無舍，則不全。用之思之，則不固；不固則無功，無功則生於德。德則無德，不德則有德。故曰：

「上德不德，是以有德[10]。」

所以貴無為無思為虛[11]者，謂其意無所制[12]也。夫無術者，故[13]以無為無思為虛也。夫故以無為無思為虛者，其意常不忘虛，是制於為虛也。虛者，謂其意無所制也。今制於為虛，是不虛也。虛者之無為也，不以無為為有常[14]。不以無為為有常則虛，虛則德盛，德盛之謂「上德」。故曰：「上德無為，而無不為也[15]。」

仁者，謂其中心欣然愛人也。其喜人之有福，而惡人之有禍也，生心之所不能已[16]也，非求其報也。故曰：「上仁為之，而無以為也[17]。」

義者，君臣上下之事也，父子貴賤之差也，知交朋友之接也，親疏內外之分也。臣事君宜，下懷上宜，子事父宜，賤敬貴宜，知交朋友之相助也宜，親者內而疏者外宜。義者，謂其宜也。宜而為之，故曰：「上義為之，而有以為也[18]。」

禮者，所以貌情[19]也，群義之文章[20]也，君臣父子之交也，貴賤賢不肖之所以別也。中心懷而不諭[21]，故疾趨卑拜而明之；實心愛而不知，故好言繁辭以信[22]之。禮者，外飾之所以諭內也。故曰：禮以貌情也。凡人之為外物動也，不知其為身之禮也。眾人之為禮也，以尊他人也，故時勸時衰㉓。君子之為禮，以為其身；以為其身，故神之為上禮㉔。上禮神，而眾人貳㉕，故不能相應。不能相應，故曰：「上禮為之，而莫之應。」眾人雖貳，聖人之復恭敬盡手足之禮也不衰。故曰：「攘臂而仍之㉖。」

【注　釋】❶上德不德　最高境界的德是無心於求德的。語見《老子・三八章》。❷其神不淫於外　他的心神不被外物所迷惑。淫，惑亂。❸得身　有得於身；對自身有所助益。❹無為　順任自然而不做作。❺集　凝聚。❻無欲　沒有過度的欲望。❼不思　不勞神思慮。❽不用　指不妄費精神。❾德無舍　德沒有居住的地方。指德將支離流散。舍，居住之所。❿上德不德二句　語見《老子・三八章》。⓫為虛　致力於虛靜。虛，指心無雜念。⓬制　束縛。⓭故　有意；故意。⓮不以無為為有常　不把「無為」常掛在心上。⓯上德無為而無不為也　最高境界的德，順任自然，無所施為，卻無處不見施為的功效。語見《老子・三八章》。⓰生心之所不能已　發自內心而不能自制。已，止。⓱上仁為之而無以為也　最高境界的仁，自動施為而無心於施為。語見《老子・三八章》。⓲上義為之而有以為也　最高境界的義，凡所施為，都是有所為而為。語見《老子・三八章》。⓳貌情　文飾感情。⓴群義之文章　倫理的禮儀法度。群義，人群的義理。文章，指禮儀法度。㉑諭通「喻」。表明。㉒信　伸。伸明；表白。㉓時勸時衰　有時候勤快，有時候怠慢。勸，努力。衰，減退。㉔神之為上禮　承認它的妙用而奉為最高境界的禮。神之，視之為神。神，靈妙不測。㉕上禮神二句　最高境界的禮，作用靈妙，但眾人卻懷疑它。貳，懷疑。㉖攘臂而仍之　奮臂而就之。攘臂，捋袖出臂。奮力的樣子。仍，因；就。語見《老子・三八章》。

【語　譯】德，是就內心說的；得，是就外形說的。「最高境界的德，是無心於求德的。」意思是說：他的心神不被外物所迷惑。心神不被外物所迷惑，那麼生命就完滿；生命完滿，這叫做德。所謂德，就是有得於身。所有的德，都靠無為而凝聚，靠無欲而成就，靠不思而安定，靠不用而穩固。如果有為有欲，那麼德就沒有安居的地方。德沒有安居的地方，就不完滿。如果有所用，有所思，那麼德就不能穩固；不能穩固就沒有功效，沒有功效則是由於有心於求德。有心求德則無德，無心求德則有德。所以《老子》說：「最高的德，是無心於求德，所以反而有德。」

大家所以重視由沒有作為、沒有思慮而達到虛無的境界，主要是指他的心意不受任何事物所拘束。那些沒有道術的人，故意用沒有作為、沒有思慮為手段，以求達到虛無的境界。如果故意用沒有作為、沒有思慮為手段，以求達到虛無的境界，他的心裡，常不能忘記虛無，這就反而為虛無所拘束。所謂虛無，是指心思沒有拘束。現在被虛無所拘束，這就不是虛無。虛無的人，他的無為，是不把無為常掛在心上。不把無為常掛在心上，才能達到虛無，達到虛無，道德就盛大；道德盛大，這叫做「上德」。所以《老子》說：「最上等的德，無所施為，然而卻無處不見施為的功效。」

仁，就是心裡很高興去愛人，喜歡別人獲得幸福，而厭惡別人遭遇災禍，這種心理是發自內心而不能自制的，並不是要求回報才如此的。所以《老子》說：「最高等的仁，自動施為而無心於施為。」

義，就是君臣上下相對待的事情，父子貴賤的差等，知心朋友的交往，親疏內外的分別。臣子與君主共事要適當，下屬關懷上司要適當，子女事奉父母要適當，身分低的人敬重身分高的人要適當，知心朋友互相幫助要適當，恩情密的親近、恩情淺的疏遠要適當。義，就是指做得適當。認為適當才去做，所以《老子》說：「最高境界的義，是有所為而為的。」

禮，是用來文飾感情的，是各種義行的儀節法度，是君臣之間、父母與子女之間的對待規矩，是用以彰顯貴與賤、賢與不肖的分別的。心中懷念別人，而別人不了解，所以用快步前趨、屈身下拜來表達；真心相愛，而別人不知道，所以用美言繁辭來伸說。所謂禮，就是用外在的裝飾來表達內心的情意，所以說，禮是用來文飾感情的。大凡人受了外物的刺激而行動，並不知道那是為了修身而行禮。一般人實踐禮節，是為了尊敬別人，所以有時候勤快，有時候怠慢。君子的實踐禮節，是為了修身；為了修身，所以承認它的妙用而奉為禮的最高境界。最高境界的禮，作用靈妙；但眾人卻懷疑它，所以不能相配合。由於不能相配合，所以《老子》說：「最高境界的禮，實踐起來，卻沒有人響應。」一般人雖然懷疑，但聖人卻仍保持恭敬，縱是舉手投足也充分行禮而不敢怠荒。所以《老子》說：「奮臂而就之。」

道有積，而積有功❶；德者，道之功。功有實，而實有光；仁者，德之光。光有澤❷，而澤有事；義者，仁之事也。事有禮，而禮有文❸；禮者，義之文也。故曰：「失道而後失德，失德而後失仁，失仁而後失義，失義而後失禮❹。」

禮，為情貌者也，文，為質飾者也。夫君子取情而去貌，好質而惡飾。夫恃貌而論情者，其情惡也；須❺飾而論質者，其質衰也。何以論之？和氏之璧❻，不飾以五采❼；隋侯之珠❽，不飾以銀黃❾。其質至美，物不足以飾之。夫物之待飾而後行者，其質不美也。是以父子之間，其禮樸而不明，故曰：「禮，薄也。」凡物不並盛，陰陽是也❿；理相奪予，威德是也⓫。實厚者貌薄，父子之禮是也。由是觀之，禮繁者，實心衰也。然則為禮者，事通人之樸心者也⓬。眾人之為禮也，人應則輕歡⓭，不應則責怨。今為禮者，事通人之樸心，而資之以相責之分⓮，能毋爭乎！有爭則亂，故曰：「夫禮者，忠信之薄也，而亂之首乎⓯！」

先物行，先理動之謂前識。前識者，無緣而妄意度⓰也。何以論之？詹何⓱坐，弟子侍，有牛鳴於門外。弟子曰：「是黑牛也，而白題⓲。」詹何曰：

「然，是黑牛也，而白在其角。」使人視之，果黑牛，而以布裹其角。以詹子之術，嬰⑲眾人之心，華焉殆矣⑳。故曰：「道之華也。」嘗試釋詹子之察，而使五尺之愚童子視之，亦知其黑牛，而以布裹其角也。故以詹子之察，苦心傷神，而後與五尺之愚童子同功，是以曰：「愚之首也。」故曰：「前識者，道之華也，而愚之首也㉑。」

所謂大丈夫者，謂其智之大也。所謂「處其厚不處其薄」者，行情實而去禮貌也。所謂「處其實不處其華」者，必緣理，不徑絕㉒也。所謂「去彼取此」㉓者，去禮貌、徑絕，而取緣理、情實也。故曰：「去彼取此。」

【注釋】❶道有積二句　道積久則有功效。❷澤　光潤。指恩德。❸事有禮二句　事物有它的禮節，禮節有它的形式。文，儀文；形式。❹失道而後失德四句　依上文，道為德之本，德為仁之本，仁為義之本，義為禮之本，本失則末亦隨之而失，故云。今本《老子・三八章》作「失道而後德，失德而後仁，失仁而後義，失義而後禮」，無下四「失」字。各有所當，不必主一而據改。❺須　待。❻和氏之璧　卞和所得的寶玉。卞和，春秋時楚人。相傳他在山中發現了一塊璞玉，獻給楚厲王，卻被鑑定為石頭，於是截斷他的左足，厲王卒，子武王立，卞和又獻其璞，結果又被截斷右足，及武王卒，子文王立，和乃抱璞而泣於山中，文王遣人治其璞而果得寶玉，稱為和氏璧。❼五采　五色。即青、黃、赤、白、黑。❽隋侯之珠　傳說的寶珠。隋，漢水東邊的一個小國。相傳隋侯見一大蛇受傷，而替牠敷藥，後來大蛇在江中銜大珠以報之，因而稱為隋侯之珠。❾銀黃　銀和金。黃，指黃金。❿物不並盛二句　事物有不同時興盛的現象，陰陽就是例子。按：陰長則陽消，陽盛則陰衰，故云物不並盛。⓫理相奪予二句　事理有互相爭奪的情形，威德就是例子。按：恩勝則傷威，威勝則傷恩，故云理相奪予。奪予，奪取和施予。威德，威嚴和恩德。⑫事通人之樸心者也　從事鑿開人的淳厚心靈的人。通，猶「開」。⑬輕歡　輕鬆歡喜。⑭資之以相責之分　加給他責備別人的職權。資，供給；資助。分，職分；名分。⑮夫禮者三句　那所謂的禮，是忠信之德澆薄的徵象，而且是混亂的開始吧。首，始。語見《老子・三八章》。⑯無緣而妄意度　沒有憑藉而胡亂猜測。緣，憑藉。妄，胡亂。意度，猜測。度，揣測。⑰詹何　春秋時楚人。隱居垂釣終老。⑱白題　白額。題，額頭。⑲嬰　觸犯。通「攖」。⑳華焉殆矣　雖然華美，卻很危險。華焉，華然；華麗的樣子。㉑前識者三句　事前預知的智慧，是道的美麗外表，也是愚昧的本源。語見《老子・三八章》。㉒徑絕　猶言抄小路。不依正途而行。在此指妄用其智。徑，小路。絕，穿越。㉓去彼取此　語見《老子・三八章》。

【語譯】道是逐漸積聚而來的，積久就有功效。德，就是道的功效。功效有它的實質，而實質有它的光輝；仁，就是德的光輝。光輝有它的恩澤，而恩澤有它的事業；義，就是仁的事業。行事須有禮節，禮節有它的形式；禮，就是義的形式。所以《老子》說：「失去了道，然後就會失去了德；失去了德，然後就會失去了仁；失去了仁，然後就會失去了義；失去了義，然後就會失去了禮。」

禮，是為真情做外表的；文，是為本質作裝飾的。君子總是取其真情而忽略它的外表，喜歡它的本質而厭惡它的裝飾。那些憑外表來衡量情感的人，他的情感是不好的；靠裝飾來評斷本質的人，他的本質是薄弱的。怎麼說呢？和氏的璧玉，不用五彩來裝飾，隋侯的明珠，不用金銀來裝飾。它的本質極為美好，任何物質都不能來裝飾它，那些必須裝飾才能使用的事物，它的本質是不美的。因此父母和子女之間，它的禮儀質樸而不鮮明，所以《老子》說：「禮，是淺薄的。」大凡事物有不同時興盛的現象，陰陽就是例子；事理有互相爭奪的情形，威德就是例子。實質淳厚的，外表單薄，父母與子女之間的禮儀就是例子。由此看來，禮儀繁縟的，真情薄弱。那麼制定禮儀的人，就是從事鑿開人的淳厚心靈的人。一般人的實踐禮儀，別人回禮就覺得心情輕鬆歡愉，不回禮，就指責埋怨。現在制定禮儀的人，既從事於鑿開人的淳厚的心靈，而又加給他責備別人的職權，能夠不爭奪嗎？有爭奪就會混亂，所以《老子》說：「所謂的禮，是忠信之德澆薄的徵象，而且是混亂的開端吧！」

在事物變化之前進行，在道理顯現之前活動，這叫做前識。所謂前識，就是沒有什麼依傍而妄自推測。怎麼說呢？有一天，詹何在家裡坐著，他的弟子站在旁邊，聽到門外有牛在叫。弟子說：「那是一頭黑牛，但額頭是白的。」詹何說：「對，是一頭黑牛，而白色卻是在角上。」於是差人去看看，果然是一頭黑牛，而用布裹著牠的角。憑詹何的道術，來觸動眾人的心靈，雖然華美，卻很危險。所以《老子》說：「這是道的美麗外表。」試把詹何的明察放棄，而派一個無知的童子去看看，也知道那是一頭黑牛而用布裹著牠的角。所以，憑詹何的明察，勞苦心思，傷累神明，然後才和一個無知的童子獲得相同的功效，因此《老子》說：「這是愚昧的開始。」所以又說：「事前就預知的智慧，是道的美麗外表，也是愚昧的開端。」

所謂大丈夫，是指其人智慧廣大。所謂「處其厚不處其薄」，是指其表現真情而捨棄表面的禮儀。所謂「處其實不處其華」，是指其行事一定依據原則而不走邪路。所謂「去彼取此」，是指其捨棄禮儀、邪路，而採取依據原則、表現真情的態度。所以《老子》說：「要捨棄那個，採取這個。」

人有禍則心畏恐，心畏恐則行端直，行端直則思慮熟，思慮熟則得事理。行端直則無禍害，無禍害則盡天年，得事理則必成功，盡天年則全而壽，必成功則富與❶貴。全壽富貴之謂福。而福本於有禍，故曰：「禍兮，福之所倚❷。」以成其功也。

人有福則富貴至，富貴至則衣食美，衣食美則驕心生，驕心生則行邪僻而動棄理❸。行邪僻則身死夭，動棄理則無成功。夫內有死夭之難，而外無成功之名者，大禍也。而禍本生於有福，故曰：「福兮，禍之所伏❹。」

夫緣道理以從事者，無不能成；無不能成者，大能成天子之勢尊，而小易得卿相將軍之賞祿。夫棄道理而妄舉動者，雖上有天子諸侯之勢尊，而下有倚頓❺、陶朱❻、卜祝❼之富，猶失其民人，而亡其財資也。眾人之輕棄道理而易妄舉動者，不知其禍福之深大而道闊遠若是也，故諭❽人曰：「孰知其極❾。」

人莫不欲富貴全壽，而未有能免於貧賤死夭之禍也。心欲富貴全壽，而今貧賤死夭，是不能至於其所欲至也。凡失其所欲至之路而妄行者之謂迷，迷則不能至於其所欲至矣。今眾人之不能至於其所欲至，故曰：「迷。」眾人之不能至於其所欲至也，自天地之剖判❿以至於今，故曰：「人之迷也，其日故以久矣⓫。」

【注釋】❶與　而。❷禍兮二句　禍災是幸福的憑藉。指幸福憑藉禍災而產生。語見《老子・五八章》。❸行邪僻而動棄理　行為偏邪不正而動作不顧理義。❹福兮二句　幸福是禍災潛藏的地方。語見《老子・五八章》。❺倚頓　春秋時人。以經營鹽業致富。❻陶朱　即陶朱公范蠡。字少伯，春秋時楚人，仕越為大夫，輔佐越王句踐雪恥圖強，終滅吳國，後離越赴齊，居陶，號朱公，善於經商，常治產至千金，而一再散財賙濟窮困。❼卜祝　人名。未詳。❽諭　告知。❾孰知其極　誰知它的究竟呢。極，終；究竟。語見《老子・五八章》。❿剖判　分開。判，分。⓫人之迷也二句　人們的迷惑而不解，為時實在已經太久了。故，固。以，已。語見《老子・五八章》。

【語譯】人如果有禍害的事，就心裡恐懼；心裡恐懼，就行為正直；行為正直，就思慮成熟；思慮成熟，就合於事理。行為正直，就沒有禍害；沒有禍害，就可以享盡天年；合於事理，就一定成功；享盡天年，就身體健全而長壽；一定成功，就有錢而且位尊。身體健全、長壽、有錢、位尊，這叫做福；而福是根據於禍而來。所以《老子》說：「災禍是幸福所依以產生的因素。」這是表示，禍災能幫助人成就功名。

人如果幸福，富貴就自然降臨，富貴降臨，就穿得美、吃得好。穿得美、吃得好，就有驕傲的心理產生，驕傲的心理產生，就行為邪僻，而舉動悖理。行為邪僻，就會遭致死亡，舉動悖理，就不能成就功名。自身有死亡的災難，身外又沒有成功的名譽，這是大禍災，然而大禍本來就是由幸福產生的。所以《老子》說：「幸福，是災禍潛伏的地方。」

那依據道理而做事的人，沒有不能成功的；所謂沒有不能成功，是指大的能夠成就天子的權位，小的容易獲得卿相將軍之類的賞賜和俸祿。那些違背道理而輕舉妄動的人，雖然上有像天子、諸侯那樣的權位，下有倚頓、陶朱、卜祝那般的富有，仍然會失去人民，並且失去財貨。一般人所以會輕易違背道理，而且輕舉妄動的原因，是他們不知禍福的深重，而大道又是這樣的遼闊遠大，所以告訴人家說：「誰知禍福的究竟呢？」

人沒有不想要富有、尊貴、健康、長命的；然而卻從來沒有能免於貧窮、卑賤、死亡的災禍的。心裡想著富有、尊貴、健康、長命，而實際卻遭遇貧窮、卑賤、死亡，可見是不能達到他所要達到的目標。凡是失落他所要到達的那條路而胡亂行走的，叫做迷；迷就不能到達他所想要到達的目標了。現在，一般人都不能達到他所想要到達的地方，所以叫做「迷」。一般人都不能達到他所想要到達的地方，是從天地剖分以來直至今日還是這樣的。所以《老子》說：「人的迷惑，本來就已經很久了。」

所謂方者，內外相應也，言行相稱❶也。所謂廉者，必生死之命❷也，輕恬資財❸也。所謂直者，義必公正，心不偏黨❹也。所謂光者，官爵尊貴，衣裘壯麗也。今有道之士，雖中外❺信順，不以誹窮謗墮❻；雖死節輕財，不以侮罷羞貪❼；雖義端不黨❽，不以去邪罪私❾；雖勢尊衣美，不以夸賤欺貧❿。其故何也？使失路者而肯聽習問知⓫，即不成迷也。今眾人之所以欲成功而反為敗者，生於不知道理，而不肯問知而聽能。眾人不肯問知而聽能，而聖人強以其禍敗適⓬之，則怨。眾人多而聖人寡，寡之不勝眾，數⓭也。今舉動而與天下為讎，非全身長生之道也，是以行軌節而舉之⓮也。故曰：「方而不割，廉而不劌，直而不肆，光而不耀⓯。」

【注釋】❶相稱　相符合。稱，副；符合。❷必生死之命　堅決做到生死不苟。意謂生不苟取，死不苟辭。必，堅持做到。❸輕恬資財　淡泊於財物。恬，淡。❹偏黨　偏私。黨，阿私。❺中外　指朝廷之中與朝廷之外。❻誹窮謗墮　指責邪曲不正的人。誹，毀謗。窮，曲。謗，指責別人的過失。墮，訛而不正之言。❼侮罷羞貪　侮辱疲弱貪婪的人。罷，疲弱。貪，貪婪。❽義端不黨　仗義莊重而不營私。❾去邪罪私　拒斥邪惡的人，降罪自私的人。❿夸賤欺貧　誇耀位卑的人，凌辱貧窮的人。⓫聽習問知　聽從熟習的人，詢問知道的人。⓬適　通「謫」。責難。⓭數　理。⓮行軌節而舉之　謹守常度而行之。⓯方而不割四句　語見《老子・五八章》。方，方正。割，戕害。廉，稜角。劌，傷。直，正直。肆，放肆凌人。耀，耀眼刺人。

【語譯】所謂方，是指表裡一致，言行相符。所謂廉，是指堅決做到生死不苟，而澹泊於財物。所謂直，是指行為合宜而公正，心無偏私。所謂光，是指官職爵位尊隆顯貴，衣服輕裘，美麗可觀。現今的有道之士，雖然朝內朝外都信賴他、順從他，他卻不會因此而指責邪曲墮落的人；雖然能殉節而死、輕視財物，他卻不會因此而侮辱疲弱、貪婪的人；雖然仗義莊重而不營私，他卻不會因此而拒斥邪惡的人、降罪自私的人；雖然權位尊貴、衣服華美，他卻不會因此而誇耀位卑的人、凌辱貧窮的人。原因是什麼呢？假使迷失路向的人而肯聽從熟習的人、詢問知道的人，就不會成為迷惑的人了。現在一般人想要成功，卻反遭到失敗的原因，是由於不懂道理而又不肯去問知道的人、聽從有能力的人。一般人不肯去問知道的人、聽從有能力的人，而聖人卻硬要就他的禍敗而責難他，所以就有怨恨。一般人多，而聖人少，少數擋不住多數，這是必然的道理。假如一個人的舉動而與天下人為仇敵，那不是保全身體、延長生命的正道，因此謹守常度而行之。所以《老子》說：「雖然方正，但不會戕害人；雖然有稜角，但不會刺傷人；雖然正直，但不會放肆凌人；雖然光亮，但不會耀眼刺人。」

聰明睿智，天也，動靜思慮，人也。人也者，乘❶於天明以視，寄於天聰以聽，託於天智以慮。故視強則目不明，聽甚則耳不聰，思慮過度則智識亂。目不明，則不能決黑白之分；耳不聰，則不能別清濁之聲；智識亂，則不能審得失之地。目不能決黑白之色，則謂之盲；耳不能別清濁之聲，則謂之聾；心不能審得失之地，則謂之狂。盲則不能避晝日之險，聾則不能知雷霆之害，狂則不能免人間法令之禍。書❷之所謂「治人」者，適動靜之節❸，省思慮之費也。所謂「事天」者，不極聰明之力，不盡智識之任。苟極盡，則費神多；費神多，則盲聾悖狂❹之禍至，是以嗇❺之。嗇之者，愛❻其精神，嗇其智識也。故曰：「治人事天莫如嗇❼。」

眾人之用神也躁❽，躁則多費，多費之謂侈。聖人之用神也靜，靜則少費，少費之謂嗇。嗇之為術也，生於道理。夫能嗇也，是從於道而服於理者也。眾人離❾於患，陷於禍，猶不知退，而不服從道理。聖人雖未見禍患之形，虛無服從於道理，以稱蚤服❿。故曰：「夫謂嗇，是以蚤服⓫。」

知治人者，其思慮靜；知事天者，其孔竅⓬虛。思慮靜，則故德不去；孔竅虛，則和氣日入。故曰：「重積德。」夫能令故德不去，新和氣日至者，蚤服者也。故曰：「蚤服是謂重積德。」積德而後神靜，神靜而後和多，和多而後計得⓭，計得而後能御⓮萬物，能御萬物則戰易勝敵，戰易勝敵而論必蓋世⓯，論必蓋世，故曰：「無不克⓰。」無不克，本於重積德，故曰：「重積德則無不克。」戰易勝敵，則兼有天下；論必蓋世，則民人從。進兼天下，而退從民人，其術遠，則眾人莫見其端末。莫見其端末⓱，是以莫知其極。故曰：「無不克，則莫知其極。」

凡有國而復亡之，有身而復殃之，不可謂能有其國，能保其身。夫能有其國，必能安其社稷；能保其身，必能終其天年，而後可謂能有其國，能保其身矣。夫能有其國、保其身者，必且體道⓲。體道，則其智深；其智深，則其會⓳遠；其會遠，眾人莫能見其所極。唯夫體道，能令人不見其事極；不見其事極者，為能保其身、有其國。故曰：「莫知其極，則可以有國。」

所謂「有國之母」：母者，道也；道也者，生於所以有國之術。所以有國之術，故謂之「有國之母」。夫道以與世周旋者，其建生⓴也長，持祿也久。故曰：「有國之母，可以長久。」樹木有曼根㉑，有直根。直根者，書之所謂柢㉒也；柢也者，木之所以建生也；曼根者，木之所以持生也。德也者，人之所以建生也；祿也者，人之所以持生也。今建於理者，其持祿也久，故曰：「深其根。」體其道者，其生日長，故曰：「固其柢。」柢固則生長，根深則視㉓久，故曰：「深其根，固其柢，長生久視之道也㉔。」

【注釋】❶乘　利用。❷書　指《老子》。❸適動靜之節　適當的調節動靜。節，調節。❹悖狂　迷亂失常。悖，亂。❺嗇　愛惜；節儉。❻愛　吝惜。❼治人事天莫如嗇　治理眾人，修養自身，莫過於節省精神與智慧。事天，指治身。上文說：「聰明睿智，天也，動靜思慮，人也。」聰明睿智皆在人身，而老子謂之天，可見事天乃指事天所賦予之資質，即修身之意。語見《老子・五九章》。❽躁　急躁；浮躁。❾離　通「罹」。遭。❿蚤服　及早服從於道。蚤，早。服，指服從於道。⓫夫謂嗇二句　惟有節省精神與智慧，所以才能及早服從於道。謂，通「惟」。語見《老子・五九章》。⓬孔竅　指眼、耳、鼻、口七個由內通外的孔道。代表感官、慾望。⓭和多而後計得　和氣多而後計慮正確。得，中。⓮御　駕馭；控制。⓯論必蓋世　謀慮一定超越全世界的人。論，謀慮；計謀。⓰克　制勝。⓱端末　本末；始末。端，開頭。⓲體道　行道。體，踐行。⓳會　領悟；理解。⓴建生　挺立生命。建，樹立。㉑曼根　長根；細根。㉒書之所謂柢　《老子》所說的直根。書，指《老子》。柢，直根。㉓視　活；生存。㉔深其根三句　深植長根，鞏固直柢，是長生久視之道。柢，樹根。語見《老子・五九章》。

【語譯】聰明睿智，是天生的；動靜思慮，是人為的。人，利用天生的視力來看，假託天生的聽力來聽，憑藉天生的智力來思考。所以視力用得太過，眼睛就看不明；聽力用得太多，耳朵就聽不清；思慮過度，智識就混亂。眼睛看不明，就不能決定黑白的顏色；耳朵聽不清，就不能分別清濁的聲音；智識混亂，就不能分析得失成敗的緣由。眼睛不能決定黑白的顏色，就叫做盲；耳朵不能分別清濁的聲音，就叫做聾；心智不能明辨得失的緣由，就叫做狂。盲，就不能躲開白天的危險；聾，就不能知道雷霆的災害；狂，就不能避免人間法令的禍殃。《老子》所說的「治人」的方法，就是要人適當地調節動靜，節省思慮的耗損。而所說的「事天」的方法，就是教人不要用盡聰明的力量，不要用盡智識的功能。如果用盡的話，就會耗費太多精神；精神耗費太多，那麼盲、聾、悖、狂的種種禍害就跟著產生，因此要加以節省。節省的意思是愛惜他的精神，節制他的智識。所以《老子》說：「治理眾人，修養自身，莫過於節省精神和智慧。」

一般人使用精神使用得很急躁，急躁就耗損很多，耗損很多叫做奢侈。聖人使用精神則很安靜，安靜則少耗費，少耗費叫做節省。節省這種方法，是由道理產生的。能夠做到節省的人，一定是依從於道而順服於理的。一般人遭到災患，陷於禍殃，還不知道回頭，還不服從道理。聖人雖然還未看到禍患的形成，卻能虛心的服從於道理，因此稱為「早服」。所以《老子》說：「惟有節省精神與智慧，所以才能及早服從於道。」

懂得治人的人，他的思慮是安靜的；懂得事天的人，他的欲望是空虛的。思慮安靜，於是舊德不會失去；欲望空虛，於是和氣日漸進入。所以《老子》說：「要不斷地累積德行。」那能使舊德不喪失，新的和氣日漸進入，就是能及早服從於道的人。所以《老子》說：「及早服從於道，就是不斷地累積德行。」累積德行而後精神安靜，精神安靜而後和氣增多，和氣增多而後計慮正確，計慮正確而後能運用萬物，能運用萬物，則用兵易於戰勝敵人，易於戰勝敵人，則謀慮一定超越世人，謀慮超越世人，所以《老子》說：「沒有不能制勝的。」沒有不能制勝，立根不斷地累積德行，所以《老子》說：「不斷地累積德行，就沒有不能制勝的。」戰爭易於勝敵，就能統一天下；謀慮超越世人，就能使人民服從。進能兼併天下，退能招撫人民，這種道術，非常的高深，一般人不能看出它的原委；不能看出原委，因此不知道它的終極。所以《老子》說：「沒有不能制勝的，就沒有人能知道它的究竟。」

凡是擁有國家而又滅亡掉，擁有身體而又加以毀傷，不可稱為能擁有國家，保全身體。能夠擁有國家，一定能夠安定他的社稷；能夠保護身體，一定能夠享盡天年。這樣才可以說是能夠擁有國家，能夠保護他的身體。能夠擁有國家、保護身體的人，一定會實踐大道。實踐大道，則智慧高深；智慧高深，則領悟廣遠；領悟廣遠，一般人便不能看出他的究竟。惟有實踐大道，才能使人看不出他所做的事情的究竟；能使人看不出他所做的事情的究竟，才可以算是能保護身體、擁有國家。所以《老子》說：「能做到沒有人知道他所做的事情的究竟，才能夠擁有國家。」

《老子》所說的「有國之母」：母，就是指「道」；道，產生自擁有國家的方術裡。既產生自擁有國家的方術裡，所以稱它為「擁有國家的根本」。能依從於道來跟世人周旋的人，他挺立生命的時間就長，保持祿位的時間也久。所以《老子》說：「能掌握治國的根本，就能維持長久。」樹木有細根，有直根。直根，就是《老子》書中所說的「柢」。所謂柢，就是樹木所賴以挺立生命的基礎；所謂細根，就是樹木所賴以維持生命的要素。德，就是人類賴以挺立生命的基礎；俸祿，是人類所賴以維持生命的基本所需。如果能建立在理的基礎上，則祿位可以保持長久，所以《老子》說：「根要植得深。」能夠把道體現出來的人，他的生命可以維繫綿長，所以《老子》說：「根要植得牢固。」根柢牢固則生命綿長，根柢深入則生存長久，所以《老子》說：「深植長根，鞏固直柢，是長生久活的重要秘訣。」

工人數❶變業，則失其功；作者數搖徙❷，則亡❸其功。一人之作，日亡半日，十日則亡五人之功矣。萬人之作，日亡半日，十日則亡五萬人之功矣。然則數變業者，其人彌眾，其虧彌大矣。凡法令更則利害易，利害易則民務變，民務變之謂變業。故以理觀之，事大眾❹而數搖之，則多敗傷；亨小鮮❺而數撓❻

之，則賊其澤❼；治大國而數變法，則民苦之。是以有道之君，貴虛靜而重❽變法。故曰：「治大國者，若烹小鮮❾。」

人處疾則貴醫，有禍則畏鬼。聖人在上，則民少欲；民少欲，則血氣治而舉動理；血氣治而舉動理，則少禍害。夫內無痤疽癉痔❿之害，而外無刑罰法誅之禍者，其輕恬⓫鬼也甚。故曰：「以道莅天下，其鬼不神⓬。」治世之民，不與鬼神相害也。故曰：「非其鬼不神也，其神不傷人也。」鬼祟疾人之謂鬼傷人，人逐除之之謂人傷鬼也。民犯法令之謂民傷上，上刑戮民之謂上傷民。民不犯法，則上亦不行刑；上不行刑之謂上不傷人。故曰：「聖人亦不傷民。」上不與民相害，而人不與鬼相傷。故曰：「兩不相傷。」民不敢犯法，則上內不用刑罰，而外不事⓭利其產業。上內不用刑罰，而外不事利其產業，則民蕃息⓮。民蕃息而畜積盛，民蕃息而畜積盛之謂有德。凡所謂祟⓯者，魂魄去而精神亂；精神亂則無德。鬼不祟人，則魂魄不去；魂魄不去，則精神不亂。精神不亂之謂有德。上盛畜積，而鬼不亂其精神，則德盡在於民矣。故曰：「兩不相傷，則德交歸焉。」言其德上下交盛，而俱歸於民也。

【注釋】❶數　屢次。❷搖徙　遷移。❸亡　失。❹事大眾　使大眾做事。❺小鮮　指小魚。❻撓　擾。❼賊其澤　傷害它的光澤。❽重　難；不輕易。❾治大國者二句　語見《老子・六〇章》。❿痤疽癉痔　四種病名。痤，癤。疽，結塊的惡瘡。癉，熱病。痔，痔瘡。⓫輕恬　看得清淡。輕，輕視；不重視。恬，淡。⓬以道莅天下二句　以道臨治天下，其鬼不靈。莅，臨。不神，失靈；不起作用。即不作祟傷人。語見《老子・六〇章》。⓭事　從事。⓮蕃息　繁殖生長。⓯祟　鬼神為害。

【語譯】工匠屢次變更工作，則會損失功效；耕作的人老是遷徙不定，則會喪失農功。每個人的工作每天損失半日，十天下來，就損失五個人的工作量了。一萬個人的工作，每天損失半日，十天下來，就損失五萬人的工作量了。如此說來，屢次變更工作的情形，人數越多，損失越大。凡是法令更改，則人民的利害就因而變動；利害變動，則人民力圖應變，人民力圖應變，便是變更工作。所以從理的觀點來看，使大眾從事工作而屢次干擾他，就會導致很多失敗和傷害；煎小魚而屢次攪動牠，就會破壞牠的色澤美味；治理大國而屢次變更法令，則人民感到痛苦。因此有道的君主，重視虛靜而不輕易變更法令。所以《老子》說：「治理大國，就像煎小魚一樣不可隨意翻動。」

人在生病的時候，就重視醫生；遇到災禍的時候，就畏懼鬼神。聖人在位，人民就少私欲；人民少私欲，就血氣調和而行動合理；血氣調和而行動合理，則少禍害。一個人體內沒有癤子、惡瘡、熱病和痔瘡等疾，身外沒有刑罰誅戮等禍，那麼他對鬼神自然就淡然處之了。所以《老子》說：「用自然無為之道來治理天下，鬼都不會作祟害人。」太平時代的人民，不與鬼神互相傷害。所以《老子》說：「並不是鬼失靈而沒有作用，而是它的作用傷不了人啊！」鬼物作祟使人得病，叫做鬼傷人；人將鬼物驅除，叫做人傷鬼。人民觸犯法令，叫做人民傷害君上；君主刑戮人民，叫做君上傷害人民。人民不犯法，君主也不用刑罰；君主不用刑罰，叫做君上不傷害人民。所以《老子》說：「聖人也不傷害人民。」君主不和人民相傷害，人民也不和鬼神相殘賊。所以《老子》說：「兩者都不相傷害。」人民不敢犯法，則君主既不須使用刑罰，又不須從事於剝削人民的產業。君主既不使用刑罰，又不從事於剝削人民的產業，那麼人民就繁榮滋長。人民繁榮滋長則蓄積深厚；人民繁榮滋長而蓄積深厚，叫做有德。大凡所謂鬼神為害，是指魂魄離散而精神錯亂；精神錯亂則沒有德。鬼神不為害於人，則魂魄不會離散；魂魄不會離散，則精神不會錯亂；精神不錯亂，叫做有德。君主豐盛地蓄積，而鬼神不錯亂他的精神，那麼德就全在於人民了。所以《老子》說：「兩不相傷，那麼德就全部匯歸在人民身上了。」這是說，君主和人民的德都很昌盛，最後都歸於人民。

有道之君，外無怨讎於鄰敵，而內有德澤於人民。夫外無怨讎於鄰敵者，其遇諸侯也有禮義；內有德澤於人民者，其治人事也務本。遇諸侯有禮義，則役希起❶；治民事務本，則淫奢止。凡馬之所以大用者，外供甲兵，而內給淫奢也。今有道之君，外希用甲兵，而內禁淫奢，上不事馬於戰鬥逐北❷，而民不以馬遠通淫物❸，所積力唯田疇。積力於田疇，必且糞灌❹。故曰：「天下有道，卻走馬以糞也❺。」

人君無道，則內暴虐其民，而外侵欺其鄰國。內暴虐，則民產絕❻；外侵欺，則兵數起。民產絕，則畜生少；兵數起，則士卒盡。畜生少，則戎馬乏；士卒盡，則軍危殆。戎馬乏，則牸馬❼出；軍危殆，則近臣役❽。馬者，軍之大用；郊者，言其近也。今所以給軍之具於牸馬近臣。故曰：「天下無道，戎馬生於郊矣❾。」

人有欲則計會❿亂，計會亂而⓫有欲甚，有欲甚，則邪心勝，邪心勝則事徑絕，事經絕則禍難生。由是觀之，禍難生於邪心，邪心誘於可欲。可欲之類，進則教良民為姦，退則令善人有禍。姦起則上侵弱君，禍至則民人多傷。然則可欲之類，上侵弱君，而下傷人民。夫上侵弱君，而下傷人民者，大罪也。故曰：「罪莫大於可欲⑫。」是以聖人不列於五色，不淫於聲樂；明君賤玩好而去淫麗⑬。

人無羽毛，不衣則不犯⑭寒。上不屬⑮天，而下不著地，以腸胃為根本，不食則不能活。是以不免於欲利之心。欲利之心不除，其身之憂也。故聖人衣足以犯寒，食足以充虛⑯，則不憂矣。眾人則不然，大，為諸侯，小，餘千金之資，其欲得之憂不除也。胥靡有免⑰，死罪時活⑱。今不知足者之憂，終身不解。故曰：「禍莫大於不知足⑲。」

故欲利甚則憂，憂則疾生，疾生而智慧衰，智慧衰則失度量⑳，失度量則妄舉動，妄舉動則禍害至，禍害至而疾嬰內㉑。疾嬰內則痛，禍薄㉒外則苦。苦痛雜於腸胃之間，則傷人也憯㉓。憯則退而自咎，退而自咎也生於欲利。故曰：「咎莫憯於欲得㉔。」

【注釋】❶希起　很少發生。希，通「稀」。❷逐北　追逐敗逃的敵人。北，敗。❸遠通淫物　與遠方的人買賣奢侈的物品。淫，奢僭。❹必且糞溉　必將施肥灌溉。❺天下有道二句　天下太平的時候，用戰馬來耕田。卻，止息。走馬，善走的馬。糞，施肥於田。此泛指耕種。語見《老子．四六章》。❻民產絕　人民的財產斷絕。❼牸馬　牝馬；母馬。牸，雌。❽近臣役　君主的近臣參加戰爭。❾天下無道二句　天下混亂的時候，戰馬在郊野生產。語見《老子．四六章》。❿計會　思慮。⓫而　則。⓬罪莫大於可欲　罪惡沒有比貪得可欲之物更大的。可欲，指值得寶愛的東西。按：今本《老子》無此語。⓭淫麗　奢侈華麗。⓮犯　勝。⓯屬　附著。⓰充虛　充饑。⓱胥靡有免　刑徒有期滿出獄的時候。胥靡，古代服勞役的刑徒。⓲死罪時活　被判死罪的人偶或有活命的機會。指遇赦減刑。⓳禍莫大於不知足　語見《老子．四六章》。⓴失度量　喪失思考衡量的能力。㉑疾嬰內　疾病纏身。嬰，纏。內，指內臟。㉒薄　逼迫。㉓憯　通「慘」。㉔咎莫憯於欲得　過咎沒有比貪得更慘重的。語見《老子．四六章》。

【語　譯】有道的君主，對外沒有與鄰國結怨讎，而對內有恩德於人民。大體對外沒有與鄰國結怨讎的，他對待諸侯就有禮義；對內有恩德於人民的，他管理人民的事情就會致力於根本。對待諸侯有禮義，則戰事很少發生；管理人民的事情而致力於根本，那麼荒淫、奢侈的事情就不會發生。大凡馬匹被大量使用的原因，在於對外供給軍隊，對內供給淫靡奢侈的生活。至於有道的君主，對外很少動用軍隊，對內禁止淫靡奢侈的生活；朝廷不把馬匹用於戰爭、追擊敗軍，人民不用馬匹來運載遠方的奢侈品，所要集中力量來從事的，只是田野的農作。集中力量來從事田野的農作，一定施肥、灌溉。所以《老子》說：「天下太平的時候，讓馬從戰場上退下來而從事於耕田。」

君主如果無道，則對內暴虐他的人民，對外侵略他的鄰國。對內暴虐，則人民的生產斷絕；對外侵略，則頻頻動兵。人民生產斷絕，則牲畜的繁殖減少；頻頻動兵，則士兵犧牲殆盡。牲畜繁殖減少，則戰馬缺乏；士卒犧牲殆盡，則軍事危險；戰馬缺乏，則母馬也被派上用場；軍事危險，則君主的近臣也參加戰爭。馬，是軍隊裡用途重大的動物；郊，是指近於京城的地方。現在用以供給軍隊的，都只是母馬和君主的近臣。所以《老子》說：「天下混亂的時候，戰馬在郊外生產。」

人有貪欲，則思慮混亂；思慮混亂，則貪欲更加強烈；貪欲更加強烈，則偏邪的心理壓倒一切；偏邪的心理壓倒一切，則從事於抄小路；從事於抄小路，災難就發生了。由此看來，災難來自於偏邪的心理；偏邪的心理來自於值得追求的事物的誘惑。值得追求的那些事物，積極方面，教導善良的人民做壞事，消極方面，則會使得善良的人民也有災殃。姦事發生，則向上侵犯柔弱的君主；災禍發生，就會傷害眾多的人民。如此說來，可見值得追求的那些事物，對上侵犯柔弱的君主，對下傷害人民。對上侵犯柔弱的君主，對下傷害人民，是嚴重的罪過。所以《老子》說：「罪惡沒有比值得追求的事物更大的。」所以聖人不置身於五色之中，不沉迷於音樂。賢明的君主輕視可愛的珍寶，而拋棄奢靡華美的物品。

人類沒有羽毛，不穿衣則不能禦寒。上不附著於天，下不附著於地，以腸胃做根本，不吃東西就不能活下去。所以不能免除貪得利益的心理。貪得利益的心理不消除，便是他本身的憂患。所以聖人只求衣服足以禦寒，食物足以充饑，就不憂愁了。一般人則不是這樣，大的，身為諸侯，小的，剩餘千金的財產，而他們那貪得利益的憂愁還是不能免除。刑徒有期滿出獄的時候；被判死罪的人，偶或有活命的機會；可是那些不知足的人，他們的憂愁卻終身不能消除。所以《老子》說：「天下的災禍，沒有比不知足更大的了。」

所以貪得利益太重，就有憂愁；有憂愁，疾病就發生；疾病發生，智慧就衰落；智慧衰落，則喪失思考衡量的能力；喪失思考衡量的能力，則輕舉妄動；輕舉妄動，則禍害降臨；禍害降臨，則疾病纏身，則感覺疼痛；禍害從外面逼迫，則感覺困苦。疼痛和困苦交集在腸胃之間，則對身體傷害得慘重；傷害得慘重，就回過頭來責備自己；回過頭來責備自己，來自於貪得利益。所以《老子》說：「天下的過咎，沒有比貪得利益更慘重的了。」

道者，萬物之所然❶也，萬理之所稽❷也。理者，成物之文❸也；道者，萬物之所以成也。故曰：「道，理之者也。」物有理，不可以相薄❹。物有理，不可以相薄，故理之為物之制❺，萬物各異理。萬物各異理，而道盡稽萬物之理，故不得不化。不得不化，故無常操[6]。無常操，是以死生氣稟焉[7]，萬智斟酌焉[8]，萬事興廢焉[9]。天得之以高，地得之以藏，維斗[10]得之以成其威，日月得之以恆其光，五常[11]得之以常其位，列星得之以端[12]其行，四時得之以御其變氣[13]，軒轅得之以擅[14]四方，赤松[15]得之與天地統[16]，聖人得之以成文章[17]。道，與堯、舜俱智，與接輿[18]俱狂；與桀、紂俱滅，與湯、武俱昌。以為近乎？遊於四極[19]；以為遠乎？常在吾側。以為暗乎？其光昭昭[20]；以為明乎？其物冥冥[21]。而功成天地，和化雷霆[22]，宇內[23]之物，恃[24]之以成。凡道之情，不制不形[25]，柔弱隨時，與理相應。萬物得之以死，得之以生；萬事得之以敗，得之以成。道，譬諸若水，溺者多飲之即死，渴者適飲之即生。譬之若劍戟，愚人以行忿則禍生，聖人以誅暴則福成。故曰：「得之以死，得之以生；得之以敗，得之以成[26]。」

人希見生象也，而得死象之骨，案其圖以想其生也。故諸人之所以意想者，皆謂之象也。今道雖不可得聞見，聖人執其見功以處其見形[27]。故曰：「無狀之狀，無物之象[28]。」

凡理者，方圓、短長、麤靡[29]、堅脆之分也。故理定而後可得道也。故定理有存亡，有死生，有盛衰。夫物之一存一亡，乍死乍生，初盛而後衰者，不可謂常。惟夫與天地之剖判也俱生㉚，至天地之消散也不死不衰者，謂常。而常者無攸易㉛，無定理。無定理，非在於常所，是以不可道也。聖人觀其玄虛㉜，用其周行㉝，強字之曰道㉞，然而可論，故曰：「道可道，非常道也㉟。」

【注　釋】❶所然　猶「所以然」。所以導致如此的緣由。❷稽　同。❸成物之文　形成物體的條理。❹物有理二句　事物有規律而不可以相侵迫。薄，迫。❺理之為物之制　對萬物加以管理並作為萬物的準則。上「之」字，指萬物。❻常操　典型；固定不變的行為模式。❼死生氣稟焉　死生任憑天生氣質的自然變化。❽萬智斟酌焉　所有的智慧自動發揮思考衡量的功能。❾萬事興廢焉　所有的事物自然而興盛，自然而衰廢。❿維斗　即北斗。屬於大熊座，因北斗為眾星綱維，故稱。⓫五常　五倫。即父子有親，君臣有義、夫婦有別、長幼有序、朋友有信。⓬端　正。⓭御其變氣　控馭陰陽二氣的變化。⓮擅　據有。⓯赤松　即赤松子。古仙人名，相傳為神農時雨師。⓰與天地統　與天地共終始。統，總括所有。⓱文章　指禮樂制度。⓲接輿　春秋時楚人。假裝癲狂以避世俗，曾迎接孔子的車輿而唱歌，勸孔子歸隱，故名。⓳四極　四方極遠的地方。⓴昭昭　光明貌。㉑冥冥　幽暗貌。㉒和化雷霆　使風雨調和。雷霆，代表風雨。因為雷霆發作，風雨隨之而來。㉓宇內　指天地之間。㉔恃　依賴。㉕不制不形　沒有定制，沒有形體。㉖得之以死四句　《老子》各本都無此句，應是佚文。㉗執其見功以處其見形　掌握其顯露的功績而審視其形狀。見，顯露。處，審度。㉘無狀之狀二句　沒有形狀的形狀，沒有物體的形象。語見《老子．十四章》。㉙麤靡　粗細。麤，古「粗」字。靡，細。㉚與天地之剖判也俱生　與天地始分的時候一起發生。剖判，分開。㉛無攸易　無所變化。㉜觀其玄虛　觀察道的幽遠虛無。㉝用其周行　運用道的周而復始、極則必反的規律。㉞強字之曰道　勉強給它取個字，叫做道。字，別名。古時男子滿二十歲，行冠禮，另取一名，叫做字，以便朋友稱呼，因為對人直呼其名是不禮貌的。語本《老子．二五章》。㉟道可道二句　道，如果可以述說出來，就不是經久不變的道。語見《老子．一章》。

【語　譯】道，是萬物生成的原理，是萬理共同的依據。理，是形成物體的條理；道，是萬物所以成就的原理。所以說：「道，是綱紀萬物的。」萬物有規律，而不可以相侵迫。萬物有規律而不可以相侵迫，所以道管理著萬物並作為萬物的準則，而萬物仍各保持不同的規律，而仍總括在道裡面，所以不得不變化；不得不變化，所以沒有固定的型態；沒有固定的型態，因此死生任憑天生氣質的自然變化；所有的智慧自動發揮思考衡量的功能；所有的事物自然而興盛，自然而衰廢。天獲得了道，因而崇高無上；地獲得了道，因而含藏萬物；北斗星獲得了道，因而形成它的威望；日月獲得了道，因而維持永恆的光亮；五常獲得了道，因而維持固定的倫理地位；眾星獲得了道，因而端正它的行業；四季獲得了道，因而能控馭陰陽二氣的變化；軒轅獲得了道，因而能據有四方；赤松獲得了道，因而能與天地共其終始；聖人獲得了道，因而成就了禮樂制度。道，隨堯、舜而一樣睿智，隨接輿而一樣顛狂，隨桀、紂而一起滅亡，隨湯、武而一起昌盛。認為它近嗎？卻遠遊於四方極遠之處；認為它遠嗎？卻常在我們的身旁；認為它暗嗎？它的光芒卻非常的明亮；認為它明亮嗎？它的本身卻非常的幽暗。它的作用能夠成就天地，調和風雨；天地間的事物都靠它而完成。大抵道的實況，沒有定制，沒有形體，柔和軟弱，順隨時變，和萬物的法則相配合。萬物因為有了它而有死、有生；萬事因為有了它而有敗、有成。道，好比是水，溺水的人多喝了它就會死亡，口渴的人適度的喝了它，就能存活。道，又好比是刀劍，愚人拿來洩忿行兇，則災禍因而產生，聖人拿來誅暴除亂，則福祉因而造成。所以說：「獲得了道，因而死亡；獲得了道，因而生存；獲得了道，因而失敗；獲得了道，因而成功。」

人很少看過活的大象，卻曾發現一隻已死的大象的骨頭，於是就依據它的圖樣來想像活的大象的樣子，所以一般人所臆測料想的樣子，都叫做象。道，雖然不可聽見、看見，可是聖人掌握它顯露的功績而審視它的形狀。所以《老子》說：「這叫做沒有形狀的形狀，沒有物體的形象。」

理，是指方圓、短長、粗細、堅脆的分別，所以理表現為固定形體以後，才能夠加以說明。而理表現為固定形體以後，有存有亡，有死有生，有盛有衰。像萬物那樣一存一亡、忽而死忽而生、起初昌盛而後期衰落的情形，不可以叫做「常」。惟有與天地始分的時候一起發生，直到天地消散的時候仍不死不衰，才叫做「常」。所謂常，就是無所改變，也沒有定形。沒有定形，不處在固定的場所，因此是不可以說明的。聖人觀察它的幽遠虛無，運用它周而復始、極則復反的規律，勉強稱它為「道」，然後才可以用言語稱述，所以《老子》說：「道如果可以用言語來解說，便不是永久不變的道。」

人始於生，而卒於死。始之謂出，卒之謂入。故曰：「出生入死❶。」人之身三百六十節，四肢九竅❷，其大具❸也。四肢與九竅，十有三。十有三者之動靜，盡屬於生焉；屬之謂「徒」❹也。故曰：「生之徒，十有三❺。」至其死也，十有三具者，皆還而屬之於死，死之徒亦十有三。故曰：「生之徒，十有三；死之徒，十有三。」凡民之生，生而生者固動❻，動盡則損❼也；而動不止，是損而不止也。損而不止，則生盡。生盡之謂死，則十有三者皆為死死地❽也。故曰：「民之生，生而動，動皆之死地，亦十有三❾。」是以聖人愛❿精神而貴處靜。此甚大於兕虎⓫之害。夫兕虎有域⓬，動靜有時；避其域，省其時，則免其兕虎之害矣。民獨知兕虎之有爪角也，而莫知萬物之盡有爪角也，不免於萬物之害，何以論之？時雨降集，曠野閒靜，而以昏晨犯山川，則風露之爪角害之。事上不忠，輕犯禁令，則刑法之爪角害之。處鄉不節，憎愛無度⓭，則爭鬥之爪角害之。嗜欲無限，動靜不節，則痤疽⓮之爪角害之。好用其私智，而棄道理，則網羅⓯之爪角害之。兕虎有域，而萬害有原⓰；避其域，塞其原，則免於諸害矣。凡兵革⓱者，所以備害也。重生⓲者，雖入軍，無忿爭之心；無忿爭之心，則無所用救害之備。此非獨謂野處之軍也。聖人之遊世也，無害人之心。無害人之心，則必無人害；無人害則不備人，故曰：「陸行不遇兕虎。」入山不恃備以救害，故曰：「入軍不備甲兵⓳。」遠諸害⓴，故曰：「兕無所投其角，虎無所錯㉑其爪，兵無所容其刃。」不設備，而必無害。天地之道，理也；體天地之道，故曰：「無死地焉。」動無死地，而謂之「善攝生」㉒矣。

【注釋】❶出生入死　出世叫生，入地叫死。此下至「善攝生」所引，都見於《老子・五〇章》。❷九竅　指兩眼、兩耳、兩鼻孔、嘴、尿道、肛門。❸大具　猶言重要器官。❹徒　類。❺生之徒十有三　存活的一類共十三種。有，通「又」。按：此以九竅與四肢之和為十有三，王弼注「十有三」為「十分有三分」，「有」讀本字，與此不同。下文「死之徒十有三」情形一樣。❻生而生者固動　出生而能存活的，固然要活動。❼動盡則損　動而力盡，生命便受損。❽死死地　死於死地。❾民之生四句　今本《老子・五〇章》作「人之生，動之死地，亦十有三」，略有不同。❿愛　吝惜。⓫兕虎　兕和虎。兕，野獸名。似牛，青色，單角，皮堅厚。一說：即母犀牛。⓬域　地區；一定範圍內的土地。⓭憎愛無度　好惡沒有常度。憎，厭惡。⓮痤疽　毒瘡。⓯網羅　網和羅。皆捕鳥器，此喻法令。⓰原　通「源」。根源。⓱兵革　泛指武器。兵，械。革，去毛的獸皮。此指用獸皮製成的甲冑。⓲重生　保重生命。⓳入軍不備甲兵　進入敵軍，不須攜帶武器。備，具。甲兵，泛指武器。甲，戰衣。《老子・五〇章》作「入軍不被甲兵」。⓴遠諸害　遠離各種禍害。遠，遠離。㉑錯　通「措」。安置。㉒善攝生　善於養生。攝生，收攝精神，使不外馳。

【語譯】人的生命，始於出生，而終於死亡。生命開始叫做出，生命終了叫做入。所以《老子》說：「出世叫做生，入地叫做死。」人的身體，共有三百六十個骨節，四肢和九竅是它的重要器官。四肢和九竅合起來是十三個器官，這十三個器官的動靜，全都關聯於生命的生存。凡是相關聯的，叫做「徒類」。所以《老子》說：「屬於活的一類，共有十三個。」到了它死的時候，那十三具器官都反過來與死相關聯，於是死的一類也是十三個器官。所以《老子》說：「屬於活的一類，共有十三個；屬於死的一類，共有十三個。」大凡人的生命，出生而能存活的，固然能活動，活動而力氣竭盡，生命就會受到損害；如果活動不停，就等於損害不停。損害不停，則生命耗盡。生命耗盡叫做死，那麼十三個器官都是死於死地了。所以《老子》說：「人的生命，活的時候就動，動都趨向於死地，也是十三個。」因此聖人吝惜精神，而重視虛靜。不然，所遭禍患要比遇到犀牛和老虎還嚴重。那犀牛和老虎的活動，有一定的範圍，牠的活動和休息有一定的時間，只要避開牠活動的範圍，注意牠作息的時間，就可以避免犀牛和老虎的傷害了。一般人只知道犀牛和老虎有爪角，卻不知萬物都有爪角，終不免受到萬物的傷害，怎麼說呢？大雨滂沱，曠野安靜，而在清晨黃昏冒險登山臨水，那麼寒風、冷露的爪角就會傷害到他。替上級做事不忠，輕率地觸犯禁令，那麼刑罰、法令的爪角就會傷害到他。住在家鄉，不知克制，好惡沒有節度，那麼鬥爭的爪角就會傷害到他。嗜好和貪欲沒有限制，動靜又不適當，那麼毒瘡之類的病就會傷害到他。喜歡逞用個人的智計，而不顧道理，那麼暗中的陷阱就會傷害到他。犀牛和老虎都有固定的活動範圍，而各種傷害都有根源。避開牠活動的範圍，堵塞那禍害的根源，就可以避免各種傷害了。凡是兵器甲冑，都是用來預防傷害的。保重生命的人，雖然進入敵軍，卻沒有忿怒鬥爭之心；沒有忿怒鬥爭之心，就不需使用解救危害的設備。這不是只就駐紮在野外的軍隊說的。聖人處世，沒有害人之心；沒有害人之心，就一定沒有人會害他；沒有人害他，就不必防備別人，所以《老子》說：「走在陸地上不會遇到犀牛和老虎。」進入山裡不需靠設備來解救危害，所以《老子》說：「進入敵軍，不需攜帶武器。」可以遠離各種禍害，所以《老子》說：「犀牛無處衝刺牠的銳角，老虎無處施用牠的利爪，兵器無處容受它的鋒刃。」不需設置預防措施，卻保證沒有禍害。天地之道，就是理；體驗天地之道，所以《老子》說：「沒有足以致死的地方。」活動而沒有足以致死的地方，便稱它為「善於養生」了。

愛子者慈❶於子，重生者慈於身，貴功者慈於事。慈母之於弱子也，務致其福；務致其福，則事除其禍；事除其禍，則思慮熟；思慮熟，則得❷事理；得事理，則必成功；必成功，則其行之也不疑；不疑之謂勇。聖人之於萬事也，盡如慈母之為弱子慮也，故見必行之道；見必行之道，則其從事亦不疑；不疑之謂勇。不疑生於慈，故曰：「慈故能勇❸。」

周公曰：「冬日之閉凍❹也不固，則春夏之長草木也不茂。」天地不能常侈、常費❺，而況於人乎！故萬物必有盛衰，萬事必有弛張❻，國家必有文武，官治必有賞罰。是以智士儉用其財則家富，聖人愛寶其神則精盛❼，人君重戰其卒則民眾❽。民眾則國廣，是以舉之曰：「儉故能廣。」

凡物之有形者，易裁也，易割❾也。何以論之？有形則有短長，有短長則有小大，有小大則有方圓，有方圓則有堅脆，有堅脆則有輕重，有輕重則有白黑。短長、大小、方圓、堅脆、輕重、白黑之謂理；理定而物易割也。故議於大庭而後言則立，權議之士❿知之矣。故欲成方圓而隨其規矩，則萬事之功形矣。而萬物莫不有規矩，議言之士計會規矩也。聖人盡隨於萬物之規矩，故曰：「不敢為天下先。」不敢為天下先，則事無不事，功無不功⓫，而議必蓋世，欲無處⑫大官，其可得乎！處大官之謂為成事長⑬，是以曰：「不敢為天下先，故能為成事長⑭。」

慈於子者不敢絕衣食，慈於身者不敢離法度，慈於方圓者不敢舍⑮規矩。故臨兵而慈於士吏則戰勝敵，慈於器械則城堅固。故曰：「慈於戰則勝，以守則固⑯。」夫能自全也，而盡隨於萬物之理者，必且有天生⑰；天生也者，生心也⑱。天下之道，盡之生⑲也，若以慈衛之也。事必萬全，而舉無不當，則謂之「寶」矣。故曰：「吾有三寶，持而寶之⑳。」

【注釋】❶慈 愛。❷得 中；合。❸慈故能勇 因為慈愛，所以遇事能夠勇敢面對。語見《老子・六七章》。下文直至「吾有三寶，持而寶之」之引文，出處並同。❹閉凍 指冰雪封凍大地。❺常侈常費 經常奢侈浪費。❻弛張 比喻廢弛和振興。弛，放鬆弓弦。張，拉緊弓弦。❼愛寶其神則精盛 珍惜他的精神，則精神旺盛。愛，惜。寶，珍視。❽重戰其卒則民眾 不輕易派遣他的兵卒作戰，則人民加多。重，鄭重；不輕易。眾，多。❾割 制裁。❿權議之士 懂得權宜變化的人。⓫事無不事二句 猶言事無不為，功無不成。⓬處 居。⓭成事長 大事之長。指天下之首長。成，大。⓮不敢為天下先二句 今本《老子・六七章》作「不敢為天下先，故能成器長」。⓯舍 通「捨」。捨棄。⓰慈於戰則勝二句 《老子・六七章》作「夫慈，以戰則勝，以守則固」。於，以。⓱必且有天生 必將獲得天之救助而生存。天生，天救而生之（王先謙說）。⓲天生也者生心也 所謂天救而生之，其實是由於自己的善心而獲生。生心，生於心。意謂獲得生存是由於自心。⓳盡之生 盡其生；暢遂地完成其生命。之，其。⓴吾有三寶二句 《老子・六七章》作「吾有三寶，持而保之」。寶之，猶「保之」。寶、保通用。

【語譯】愛護子女的人，必然善待自己的子女；保重生命的人，必然善待自己的身體；崇尚功業的人，必然善待自己的事業。慈母對於弱小的子女，一心一意讓他獲得幸福；一心一意讓他獲得幸福，則凡事設法消除它的禍害；凡事設法消除禍害，則思想計慮成熟；思想計慮成熟，則合於事理；合於事理，則一定成功；一定成功，則他做起來一點兒也不猶豫；做事不猶豫，便叫做勇敢。聖人對於各種事情，都像慈母那般替弱小的子女謀慮，所以能看出所必遵行的法則；能看出所必遵行的法則，那麼他做起來也就不猶豫；做事不猶豫，就叫做勇敢。做事不猶豫是由慈愛之心產生出來的，所以《老子》說：「因為慈愛，所以才能勇敢。」

周公說：「冬天冰雪封凍大地，如果封凍得不堅固，那麼春夏兩季草木生長就不茂盛。」天地尚且不能經常奢侈，經常浪費，何況是人類呢？所以萬物一定有興盛有衰亡，萬事一定有廢弛有振興，國家一定有文事有武功，政治一定有獎賞有刑罰。因此聰慧的人節省錢財，則家庭富有；聖人珍惜精神，則精神旺盛；君主不輕易派兵作戰，則人民加多；人民加多，則國土廣大，因此《老子》提出此事說：「節儉，所以能夠廣大。」

凡是物體而有形狀的，容易支配，容易制裁。怎麼說呢？有形狀就有短長，有短長就有小大，有小大就有方圓，有方圓就有堅脆，有堅脆就有輕重，有輕重就有白黑。短長、大小、方圓、堅脆、輕重、白黑，這叫做理；理表現為固定的形體以後，物就容易制裁了。所以議論於大庭廣眾之中，若能在眾人議論之後才發言，則言論易於成立，懂得權宜變化的人知道這個道理。所以要想製作方形和圓形的物體，而能依據規矩，則各種事物的功效就顯現出來了。萬物沒有一樣沒有規矩，發表議論的人必須考慮它的規矩。聖人完全依循萬物的規矩，所以《老子》說：「不敢居於天下人的前頭。」不敢居於天下人的前頭，則做事沒有做不到的事，立功沒有立不成的功；而且議論一定超越世人，想不居高官，又怎麼可能呢？居高官叫做成為天下人的首長。因此《老子》說：「不敢居於天下人的前頭，所以能夠成為天下人的首長。」

善待子女的人不敢短缺子女的衣食，善待自己的人不敢違背法度，善待方圓的人不敢捨棄規矩。所以面臨戰事而善待官兵，則戰爭可以勝敵；善待武器則城池堅固。所以《老子》說：「仁慈，用於戰爭則勝利，用於防守則堅固。」那些能保全自己而又完全依循萬物之理的人，必將獲得天的救助而生存；所謂獲得天的救助而生存，其實是由於自己的善心而獲生。天下的道，就表現在暢遂地完成萬物的生命，就好像用愛心來保護它似的。事情一定有萬全的保障，而舉動無不恰到好處，就叫做「寶」了。所以《老子》說：「我有三種寶貴的東西，一定要好好的維持它、保護它。」

書之所謂「大道」也者，端道❶也；所謂「貌施」❷也者，邪道也；所謂「徑」也者，佳麗也❸；佳麗也者，邪道之分❹也。「朝甚除」也者，獄訟繁也❺。獄訟繁則田荒，田荒則府倉虛❻，府倉虛則國貧，國貧而民俗淫侈，淫侈則衣食之業絕，衣食之業絕則民不得無飾巧詐，飾巧詐則知采文，知采文之謂「服文采」❼。獄訟繁，倉廩❽虛，而有❾以淫侈為俗，則國之傷也，若以利劍刺之，故曰：「帶利劍。」諸夫飾智故❿以至於傷國者，其私家必富。私家必富，故曰：「資貨有餘。」國有若是者，則愚民不得無術而效之，效之則小盜生。由是觀之，大姦作則小盜隨，大姦唱則小盜和。竽也者，五聲之長者也；故竽先則鍾瑟皆隨，竽唱則諸樂皆和。今大姦作，則俗之民唱；俗之民唱，則小盜必和。故「服文采，帶利劍，厭⓫飲食，而資貨有餘者，是之謂盜竽⓬矣」。

【注釋】❶端道　正道。❷貌施　態度邪僻。貌，外貌。指外在的行徑、模樣。施，斜；邪。❸所謂徑也者佳麗也　所謂邪僻，指的是服飾華麗。徑，邪僻不正。佳麗，指服飾豔麗。❹邪道之分　猶言邪道之類。分，分位；名分。❺朝甚除也者

二句　所謂朝廷很汙濁，指的是訟案繁多。除，「汙」的借字（馬敘倫說）。❻府倉虛　府庫空虛。❼服文采　穿著華麗的衣服。❽倉廩　儲糧的倉庫。方形的叫倉，圓形的叫廩。❾有　又。❿智故　智巧。故，巧詐。⓫厭　通「饜」。飽足。⓬盜竽　猶言盜魁。竽，樂器名。其音為五聲之主，奏樂時，竽先而鐘瑟隨後，竽唱而諸聲皆和。

【語譯】《老子》書裡所說的「大道」，就是正道；所說的「態度邪辟」，就是邪道；所說的「邪辟」，就是指服飾華麗；服飾華麗，就是邪道之類了。所謂「朝廷很汙濁」，就是指訟案繁多；訟案繁多，則田園荒蕪；田園荒蕪，則倉庫空虛；倉庫空虛，則國家貧窮；國家貧窮，則民俗邪惡浮誇；民俗邪惡浮誇，則衣食的生計就會斷絕；衣食的生計斷絕，則人民不得不耍弄奇巧詐偽的手段；耍弄奇巧詐偽的手段，則懂得使用華麗的彩飾；懂得使用華麗的彩飾叫做「服用文采」。訟案繁多，倉庫空虛，而又以邪惡浮誇為風俗，那麼國家所受到的傷害，就像拿利劍來刺一樣。所以《老子》說：「佩帶利劍。」所有那些耍弄智巧以致於傷害國家的人，他們私家一定富有；私家一定富有，所以《老子》說：「財貨有餘。」國家有像這樣的情形，則無知的人民不得不想盡辦法來仿效它；仿效它，則小盜就產生了。由此看來，大姦產生，小盜就跟著起來；大姦倡導，小盜就跟著附和。竽，是五聲之中的主要腳色，所以竽首先演奏，而鐘和瑟也都跟著演奏；竽先倡導，而各種樂聲都應和起來。一旦大姦產生，則一般人民就起來倡導；一般人民起來倡導，則小盜一定附和。所以《老子》說：「穿著華麗的衣服，佩著銳利的寶劍，吃著豐盛的酒食，財貨多得用不完，這就叫做強盜頭兒。」

人無智愚，莫不有趨舍❶。恬淡平安，莫不知禍福之所由來。得於好惡，怵於淫物❷，而後變亂。所以然者？引於外物，亂於玩好也。恬淡有趨舍之義，平安知禍福之計。而今也玩好變之，外物引之，引之而往，故曰：「拔。」至聖人不然，一建其趨舍，雖見所好之物不能引，不能引之謂「不拔」。一於其情，雖有可欲之類，神不為動，神不為動之謂「不脫」。為人子孫者，體此道以守宗廟，宗廟不滅之謂「祭祀不絕」❸。身以積精為德，家以資財為德，鄉國天下皆以民為德。今治身，而外物不能亂其精神，故曰：「修之❹身，其德乃真。」真者，德之固也。治家者，無用之物不能動其計，則資有餘，故曰：「修之家，其德乃餘。」治鄉者，行此節，則家之有餘者益眾，故曰：「修之鄉，其德乃長。」治邦者，行此節，則鄉之有德者益眾，故曰：「修之邦，其德乃豐。」莅❺天下者，行此節，則民之生莫不受其澤，故曰：「修之天下，其德乃普❻。」修身者，以此別君子小人；治鄉、治邦、莅天下者，各以此科❼，適觀息耗❽，則萬不失一。故曰：「以身觀身，以家觀家，以鄉觀鄉，以邦觀邦，以天下觀天下。吾奚以知天下之然也，以此。」

【注釋】❶趨舍　指求福避禍。趨，朝向；歸向。舍，捨棄。❷得於好惡二句　受制於好惡，被誘於侈靡之物。得，中。怵，誘。❸祭祀不絕　《老子．五四章》作「祭祀不輟」。❹之　於。❺莅　臨治。❻普　遍；大。❼科　條。❽適觀息耗　仔細觀察生滅的道理。適，諦；仔細。息，生。耗，消盡。猶死亡。

【語譯】人，無論聰明、愚魯，無不懂得求福避禍。心靈淡泊寧靜，無不知道禍福的來源。受制於好惡，被誘於侈靡之物，然後思慮變亂。所以會這樣的原因，是被外物所引誘，被玩好所迷亂。心靈淡泊，就懂得趨避的道理；心靈寧靜，就知道禍福的計畫。而現在呢？玩好之物改變他，外物引誘他，拉著他走，所以《老子》稱之為「拔」。至於聖人就不是這樣，他一旦建立了趨捨的原則，雖然看見所喜歡的東西，也不被引誘；不被引誘，叫做「不拔」。聖人專一於心志，雖然有值得貪取的物類，精神也不受動搖；精神不受動搖，叫做「不脫」。做人子孫的人，體會這種道理，以持守宗廟，宗廟不會毀滅，這叫做「祭祀不斷」。自身以蓄積精神為有德，家庭以擁有資財為有德，鄉、國、天下以人民加多為有德。今修養自身而外物不能擾亂他的精神，所以《老子》說：「修養自身，他的德必定真實。」真實，就是德很牢固。治理家庭，無用的東西不能改變他的計畫，於是財貨有餘，所以《老子》說：「修養推及於一家，他的德必定寬裕。」治理一鄉，實行這種法度，則擁有餘財的家庭更多，所以《老子》說：「修養推及於一鄉，他的德必定長足。」治理一國，實行這種法度，則有德之鄉更多，所以《老子》說：「修養推及於一國，他的德必定豐盈。」臨治天下，實行這種法度，則人民的生活無不蒙受他的恩澤，所以《老子》說：「修養推及於天下，他的德必定博大。」修養自身的人，拿這一點來分別君子小人；治理一鄉、治理一國、治理天下的人，各據這種道理詳察消長，則萬無一失。所以《老子》說：「以我一身，觀察他人之身；以我一家，觀察其他各家；以我一國，觀察其他各國；以我現在的天下，觀察過去和未來的天下。我怎麼知道天下是如此的情形呢？就是靠這個方法。」

卷七

喻老

【題解】 喻老，就是用比喻的方式來說明老子的思想。所取《老子》經文，只是部分而非全部，次序也和今傳《老子》不同。

本篇主旨，在以具體的故事來說明老子的學說，使它更易於了解，更便於活用。

比喻有三個要素，即喻體、喻詞和喻依。以「江山如畫」為例，「江山」是喻體，「如」是喻詞，「畫」是喻依。本篇〈喻老〉，其喻體是老子的思想，喻依是具體的故事。

本篇與前篇〈解老〉向來被視為一體，胡適和容肇祖也都認為不是出於韓非之手。請參看〈解老〉的「題解」。

天下有道，無急患，則遽傳❶不用。故曰：「卻走馬以糞❷。」天下無道，攻擊不休，相守數年不已，甲冑生蟣蝨，鷰雀處帷幄❸，而兵不歸。故曰：「戎馬生於郊❹。」翟❺人有獻豐狐、玄豹❻之皮於晉文公❼，文公受客皮而歎曰：「此以皮之美自為罪。」夫治國者，以名號為罪，徐偃王是也❽；以城與地為罪，虞、虢是也❾。故曰：「罪莫大於可欲❿。」智伯兼范、中行而攻趙不已，韓、魏反之，軍敗晉陽⓫，身死高梁⓬之東，遂卒被分⓭，漆其首以為溲器⓮。故曰：「禍莫大於不知足⓯。」虞君欲屈產之乘⓰，與垂棘之璧⓱，不聽宮之奇⓲，故邦亡身死。故曰：「咎莫憯於欲得⓳。」邦以存為常⓴，霸王其可也；身以生為常，富貴其可也。不以欲自害，則邦不亡，身不死。故曰：「知足之為足矣㉑。」

【注釋】❶遽傳　驛馬車。遽，驛車。傳，驛車。❷卻走馬以糞　讓戰馬從疆場上退休，而用牠來耕田。卻，止息。走馬，善走的馬。指戰馬。糞，施肥於田。此指耕種。語見《老子・四六章》。❸甲冑生蟣蝨二句　戰衣生了蝨子，燕雀住在軍帳。甲，戰衣。冑，頭盔。蟣，蝨卵。鷰，同「燕」。處，居。帷幄，軍帳。帷，布幕。幄，形同房屋的大帳幕。❹戎馬生於郊　戰馬在郊野生產小馬。生，指母馬生產。語見《老子・四六章》。❺翟　通「狄」。古代北方種族名。❻豐狐玄豹　大狐、黑豹。豐，大。❼晉文公　春秋時晉國的國君，獻公之子，名重耳。獻公聽驪姬的讒言，殺世子申生，重耳出奔列國，凡十九年，獲秦之助，回國即位，於城濮之戰，擊敗楚國，遂繼齊桓公而霸諸侯。❽以名號為罪二句　因名號而獲罪，徐偃王就是例子。徐偃王，周穆王時徐國君主。徐國在漢水之東，方五百里。偃王好行仁義，共有三十六個小國向他朝貢，楚國害怕，出兵伐徐，滅之（見〈五蠹〉）。可見徐偃王乃因為仁義之名而獲罪被滅。❾以城與地為罪二句　因城邑和土地而獲罪，虞國和虢國就是例子。虞，周朝國名。周太王次子虞仲（仲雍）之封國，故城在今山西省平陸縣。虢，周朝國名。周武王弟虢仲的封國，故城原在今陝西省寶雞縣，及平王東遷，一支遷到上陽，稱南虢，故城在今河南省陝縣，一支遷到下陽，稱北虢，故城在今山西省平陸縣。晉獻公時，以垂棘的璧和屈地所產的馬為代價，向虞國借路以伐虢國，把虢國消滅以後，趁回軍時把虞國也給滅了。事見《左傳・僖公二年》、《左傳・僖公五年》。❿罪莫大於可欲　災禍沒有比值得追求的事物更大的。可欲，值得追求的事物。案：《老子》無此句。⓫智伯兼范中行三句　智伯與范氏、中行氏、韓氏、趙氏、魏氏為春秋時晉國的六卿，同掌國政，後來，晉滅范氏、中行氏，智伯與韓、趙、魏瓜分其土地，後智伯又聯合韓、魏攻趙襄子於晉陽，趙襄子反聯合韓、魏滅智伯。智伯，名瑤。晉陽，今山西省太原市。⑫高梁　春秋時晉地。今山西省臨汾縣東北。⑬遂卒被分　於是終於被瓜分。⑭漆其首以為溲器　漆他的頭骨做成溺器。溲，同「溲」。便溺。⑮禍莫大於不知足　災禍沒有比不知足更大的。語見《老子·四六章》。⑯屈產之乘　屈地所出產的馬。屈，地名。出產良馬。一說：屈產，地名。在今山西省石樓縣境。乘，一車四馬。此借指馬匹。⑰垂棘之璧　垂棘那個地方所出產的璧玉。垂棘，地名。待考。璧，中心有小圓孔的圓形玉。⑱宮之奇　春秋時虞國的大夫。晉獻公向虞國借道以伐虢時，宮之奇曾諫阻虞君，但未被接受。⑲咎莫憯於欲得　過咎沒有比貪得更大的。憯，通「慘」。慘重。語見《老子·四六章》。⑳常　常度。㉑知足之為足矣　知道滿足，就是完滿無缺了。足，滿足。《老子·四六章》作「知足之足，常足矣」。

【語　譯】天下太平，沒有緊急的災患，那麼驛馬車就派不上用場了。所以《老子》說：「讓戰馬從疆場上退休，而用來耕田。」天下混亂，攻戰不停，雙方僵持好幾年不肯罷手，戰衣上長出了蝨子，燕雀築巢在軍帳中，而兵士不得回家。所以《老子》說：「戰馬在郊野生產小馬。」有一個狄人送大狐、黑豹的皮給晉文公，文公接過客人所送的皮，然後感歎地說：「這大狐、黑豹因外皮的美麗而替自己帶來罪過。」治理國家的人，有的因名號而獲罪，徐偃王就是這樣；有的因城池和土地而獲罪，虞國和虢國就是這樣。所以說：「災禍沒有比值得追求的事物更大的。」智伯兼併范氏、中行氏而攻打趙氏不已，韓氏、魏氏起來背叛他，結果智伯的軍隊敗於晉陽，自己死在高梁的東方，土地也終被瓜分，趙襄子漆他的頭骨，做成溺器。所以《老子》說：「災禍沒有比不知足更大的。」虞國的國君想得到屈產那個地方所出產的馬，和垂棘那個地方所出產的璧，而不聽宮之奇的勸告，以致國家滅亡，自己喪命。所以《老子》說：「過咎沒有比貪得更嚴重的。」國家以能生存為常度，然後才可以進圖霸王之業；生命以能存活為常度，然後才可以追求富貴。不拿欲望來殘害自己，那麼國家不會滅亡，自己也不會喪命。所以《老子》說：「知道滿足，就是完滿無缺了。」

楚莊王既勝晉于河雍❶，歸而賞孫叔敖❷，孫叔敖請漢間之地❸、沙石之處。楚邦之法，祿臣再世而收地，惟孫叔敖獨在。此不以其邦為收者，瘠❹也。故九世而祀不絕❺。故曰：「善建不拔，善抱不脫，子孫以其祭祀，世世不輟❻。」孫叔敖之謂也。

【注釋】❶楚莊王既勝晉于河雍　事見《左傳・宣公十二年》。楚莊王，春秋楚穆王的兒子。初即位時，遊樂無度，後來幡然改圖，勤於政事，莊王十七年（西元前五九七年），終在邲（今河南省鄭縣）之戰，擊敗晉師，而為諸侯霸主。既，既然；已經。河雍，高誘注以為就是「邲」地。❷孫叔敖　春秋時楚人。莊王時為令尹，邲之戰，襄贊莊王打敗晉軍。❸漢間之地　漢水一帶的地方。按：《呂氏春秋・孟冬紀》、《淮南子・人間》、《列子・說符》都說孫叔敖死後，楚莊王才封其子於寢丘。寢丘，漢固始縣地，在今河南省沈丘縣東南。❹瘠　瘦。此指土地不肥沃。❺祀不絕　祭祀不斷。指封地得以長保，而孫叔敖永受子孫的奉祀。❻善建不拔四句　善於建立的，不會被拔掉，善於抱持的，不會脫落，子孫也因此而受到後世的祭祀，代代不停。善建，指善於建德。善抱，指善於抱道。輟，停止。語見《老子・五四章》。

【語譯】楚莊王既已打敗晉國於河雍，回國以後，賞孫叔敖，孫叔敖請求封在漢水一帶多沙石的地方。楚國法令規定，受封土地的臣子，傳兩代就要收回封地，只有孫叔敖一家封地還在。不收回他的封地的原因，是由於土地貧瘠。所以連續九代而祭祀不斷。所以《老子》說：「善於建立的，不會被拔掉；善於抱持的，不會脫落。子孫也因此而得以祭祀祖先，代代不絕。」孫叔敖可說就是這樣的例子了。

制在己曰重❶，不離位❷曰靜。重則能使❸輕，靜則能使躁。故曰：「重為輕根，靜為躁君❹。」故曰：「君子終日行，不離輜重❺也。」邦者，人君之輜重也。主父❻生傳其邦，此離其輜重者也。故雖有代、雲中❼之樂，超然❽已無趙矣。主父，萬乘之主，而以身輕於天下。無勢之謂輕，離位之謂躁，是以生幽❾而死。故曰：「輕則失根，躁則失君。」主父之謂也。

勢重者，人君之淵也。君人者，勢重於人臣之間，失則不可復得也。簡公失之於田成❿，晉公失之於六卿⓫，而邦亡身死。故曰：「魚不可脫於淵⓬。」賞罰者，邦之利器也，在君則制臣，在臣則勝君。君見賞，臣則損之以為德⓭；君見罰，臣則益之以為威⓮。人君見賞，而人臣用其勢；人君見罰，而人臣乘⓯其威。故曰：「邦之利器⓰，不可以示人。」

【注　釋】❶制在己曰重　制裁的權力操在自己叫做重。制，決斷；制裁。指權力。重，指有威嚴。❷離位　離開君位。指浮躁而大權旁落。❸使　役使。❹靜為躁君　寧靜是躁動的主帥。躁，輕浮；躁動。君，主宰。語見《老子·二六章》。❺輜重　載糧食、衣物的車子。因其累重，故稱。語見《老子·二六章》。❻主父　即趙武靈王。在位二十七年，即傳位於少子何，自稱主父，引起長子章的不滿，章作亂，失敗，逃往沙丘宮依主父，公子成、李兌率兵包圍沙丘宮，主父遂餓死。❼代雲中　皆戰國時趙地。代，今察哈爾省蔚縣東北。雲中，包括今山西省境內長城以北及綏遠省東部與南部。❽超然　遠離的樣子。❾幽　囚禁。❿簡公失之於田成　指田和篡齊。簡公，齊國國君。名壬，在位四年，為田常所弒。田成，即田常。《左傳》稱「陳恒」，為陳國公子完的後代，公子完因避難而逃至齊國，改姓田，子孫世代仕齊為卿，傳至田常，弒齊簡公，立平公，卒謚成子，及至田常之曾孫田和，遷齊康於海上，田和獲周天子允許，立為齊侯，是為齊太公。⓫晉公失之於六卿　晉國公室失落大權於六卿。指六卿分晉。六卿，指春秋時晉國的六個執政世卿。即智氏、范氏、中行氏、韓氏、趙氏和魏氏。

⓬魚不可脫於淵　魚不可脫離深水。比喻國君不可脫離權勢。語見《老子・三六章》。⓭君見賞二句　國君若表示要行獎賞，大臣就擅自扣減數量，分給他人，以示自己的恩德。見，表現；顯示。損，減。德，恩惠。⓮益之以為威　加重量刑，以示自己的威勢。益，增加。威，指權勢。⓯乘　趁機會；利用。⓰利器　銳利的器具。比喻威權。

【語譯】制裁的權力操在自己的手裡，叫做穩重；不輕易離開君位，叫做寧靜。穩重就能支配輕浮；寧靜就能駕馭躁動。所以《老子》說：「穩重是輕浮的根本，寧靜是躁動的主帥。」又說：「君子整天行走，卻不離開車子。」國家，就是君主的車子。趙主父在他健在的時候，把國家傳給他的兒子，這就是離開了車子。所以雖然曾有占領代和雲中的樂事，可是已經脫離權力，不能控有趙國了。主父是萬乘之國的君主，卻使自己在天下人之前陷於輕浮。沒有權勢叫做輕浮，離開君位叫做躁動，所以活活地被囚禁而致餓死。所以《老子》說：「輕浮就失掉根本，躁動就失掉主宰。」主父就是這個樣子。

權勢就是君主所賴以生存的深淵。做君主的人，權勢建立在人臣之間，一旦喪失，就不可能再得到它。齊簡公失落大權於田成；晉國的君主失落大權於六卿，而國家滅亡，自己喪命。所以《老子》說：「魚不可脫離深水。」獎賞和懲罰，是國家最有用的器具，掌握在君主手裡，就可以制裁臣子；掌握在臣子手裡，就可以克制君主。君主如果表示要行獎賞，大臣就擅自扣減數量，分給他人，以示自己的恩德。君主如果表示要施懲罰，大臣就擅自加重量刑，以示自己的威勢。君主表示要賞，臣子就利用君主的權勢；君主表示要罰，臣子就利用君主的威權。所以《老子》說：「國家的利器，不可以炫示於臣民。」

越王入宦於吳，而觀之伐齊以弊吳❶。吳兵既勝齊人於艾陵❷，張之於江、濟❸，強之於黃池❹，故可制於五湖❺。故曰：「將欲翕之，必固張之；將欲弱之，必固強之❻。」晉獻公❼將欲襲虞，遺❽之以璧馬；知伯❾將襲仇由❿，遺之以廣車[11]。故曰：「將欲取之，必固與之[12]。」起事於無形[13]，而要[14]大功於天下，是謂「微明」[15]。處小弱而重自卑損[16]之謂[17]「弱勝強」也。

【注釋】[1]越王入宦於吳二句　春秋晚期，吳王夫差伐越，越王句踐被圍困於會稽山，於是忍辱求和，親率其夫人及屬下數百人入吳，服事夫差，後被放回，乃臥薪嚐膽，生聚教訓，準備復仇，終於趁吳王伐齊的機會，一舉滅吳。宦，做人家的僕隸。觀，示。弊，疲困。[2]吳兵既勝齊人於艾陵　此事發生於吳王夫差十二年（西元前四八四年）。艾陵，春秋時齊地。故址在今山東省萊蕪縣東北。[3]張之於江濟　讓他擴張聲勢於長江和濟水一帶。張，擴大；伸張。江，長江。濟，濟水。發源於河南省濟源縣王屋山。[4]強之於黃池　讓他逞強於黃池。吳王夫差打敗齊國的後兩年（西元前四八二年），在黃池會見諸侯，而與晉定公爭做盟主，最後晉定公禮讓，吳王遂先歃血而如願以償。強，爭強；逞強。黃池，春秋時地名。在今河南省封丘縣西南。[5]故可制於五湖　吳王夫差北會諸侯於黃池的時候，越王句踐趁機入吳，虜其太子，吳王既歸，與越講和。吳王夫差二十三年（西元前四七三年），吳越決戰於太湖，吳敗，被滅。制，克服。五湖，太湖的別名。[6]將欲翕之四句　將要收縮他，必定先使他擴張，將要削弱他，必定先使他堅強。翕，收縮；閉斂。固，定；必然。語見《老子・三六章》。[7]晉獻公　名詭諸。武公之子，文公之父，在位二十六年。[8]遺　贈送。[9]知伯　即智伯。[10]仇由　春秋時國名。也作「仇猶」、「仇繇」、「厹由」，故址在今山西省盂縣東北。[11]廣車　大車。一說：兵車。[12]將欲取之二句　將要奪取他，必定先給與他。與，給。語見《老子・三六章》。[13]起事於無形　發動事情不著痕跡。起事，引發事端。無形，沒有形跡。[14]要　求；取。[15]微明　在事情隱微不顯時就看得很清楚。[16]卑損　謙卑抑減。[17]之謂　是謂；這叫做。

【語　譯】越王句踐進入吳國，臣事夫差，示意夫差攻打齊國，以使吳國疲困。吳國的軍隊在艾陵打敗了齊國以後，讓他擴張聲勢於長江和濟水一帶。又讓他逞強於黃池，所以可以把吳王制服於太湖。所以《老子》說：「將要收縮他，必定先使他擴張；將要削弱他，必定先使他堅強。」晉獻公將要襲擊虞國，先送他白璧駿馬；智伯將要襲擊仇由，先送他大車。所以《老子》說：「將要奪取他，必定先給與他。」發動事情，不著痕跡，而立大功於天下，這叫做「隱微而明顯」。自居於小弱的境地，而又能深自謙抑，這叫做「柔弱制勝剛強」。

有形①之類②，大必起於小；行久③之物，族④必起於少。故曰：「天下之難事，必作於易；天下之大事，必作於細⑤。」是以欲制物者，於其細也。故曰：「圖難於其易也，為大於其細也⑥。」千丈之隄，以螻⑦蟻⑧之穴潰⑨；百尺之室，以突⑩隙⑪之熛⑫焚。故白圭⑬之行隄⑭也，塞其穴；丈人⑮之慎火也，塗其隙⑯。是以白圭無水難，丈人無火患。此皆慎易以避難，敬細以遠大者也⑰。扁鵲⑱見晉桓公⑲，立有間⑳。扁鵲曰：「君有疾在腠理㉑，不治將恐深。」桓公曰：「寡人無疾。」扁鵲出，桓公曰：「醫之好治不病以為功㉒。」居㉓十日，扁鵲復見曰：「君之病在肌膚，不治將益深。」桓公不應。扁鵲出，桓公又不悅。居十日，扁鵲復見曰：「君之病在腸胃，不治將益深。」桓公不應。扁鵲出，桓公又不悅。居十日，扁鵲望桓公而還走，桓公故使人問之。扁鵲曰：「疾在腠理，湯熨之所及也㉔；在肌膚，鍼石㉕之所及也；在腸胃，火齊㉖之所及也；在骨髓，司命之所屬㉗，無奈何也！今在骨髓，臣是以無請也。」居五日，桓公體痛，使人索㉘扁鵲，已逃秦矣。桓公遂死。故良醫之治病也，攻之於腠理，此皆爭之於小者也。夫事之禍福，亦有腠理之地㉙，故聖人蚤從事㉚焉。

【注釋】❶有形　指有形體之物。❷類　種類。❸行久　歷時久遠。❹族　眾多。❺天下之難事四句　語見《老子・六三章》。作，興起。❻圖難於其易也二句　語見《老子・六三章》。圖，謀。❼螻　螻蛄。俗名土狗，體黃褐色，長約三、四公分，前肢成掌狀，利於掘地，雄者能鳴，晝居穴中，夜出飛翔，齧食植物的根。❽蟻　螞蟻。❾潰　被大水沖壞。❿突　煙囪。⓫隙　裂縫。⓬熛　火焰；火花迸飛。⓭白圭　戰國時人。名丹，字圭，善治水。見《孟子・告子下》。⓮行隄　巡視隄防。⓯丈人　老人。⓰塗其隙　塗塞煙囪的裂縫。⓱此皆慎易以避難二句　這都是謹慎於易事以避免難事，謹慎於小事以遠離大事的例子。敬，謹；慎重。遠，遠離。⓲扁鵲　戰國時名醫。姓秦，名越人，鄭（今河北省任丘縣）人，受秘方於長桑君，歷遊齊、趙，後入秦，為秦太醫令李醯所嫉，遇刺而死。扁鵲治病，首創以診脈法為主，造詣精深。⓳晉桓公　名頎。烈侯之子，又稱晉孝公。⓴有間　一會兒。㉑腠理　皮下肌肉之間的空隙和皮膚的紋理。腠，皮下肌肉之間的空隙。㉒醫之好治不病以為功　此當從《史記》作「醫之好利也，欲治不病以為功」，文意才完整。意謂：醫生的貪好財利，往往喜歡治療沒有病的人，作為自己的功勞。㉓居　停留。㉔湯熨之所及也　熱敷按摩所能奏效的地方。湯，同「燙」。猶今言熱敷。熨，用藥熱敷。㉕鍼石　用以治病的石針。鍼，「針」的本字。㉖火齊　清火的藥劑。齊，通「劑」。㉗司命之所屬　司命星所統屬的事情。意謂天命所決定的事情。司命，星名。有大司命、少司命。大司命主掌壽命，少司命主掌災咎。屬，統屬。㉘索　求；尋找。㉙腠理之地　指易於治理的餘地。地，餘地。此指緩衝的時間。㉚蚤從事　及早著手去處理。蚤，通「早」。從事，指採取對付之方策。

【語譯】具有形體的各種物類，大的一定由小的發展而成；歷經長久的事物，多的一定由少的積累而來。所以《老子》說：「天下的難事，一定發生於簡易；天下的大事，一定發生於細微。」因此想要制裁事物，要在細微的時候下手。所以《老子》說：「處理難事，要在它容易的時候；對付大事，要在它細微的時候。」千丈的長隄，因螻蛄與螞蟻的洞穴而崩潰；百尺的高樓，因煙囪罅縫的火花而燒燬。所以白圭巡視隄防，堵住它的洞穴；丈人防範火災，塗塞煙囪的裂縫。因此白圭沒有水患，而丈人沒有火災。這都是謹慎於簡單的事以避免難事，謹慎於小事以遠離大事的例子。扁鵲進見晉桓公，面對桓公站了一會兒。扁鵲說：「你有病，在皮下、肌肉之間的空隙和皮膚的紋理。不及時治療，恐怕會繼續深入。」桓公說：「我沒有病。」扁鵲退出以後，桓公說：「醫生貪好財利，往往喜歡治療沒有病的人，作為自己的功勞。」過了十天，扁鵲又進見，說：「你的病，已經進入肌肉，不治療將更加深入。」桓公不說話。扁鵲退出後，桓公又不高興。又過了十天，扁鵲又進見，說：「你的病，已侵入腸胃，若不治療，將更加深入。」桓公仍然沒有搭腔。扁鵲退出後，桓公又很不高興。又過了十天，扁鵲望見桓公，掉頭就走，桓公特地派人追問他。扁鵲說：「病在皮肉的空隙和紋理，還是熱敷按摩所能奏效的地方；病在肌肉，是石針所能奏效的地方；病在腸胃，則是清火的藥劑所能奏效的地方；至於病在骨髓，這是司命星所統屬的範圍，沒有辦法醫治了！現在，病已進入骨髓，所以我不再建議治療了。」過了五天，桓公身體疼痛，派人去找扁鵲，扁鵲已經逃往秦國了，桓公終於因此而死。所以良醫治病，趁病還在皮肉的空隙和紋理的時候就治療它，這都是爭取在病輕的時候治療。人事的禍福，也有像病在腠理時易於治療的餘地。所以聖人及早著手去處理它。

昔晉公子重耳出亡過鄭，鄭君不禮❶。叔瞻❷諫曰：「此賢公子也，君厚待之，可以積德。」鄭君不聽。叔瞻又諫曰：「不厚待之，不若殺之，無令有後患。」鄭君又不聽。及公子返晉邦，舉兵伐鄭，大破之，取八城焉。晉獻公以垂棘之璧，假道於虞而伐虢❸。大夫宮之奇諫曰：「不可。脣亡而齒寒❹，虞、虢相救，非相德❺也。今日晉滅虢，明日虞必隨之亡。」虞君不聽，受其璧而假之道。晉已取虢，還反滅虞。此二臣者，皆爭於腠理❻者也，而二君不用也。然則叔瞻、宮之奇亦虞、鄭之扁鵲也，而二君不聽，故鄭以破、虞以亡。故曰：「其安，易持也，其未兆，易謀也❼。」

【注釋】❶晉公子重耳二句　事見《左傳．僖公二十三年》。晉公子重耳，即晉文公。因驪姬之讒，出奔列國，共十九年，終獲秦穆公之助而回國即位。亡，逃。鄭君，指鄭文公。名踕，厲公之子，穆公之父，在位四十五年。❷叔瞻　春秋時鄭國的大夫。《左傳》、《史記》作「叔詹」。❸晉獻公以垂棘之璧二句　事見《左傳．僖公二年》、《左傳．僖公五年》。垂棘，地名。待考。假道，借路。❹脣亡而齒寒　比喻虢國亡了，虞國就受到威脅。亡，失。而，則。❺相德　互施恩德。❻爭於腠理　比喻搶救於危機初現的時候。腠理，指病在腠理，症候尚輕。❼其安四句　語見《老子．六四章》。未兆，尚未出現徵象。

【語譯】從前晉公子重耳出外逃亡，經過鄭國，鄭文公沒有用應有的禮貌接待他。大夫叔瞻勸他說：「他是位賢明的公子，君主優厚地接待他，可以蓄積美德。」鄭文公不聽。叔瞻又勸說：「不優厚地接待他，不如殺他，不要留下後患。」鄭文公還是不聽。等到公子回到晉國，即位為君，於是起兵討伐鄭國，把鄭國打得大敗，占領了八個城邑。晉獻公用垂棘所產的璧玉為代價，向虞國借路，以攻打虢國。虞國大夫宮之奇勸他的君主說：「不可以！嘴唇缺了，牙齒就受寒，虞國和虢國互相救援，不是互施恩惠。今天晉國把虢國消滅了，明天虞國一定跟著滅亡。」虞國的君主不聽，乃接受晉國的璧玉，而把道路借給晉使用。後來晉國攻下了虢國，趁回師的時候滅掉了虞國。這兩個臣子，都是搶救國難於危機初現的時候，就好像病在腠理，症候尚輕的時候便加以治療；然而鄭、虞二國的君主卻不採納。如此說來，叔瞻和宮之奇也就等於是鄭、虞二國的扁鵲了；然而鄭、虞二國的君主卻不聽信，以致鄭國因此而被打敗，虞國被滅亡。所以《老子》說：「安定的狀況，容易保持；未見徵兆的事情，容易籌謀。」

昔者，紂為象箸，而箕子怖❶：以為象箸必不加於土鉶❷，必將犀玉之杯❸，象箸玉杯，必不羹菽藿❹，則必旄象豹胎❺；旄象豹胎，必不衣短褐❻而食於茅屋之下，則必錦衣九重❼、廣室高臺。吾畏其卒❽，故怖其始。居五年，紂為肉圃⑨，設炮烙⑩，登糟丘⑪，臨酒池⑫，紂遂以亡。故箕子見象箸以知天下之禍。故曰：「見小曰明⑬。」

句踐入宦於吳，身⑭執干戈，為吳王洗馬⑮，故能殺夫差於姑蘇⑯。文王見詈於王門⑰，顏色不變⑱，而武王擒紂於牧野⑲。故曰：「守柔曰強⑳。」越王之霸也不病宦㉑，武王之王也不病詈㉒。故曰：「聖人之不病也，以其不病，是以無病也㉓。」

【注釋】❶紂為象箸二句　紂王使用象牙筷子，箕子就開始憂懼。紂，商朝最後一個君主。沉溺酒色，暴虐無道，以致眾叛親離，周武王聯合諸侯討伐他，自焚而死。象箸，象牙做的筷子。箸，筷子。箕子，名胥餘。紂王的叔父，封於箕（今山西省榆社縣境），子爵，故稱箕子，見紂王荒淫無道，屢加諫止，而紂王不聽，乃假裝為瘋子，結果遭紂王囚禁。怖，恐懼；害怕。❷土鉶　陶製的食器。鉶，盛羹的器具。形狀像鼎。❸必將犀玉之杯　一定要用硬玉製的杯器。將，用。犀玉，堅玉。杯，盛羹的器具。❹不羹於菽藿　不用菽藿作羹。羹，調味的湯。菽藿，指粗劣的菜。菽，豆類的總稱。藿，豆葉。❺旄象豹胎　旄牛、大象、豹子的幼胎。旄，旄牛，又稱犛牛。背、膝、頸、尾都有長毛。❻衣短褐　穿粗布衣服。衣，穿著。短褐，也作「裋褐」。粗布衣。❼九重　指深邃的宮庭。古代天子之門九重，形容宮院非常的深邃。❽卒　終；結局。❾肉圃　肉林。懸掛肉類如林。❿炮烙　應作「炮格」。即設銅格以烤肉類的設施，後來用以炙人，則成為刑具。此指飲食奢侈之事。⓫糟丘　積酒糟而成的小丘。糟，酒滓。⓬酒池　積酒而成的池子。⓭見小曰明　能洞見機微叫做明。語見《老子・五二章》。⓮身　親身；親自。⓯洗馬　先馬；前馬。在馬前開路。洗，通「先」。⓰姑蘇　山名。在今江蘇省吳縣西南，也作「姑胥」、「姑餘」。後也指吳縣。⓱文王見詈於王門　文王被罵於玉門。文王，周文王。姓姬，名昌，武王之父。詈，罵。王，古「玉」字。一說：文王被繫於玉門。詈，「羈」之誤。⓲顏色不變　臉色不改。形容非常鎮定。⓳牧野　地名。在今河南省淇縣南，即商紂王的國都朝歌附近。⓴守柔曰強　能夠持守柔弱才算是強。語見《老子・五二章》。㉑不病

宧　不以做人僕隸為恥。病，恥。宧，做僕隸。㉒不病詈　不以被責罵為恥。詈，罵。㉓聖人之不病也三句　聖人是沒有恥辱的，因為他認為那不是恥辱，所以沒有恥辱。按：《老子．七一章》作「聖人不病，以其病病，是以不病」。

【語譯】從前，商紂王使用象牙筷子，箕子就開始憂懼：認為象牙筷子一定不用在陶製的食器，而一定要用硬玉製的杯子；既用象牙筷子和玉質杯子，一定不用豆類的菜來作羹，而一定要用旄牛、大象和豹子的幼胎；既用旄牛、大象和豹子的幼胎，那麼一定不穿粗布衣服而生活於茅屋之下，而一定要穿錦繡的衣服，住深邃的庭院、廣大的宮室、高大的樓臺。我害怕他的結局，所以一開始就恐懼。過了五年，紂王便擺置肉林，陳設銅格烤肉，登上由酒糟積累而成的小丘，面對酒池暢飲，紂王就因此而亡國。箕子看到象牙筷子，便預知天下會有大禍。所以《老子》說：「能洞見幾微叫做明。」

越王句踐到吳國服事吳王夫差，親手拿著兵器，替吳王開道，所以終能殺夫差於姑蘇。周文王在玉門被囚繫，臉色不變，若無其事，所以武王終在牧野生擒紂王。所以《老子》說：「能夠持守柔弱，才算是強。」越王句踐所以能稱霸諸侯，是由於他不以做人僕隸為恥；周武王所以能稱王天下，是由於他不以被囚繫為恥。所以《老子》說：「聖人是沒有恥辱的，因為他認為那不是恥辱，所以沒有恥辱。」

宋之鄙人❶，得璞玉❷而獻之子罕❸，子罕不受。鄙人曰：「此寶也，宜為君子器，不宜為細人用。」子罕曰：「爾以玉為寶，我以不受子玉為寶。」是鄙人欲玉，而子罕不欲玉。故曰：「欲不欲，而不貴難得之貨❹。」王壽負書而行，見徐馮於周❺。徐馮曰：「事者，為也，為生於時，時者無常事。書者，言也，言生於知，知者不藏書。今子何獨負之而行？」於是王壽因焚其書而儛❻

之。故知者不以言談教，慧者不以藏書學。此世之所過也，而王壽復❼之，是學不學也。故曰：「學不學，復歸眾人之所過也❽。」

【注釋】❶鄙人　粗俗的人；沒有知識的人。❷璞玉　未經人工雕琢的玉石。❸子罕　春秋時宋國的賢大夫。姓樂，名喜，字子罕，官司城，故又稱司城子罕。❹欲不欲二句　希求無欲，不看重難得的財貨。語見《老子・六四章》。❺王壽負書而行二句　王壽背著書包而行，到周地拜訪徐馮。王壽、徐馮，皆戰國時人。負，背。周，指東周王畿之地。今河南省洛陽附近一帶。❻儛　同「舞」。❼復　回到原本。❽學不學二句　所要學的就是無所學，又回到眾人所認為過錯的地方。語見《老子・六四章》，惟今本《老子》無「歸」字。

【語譯】宋國有個鄉下俗夫，獲得一塊未經雕琢的玉石，他把它獻給大夫子罕，子罕不肯接受。那位鄉下人說：「這是珍寶啊！應該是君子所使用的器物，不應讓小人使用。」子罕說：「你把玉當作珍寶，我是把不接受你的玉的節操當作珍寶。」這表示鄉下俗夫愛玉，而子罕不愛玉。所以《老子》說：「希求無欲，不看重難得的財貨。」王壽背著書包而行，到成周拜訪徐馮。徐馮說：「事業，是人作為的表現，作為是由時機產生的，時機是沒有固定不變的事態的。書籍，記載的是言論，言論產生於智慧。有智慧的人不需保藏書籍。現在，你為什麼獨自背著書包而行呢？」王壽因而把他的書籍燒掉，很高興地手舞足蹈。所以聰明的人不拿言談來教導別人，智慧的人不用靠藏書來學習。這正是世人所認為錯誤的地方，然而王壽卻照那樣去做，這就是學習別人所不肯學的。所以《老子》說：「學習別人所不肯學的，又回到眾人所認為過錯的地方去。」

夫物有常容，因乘以導之❶。因隨物之容，故靜則建乎德❷，動則順乎道。宋人有為其君以象為楮葉❸者，三年而成，豐殺莖柯❹，毫芒繁澤❺，亂之楮葉之中❻，而不可別也。此人遂以巧食祿❼於宋邦。列子❽聞之曰：「使天地三年而成一葉，則物之有葉者寡矣。」故不乘❾天地之資，而載❿一人之身；不隨道理之數⓫，而學一人之智，此皆一葉之行⓬也。故冬耕之稼，后稷不能羨也⓭；豐年大禾，臧獲不能惡也⓮。以一人力，則后稷不足；隨自然，則臧獲有餘。故曰：「恃萬物之自然，而不敢為也⓯。」

【注釋】❶夫物有常容二句　萬物有固定的容態，要隨順它的容態而引導它。容，形貌。因，依。乘，藉。❷建乎德　養成美德。建，立；培養。❸以象為楮葉　用象牙做成楮樹的葉子。象，象牙。楮，落葉灌木，桑科，高二～五公尺，樹皮可以造紙。❹豐殺莖柯　使葉柄和小枝呈現適當的大小。豐殺，肥瘦。豐，大。殺，減少。莖，葉柄。柯，小枝。❺毫芒顏澤　葉毛和葉色。顏澤，葉面的色澤。❻亂之楮葉之中　雜在楮葉當中。亂，雜。之，於。❼食祿　享受俸祿。❽列子　即列禦寇。戰國初鄭國人，學宗老子，著有《列子》。❾乘　憑藉；順任。❿載　施行。⓫道理之數　指自然法則的定數。數，定數；命運。⓬行　做法。⓭冬耕之稼二句　冬天所耕種的農作物，縱使是后稷也不能使它豐美。稼，禾已結實而在野未收者。泛稱農作物。后稷，堯時農官。名棄，為周朝天子的遠祖。后，司理。⓮豐年大禾二句　豐年禾苗長得碩大，縱是奴婢去耕作，也不會收成不好。臧獲，奴婢的賤稱。指智能低劣的人。⓯恃萬物之自然二句　依賴萬物的自然發展，而不敢做作。今本《老子．六四章》作「以輔萬物之自然而不敢為也」。

【語譯】萬物有固定的容態，要隨順它的容態而引導它。由於隨順萬物的容態，所以靜定則能養成美德，行動則能順應天道。宋國有個人，替他的國君用象牙做成楮樹的葉子。三年之後完成，葉子和小枝呈現與原物相當的大小，葉毛和葉色都非常逼真，把它混雜在真正的楮葉中，不能分出真假。這個人就以手工精巧而領受俸祿於宋國。列子知道了這件事，說：「假使天地三年才長成一片葉子，那麼萬物中有葉子的就很少了！」

所以不憑藉天地的自然資源，而任用一個人的力量；不依隨自然法則的定數，而學習一個人的智慧，這都是三年才雕成一葉的做法。所以在冬天種植農作物，縱使是后稷，也不能使它豐美；豐年禾苗長得碩大，縱使是奴婢去耕作，也不會收成不好。可見只憑一個人的能力，那麼后稷也會感到不夠；依隨自然的變化，那麼奴婢也將覺得綽有餘力。所以《老子》說：「依賴萬物的自然發展而不敢做作。」

空竅者，神明之戶牖也❶。耳目竭❷於聲色，精神竭於外貌，故中無主❸；中無主，則禍福雖如丘山，無從識之。故曰：「不出於戶，可以知天下；不闚於牖，可以知天道❹。」此言神明之不離其實❺也。

趙襄主學御於王於期❻，俄而❼與於期逐❽，三易馬而三後❾。襄主曰：「子之教我御，術未盡也。」對曰：「術已盡，用之則過也。凡御之所貴，馬體安於車，人心調於馬，而後可以追速致遠❿。今君後，則欲逮⓫臣，先，則恐逮於臣。夫誘道爭遠⓬，非先則後也，而先後心皆在於臣，尚何以調於馬？此君之所以後也。」

白公勝慮亂⓭，罷朝⓮，倒杖策，而銳貫頤⓯，血流至於地而不知。鄭人聞之曰：「頤之忘，將何不忘哉⓰！」故曰：「其出彌遠者，其知彌少⓱。」此言智周⓲乎遠，則所遺⓳在近也。是以聖人無常行⓴也。能並知㉑，故曰：「不行而知㉒。」能並視㉓，故曰：「不見而明㉔。」隨時以舉事㉕，因資而立功㉖，用萬物之能，而獲利其上㉗，故曰：「不為而成㉘。」

【注　釋】❶空竅者二句　孔竅是精神的門戶。空竅，指耳目口鼻。空，孔。竅，穴。神明，精神。戶，單扇門。牖，窗。❷竭　盡。❸中無主　心中沒有主宰。中，同「衷」。心。❹不出於戶四句　語見《老子・四七章》。窺，從內往外看。❺神明之不離其實　神明不離開形體。指精神不被外物所引誘。實，指身體、形骸。❻趙襄主學御於王於期　趙襄子向王良學駕車馬。趙襄主，即趙襄子。名毋恤，趙簡子之子。御，駕車馬。王於期，即王良。善御。❼俄而　須臾；不久。❽逐　競走；比快。❾三易馬而三後　三次換馬而三次落後。❿馬體安於車三句　馬的身體適合於車輛，人的心思配合於馬的行動，然後才能追得快、跑得遠。安，安適。調，和諧。⓫逮　及；趕上。⓬誘道爭遠　引導爭先。誘道，指控勒馬匹。誘，引。道，同「導」。⓭白公勝慮亂　白公勝心裡想著作亂的事。白公勝，楚平王之孫，太子建之子。伍員（子胥）和太子建逃往鄭國，鄭人殺太子建，伍員偕勝逃往吳國，後楚惠王召勝回國，住在楚國邊境，號白公，白公勝請伐鄭，以報父仇，恰逢晉伐鄭，而楚命子西救鄭，白公勝大怒，因而作亂，結果為葉公子高所敗，逃到山裡自殺。慮，謀慮；計畫。⓮罷朝　退朝。朝，古代君主聽政的地方。⓯倒杖策二句　倒持馬箠，而箠端的尖針刺進臉頰。杖，持。策，馬箠；馬鞭。銳，尖銳。此指策端的針，用以刺馬。貫，穿過。頰，頤；下頷。⓰頰之忘二句　自己的下頷都忘了，還有什麼不忘的呢。之，是。⓱其出彌遠者二句　出戶越遠的人，他所知道的事理越少。彌，越。語見《老子・四七章》。⓲周　周密；周遍。⓳遺　遺漏；忽略。⓴常行　永遠不變的行為。㉑並知　指兼知遠近。㉒不行而知　不遠行而知天下的事理。語見《老子・四七章》。㉓並視　指兼見遠近。㉔不見而明　不觀察外界而明瞭自然的法則。語見《老子・四七章》。㉕隨時以舉事　乘適當時機而行事。舉，行。㉖因資而立功　憑藉自然的資源，以建立功績。因，依憑。資，即前文「天地之資」。㉗獲利其上　猶言獲利於其中。㉘不為而成　不造作施為，就可以成功。語見《老子・四七章》。

【語　譯】孔竅，是精神的門戶。耳目的作用耗盡在聲色上，精神的作用耗盡在外貌上，所以心中沒有主宰。心中沒有主宰，那麼禍福雖然像丘山那樣大而明顯，也無從識別。所以《老子》說：「不出戶外，就可以知道天下的事理；不看窗外，就可以明瞭自然的法則。」這是說，人的神明不離開形體。

趙襄子向王良學駕車。學了不久，便和王良比賽，結果趙襄子三次換馬而三次落後。襄子歎道：「你教我駕車，技術沒有全部教給我。」王良答說：「技術已經教完了，只是你應用得不當。大凡駕車的要訣是：馬的身體適合於車輛，人的心思要配合馬的行動，然後才能追得快、跑得遠。現在，你一落後，就想趕上我；若領先，又怕我追上。其實在路上奔馳爭先，不是領先，就是落後，然而你不論是領先或落後，你的心都在我身上，那怎麼還能如意地調節馬的行動呢？這就是你落後的原因了。」

白公勝打算作亂，退朝時，倒持馬鞭，而鞭端的尖針刺進下巴，鮮血流到地上而不知覺。鄭國人知道了這件事，說：「自己的下巴都忘了，還有什麼不忘的呢？」所以《老子》說：「出戶越遠的人，他所知道的事理就越少。」這是說，智計周密地用在遠方的事物，那麼所忽略的就在近處了。所以聖人沒有永遠不變的行為。能夠兼知遠近，所以《老子》說：「不遠行而知天下的事理。」能夠兼見遠近，所以《老子》說：「不觀察外界而明瞭自然的法則。」乘適當時機而行事；憑藉自然的資源，以建立功績；利用萬物的性能，而從中獲得利益。所以《老子》說：「不造作施為就可以成功。」

楚莊王莅政❶三年，無令發，無政為也。右司馬御座❷，而與王隱❸曰：「有鳥止南方之阜❹，三年不翅❺，不飛不鳴，嘿然❻無聲，此為何名？」王曰：「三年不翅，將以長羽翼；不飛不鳴，將以觀民則❼。雖無飛，飛必沖天❽；雖無鳴，鳴必驚人。子釋之，不穀知之矣❾。」處❿半年，乃自聽政，所廢者十，所起者九⓫，誅大臣五，舉處士⓬六，而邦大治。舉兵誅齊，敗之徐州⓭，勝晉於河雍⑭，合諸侯於宋⑮，遂霸天下。莊王不為小善，故有大名；不蚤見示⑯，故有大功。故曰：「大器晚成，大音希聲⑰。」

【注釋】❶莅政　臨朝聽政；即位為君。莅，臨。也作「蒞」、「涖」。❷右司馬御座　右司馬侍立於君主座旁。右司馬，官名。御，侍。按：《呂氏春秋・重言》、《史記・楚世家》、《新序・雜事二》皆記此事，而人物不同，分別為成功賈、伍舉、士慶。《史記・滑稽列傳》所記淳于髡說齊威王，亦與此相近。❸隱　通「讔」。讔語；謎語。❹阜　土山；丘陵。❺不翅　不飛。翅，舉翅而飛。❻嘿然　默然。嘿，同「默」。閉口不言。❼民則　人民遵守法則的情形。猶言民風。❽雖無飛二句　不飛則已，一飛就直升雲天。雖，通「唯」。無飛，不飛。沖，上飛；上升。❾子釋之二句　你停止，我已經知道了。釋，放；置而不言。不穀，不善。古時國君自稱的謙詞。穀，善。❿處　居。⓫所廢者十二句　所罷黜的共十人，所起用的共九人。廢，罷黜。⓬處士　未出仕的讀書人。⓭舉兵誅齊二句　按：據《史記・六國年表》，楚威王七年（西元前三三三年），圍齊於徐州。此以楚威王時事誤作楚莊王時事。誅，討伐。徐州，即舒州。今山東省滕縣東南薛城。徐，應作「俆」。⓮勝晉於河雍　事見《左傳・宣公十二年》。⓯合諸侯於宋　楚莊王二十年（西元前五九四年），圍宋，宋城中糧食已盡，元帥華元出城以實情相告，莊王遂與訂盟，退兵而去，未聞與諸侯會盟於宋之事。合，會。指會盟。⓰不蚤見示　不肯及早表現自己的心意。蚤，通「早」。見，通「現」。⓱大器晚成二句　最大的器物沒有定形，最大的聲音沒有聲音。晚，借為「免」。莫；無。成，完成。引申為固定。一說：晚成，經長期而後成。語見《老子・四一章》。

【語譯】楚莊王即位三年，沒有一項政令發布，也沒有一項政事處理。有一天，右司馬侍立在旁，與莊王打謎語，說：「有一隻鳥棲息在南方的一個小土丘上，三年不展翅，不飛，也不叫，靜默無聲，這叫做什麼鳥呀？」莊王說：「三年不展翅，是要讓翅膀和羽毛長大長壯；不飛不叫，是要觀察人民行為的法則。不飛則已，一飛則直升雲天；不叫則已，一叫必定驚動別人。你不要說，我已經知道了。」過了半年，於是親自處理政事，被罷黜的官吏有十人，被擢升的有九人，懲罰五個大臣，起用六個處士，於是國家大治。起兵征伐齊國，在徐州打敗齊兵，在河雍擊潰晉軍，在宋國會盟諸侯，終於稱霸天下。莊王不肯做細微的善事，因此享有盛名，不肯及早表現自己的心意，因此建立大功。所以《老子》說：「最大的器物，要經長期而後完成；最大的聲音是沒有聲音。」

楚莊王❶欲伐越，莊子❷諫曰：「王之伐越，何也？」曰：「政亂兵弱。」莊子曰：「臣患智之如目也，能見百步之外，而不能自見其睫❸。王之兵，自敗於秦、晉，喪地數百里，此兵之弱也。莊蹻❹為盜於境內，而吏不能禁，此政之亂也。王之亂弱，非越之下也，而欲伐越，此智之如目也。」王乃止。故知之難，不在見人，在自見。故曰：「自見之謂明❺。」

子夏❻見曾子❼，曾子曰：「何肥也？」對曰：「戰勝，故肥也。」曾子曰：「何謂也？」子夏曰：「吾入見先王之義則榮之❽，出見富貴之樂又榮之，兩者戰於胸中，未知勝負，故臞❾。今先王之義勝，故肥。」是以志之難也，不在勝人，在自勝也。故曰：「自勝之謂強❿。」

【注釋】❶楚莊王　按：楚莊王為春秋時人，下文莊子為楚威王時人，莊蹻為楚頃襄王時人，時代俱不相當，不必拘看。❷莊子　名周。戰國時蒙（今河南省商丘縣東北）人，曾為漆園吏，相傳楚威王聞其名，厚幣迎之，許以為相，辭不就，著書十餘萬字，多屬寓言，主要推闡老子自然無為之旨，以追求內心世界的逍遙自適。❸睫　睫毛；上下眼皮邊上的細毛。❹莊蹻　楚莊王的後裔。頃襄王時，率兵循長江而上，攻占巴、蜀、黔中，直至滇池，欲班師返楚，恰逢秦兵奪取巴、黔中郡，路途受阻，遂據滇稱王。漢武帝時，滇王始與漢通。後漢時，以其地為益州郡。❺自見之謂明　能夠看清自己，叫做清明。《老子・三三章》作「自知者明」。❻子夏　姓卜。名商，字子夏，春秋時衛人，孔子弟子，比孔子小四十四歲，擅長六藝之學，尤長於《詩》。孔子死後，子夏講學於西河，為魏文侯師。❼曾子　名參。字子輿，春秋時魯南武城人，孔子弟子，比孔子小四十六歲，天性質魯，而事親至孝，悟孔子一貫之旨，其學傳與子思，子思再傳於孟子，後世稱為宗聖。❽榮之　以之為榮；引以為光榮。❾臞　肉少；瘦。通「癯」。❿自勝之謂強　能夠戰勝自己叫做強。《老子・三三章》作「自勝者強」。

【語譯】楚莊王將要攻打越國，莊子勸他說：「大王攻打越國，為的是什麼呢？」莊王說：「因為越國政治混亂，兵力衰弱。」莊子說：「我替你擔心的是智力像眼睛一樣，能看到百步以外，卻看不到自己的睫毛。大王的軍隊自從被秦、晉兩國打敗，喪失好幾百里的土地，這是兵力的衰弱。莊蹻在國內做盜賊，而官吏不能禁止，這是政治的混亂。大王統治下的楚國，其政亂兵弱，不在越國之下，卻要攻打越國，這就是智力像眼睛一樣啊！」莊王於是取消這個計畫。可見知的困難，不在看清他人，而在看清自己。所以《老子》說：「能夠看清自己，這叫做清明。」

子夏去拜訪曾子。曾子說：「怎麼發胖了呢？」子夏答說：「因為戰勝，所以胖了。」曾子說：「是什麼意思？」子夏說：「我回來看見先王所垂示的仁義，就認為那是光榮的；出外看見富貴的快樂，又覺得那也是光榮的，兩種觀念在胸中交戰，還分不出勝敗，所以瘦下來。現在，先王所垂示的仁義勝利了，所以就胖了。」因此意志的困難，不在戰勝別人，而在戰勝自己。所以《老子》說：「能夠戰勝自己，這叫做強。」

周有玉版❶，紂令膠鬲索之❷，文王不與❸；費仲❹來求，因予之。是膠鬲賢，而費仲無道也。周惡賢者之得志也，故予費仲。文王舉太公於渭濱❺者，貴之也；而資❻費仲玉版者，是愛之也。故曰：「不貴其師，不愛其資，雖知大迷，是謂要妙❼。」

【注釋】❶玉版　刊刻文字的白石版。❷紂令膠鬲索之　紂王命令膠鬲求討它。膠鬲，紂王的賢臣。遭紂之亂，隱遁經商，周文王在販賣魚鹽的市場中發現他，遂舉以為臣。索，求；討。❸不與　不給。❹費仲　紂王的佞臣。諂媚好利。周文王被囚於羑里，周臣以美女珍寶賂費仲，文王因而獲釋。❺文王舉太公於渭濱　文王識拔姜太公於渭水的岸邊。舉，起用。太公，周東海人。本姓姜，名尚，其先人封於呂，又以呂為氏，稱呂尚，字子牙。晚年隱於渭水之濱，文王出獵，與他相遇，相談甚歡，並說：「吾太公望子久矣！」因號太公望，立為師。後輔佐武王克殷，封於齊，遂為齊國之祖。渭水，黃河支流之一。發源於甘肅省渭源縣西鳥鼠山，東南流入陝西省境，復東流，橫越陝西省中南部，於潼關入黃河。濱，水邊。❻資助；供給。❼不貴其師四句　語見《老子・二七章》。愛，珍惜。知，同「智」。要妙，精要微妙。

【語譯】周室有可供刻字的白石版，商紂王派膠鬲去求討，文王不交給他；費仲來討，文王就交給他。實際上，膠鬲賢明，而費仲無道。周文王不願商朝賢者得志，所以把白石版給了費仲。文王從渭水的岸邊識拔姜太公，這是對他尊重；而以白石版資助費仲，這是對他愛護。所以《老子》說：「不尊重他的老師，不珍惜他的憑資，雖自認為聰明，其實還是糊塗。這叫做精微玄妙的道理。」

說林上

【題解】說林，就是勸說故事的彙集。說，用言語勸人聽從自己的意見。林，聚生成片的樹木，引申泛指人或事物的彙集，如士林、詞林等。本篇與下篇彙集遊說故事共七十一則，其多若林，故稱說林。因篇幅較大，故分上下，上篇三十四則，下篇三十七則。

本篇每則故事各自獨立，而為說不同，都具有啟發性的智慧。

戰國時代，智士為尋找自己的政治舞臺，紛紛以遊說為務，說辭精采，聳人聽聞。韓非生當戰國之末，習聞其說，遂採而成篇。司馬遷在《史記・老子韓非列傳》中敘列韓非的著作，本篇為其特舉篇目之一，可見西漢武帝之時，司馬遷已明確認定本篇為韓非所作。

湯以❶伐桀，而恐天下言己為貪也，因乃讓天下於務光❷。而恐務光之受之也，乃使人說務光曰：「湯殺君，而欲傳惡聲❸於子❹，故讓天下於子。」務光因自投於河。

【注　釋】❶以　已。❷務光　古代的隱士。好琴。湯放桀後，相傳湯讓天下於務光，務光不受，負石投蓼水而死。❸惡聲　惡名；壞的名聲。❹子　第二人稱的敬稱。

【語　譯】商湯討伐了夏桀以後，恐怕天下人說自己貪心，因而把天下讓給務光。又恐務光真的接受，於是派人向務光說：「商湯殺了君主，而想把惡名轉移到你身上，所以才把天下讓給你。」務光因此就跳河自殺了。

秦武王❶令甘茂❷擇所欲為於僕❸與行❹，孟卯❺曰：「公不如為僕。公所長者，使也，公雖為僕，王猶使之於公也。公佩僕璽❻，而為行事❼，是兼官❽也。」

【注　釋】❶秦武王　戰國時秦惠文王的兒子。名蕩，在位四年。❷甘茂　戰國時下蔡（今安徽省壽縣北）人。事秦惠文王、武王父子，武王時，曾為左相。❸僕　官名。即太僕。周禮夏官的屬官，掌管君主在各種場合所應穿著的禮服，及行止進退應處的位置，並代君主宣布重大命令。❹行　官名。即行人，周禮秋官的屬官，掌管朝覲聘問等事。❺孟卯　戰國時人。曾為魏相。❻佩僕璽　佩帶太僕之官的印信。❼為行事　做行人之官所做的事。❽兼官　同時擔任兩種以上的官職。

【語　譯】秦武王命甘茂在太僕和行人兩個官職中選擇一個。孟卯說：「您最好選做太僕。因為您所擅長的是出使各方。您雖做太僕，國王還是會派您做使者。您佩帶著太僕的官印，而又做行人的職務，這是兼任兩個官職呀！」

子圉見孔子於商太宰❶，孔子出，子圉入，請問客。太宰曰：「吾已見孔子，則視子猶蚤蝨❷之細者也，吾今見之於君。」子圉恐孔子貴於君❸也，因謂太宰曰：「君已見孔子，亦將視子猶蚤蝨也。」太宰因弗復見也。

【注釋】❶子圉見孔子於商太宰　子圉引孔子見商太宰。子圉，宋人。子，宋國之姓。見，引見。商太宰，即宋太宰戴驩。商，宋之先祖。太宰，官名。殷置，周朝也稱冢宰，總領六官，佐君主治理政事。❷蚤蝨　跳蚤和頭蝨。比喻微細不足道。❸子圉恐孔子貴於君　子圉擔心孔子為宋君所重用。

【語譯】子圉引孔子見宋國的太宰。孔子退出後，子圉就進去，問太宰對客人的印象。太宰說：「我見過孔子以後，看你就像渺小的跳蚤和頭蝨一樣。我現在要引他去見國君。」子圉恐怕國君看重孔子，因而對太宰說：「國君見過孔子以後，也將覺得看你好像跳蚤蝨子一樣。」太宰於是不再引見孔子。

魏惠王為臼里之盟❶，將復立於天子❷。彭喜❸謂鄭君❹曰：「君勿聽。大國惡❺有天子，小國利之。若君與大不聽，魏焉能與小立之❻？」

【注釋】❶魏惠王為臼里之盟　魏惠王發起在臼里舉行的諸侯會盟。魏惠王，即《孟子》書中的梁惠王。名罃，文侯之孫，武侯之子，晚年稱王。原都安邑，惠王三十一年（西元前三四〇年），徙都大梁，故又稱梁惠王，在位五十二年（據錢穆《先秦諸子繫年考辨》）。臼里，《戰國策・韓策》作「九里」，古地名。盟，古代諸侯相會，以牲血塗口向神明宣誓的典禮。❷將復立於天子　將恢復天子的地位。❸彭喜　人名。未詳。❹鄭君　即韓君。韓哀侯滅鄭，遷都於鄭，故韓也稱鄭。《史記・魏世家》：「惠王十五年，魯、衛、宋、鄭君來朝。」司馬貞《索隱》：「鄭者，韓昭侯也。」❺惡　厭憎。❻若君與大不聽　如果君主和大國不贊成，魏國又怎能和小國去恢復天子的地位呢。

【語　譯】魏惠王發起臼里的會盟，將恢復天子的地位。彭喜對韓國的國君說：「君主不要聽從他。大國不希望有天子，小國則以有天子為利。如果君主和大國不贊成這件事，魏國怎麼能夠和小國去恢復天子的地位呢？」

晉人伐邢❶，齊桓公❷將救之。鮑叔❸曰：「太蚤❹。邢不亡，晉不敝❺；晉不敝，齊不重。且夫持危❻之功，不如存亡❼之德大。君不如晚救之以敝晉，其實利；待邢亡而復存之，其名美。」桓公乃弗救。

【注　釋】❶邢　周朝國名。周公之子的封國，春秋時為衛國所滅，故地在今河北省邢臺縣境。❷齊桓公　名小白，襄公之弟。周莊王十一年（西元前六八六年），因襄公無道，出奔莒，及襄公被殺，乃回國即位，以管仲為相，尊王攘夷，會盟諸侯，一匡天下，成為春秋五霸的第一個霸主，在位四十二年。❸鮑叔　即鮑叔牙。春秋時齊人，事公子小白。小白即位，鮑叔推薦管仲為相，而自居其下，齊桓公因而成就霸業，人服其知人。❹蚤　通「早」。❺敝　破敗；疲困。❻持危　穩住危局，以免覆亡。❼存亡　使已亡之國，恢復生存。

【語　譯】晉國攻打邢國，齊桓公將要派兵援救它。鮑叔說：「太早了。邢國不到滅亡的地步，晉國也就還不至於疲憊；晉國還不到疲憊的地步，齊國就顯不出重要的分量。而且扶持危國的功勞，不如復興亡國的恩德來得大。您不如拖晚一點再去救邢國，好讓晉國疲憊，這樣的結果有利；等到邢國滅亡，然後再恢復它，這樣的名聲好聽。」於是桓公就不救邢國。

子胥❶出走，邊候❷得之。子胥曰：「上索❸我者，以我有美珠也；今我已亡之矣，我且曰子取吞之❹。」候因釋❺之。

【注釋】❶子胥　即伍子胥。名員，春秋時楚人，父奢、兄尚為楚平王所殺，子胥投奔吳國，佐吳王闔閭伐楚，入郢都，時平王已死，子胥掘墓鞭屍，報父兄之仇，後勸吳王夫差勿接受越國議和，又諫阻伐齊，夫差怒，賜劍使自刎。❷邊候　邊境上的斥候。即伺望敵人的人。❸索　尋求；搜捕。❹我且曰子取吞之　我將說是你把它私吞了。且，將。吞，私自沒收。❺釋　放。

【語譯】伍子胥從楚國逃走，邊境上的斥候捉捕到他。子胥說：「楚王要捉我的原因，是我有一顆寶珠。現在我已遺失了，我將向楚王說，是你拿去私吞了。」於是斥候就放了他。

慶封❶為亂於齊，而欲走❷越。其族人曰：「晉近，奚不之晉❸？」慶封曰：「越遠，利以❹避難。」族人曰：「變是心❺也，居晉而可；不變是心也，雖遠越，其❻可以安乎？」

【注釋】❶慶封　春秋時齊國的大夫。字子家，與崔杼殺莊公，立景公，又攻滅崔杼，相景公，後來景公欲殺他，他遂逃奔晉國，又逃往吳國。❷走　逃奔。❸奚不之晉　何不前往晉國。奚，何。之，往。❹以　於。❺變是心　改變這種心志。指改變作亂的心志。是，此。❻其　豈。

【語譯】慶封在齊國作亂失敗，想逃往越國。他的族人說：「晉國較近，何不前往晉國？」慶封說：「越國遠，宜於避難。」族人說：「如能改變這種心態，住在晉國也可以；如不改變這種心態，縱使是比越國更遠的地方，能獲得安全嗎？」

智伯索地於魏宣子❶，魏宣子弗予❷。任章❸曰：「何故不予？」宣子曰：

「無故請地，故弗予。」任章曰：「無故索地，鄰國必恐。彼重欲無厭❹，天下必懼。君予之地，智伯必驕而輕敵，鄰邦必懼而相親。以相親之兵，待輕敵之國，則智伯之命不長矣。《周書》❺曰：『將欲敗之，必姑❻輔之；將欲取之，必姑予之。』君不如予之，以驕智伯。且君何釋以天下圖智氏❼，而獨以吾國為智氏質❽乎？」君曰：「善。」乃與之萬戶之邑，智伯大悅。因索地於趙，弗與，因圍晉陽❾，韓魏反之外，趙氏應之內，智氏自亡。

【注　釋】❶智伯索地於魏宣子　智伯向魏宣子要求土地。智伯，春秋時晉國名卿。名瑤，與范氏、中行氏、韓氏、趙氏、魏氏合稱六卿，同掌國政，後來晉滅范氏、中行氏，智伯與韓、趙、魏瓜分其土地，智伯強大擅權，向韓、魏求讓地，韓、魏許之，向趙氏求讓，趙氏不許，智伯乃聯合韓、魏攻趙襄子於晉陽，趙襄子反而聯合韓、魏滅智伯。索，求。魏宣子，《戰國策・魏策》、《史記・魏世家》均作「魏桓子」。名駒，文侯之祖父。❷弗予　不給。❸任章　人名。本書〈外儲說左上〉作「王登」，應是同一人。生平不詳。❹重欲無厭　多慾而不滿足。厭，通「饜」。❺周書　王先慎《韓非子集解》云：「王應麟疑此為蘇秦所讀《周書》陰符之類。」日人太田方《韓非子翼毳》云：「《玉海》引《通史》云：『《周書》與《尚書》相類，即孔子刊約百篇之外，凡為七十一章。』」❻姑　暫且。一說：通「固」。❼何釋以天下圖智氏　何不以天下人共同對付智氏。釋，捨棄。猶言「不」。圖，謀。❽質　射箭的目標。❾晉陽　趙氏的都城。今山西省太原縣。

【語　譯】智伯向魏宣子要求土地，魏宣子不給。任章說：「為什麼不給呢？」宣子說：「無緣無故地來要土地，所以不給。」任章說：「無緣無故來要土地，鄰國一定會害怕。他欲望深重而不知滿足，天下一定會恐懼。您給他土地，智伯一定驕傲而輕敵，鄰國一定恐懼而相親。以相親的軍隊，去對付輕敵的國家，智伯的壽命就不會長久了。《周書》說：『將要打敗它，定要暫且幫助它；將要奪取它，定要暫且給予它。』您不如給他，使智伯驕傲。而且您又何不以天下人來共同對付智氏，而偏要以我國作為智氏攻擊的目標呢？」魏宣子說：「對！」於是割給智伯一塊擁有萬戶居民的土地。智伯非常高興，於是又向趙國求地，趙國不給。因而派兵包圍晉陽，韓魏兩國在外面反叛，趙氏在內呼應，智氏就此滅亡。

秦康公❶築臺三年。荊人起兵，將欲以兵攻齊。任妄❷曰：「饑召兵❸，疾召兵，勞召兵，亂召兵。君築臺三年，今荊人起兵將攻齊，臣恐其攻齊為聲❹，而以襲秦為實也，不如備之。」戍東邊，荊人輟行❺。

【注　釋】❶秦康公　春秋時秦國之君。穆公之子，名罃，在位十二年。❷任妄　人名。生平不詳。❸饑召兵　饑荒招致敵兵。召，引致。❹攻齊為聲　以攻打齊國為名。聲，名義。❺輟行　停止行動。

【語　譯】秦康公修築高臺，達三年之久。楚國發兵，將攻齊國。任妄對康公說：「饑荒會招致兵禍，疾疫會招致兵禍，勞役會招致兵禍，動亂會招致兵禍。您修築高臺達三年之久，如今楚國發兵將攻齊國，我擔心楚國是以攻打齊國為名，而實際是要偷襲秦國啊！不如小心防備。」康公於是派兵防守東邊的國界，而楚國果然停止進攻齊國的行動。

齊攻宋，宋使臧孫子❶南求救於荊，荊王大悅，許救之甚勸❷。臧孫子憂而反，其御❸曰：「索救而得，今子有憂色，何也？」臧孫子曰：「宋小而齊大，夫救小宋而惡於大齊❹，此人之所憂也，而荊王說❺，必以堅我❻也。我堅而齊敝，荊之所利也。」臧孫子乃歸。齊人拔五城於宋，而荊救不至。

【注　釋】❶臧孫子　人名。生平不詳。❷甚勸　很盡力。❸御　駕車的人。❹惡於大齊　結怨於強大的齊國。惡，仇怨。❺說　同「悅」。❻堅我　堅定我的意志。指堅守城池。

【語　譯】齊國攻打宋國，宋國派臧孫子到南方去向楚國求救。楚王非常高興，答應盡力援救。臧孫子懷著憂愁回國。他的車伕說：「求救而獲得應允，您卻面帶憂愁，為什麼呢？」臧孫子說：「宋國小而齊國大。援救弱小的宋國而結怨於強大的齊國，這是一般人所引以為憂的，而楚王反而高興，他一定是藉以堅定我的意志，要我堅守。我堅守而齊國耗盡力量，這是楚國的利益。」臧孫子回去後，齊國連續攻下宋國五個城池，而楚國的救兵卻還見不到任何蹤影。

魏文侯❶借道於趙而攻中山❷，趙肅侯❸將不許。趙刻❹曰：「君過矣。魏攻中山而弗能取，則魏必罷❺，罷則魏輕，魏輕則趙重。魏拔中山，必不能越趙而有中山也，是用兵者魏也，而得利者趙也。君必許之。許之而大勸，彼將知君利之也，必將輟行。君不如借之道，示以不得已也。」

【注　釋】❶魏文侯　名都。魏桓子之孫，武侯之父，戰國時為魏國第一位國君，在位五十年，以魏成為相，吳起為將，卜商（子夏）、田子方、段干木為師友，魏國大治，威震諸侯。❷中山　周朝國名。春秋時為白狄別族鮮虞的土地，後改為中山，戰國時，為魏文侯所滅，派太子擊駐守，太子返魏即位，又封其少子摯於中山，後亡於趙武靈王。❸趙肅侯　日人松皐圓《韓非子纂聞》云：「策（指《戰國策·趙策》）無肅字。魏文、趙肅相去殆六十年，宜作烈侯為正。」❹趙刻　人名。

《戰國策・趙策》作「趙利」。生平不詳。❺罷　通「疲」。乏困。

【語　譯】魏文侯向趙國借路以攻打中山國，趙肅侯打算不答應。趙刻說：「您錯了！魏國攻打中山國，如果打不下來，魏國就一定會疲憊，魏國疲憊，則分量輕；魏國分量輕，則趙國分量重。魏國滅了中山，一定不能跨越趙國而據有中山。如此看來，派兵打仗的是魏國，而獲得實利的是趙國。您一定要答應他才好。不過，答應得太爽快，他將得知您從中獲利，就一定停止這項行動。您不如借路給他，而又顯得很勉強的樣子。」

鴟夷子皮❶事田成子❷，田成子去齊，走而之燕，鴟夷子皮負傳❸而從。至望邑❹，子皮曰：「子獨❺不聞涸澤❻之蛇乎？澤涸，蛇將徙，有小蛇謂大蛇曰：『子行而我隨之，人以為蛇之行者耳，必有殺子❼。不如相銜負我以行❽，人必以我為「神君」❾也。』乃相銜負以越公道❿而行，人皆避之曰：『神君也。』今子美而我惡⓫，以⓬子為我上客，千乘之君⓭也；以子為我使者⓮，萬乘之卿⓯也。子不如為我舍人⓰。」田成子因負傳而隨之，至逆旅⓱，逆旅之父⓲待之甚敬，因獻酒肉。

【注　釋】❶鴟夷子皮　人名。田常的徒屬，事蹟不詳。❷田成子　即田常。春秋時齊國之卿，弒齊簡公，立平公，卒諡成子。❸負傳　帶著符信。傳，符信。用木做成，長五寸，把符信寫在上面，再用一塊木板封起來，然後封上御史的印章，以為憑信。❹望邑　地名。不詳。❺獨　豈。❻涸澤　乾了的水澤。涸，乾。❼必有殺子　一定又殺了你。有，又。指殺了小蛇，又殺大蛇。❽相銜負我以行　我用口銜著你，你背著我而行。銜，用口含物。負，背。以，而。❾神君　指神。❿公

道　大路。⓫惡　醜。⓬以　使；令。⓭千乘之君　擁有兵車千輛的國君。指諸侯。乘，一車四馬。⓮使者　侍者；供差遣的人。⓯萬乘之卿　天子的卿士。萬乘，指擁有兵車萬輛的天子。卿，輔佐天子的執政大臣。⓰舍人　王公貴人的侍從賓客。⓱逆旅　迎接旅客。此指迎接旅客的地方，即客舍、旅館。逆，迎。旅，旅客。⓲父　猶言主人。

【語　譯】鴟夷子皮服事田成子，田成子離開齊國，逃往燕國，鴟夷子皮帶著符信跟著走，到了望邑，子皮說：「您難道不曾聽過乾涸掉的水澤中的蛇嗎？水澤乾了，蛇將遷徙，有一條小蛇對大蛇說：『你走而我跟在後面，人們只認為是一般的蛇在爬行而已，一定殺我又殺你。不如我用口銜著你，你背著我而行。人們一定認為我是「神君」。』於是小蛇銜著大蛇，大蛇背著小蛇而走，越過大路前進，人們看到都躲開牠，說：『這是神君。』如今，你美而我醜，假如把你當作我的貴賓，那我就像諸侯的國君；假如把你當作我的使者，那我就是天子的上卿。你不如做我的侍從吧！」田成子因而就做鴟夷子皮的侍從，背過符信跟在後面，到了旅館，旅館的主人對他非常尊敬，因而獻上酒肉供他們享用。

溫人之周❶，周不納客。問之曰：「客耶？」對曰：「主人。」問其巷而不知也，吏因囚之。君使人問之曰：「子非周人也。而自謂非客，何也？」對曰：「臣少也誦《詩》曰：『普天之下，莫非王土；率土之濱，莫非王臣❷。』今君天子，則我天子之臣也。豈有為人之臣，而又為之客哉？故曰主人也。」君使出之❸。

【注　釋】❶溫人之周　溫人前往周朝。溫，地名。今河南省溫縣西南，本是東周王畿內的縣邑，王子帶之亂，晉文公護衛周襄王有功，襄王遂把溫地賜予晉國，三家分晉，溫為魏國所有，戰國末，割與秦。之，往。周，指東周的京師洛陽。❷普

天之下四句　整個天下，無不是天王的土地，沿著土地的邊緣以內，無不是天王的臣民。語出《詩經・小雅・北山》。普，通「溥」。遍；廣大。率，循；沿著。濱，水邊。此指土地的邊緣。❸出之　放他出獄。

【語譯】有個溫地人到東周去，東周人不接待外客，問他說：「你是客人吧？」他回答說：「我是主人。」問他所住的里巷，卻答不出來，官吏就把他拘捕起來，周天子派人問訊他說：「你不是東周人，卻又說不是客人，是什麼緣故？」他回答說：「我年輕的時候讀《詩經》，《詩經・北山》說：『整個天下，沒有不是君王的土地；沿著土地邊緣以內，沒有不是君王的臣民。』現在您是天子，那麼我就是天子的臣子，哪有做臣子的人又做賓客的道理呢？所以我說是主人。」周天子於是命官吏把他放了。

韓宣王❶謂樛留❷曰：「吾欲兩用公仲、公叔❸，其可乎？」對曰：「不可。晉用六卿而國分❹，簡公兩用田成、闞止而簡公殺❺，魏兩用犀首、張儀而西河之外亡❻。今❼王兩用之，其多力者樹其黨，寡力者借外權❽。群臣有內樹黨以驕主，有外為交以裂地，則王之國危矣。」

【注釋】❶韓宣王　《史記》作「宣惠王」。為韓昭侯之子，襄王之父，在位二十一年。❷樛留　韓人，生平不詳。樛，《戰國策・韓策》作「摎」。❸兩用公仲公叔　同時並用公仲、公叔兩人。公仲，名侈。韓國的相（據《史記・韓世家》《索隱》）。《戰國策・韓策》作「公仲明」。公叔，即《史記・韓世家》之「公叔伯嬰」。❹晉用六卿而國分　晉國同時重用六卿而國家分裂。春秋時，晉有六大氏族，世代為卿，共掌國政，即智氏、范氏、中行氏、韓氏、趙氏、魏氏，前三氏先後被滅，最後由韓、趙、魏三氏瓜分晉國。❺簡公兩用田成句　齊簡公同時重用田成、闞止而簡公被殺。簡公，名壬。齊悼公之子，平公之兄，在位四年，為田成（田常）所殺。田成，即田常。闞止，齊簡公的寵臣。與田成爭權，終為田成所殺。《史記・齊太公世家》作「監止」。❻魏兩用犀首句　魏國同時重用犀首、張儀，而西河之外的土地喪失。犀首，公孫衍的別號。戰國時陰晉（今陝西省華陰縣）人，曾相魏，又相秦，與張儀交惡。張儀，戰國時魏人。相秦惠王，以連橫之策遊說六國，破壞六國合縱抗秦之計。惠王死，武王立，六國合縱叛秦，儀乃離秦，為魏相，一年後卒。西河，黃河以西的地帶。指今陝西省大荔、宜川、華陰一帶地方，戰國時屬魏。❼今　連接詞。表假設語氣，猶言「若」。❽多力者樹其黨二句　勢力大的人樹立他的黨羽，勢力小的人借助外國的威勢。借，借重；借助。外權，外國的勢力。

【語　譯】韓宣王對樛留說：「我想同時重用公仲、公叔兩人，可以嗎？」樛留回答說：「不可以！晉國並用六卿而國家分裂；齊簡公並用田成、闞止而簡公被殺；魏國並用犀首、張儀而西河以外的土地喪失。如今您同時重用他們，那力量大的就樹立黨羽；力量小的就借重外力。群臣之中，有人在內樹立黨羽，以傲慢國君；有人向外結合盟友以分裂土地。那麼大王的國家就危險了。」

紹績昧❶醉寢，而亡其裘❷。宋君曰：「醉足以亡裘乎？」對曰：「桀以醉亡天下，而況亡裘乎？〈康誥〉曰：『毋彝酒❸。』彝酒者，常酒❹也；常酒者，天子失天下，匹夫❺失其身。」

【注　釋】❶紹績昧　人名。生平不詳。❷亡其裘　遺失他的皮衣。❸康誥曰毋彝酒　〈康誥〉說：「不要常常喝酒。」〈康誥〉，《尚書》篇名。康叔封於康（今河南省禹縣有康城舊址）時，周武王誥康叔的文辭（據屈萬里先生說）。康叔，名封。周武王的幼弟，因封於康，故名。誥，告。彝，常。按：此語見於《尚書．酒誥》，而非〈康誥〉，但〈酒誥〉所告的對象也是康叔，所以韓非也稱它為〈康誥〉（據屈萬里先生說）。❹常酒　常常飲酒。❺匹夫　指平民。

【語　譯】紹績昧醉酒睡著了，醒來發現皮衣不見。宋國的國君對他說：「醉酒也足以導致皮衣遺失嗎？」紹績昧回答說：「夏桀王因醉酒而失去天下，又何況是皮衣呢？〈康誥〉說：『毋彝酒。』所謂彝酒，就是常常喝酒。常常喝酒，天子會失去天下，百姓會毀了自己。」

管仲❶、隰朋❷從桓公伐孤竹❸，春往冬反，迷惑失道❹。管仲曰：「老馬之智可用也。」乃放老馬而隨之，遂得道。行山中無水，隰朋曰：「蟻冬居山之陽❺，夏居山之陰❻。蟻壤一寸，而仞有水❼。」乃掘地，遂得水。以管仲之聖而❽隰朋之智，至其所不知，不難師❾於老馬與蟻。今人不知以其愚心而師聖人之智，不亦過乎？

【注釋】❶管仲（西元前？～前六四五年）春秋時齊國潁上人。名夷吾，字仲，初事公子糾，後事齊桓公為相，九合諸侯，匡正天下，使桓公成為春秋五霸之首，桓公尊之為仲父。❷隰朋　春秋時齊國的大夫。與管仲同佐齊桓公，而使桓公為霸主。❸孤竹　古國名。殷時諸侯之國，故城在今河北省盧龍縣。❹失道　迷路。❺山之陽　山的南面。❻山之陰　山的北面。❼蟻壤一寸二句　螞蟻的土窩高一寸，則它的下面深一仞的地方有水。蟻壤，螞蟻的土封、土窩。仞，八尺。❽而　與。❾師　學習；效法。

【語譯】管仲、隰朋跟隨齊桓公攻打孤竹國。春天出兵，冬天回來，中途迷了路。管仲說：「老馬的智慧可以利用。」於是放老馬走在前面，大家跟著走，終於找到了正確的路途。走到山中，沒有水喝，隰朋說：「螞蟻冬天居住在山的南面，夏天居住在山的北面。螞蟻窩的封土若高達一寸，則地下七尺深的地方有水。」於是照他的說法挖地，而終於得水。憑管仲的聰明和隰朋的睿智，遇到他們所不知道的事情，還不惜取法於老馬和螞蟻。現在的人，不懂得以他的愚心去學習聖人的智慧，不是錯誤得很嗎？

有獻不死之藥於荊王者，謁者❶操❷之以入。中射之士❸問曰：「可食乎？」

曰：「可。」因奪而食之。王大怒，使人殺中射之士。中射之士使人說王曰：「臣問謁者，曰：可食。臣故食之，是臣無罪，而罪在謁者也。且客獻不死之藥，臣食之，而王殺臣，是死藥也，是客欺王也。夫殺無罪之人，而明❹人之欺王也，不如釋臣。」王乃不殺。

【注釋】❶謁者　負責傳達、通報的近侍。❷操　持。❸中射之士　帝王的侍御近臣。❹明　彰顯。

【語譯】有人奉獻長生不死的藥給楚王，負責通報的謁者拿著藥走進去，中射之士問他說：「可以吃嗎？」答說：「可以。」中射之士於是強取過來吃下去。楚王大怒，命人殺中射之士。中射之士託人向楚王說：「我問謁者，謁者說：可以吃。所以我才吃它，可見我沒罪而罪在謁者。而且客人奉獻的是長生不死的藥，我吃了它而大王殺我，可見那是死藥，這就表示客人欺騙君王。殺個無罪的人，卻證明了客人欺騙君王，不如把我放了。」楚王果然沒有殺他。

田駟❶欺鄒君❷，鄒君將使人殺之。田駟恐，告惠子❸。惠子見鄒君曰：「今有人見君，則睞❹其一目，奚如？」君曰：「我必殺之。」惠子曰：「瞽❺，兩目睞，君奚為不殺？」君曰：「不能勿睞。」惠子曰：「田駟東慢❻齊侯，南欺荊王，駟之欺人，瞽也，君奚怨焉？」鄒君乃不殺。

【注釋】❶田駟　人名。生平不詳。❷鄒君　鄒國國君。鄒，春秋邾國，戰國時為騶。❸惠子　即惠施。戰國時宋人，名家代表人物之一，主張「合同異」說，認為一切事物的差別都是相對的，如果從萬物的共相來看，天地本是一體。惠施曾見魏王，勸其聯合齊楚以抗秦，欲破張儀連橫之計，為張儀所逐。❹睞　閉目。❺瞽　瞎子。❻慢　通「謾」。欺騙。

【語譯】田駟欺騙鄒國的國君，鄒國的國君將派人殺他。田駟害怕，告訴惠子。惠子進見鄒君，說：「如果有人在進見您的時候，閉著一隻眼睛，您會怎麼樣？」鄒君說：「我一定殺他。」惠子說：「瞎子兩眼都閉著，您為什麼不殺？」鄒君說：「他們本來就不能不閉著眼睛呀！」惠子說：「田駟東面傲慢齊侯，南面欺騙楚王。田駟的欺騙行為，就跟瞎子經常閉著眼睛一樣，您又恨他做什麼呢？」鄒君聽了，於是不殺田駟。

魯穆公❶使眾公子或宦❷於晉，或宦於荊❸。犁鉏❹曰：「假❺人於越而救溺子，越人雖善遊❻，子必不生矣。失火而取水於海，海水雖多，火必不滅矣，遠水不救近火也。今晉與荊雖強，而齊近，魯患其不救乎！」

【注釋】❶魯穆公　名顯，在位三十三年。❷宦　出仕；做官。❸荊　楚國。❹犁鉏　春秋齊國人。和孔子同時，曾到過魯國，見《史記・齊世家》。本書〈內儲說下〉作「犂且」。❺假　借。❻善遊　擅長游泳。遊，通「游」。

【語譯】魯穆公使公子們有的到晉國做官，有的到楚國做官。犁鉏說：「到越國去請人來拯救溺水的孩子，越國人雖擅長游泳，但孩子一定救不活。失火而跑到大海去取水，海水雖多，火一定滅不了，因為遠方的水救不了近處的火啊！如今晉國與楚國雖強大，但是齊國距離魯國最近，魯國的外患，恐怕解救不了了！」

嚴遂不善周君❶，周君患之。馮沮❷曰：「嚴遂相，而韓傀❸貴於君，不如行賊❹於韓傀，則君必以為嚴氏也。」

【注　釋】❶嚴遂不善周君　嚴遂憎惡周君。嚴遂，字仲子。與韓相韓傀（即俠累）有仇，派刺客聶政將他暗殺，後被韓嚴所殺。周君，指東周君。周考王封其弟揭於河南（今洛陽縣西）之地，定都於洛邑，是為河南桓公，亦即西周君，至桓公孫惠公時，又封其少子班於鞏（今河南省鞏縣），號東周惠公，因此王畿內，有東西二周君。本文所謂周君，即東周惠公所傳之東周君。❷馮沮　東周人。生平不詳。❸韓傀　即俠累。韓之宗室，曾為韓相，為嚴遂所殺。❹行賊　刺殺；暗殺。

【語　譯】嚴遂憎惡東周君，東周君很擔心。馮沮對他說：「嚴遂做韓國的相，而韓傀受韓王的敬重。不如暗殺韓傀，這樣一來，韓王一定會認為是嚴遂主使的。」

張譴相韓，病將死，公乘無正懷三十金而問其疾。居一月❶，君問張譴曰：「若子死，將誰使代子❷？」答曰：「無正重法而畏上❸，雖然，不如公子食我之得民也。」張譴死，因相公乘無正。

【注　釋】❶居一月　過了一個月。居，停留。❷將誰使代子　將使誰代替你。誰使，使誰。❸畏上　敬畏國君。

【語　譯】張譴做韓國的相，病重將死。公乘無正偷偷地帶了三十金去探病。過了一個月，韓王問張譴說：「如果你死了，應派誰來代替你？」張譴回答說：「公乘無正尊重法令而敬畏君主；雖是如此，但仍不如公子食我來得得民心。」張譴死後，韓王就派公乘無正為相。

樂羊❶為魏將而攻中山❷，其子在中山，中山之君烹其子而遺❸之羹，樂羊坐於幕下❹而啜❺之，盡一杯。文侯謂堵師贊❻曰：「樂羊為我故，而食其子之肉。」答曰：「其子而❼食之，且誰不食❽？」樂羊罷中山❾，文侯賞其功而疑其心。孟孫獵得麑❿，使秦西巴⓫持之歸，其母⓬隨之而啼，秦西巴弗忍⓭而與之。孟孫適⓮至而求麑，答曰：「余弗忍，而與其母。」孟孫大怒，逐之。居三月，復召以為其子傅⓯。其御⓰曰：「曩將罪之⓱，今召以為子傅，何也？」孟孫曰：「夫不忍麑，又且忍吾子乎？」故曰：巧詐不如拙誠。樂羊以有功見疑⓲，秦西巴以有罪益信。

【注釋】❶樂羊　戰國初期魏文侯的將領。為魏伐中山，滅之，封於靈壽（今河北省靈壽縣）。❷中山　周朝國名。❸遺　贈送。❹幕下　軍帳內。❺啜　喝；食。❻堵師贊　人名。事蹟不詳。❼而　尚且。❽且誰不食　將不食誰。且，將。誰不食，不食誰。❾罷中山　結束攻打中山的任務。罷，停止。❿麑　幼鹿。⓫秦西巴　人名。事蹟不詳。⓬其母　指麑之母。⓭弗忍　不忍心。忍，殘酷；狠心。⓮適　恰好。⓯傅　師傅；老師。⓰御　駕馭車馬的人。⓱曩將罪之　以前將處罰他。曩，往時。罪，降罪；處罰。⓲見疑　被懷疑。動詞之前加「見」字，多表被動態。

【語譯】樂羊做魏國的將軍，去攻打中山國。樂羊的兒子在中山國，中山國的國君烹煮他的兒子為肉羹，並送了一碗肉羹給樂羊，樂羊坐在軍帳裡吃，把一碗都吃完。魏文侯對堵師贊說：「樂羊為了我的緣故而吃他自己兒子的肉。」堵師贊回答說：「連自己兒子的肉都吃，還有誰的肉不吃？」樂羊滅了中山回來，文侯獎賞他的功勞，卻懷疑他的心意。孟孫打獵，捕獲一隻小鹿，使秦西巴帶回去。母鹿一路跟著悲啼。秦西巴不忍心，就把小鹿送給母鹿。孟孫一回到家，就向秦西巴要小鹿，秦西巴回答說：「我心不忍，已把小鹿還給母鹿了。」孟孫非常生氣，把他趕出去。過了三個月，又把他找回來，做自己兒子的師傅。孟孫的車伕問道：「以前，你要懲罰他；現在，召他來做兒子的師傅，為什麼？」孟孫說：「一個不忍心小鹿受傷害的人，會忍心我兒子受傷害嗎？」所以說：機巧詐偽不如愚拙誠實。樂羊因有功而被懷疑，秦西巴卻因有罪而更加地獲得信任。

曾從子❶，善相劍❷也。衛君怨吳王❸，曾從子曰：「吳王好劍，臣相劍者也，臣請為吳王相劍，拔而示之，因為君刺之。」衛君曰：「子之為是也，非緣義❹也，為利也。吳強而富，衛弱而貧，子必❺往。吾恐子為吳王用之於我也。」乃逐之。

【注釋】❶曾從子　人名。事蹟不詳。❷相劍　鑒別劍的優劣。相，觀察。❸衛君怨吳王　《左傳・哀公十二年》，吳王以盟主的身分邀請衛君參加諸侯會盟，衛君因曾殺害吳國的使者且姚而感到害怕，於是與掌外交的子羽商量，子羽說：「吳王現在姿態蠻橫，難免羞辱我君，不如不去。」衛君，指出公。名輒。吳王，指夫差。❹緣義　為了正義。緣，因為。❺必　如果。

【語譯】曾從子善於鑒別寶劍的優劣。衛君和吳王結怨。曾從子對衛君說：「吳王喜愛寶劍，我是評鑒寶劍的行家，讓我去替吳王鑒別寶劍，當拔劍給他看時，乘機替您把他刺死。」衛君說：「你做這件事，不是為了正義，而是為了私利。吳國強大而富有，衛國弱小而貧窮，如果你到吳國去，我恐怕你反為吳王所利用而來刺殺我呢。」於是將他趕走。

紂為象箸而箕子怖❶，以為象箸必不盛羹於土鉶❷，則必犀玉之杯❸；玉杯象箸必不盛菽藿❹，則必旄象豹胎❺；旄象豹胎，必不衣短褐而舍茅茨之下❻，則必錦衣九重❼、高臺廣室也。稱❽此以往，則天下不足矣。聖人見微以知萌❾，見端以知末❿，故見象箸而怖，知天下不足也。

【注　釋】❶紂為象箸而箕子怖　商紂王製造象牙筷子，箕子為之感到憂懼。紂，商朝的最後一個君主。因荒淫無道，為周武王所滅。箕子，紂的叔父。紂無道，箕子屢諫，不聽，箕子乃佯狂而去。及武王滅商，封箕子於朝鮮。❷盛羹於土鉶　裝羹湯於陶製的鉶鼎。盛，裝。羹，菜、肉混合而成的濃湯。土鉶，盛裝羹湯的陶製鉶鼎。❸犀玉之杯　用犀角、美玉製成的杯盤。犀，犀牛。此指犀牛的角，質料堅硬而細緻，可製器具。杯，泛指盛裝羹、酒的器具。❹菽藿　豆類食物。泛指一般的青菜。菽，豆類的總名。藿，豆葉。❺旄象豹胎　旄牛、大象、豹的胎兒等肉品。旄，旄牛。即犛牛，尾毛細長，產於西藏。豹胎，豹的胎兒。豹，哺乳類動物。似虎而小，白面，毛赤黃，有黑色圓形小花紋，性情凶猛，擅長爬樹，捕捉羊、鹿、猿、鼠、蛙、蛇等為食物，皮可製裘，產於非洲及亞洲。❻衣短褐而舍茅茨之下　穿著粗布衣服而住在茅屋之下。衣，穿。短褐，也作「裋褐」。泛稱粗陋的衣服。褐，用粗毛或粗麻織的衣服。舍，住。茅茨，茅草屋頂。指茅屋。茅，多年生草本。有白、黃、青數種，可以蓋屋、製繩。茨，用草蓋成的屋頂。❼錦衣九重　錦繡的衣服，深廣的宮室。九重，形容宮院占地廣大，門戶多重。後多指帝王所居的宮殿。❽稱　配合；相當。❾見微以知萌　觀察細微的地方，就知道事情的變化。萌，草木發芽。指事物的變化。❿見端以知末　看到事情的開端，就知道事情的結果。端，開頭。末，終；最後。

【語　譯】商紂王製造象牙筷子，箕子為之感到憂懼，以為既用象牙筷子，就一定不會把羹湯裝在陶製的鉶鼎，而一定要用犀牛角、美玉所製的杯盤。犀牛角、美玉所製的杯盤一定不會用來盛裝一般的青菜，而一定要盛裝犛牛、大象、豹胎等肉品。既享用犛牛、大象、豹胎等美食，就一定不肯穿著粗布衣服而住在茅屋之下，那一定要穿錦繡的衣服，住深廣的宮院，擁有高敞的臺榭、廣闊的房屋。配合這種規模發展下去，那麼天下所有的財貨都不能滿足他的欲望了。聖人觀察細微的地方，就知道事情的變化；看到事情的開端，就知道將來的結果。所以看到商紂王使用象牙筷子而憂心，並預知天下所有的貨物都不能滿足他的欲望。

周公旦已勝殷❶，將攻商蓋❷。辛公甲❸曰：「大難攻，小易服❹，不如服眾小以劫大❺。」乃攻九夷❻，而商蓋服矣。

【注釋】❶周公旦已勝殷　指周公平定了武庚之亂。周公旦，周武王之弟。武王滅商，以商遺民封商紂之子武庚為諸侯，以繼承商朝的宗祀，而命管叔、蔡叔監視之，武王死，成王年幼，周公代理朝政，管叔、蔡叔幫助武庚作亂，淮夷、徐、奄等國也乘機叛周，周公東征，平定武庚之亂，殺管叔，流放蔡叔，以武庚遺民封康叔為衛君，又封商紂庶兄微子啟為宋君。勝殷，實指平定武庚之亂。❷商蓋　即商奄。商朝國名。武庚作亂，乘機叛周，為周公旦所討平，故地在今山東省曲阜縣城東一公里。❸辛公甲　王先慎《韓非子集解》以為就是《左傳．襄公四年》所提到的周太史「辛甲」。❹大難攻小易服　制服各個小國，以壓迫大國。劫，威脅；強迫。❺服眾小以劫大　制服各個小國，以壓迫大國。❻九夷　指東方的九個部落。

【語譯】周公旦平定了武庚之亂以後，將要攻打商蓋。辛公甲說：「大國難以攻克，小國容易制服。不如先制服各個小國，以壓迫大國。」周公於是先攻打東方的九個部落，而商蓋就降服了。

紂為長夜之飲❶，懼以失日❷，問其左右，盡不知也，乃使人問箕子。箕子謂其徒❸曰：「為天下主，而一國皆失日，天下其危矣。一國皆不知，而我獨知之，吾其危矣。」辭以醉而不知❹。

【注釋】❶長夜之飲　日以繼夜、漫無節制的宴飲。❷懽以失日　歡樂得忘了當天是什麼日期。懽，同「歡」。失日，忘記日期。❸徒　指侍從人員。❹辭以醉而不知　以醉酒為託辭而表示不知道。辭，託辭；藉口。

【語譯】商紂王日以繼夜、漫無節制地宴飲，歡樂得忘了當天是什麼日期，問他的左右近侍，全部都不知道，於是派人去問箕子，箕子告訴他的侍從人員說：「身為天下的君主，卻使全國的人都忘了時日，天下就要危險不安了。全國人都不知道時日，只有我知道，我就要遭遇危難了。」於是以醉酒為託辭而表示不知道。

魯人身善織屨，妻善織縞，而欲徙於越❶。或謂之曰：「子必窮矣❷。」魯人曰：「何也？」曰：「屨為履之也，而越人跣行❸；縞為冠之也，而越人翦髮❹。以子之所長，游於不用之國，欲使無窮，其❺可得乎？」

【注釋】❶魯人身善織屨三句　魯國有個人，自身擅長織鞋子，妻子擅長織白色生絹為帽子，想遷居於越國。魯，周初周公旦的封國。建都於曲阜，故地包括今山東西南部，直到江蘇省沛縣及安徽省泗縣一帶，後來被楚國所滅。身，指自身。屨，鞋子。縞，白色生絹。古時常用以製冠。越，古國名。也稱「於越」，姒姓，相傳始祖為夏少康庶子無余，封於會稽。春秋時，越王句踐臥薪嘗膽，終滅吳稱霸，至戰國，為楚所滅。最盛時，擁有今江蘇、浙江兩省的土地。❷子必窮矣　你一定會遭遇困境。❸屨為履之也二句　鞋子的用處是供腳穿的，而越國人光著腳走路。履，穿鞋。跣行，赤腳走路。跣，光著腳。❹翦髮　斷髮。翦，同「剪」。❺其　豈。

【語譯】魯國有個人，自身擅長織鞋子，其妻擅長織白色生絹為帽子，而想遷居於越國。有人對他說：「你一定會遭遇困境。」魯人說：「為什麼？」那人說：「鞋子的用處是供腳穿的，而越國人光著腳走路；絹帽的用處是供頭戴的，而越國人斷髮光頭。以你的專長，遷到不使用那些製品的地方，想不遭遇困境，怎麼可能呢？」

陳軫❶貴於魏王，惠子❷曰：「必善事左右。夫楊❸，橫樹之即生❹，倒樹之即生，折而樹之又生。然使十人樹之，一人拔之，則毋生楊矣。夫以十人之眾，樹易生之物，而不勝一人者，何也？樹之難，而去之易也。子雖工自樹於王❺，而欲去子者眾，子必危矣。」

【注　釋】❶陳軫　戰國時遊士。曾仕秦、楚，並曾以合從之說遊說韓、趙、魏、燕、齊五國，駐軍於韓、魏，以抗秦。《戰國策・魏策》記此事謂「田需貴於魏王，惠子曰」云云，則陳軫應是田需之誤。❷惠子　即惠施。❸楊　植物名。落葉喬木，形似柳，惟樹枝上挺，實熟亦有白絮飛散。❹橫樹之即生　橫著種下去就可以活。樹，種。即，則。❺工自樹於王　善於在君王面前樹立自己。工，精；善。自樹，樹立自己；鞏固自己。

【語　譯】陳軫為魏王所重用，惠子對他說：「你一定要好好地服事大王左右的侍從。你看那楊樹，橫著種也活，倒著種也活，折斷了再種也活。然而假使十個人種它，一個人拔它，那就不會有活楊樹了。以十人之多，種容易生長的樹，卻抵不過一個人的拔除，什麼原因呢？種樹困難而拔樹容易呀！你雖善於在君王面前樹立自己，然而想要除掉你的人很多，你的處境一定是危險的。」

魯季孫新弒其君❶，吳起❷仕焉。或謂起曰：「夫死者始死而血，已血而衄，已衄而灰，已灰而土，及其土也，無可為者矣❸。今季孫乃始血，其毋乃未可知也。」吳起因去之晉❹。

【注釋】❶季孫新弒其君　季孫氏剛剛殺了他的國君。季孫，魯國的世家大族之一。與孟孫氏、叔孫氏同為桓公庶子的後代，並稱三桓，季孫氏尤為強大，世世代代專擅魯國的政治大權。新，近時；剛才。按：下文有「吳起仕焉」，考吳起仕魯為魯將兵破齊在魯穆公四年（據錢穆《先秦諸子繫年考辨》），這段時間，各書沒有季孫氏弒君的記載。❷吳起　戰國初衛國人。曾受學於曾參，初仕魯，後仕魏，魏文侯用為將，攻秦，拔五城，為西河守以拒秦。為魏相公叔所忌，奔楚，楚悼王立為令尹。起為將，同士卒共甘苦，為相明法令，裁撤不急之官，務在富國強兵。楚之貴戚大臣多怨起，悼王死，為宗室大臣所殺。❸夫死者始死而血六句　死人剛被殺死的時候流血，血流出就敗壞，敗壞後變成灰，又由灰變成土，等到它變成土的時候，死人就不能作祟了。衃，俗作「衄」。傷敗。❹吳起因去之晉　吳起因此而離開魯國，前往晉國。之，往。按：據《史記・孫子吳起列傳》，吳起去魯，實因有人進讒而魯穆公疑之之故，與此說不同。又吳起去魯而歸魏文侯，時當魏文侯三十六、七年間（據錢穆《先秦諸子繫年考辨》），此時韓趙魏三家雖已分立，但晉祀未絕（當時晉烈公在位），故稱吳起之「晉」。

【語譯】魯國的季孫氏剛剛殺了他的國君，吳起在季孫氏的手下做官。有人對吳起說：「人剛被殺就流血，血流出就敗壞，敗壞後變成灰，又由灰變成土。等到它變成土的時候，死人就不能作祟了。現在季孫氏剛剛弒君，剛剛流血，此事的發展，只怕未可預料呢！」吳起聽了，就離開魯國，到晉國去。

隰斯彌❶見田成子❷。田成子與登臺四望，三面皆暢❸，南望，隰子家之樹蔽之。田成子亦不言。隰子歸，使人伐之。斧離數創❹，隰子止之。其相室❺曰：「何變之數❻也？」隰子曰：「古者有諺曰：『知淵中之魚者不祥。』夫田子將有大事，而我示之知微❼，我必危矣。不伐樹，未有罪也；知人之所不言，其罪大矣。」乃不伐也。

【注　釋】❶隰斯彌　人名。事蹟不詳。❷田成子　即田常。春秋時齊國的執政大臣，弒簡公，立平公，掌大權，卒諡成子。傳至田和，列為諸侯，是為齊太公，遷故齊康公於海濱。和卒，子午立，是為桓公。桓公卒，子威王因齊立。是年，故齊康公卒，絕祀無後，縣邑皆入於田氏。❸暢　通暢。指視野平敞，沒有障蔽。❹斧離數創　用斧頭劈了幾道傷痕。離，分離；劈開。數，兩個以上；好幾個。創，傷。❺相室　猶言家相。即家臣。❻數　速。❼示之知微　對他表示能洞察隱微的事。

【語　譯】隰斯彌進見田成子。田成子和他一起登上高臺，眺望四方。三面都平敞空曠，只有向南望時，隰子家的樹林遮蔽了視線，田成子也沒說什麼。隰子回家後，命家人砍樹。斧頭砍了幾下，隰子又加以阻止。他的家臣說：「怎麼改變得這麼快呢？」隰子說：「古時有句俗語說：『能看見深水中的魚的人，不吉利。』田成子將發動大事，而我卻表現得觀察入微，我一定會有危險的。不砍樹，沒有罪；察覺別人所不肯說的事，罪過就大了。」於是不再砍樹。

楊子過於宋東之逆旅❶，有妾二人，其惡者貴，美者賤❷，楊子問其故。逆旅之父答曰：「美者自美，吾不知其美也；惡者自惡，吾不知其惡也。」楊子謂弟子曰：「行賢而去自賢之心❸，焉❹往而不美。」

【注　釋】❶楊子過於宋東之逆旅　楊子經過宋國東部的一家旅館。楊子，指楊朱。逆旅，旅館。按：《莊子．山木》作「陽子之宋，宿於逆旅」。❷惡者貴美者賤　醜的受寵愛，美的被冷落。惡，醜。❸行賢而去自賢之心　德行高尚而能去掉自以為高尚的心理。自賢，自以為賢。❹焉　何。

【語　譯】楊子經過宋國東部的一家旅館，旅館的主人有兩個妾，醜的受寵，而美的不受寵，楊子問他什麼原因。旅館的主人回答說：「那個美的，自以為美，我就不覺得她美；那個醜的，自以為醜，我就不覺得她醜。」楊子聽了，對他的弟子說：「德行高尚而能去掉自以為高尚的心理，到哪裡不受人敬重呢？」

衛❶人嫁其子❷而教之曰：「必私積聚。為人婦而出，常也；其成居，幸也❸。」其子因私積聚，其姑以為多私而出之。其子所以反者，倍其所以嫁❹。其父不自罪於教子非也，而自知其益富❺。今人臣之處官❻者，皆是類❼也。

【注釋】❶衛　周武王最小的弟弟康叔的封國。國境大約在今河南省北部和河北省南部一帶。❷子　女兒。❸為人婦而出四句　做人家的妻子而被休棄，是常有的事，能夠共同生活到老，那是運氣好。出，指出妻。即休妻，丈夫主動終止與妻子的婚姻關係。常，經常。成居，同居到終了。成，終。幸，幸運；運氣好。❹其子所以反者二句　他女兒帶回來的財物，比嫁妝多一倍。所以反者，所攜以返家的物品。反，返。指回去娘家。所以嫁，所攜以陪嫁的物品。指嫁妝。❺自知其益富　自以為是靠自己的聰明而擁有更多的財富。知，智。❻處官　居官；做官。❼皆是類　都是這一類。是，此。

【語譯】有個衛國人嫁女兒，教導女兒說：「一定要存私房錢。做人家的媳婦而被休棄，是常有的事；能夠共同生活到老，那是運氣好。」他的女兒於是就存了私房錢，婆婆以為太自私而將她休棄。結果他女兒帶回來的錢財，比當初的嫁妝多一倍。做父親的不責備自己教女兒的錯誤，而自以為是靠聰明而擁有更多的財富。現在一般官吏做事，都是這一類。

魯丹三說中山之君而不受也❶，因散❷五十金，事其左右❸。復見，未語，而君與之食。魯丹出而不反舍❹，遂去❺中山。其御❻曰：「及見❼，乃始善我，何故去之？」魯丹曰：「夫❽以人言善我，必以人言罪我。」未出境，而公子惡❾之曰：「為趙來間❿中山。」君因索⓫而罪之。

【注　釋】❶魯丹三說中山之君而不受也　魯丹三次遊說中山國的國君，而不被採納。魯丹，人名。事蹟不詳。說，勸說別人聽從自己的意見。中山，周朝國名。❷散　分；散發。❸事其左右　打點他身邊的人。事，侍奉；侍候。左右，指在身旁侍候的人。❹反舍　回住所。反，返。舍，館舍；旅館。❺去　離開。❻御　駕車人；車伕。❼及見　連續進見。及，繼；連續。❽夫　彼。❾惡　厭惡。此指中傷、毀謗。❿閒　同「間」。刺探。⓫索　求；搜尋。

【語　譯】魯丹三次遊說中山國的國君，而不被採納，他就散發五十金打點君主左右親近的人。再去見他，還沒開口說話，君主就賜他酒食。魯丹出來後，沒回旅館，便離開中山國。他的車伕說：「連續進見了幾次，如今才開始善待我們，為什麼要離去？」魯丹說：「他因別人的話而善待於我，也一定會因別人的話而加罪於我。」魯丹還未走出國境，而中山國的公子就中傷他說：「魯丹是為趙國而來中山國做間諜的。」中山國的國君因而下令逮捕魯丹而加以治罪。

田伯鼎好士而存其君❶，白公好士而亂荊❷，其好士則同，其所以好士之為❸則異。公孫支自刖而尊百里❹，豎刁自宮而諂桓公❺，其自刑則同，其所以自刑之為則異。慧子❻曰：「狂者東走，逐者亦東走，其東走則同，其所以東走之為則異。」故曰：同事之人，不可不審察也。

【注　釋】❶田伯鼎好士而存其君　田伯鼎喜歡勇士而保全了他的國君。田伯鼎，人名。事蹟不詳。❷白公好士而亂荊　白公勝喜歡勇士而擾亂楚國。白公，名勝，楚平王太子建的兒子。平王為太子建娶妻，見新婦甚美而自納之，伍奢極力勸諫，結果伍奢與其長子伍尚都被殺，次子伍員（子胥）和太子建逃往鄭國。太子建在鄭國作亂被殺，伍員和太子建的兒子勝逃往吳國，其後，楚惠王召勝，使居楚邊界之邑，號為白公。白公好勇，暗中養了一批勇士，遂作亂，失敗自殺。荊，楚國。❸為　故。❹公孫支自刖而尊百里　公孫支截斷自己的腳而推薦百里視。公孫支，即公孫枝。字子桑，春秋時秦國的賢大夫，向秦穆公推薦百里視，穆公用之，遂霸西戎。刖，砍掉腳肢。尊，推崇；舉薦。百里，指百里視。姓百里，名視，字孟明，百里奚的兒子。❺豎刁自宮而諂桓公　豎刁割掉自己的生殖器以諂媚齊桓公。豎刁，春秋時齊國人。諂事齊桓公，桓公死，與易牙、開方作亂。宮，割掉生殖器的酷刑。桓公，指齊桓公。❻慧子　指惠施。慧，通「惠」。

【語　譯】田伯鼎喜歡勇士而保全了他的國君，白公勝喜歡勇士而擾亂楚國。他們喜歡勇士是一樣的，他們喜歡勇士的用意則是不同的。公孫支截斷自己的腳而推薦百里視，豎刁割掉自己的生殖器以諂媚齊桓公。他們殘毀自己是一樣的，他們殘毀自己的用意則是不同的。惠子說：「精神失常的人向東跑，追他的人也向東跑。他們向東跑是一樣的，但他們向東跑的用意則是不同的。」所以說：對於做同樣事情的人，不可以不詳加考察。

卷八

說林下

【題解】本篇與上篇性質與體例皆相同，因為量多，故分上下。其題解請參看〈說林上〉。

伯樂教二人相踶馬，相與之簡子廄觀馬❶。一人舉踶馬，其一人從後而循之，三撫其尻，而馬不踶。此自以為失相❷。其一人曰：「子非失相也。此其為馬也，踒肩而腫膝❸。夫踶馬也者，舉後而任前❹，腫膝不可任也，故後不舉。子巧於相踶馬，而拙於任腫膝❺。」夫事有必歸❻，而以有所腫膝而不任，智者之所獨知也。惠子曰：「置猿於柙中，則與豚同❼。」故勢不便，非所以逞能❽也。

【注釋】❶伯樂教二人相踶馬二句　伯樂教導兩個人鑑別愛踢人的馬，一起到趙簡子的馬房看馬。伯樂，春秋時人，善相馬。《經典釋文》：「伯樂，姓孫，名陽，善馭馬。」踶馬，愛踢人的馬。踶，踢；蹋。相與，相偕；彼此一同。之，往。簡子，即趙簡子。名鞅，謚簡子，春秋時晉國六卿之一。廄，馬舍；馬房。❷一人舉踶馬五句　一人選出愛踢人的馬，另一人在後面來回察看，幾次撫摸牠的臀部，而馬不踢人，原相馬者以為自己看走了眼。舉，選出。循，巡視。撫，觸摸。尻，臀部；脊椎末端。失相，看走眼；鑑別錯誤。❸踒肩而腫膝　肩膀跌傷而膝蓋腫脹。踒，跌傷。腫，肌肉浮脹。❹舉後而任前　舉起後腳而由前腳承擔身體的重量。任，負擔。❺拙於任腫膝　不精於觀察腫膝承受重量的情形。拙，笨。❻事有必歸　事情有必然的結局。歸，結局；歸宿。❼置猿於柙中二句　把猿猴關在木籠裡面，就和小豬相同。柙，關獸的木籠。豚，小豬。❽逞能　舒展才能。逞，舒展；顯露。

【語　譯】伯樂教兩個人鑑別怎樣才是愛踢人的馬，一起到趙簡子的馬房去看。其中一人選出了一匹愛踢人的馬，另一人在後面來回觀察，再三撫摸牠的臀部，而馬不踢人，於是那個選馬的人以為自己看走了眼。另外一人說：「你並不是看走眼。這匹馬的情形，肩膀跌傷而膝蓋腫脹。當馬踢人的時候，舉起後腳而由前腳承受身體的重量。此馬前腳膝蓋腫脹，不能承受重量，所以後腳不能舉起踢人。你擅長於鑑別怎樣才是愛踢人的馬，卻不精於觀察腫膝承受重量的情形。」一切事情都有必然的結局，前膝腫脹則必然承受不了全身的重量，這只有智慧高的人才能知道。惠子說：「把猿猴關在木籠裡，那就跟小豬一樣。」所以，形勢不利，就不能舒展才能。

衛將軍文子❶見曾子❷，曾子不起，而延於坐席，正身於奧❸。文子謂其御曰：「曾子，愚人也哉！以我為君子也，君子安可毋敬也？以我為暴人也，暴人安可侮也？曾子不僇❹，命也。」

【注　釋】❶衛將軍文子　衛國的卿。將軍，官名。文子，諡號。陳奇猷《韓非子集釋》以為即《左傳・襄公三十一年》所載的「北宮佗」。但北宮佗的生存年代與曾子不相當，今不取其說。❷曾子　（西元前五〇五～前四三五年）春秋時魯國武城（今山東省武城縣）人。名參，字子輿，孔子弟子，後世稱為宗聖。❸曾子不起三句　曾子沒有起身迎接，只請他坐在席上，而自己端坐在上位。延，引進。奧，房室的西南角。為尊位。❹僇　辱。

【語　譯】衛將軍文子訪問曾子，曾子沒有起身迎接，只請他坐在席上，而自己端坐在上位。文子出來後，對他的車伕說：「曾子真是個愚笨的人啊！如果他把我當作君子，那對於君子怎可不敬？如果把我當作粗人，那對於粗人又怎可輕侮？曾子沒有受到挫辱，那是運氣好。」

鳥有翢翢者，重首而屈尾，將欲飲於河則必顛，乃銜其羽而飲之❶。人之所有飲不足者，不可不索其羽也❷。

【注　釋】❶鳥有翢翢者四句　有一種鳥，叫翢翢，頭重而尾翹，要想在河邊飲水，一定會跌倒，於是用嘴銜著自己的羽毛而飲。翢翢，也作「周周」。鳥名。屈尾，尾巴翹起。屈，彎曲。顛，倒；仆。❷人之所有飲不足者二句　人如果也有飲水不方便的情形，不可不向自身去找尋辦法。之，若。索，求。

【語　譯】有一種鳥，名叫翢翢，頭重而尾翹，要想在河邊飲水，一定會跌倒，於是用嘴銜著自己的羽毛而飲。人如果有飲水不方便的情形，不可不向自己身上去找尋解決的辦法啊！

鱣❶似蛇，蠶似蠋❷。人見蛇則驚駭，見蠋則毛起。漁者持鱣，婦人拾蠶，利之所在，皆為賁、諸❸。

【注　釋】❶鱣　魚名。狀似蛇，赤褐色，腹黃色，俗稱黃鱔。也作「鱓」、「鱔」。❷蠋　蛾蝶類的幼蟲。狀似蠶。❸賁諸　孟賁和專諸。皆古代的猛士。孟賁，戰國時衛國人，能生拔牛角。專諸，春秋時吳國人，曾為公子光刺殺吳王僚。

【語　譯】鱣魚像蛇，蠶像蠋蟲。一般人看到蛇就害怕，看到蠋就寒毛豎起。可是漁夫們捕捉鱣魚，婦女們用手拾蠶。只要有利益，人人都像孟賁、專諸那樣勇敢。

伯樂教其所憎❶者相千里之馬，教其所愛者相駑馬❷。千里之馬時一❸，其利緩；駑馬日售❹，其利急。此《周書》所謂「下言而上用者惑也」❺。

【注　釋】❶憎　恨。❷駑馬　劣馬。❸時一　偶然得到一個。時，間或；偶然。❹日售　日日售出。❺此周書句　這就是《周書》所說：「下級的話被上級所採用，是偶然的。」《周書》，孫詒讓以為即《逸周書》。惑，或；偶然。

【語　譯】伯樂教他所怨恨的人鑑別千里馬，教他所喜愛的人鑑別劣馬。千里馬偶然發現一匹，獲利較慢；劣馬每天都有得賣，獲利較快。這正合《周書》所說：「下級的話被上級所採用，是偶然的。」

桓赫❶曰：「刻削之道❷，鼻莫如大，目莫如小。鼻大可小，小不可大也❸；目小可大，大不可小也❹。舉事亦然，為其後可復者也，則事寡敗矣❺。」

【注　釋】❶桓赫　人名。事蹟不詳。顧廣圻《韓非子識誤》以為「桓」或為「杜」之誤字。杜赫，周人。曾以安天下之說遊說周昭文君。❷刻削之道　雕刻的方法。❸鼻大可小二句　鼻子刻大了，可以再刻小一點，刻小了，就不能變大了。❹目小可大二句　眼睛刻得小，可以放大，刻得大了，就不能改小了。❺舉事亦然三句　做事也一樣，如果事後可以再改，那麼事情就很少失敗的了。舉事，行事；做事。為，如。可復，可再。指可再有所作為。

【語　譯】桓赫說：「雕刻的原則，鼻子最好刻大一點，眼睛最好刻小一點。鼻子刻得大了，可以改小；小了就沒法改大。眼睛刻得小了，可以放大，大了就沒法改小。做事也一樣，如果事後還有再改的餘地，那麼事情就很少失敗的了。」

崇侯、惡來知不適紂之誅也，而不見武王之滅之也❶；比干、子胥知其君之必亡也，而不知身之死也❷。故曰：崇侯、惡來知心而不知事，比干、子胥知事而不知心。聖人其備矣。

【注　釋】❶崇侯二句　崇侯、惡來知道不順紂王之心將被殺戮，卻不知道周武王會滅了他。崇侯，指崇侯虎。曾在紂王面前中傷西伯昌（周文王）。崇，商朝國名。舊地在豐、鎬（今陝西省鄠縣一帶）之間。惡來，蜚廉的兒子。蜚廉善走，惡來有力，父子都以材力事奉商紂王。紂，商朝末代帝王。嗜酒好色，荒淫無道，為周武王所滅。武王，姓姬。名發，周文王的兒子，因紂王暴虐，率諸侯滅商，建立周朝，諡曰武。❷比干二句　比干、伍子胥知道他們各自的君主一定會滅亡，卻不知道自己會先被殺害。比干，紂王的叔父。封於比，故稱。紂王荒淫不已，比干犯顏直諫，紂王怒，剖其心而死。子胥，即伍員。字子胥。

【語　譯】崇侯、惡來知道不順紂王之心將被殺戮，卻不知道周武王會滅了他；比干、伍子胥知道他們各自的君主一定會滅亡，卻不知道自己會先被殺害。所以說：崇侯、惡來知道君主的心理，卻不知道事情的後果；比干、伍子胥知道事情的後果，卻不知道君主的心理。大概只有聖人兩樣兼備吧！

宋太宰貴而主斷❶，季子❷將見宋君。梁子❸聞之曰：「語必可與太宰三坐乎❹？不然，將不免❺。」季子因說以貴生而輕國❻。

【注　釋】❶宋太宰貴而主斷　宋太宰位高而專權獨斷。太宰，商朝官名。周朝也稱冢宰，為天官之長，輔佐帝王治理天下。春秋列國多稱太宰。因始設於商朝，宋國又為商朝的後代，所以〈說林上〉又稱商太宰。❷季子　人名。事蹟不詳。❸梁子　人名。事蹟不詳。❹語必可與太宰三坐乎　談話時一定得要太宰在座才好喔。可與，可以。三坐，加入並坐而成三。指宋君、太宰、季子並坐。三，加入成三。也作「參」。❺不免　不免於禍。❻貴生而輕國　重視養生而輕視國事。

【語　譯】宋太宰位高而專權獨斷，季子將進見宋君。梁子聽到這個消息，告訴季子說：「談話時一定得要太宰在座才好喔！不然，將不免遭受禍災。」季子於是勸告宋君注重養生而輕視國事。

楊朱之弟楊布，衣素衣而出❶，天雨，解素衣，衣緇衣而反❷，其狗不知而吠之。楊布怒，將擊之。楊朱曰：「子毋擊也，子亦猶是❸。曩者使女狗白而往，黑而來❹，子豈能毋怪哉！」

【注　釋】❶楊朱之弟楊布二句　楊朱的弟弟楊布穿白色衣服出門。楊朱，戰國時魏國人。字子居，又稱楊子、陽子或陽生，後於墨子，前於孟子，其說以貴生為主。楊布，事蹟不詳。衣素衣，穿白衣。上「衣」字，動詞，穿著。素，白色生絹。❷衣緇衣而反　穿黑色衣服回來。緇衣，黑衣。緇，黑色。反，返。❸子毋擊也二句　你不要打牠，你也像牠一樣。猶是，如此。❹曩者二句　剛才假使你的狗出去時是白色，回來時是黑色。曩，往昔；往時。使，假使。女，汝。

【語　譯】楊朱的弟弟楊布，穿白衣出去，遇到下雨，於是脫下白衣，穿上黑衣回來。他的狗不認識他，就對他吠叫。楊布很生氣，將要打牠。楊朱說：「你不要打，你也是這樣。剛才假使你的狗出去時是白色，回來時是黑色，你怎能不感到奇怪呢？」

惠子❶曰：「羿執玦持扞，操弓關機，越人爭為持的❷；弱子扞弓，慈母入室閉戶❸。故曰：可必，則越人不疑❹羿；不可必，則慈母逃弱子。」

【注　釋】❶惠子　指惠施。❷羿執玦持扞三句　羿套上扳指，圍上臂衣，拿起弓箭，引發弩機，疏遠的越人都爭著替他拿箭靶。羿，夏朝有窮氏的國君。善於射箭，曾趁夏朝衰落時奪取夏朝的政權，但因不理政事，被其家臣寒浞所殺。玦，也作「決」。射者套在右拇指以助拉弓弦的器具，古稱韘，俗稱扳指。扞，也作「捍」。射者著於左臂的皮製護袖，也稱拾，俗稱臂衣。操弓，持弓；拉弓。關機，引動弩機。關，通「彎」。此指扳動、引發。機，弩機；弓上發箭的裝置。越，種族名。現在江蘇、浙江、福建、廣東為古時越族所居之地，謂之百越，後世遂稱江浙閩粵之地為越。持的，拿箭靶。的，箭靶的中心。此指箭靶。❸弱子扞弓二句　小孩子拉弓射箭，親愛的母親也會躲進屋子，把門關上。扞，拉；引。❹疑　恐懼。

【語　譯】惠子說：「羿套上扳指，圍上臂衣，拿起弓箭，引發弩機，疏遠的越人都爭著替他拿箭靶。小孩子拉弓射箭，親愛的母親也會躲進屋裡，把門關上。所以說：可以確定射中靶心，那麼縱使是越人，也不會怕羿；不能確定射中靶心，就是母親也會躲避兒子。」

桓公❶問管仲曰：「富有涯❷乎？」答曰：「水之以涯，其無水者也❸；富之以涯，其富已足者也❹。人不能自止於足而亡，其富之涯乎❺！」

【注　釋】❶桓公　齊桓公。❷涯　水邊；邊際。❸水之以涯二句　水而及於邊岸，則是沒有水的地方。以，及。其，則。❹富之以涯二句　富而及於邊際，則是已經富得滿足了。❺人不能自止於足而亡二句　人若不能在滿足的時候自動停止追求，以至於敗亡，這大概就是富的邊際了。

【語　譯】桓公問管仲說：「富，有邊際嗎？」答說：「水而及於邊際，則是沒有水的地方；富而及於邊際，則是已經富得滿足了。人若不能在滿足的時候自動停止追求，以致敗亡，這大概就是富的邊際了。」

宋之富賈❶有監止子❷者，與人爭買百金之璞玉❸，因佯失而毀之❹，負❺其百金，而理其毀瑕❻，得千溢❼焉。事有舉之而有敗，而賢其毋舉之者，負之時也❽。

【注釋】❶富賈　富有的生意人。賈，商人。流動做生意的稱商，固定在一處做生意的稱賈。❷監止子　人名。事蹟不詳。❸璞玉　未經人工雕琢的玉石。❹因佯失而毀之　趁機假裝失手而摔壞。因，趁機；藉機。佯失，假裝失手。佯，假裝。失，失手。❺負　賠。❻理其毀瑕　治理玉石毀壞的部分。理，治玉。毀瑕，因毀壞所造成的玉的瑕疵。瑕，玉病；玉石上的汙損現象。❼溢　也作「鎰」。金二十兩或二十四兩為一溢。❽事有舉之而有敗三句　事情或有做了卻失敗，但仍勝過不做的情形，像賠償（而仍有賺）的時候就是如此。舉，行；行動。賢，勝。其，於。毋舉之，不去做它。負之時，指監止子賠償百金而反獲千鎰之事。

【語譯】宋國有個富商，叫做監止子，與人爭買一塊價值百金的璞玉，趁機假裝失手而將它摔壞，賠償百金給賣主，然後把摔壞的璞玉加以治理，結果獲金千鎰。世事或有做了卻失敗，但仍勝過不做的情形，像監止子賠償百金而反獲千鎰就是如此。

有欲以御❶見荊王❷者，眾騶❸妒之，因曰：「臣能撽❹鹿。」見王，王為御，不及❺鹿，自御及之。王善❻其御也，乃言眾騶妒之。

【注　釋】❶御　駕車。❷荊王　楚王。荊，楚國的舊稱。楚原建國於荊山（今湖北省南漳縣西南），故名。❸騶　主管駕御車馬的官吏。❹撤　側擊；旁擊。❺不及　趕不上；追不到。❻善　稱善；讚美。

【語　譯】有人想以善於駕車的專長求見楚王，希獲錄用，許多主管駕車馬的官吏們都妒嫉他，他便說：「我駕車能追得上鹿而加以側擊。」於是見到了楚王，楚王駕車，追不上鹿，改由那人自駕，立即追上。楚王稱讚他善於駕車，他這才說出許多主管駕車馬的人妒嫉他。

荊令公子將❶，伐陳❷，丈人❸送之曰：「晉強，不可不慎也。」公子曰：「丈人奚❹憂？吾為丈人破晉。」丈人曰：「可，吾方廬❺陳南門之外。」公子曰：「是何也？」曰：「我笑句踐❻也，為人之如是其易也，己獨何為密密十年難乎❼？」

【注　釋】❶荊令公子將　楚國命公子率兵。公子，王先慎《韓非子集解》以為即「公孫朝」（見《左傳・哀公十七年》）。令尹子西的兒子。將，率領。❷陳　春秋諸侯國名。周武王封虞舜的後代嬀滿於陳，都宛丘（今河南省淮陽縣），春秋末，為楚國所滅。❸丈人　老人。❹奚　何；什麼。❺廬　居住。❻句踐　（西元前?～前四六五年）春秋時越國的國君。曾被吳王夫差打敗，困於會稽，屈膝求和，於是臥薪嘗膽，發憤圖強，十年生聚，十年教訓，終於滅掉吳國，稱霸諸侯。❼為人之如是其易也二句　圖謀別人假使像這樣容易，自己為什麼勤勉十年那樣辛苦呢。為，治理；圖謀。之，假使。其，之。己，指句踐。密密，黽勉；勤勞努力的樣子。

【語　譯】楚國命公孫朝率兵討伐陳國，有個老人替他送行，說：「晉國強大，不可不小心防備。」公孫朝說：「老人家憂愁什麼？我打敗晉國讓你看看。」老人說：「好，那我就要移居到陳國的南門城外。」公孫朝說：「這是為什麼？」老人說：「我嘲笑那句踐，圖滅別人假使是這樣的容易，自己為什麼勤勉十年那樣辛苦呢？」

堯以天下讓於許由❶，許由逃之，舍於家人❷，家人藏其皮冠。夫棄天下，而藏其皮冠，是不知許由者也。

【注釋】❶許由 上古高士，隱居於箕山（今河南省登封縣境）。相傳堯讓天下於許由，許由不受，隱居於箕山之下，堯又召為九州長，許由不願意聽，洗耳於潁水（發源於今河南省登封縣境，東南流，入安徽省境，注入淮河）的水邊。❷家人 庶人。

【語譯】堯把天下讓給許由，許由逃走，寄居在一位平民的家裡，那位平民把自己的皮帽子藏起來。許由連天下都可以放棄，而那位平民卻把皮帽藏起來以防被偷，這真是太不了解許由了。

三蝨相與訟❶，一蝨過之，曰：「訟者奚說❷？」三蝨曰：「爭肥饒之地。」一蝨曰：「若亦不患臘之至而茅之燥耳，若又奚患❸？」於是乃相與聚嘬❹其母而食之。彘臞❺，人乃弗殺。

【注釋】❶三蝨相與訟 三隻蝨子互相爭論。蝨，蟲名。寄生於人及其他哺乳動物身上，吸食血液。相與，互相。訟，爭論是非。❷奚說 何故；什麼道理。❸若亦不患臘之至二句 你們不擔心臘祭到來，殺了豬，用茅草來烤炙，還怕什麼。若，你。臘，祭祀名。冬季十二月合祭各種神祇。茅，茅草。燥，乾；烤乾。奚患，何患；擔心什麼。❹嘬 吸食。❺彘臞 豬瘦。彘，豬。臞，瘦。通作「癯」。

【語譯】豬身上的三隻蝨子互相爭論，另一隻蝨子經過，問牠們說：「爭論個什麼呢？」三隻蝨子說：「爭肥美的地方。」那隻蝨子說：「你們不擔心臘祭到來，殺了豬，用茅草烤炙，還擔心什麼呢？」於是三隻蝨子一起吸食豬的血液，豬瘦了，人便沒有殺掉那隻豬。

蟲有蚘❶者，一身兩口，爭相齕❷也，遂相殺，因自殺。人臣之爭事而亡其國者，皆蚘類也。

【注釋】❶蚘 通「虺」。毒蟲。❷齕 咬。

【語譯】有一種蟲叫做蚘，一個身體兩張嘴。爭食相咬，因而相殺，於是毀滅自己。臣子們互相爭鬥而把國家亡掉的，都和蚘蟲同類。

宮有堊，器有滌，則潔矣❶。行身亦然❷，無滌堊之地，則寡非矣❸。

【注釋】❶宮有堊三句 房室如經粉刷，器具如經清洗，就清潔了。宮，室。有，如果。堊，白色土。此作動詞，即用白色土粉刷。滌，清洗。❷行身亦然 修身也是如此。行身，猶言修身。❸無滌堊之地二句 沒有須加清洗粉刷的地方，就很少過失了。非，不合理。指過失。

【語譯】房室如經粉刷，器具如經清洗，就清潔了。修身也是這樣，若沒有須加清洗粉刷的地方，就很少過失了。

公子糾❶將為亂，桓公使使者視之。使者報曰：「笑不樂，視不見，必為亂❷。」乃使魯人殺之。

【注釋】❶公子糾　齊僖公的兒子。襄公的庶弟，桓公（公子小白）的庶兄。襄公無道，鮑叔牙擁護公子小白逃於莒，及公孫無知殺襄公自立，管仲、召忽護送公子糾逃於魯，後公孫無知被殺，公子小白搶先返齊即位，是為桓公。魯人護送公子糾回國，齊桓公擊敗之，要求魯國殺公子糾，並遣送管仲、召忽返齊受審。❷笑不樂三句　笑時並不快樂，看時沒看清所看的是什麼東西，一定會作亂。按：笑而不樂，視而不見，表示心不在焉。《大學》：「心不在焉，視而不見，聽而不聞。」

【語譯】公子糾將作亂，齊桓公派人去探視他。使者回報說：「公子糾笑的時候並不高興，看的時候沒看清所看的是什麼東西，一定會作亂。」齊桓公這才要求魯國把公子糾殺掉。

公孫弘斷髮而為越王騎❶，公孫喜❷使人絕❸之，曰：「吾不與子為昆弟❹矣。」公孫弘曰：「我斷髮，子斷頸而為人用兵，我將謂子何？」周南之戰❺，公孫喜死焉。

【注釋】❶公孫弘斷髮而為越王騎　公孫弘剪短頭髮而做越王的騎士。公孫弘，事蹟不詳。按：戰國有兩公孫弘，一在齊，一在中山，此在越，當是另一人。斷髮，剪成光頭。為越人的風俗。騎，騎士。❷公孫喜　韓國的將領。與公孫弘為弟兄。❸絕　斷交；斷絕關係。❹昆弟　兄弟。❺周南之戰　指韓僖王三年（西元前二九三年）伊闕之戰。周南，周（今洛陽市）之南界。即伊闕（日人松皋圓《韓非子纂聞》說）。《史記・韓世家》：「釐（僖）王三年，公孫喜率周、魏攻秦。秦敗我二十四萬，虜喜伊闕。」

【語譯】公孫弘剪光頭髮去做越王的騎士，公孫喜派人去聲明跟他絕交，說：「我不再和你做兄弟了。」公孫弘說：「我只是剪光頭髮，而你卻冒著砍斷脖子的危險去替人用兵，我將說你什麼好呢？」成周南界那次戰役，公孫喜果然戰死了。

有與悍者鄰❶，欲賣宅而避之。人曰：「是其貫，將滿矣❷，子姑❸待之。」答曰：「吾恐其以我滿貫❹也。」遂去之。故曰：物之幾者，非所靡也❺。

【注　釋】❶有與悍者鄰　有個人和蠻橫的人相鄰而居。悍，蠻橫；凶狠。❷是其貫將滿矣　看他的罪惡，快要積滿了。是，通「視」。貫，穿錢的繩子。也指以繩穿錢。此喻罪惡的累積。❸姑　暫且。❹以我滿貫　拿我來積滿他的惡貫。指加害於我。❺物之幾者二句　危險的事是不能慢慢拖的。物，事。幾，危。靡，遲緩。

【語　譯】有個人和蠻橫的人鄰居，想要賣掉房子來躲開他。有人對他說：「看他的罪惡，馬上就要滿了，你暫且等一等吧！」他答說：「我只怕他拿我來積滿他的惡貫哩！」就賣了房子，搬走了。所以說：危險的事是不能慢慢拖的。

孔子謂弟子曰：「孰能導子西之釣名❶也？」子貢曰：「賜也能。」乃導之，不復疑也。孔子曰：「寬哉不被於利❷，絜哉民性有恆❸。曲為曲，直為直，子西不免❹。」白公之難❺，子西死焉。故曰：直於行者，曲於欲❻。

【注　釋】❶孰能導子西之釣名　誰能勸諫子西對名聲的追求。導，勸；諫。子西，即公子申。楚平王的庶子，楚昭王的庶兄，曾做楚國的令尹，死於白公之亂。釣名，詐取名聲。❷寬哉不被於利　胸懷寬大，不被財利所蒙蔽。被，蒙蔽。❸絜哉民性有恆　品行純潔，性情堅定不移。絜，通作「潔」。❹不免　指不免殺身之禍。❺白公之難　指白公勝在楚國邊界作亂自殺的事件。❻直於行者曲於欲　行為正直，欲望就減損。曲，通「屈」。摧折。

【語　譯】孔子對弟子們說：「誰能勸諫子西對名聲的追求？」子貢說：「我能。」於是前去勸諫子西，毫不遲疑。孔子說：「子西真是胸懷寬大啊！不被財利所蒙蔽；品行純潔啊！性情堅定不移。錯就是錯，對就是對。但是子西仍不免於禍。」白公那次作亂，子西果然被殺。所以說，行為正直，欲望就減損。

晉中行文子出亡❶，過於縣邑。從者曰：「此嗇夫❷，公之故人，公奚不休舍❸，且待後車？」文子曰：「吾嘗好音，此人遺❹我鳴琴；吾好珮❺，此人遺我玉環。是不振❻我過者也，以求容於我者。吾恐其以我求容於人也。」乃去之。果收文子後車二乘，而獻之❼其君矣。

【注釋】❶中行文子出亡　中行文子出國逃亡。中行文子，即荀寅。諡文。中行，官名。春秋時，晉國軍制置上軍、中軍、下軍三軍，又增置左行、中行、右行三行，以避天子六軍之名。荀寅的曾祖父荀林父曾將（率領）中行，後遂以官為氏。晉定公二十二年（西元前四九〇年）趙鞅打敗范氏和中行氏，荀寅出奔於齊。亡，逃。❷嗇夫　秦時鄉官。主管判決訟案、收取賦稅。❸奚不休舍　何不休息。休，息。舍，休息。❹遺　贈送。❺珮　佩帶的玉飾。❻振　救。❼之　於。

【語譯】晉國的中行文子出國逃亡，經過一個縣邑，隨從人員說：「這裡的嗇夫是您的舊友，您何不休息一下，以等待後面的車輛呢？」文子說：「我以前喜歡音樂，這人就送我一把琴；我喜歡玉珮，這人就送我玉珮。可見他是個不會補救我的過錯的人，只是以此來求我接納他而已。現在我怕他利用我而來求取別人的接納了。」於是趕緊離開那個地方。這人果然沒收文子後面的兩輛車子，獻給晉國的國君。

周趮❶謂宮他❷曰：「為我謂齊王曰：『以齊資我於魏❸，請以魏事齊。』」

宮他曰：「不可。是示之無魏❹也，齊王必不資於無魏者，而以怨有魏❺者。公不如曰：『以王之所欲，臣請以魏聽王。』齊王必以為有魏也，必因❻公，是公有齊也，因以齊有魏矣。」

【注釋】❶周趮　魏人。趮，後多作「躁」。《戰國策・魏策》作「肖」，又作「霄」。❷宮他　人名。事蹟不詳。❸以齊資我於魏　如果齊國助我在魏國取得權勢。以，如。資，助。❹示之無魏　向他表示在魏國沒有權勢。無魏，在魏國沒有權勢。❺有魏　在魏國有權勢。❻因　依賴；憑藉。

【語譯】周趮對宮他說：「替我對齊王說：『如果齊國幫助我在魏國取得權勢，我保證讓魏國事奉齊國。』」宮他說：「不行。這等於表示你在魏國沒有地位。齊王一定不會幫助在魏國沒有地位的人，而結怨在魏國有地位的人。您不如說：『不管大王喜歡什麼，我都能讓魏王聽從。』這樣齊王一定認為您在魏國有份量，而一定依賴您。這樣一來，您在齊國有份量，因而在魏國也有份量了。」

白圭❶謂宋大尹❷曰：「君長，自知政❸，則公無事❹矣。今君，少主也，而務名❺，不如令荊❻賀君之孝也，則君不奪公位，而大敬重公，則公常用宋❼矣。」

【注釋】❶白圭　戰國魏文侯時人，善於經商。❷宋大尹　宋國的大尹。宋，周朝國名。周武王滅商，封商紂王子武庚於舊都（今河南省商丘縣），成王時，武庚叛亂，被殺，又以其地封予紂之庶兄微子，號宋公，為宋國。大尹，近侍而有寵的大官。❸知政　主政；主持政事。❹無事　指失去大權。❺務名　專力求名。❻荊　楚國。❼用宋　見用於宋國；被宋國重用。

【語譯】白圭對宋國的大尹說：「國君長大後，自己主持國政，您就失去大權了。現在，國君還是個少年君主，專心於求名。最好讓楚國來致賀國君的孝順，太后一高興，宋君就不會強行罷免你的職位，而且特別敬重您，您就可以長期被宋國所重用了。」

管仲、鮑叔❶相謂曰：「君亂甚矣，必失國❷。齊國之諸公子，其可輔者，非公子糾，則小白❸也。與子人事一人❹焉，先達者相收❺。」管仲乃從公子糾，鮑叔從小白。國人果弒君，小白先入為君，魯人拘管仲而效❻之，鮑叔言而相之❼。故諺曰：「巫咸雖善祝，不能自祓也❽；秦醫雖善除，不能自彈也❾。」以管仲之聖，而待鮑叔之助，此鄙諺所謂「虜自賣裘而不售，士自譽辯而不信」❿者也。

【注釋】❶鮑叔　春秋時齊國人。即鮑叔牙，與管仲交，知管仲賢。鮑叔事公子小白，管仲事公子糾。小白立，為桓公，鮑叔薦管仲，管仲遂相齊而成霸業。管仲曾說：「生我者父母，知我者鮑子也。」❷君亂甚矣必失國　國君昏亂得太過分了，一定會失去君位。君，指齊襄公。失國，指喪失國君的地位。❸小白　春秋齊桓公名。齊僖公之子，襄公之庶弟。襄公暴虐，鮑叔牙奉小白奔莒，及襄公被殺，返國即位，任管仲為相，遂霸諸侯，後管仲死，用豎刁、易牙、開方等，怠忽政事，及卒，諸子爭立，霸業遂衰。❹人事一人　每人各事一人。❺先達者相收　先顯達的人負責收錄對方。達，顯達。指據高位。收，收錄；錄用。❻效　獻。❼言而相之　建議用他為相。❽巫咸雖善祝二句　巫咸雖然善於祈禱，但不能祛除自己的災禍。巫咸，古代傳說神巫之名。一說黃帝時人，一說唐堯時人，一說殷中宗時人，今人普遍採取最後一說。祝，以言告神而求福。祓，古代除災祈福的儀式。後指消除災厄或祛除不祥。❾秦醫雖善除二句　秦醫雖然善於治病，但不能鍼砭自己的膿瘡。秦醫，日人松皐圓《韓非子纂聞》以為即扁鵲。扁鵲，戰國時名醫。姓秦，名越人，渤海郡鄭（《史記集解》引徐廣曰：「鄭當為鄚。鄚，縣名。今屬河間。」）人，家於盧國，又名盧醫，後入秦，秦太醫令李醯自知醫術不如，使人刺殺之。扁鵲發明切脈醫術，精通內科、婦科、五官科、小兒科等。除，治。彈，用石針刺破膿瘡，使膿血流出。❿虜自賣裘而不售二句　奴隸賣自己的皮衣而沒人肯買，士人誇讚自己的辯才而沒人相信。虜，奴隸。裘，皮衣。不售，賣不出去。

【語　譯】管仲和鮑叔商量說：「國君昏亂得太過分了，一定會失去君位。齊國的幾個公子之中值得輔佐的，除了公子糾，就是公子小白了。我與你各事奉一人，先顯達的人要互相提拔。」管仲便跟隨公子糾，而鮑叔追隨公子小白。齊國人果然殺了他們的國君，公子小白搶先進入國都而立為君主，魯國拘禁了管仲而獻給齊國，鮑叔建議用他為相。所以俗語說：「巫咸雖然善於祈禱，但不能祛除自己的災禍；秦醫雖然善於治病，但不能鍼砭自己的膿瘡。」以管仲的睿智，尚且需要鮑叔的幫助，這正是俗話所說的：「奴隸賣自己的皮衣而賣不出去，士人誇讚自己的口才而沒人相信。」

荊王伐吳❶，吳使沮衛蹶融犒於荊師❷，荊將軍曰：「縛❸之，殺以釁鼓❹。」問之曰：「汝來，卜乎？」答曰：「卜。」「卜吉乎？」曰：「吉。」荊人曰：「今荊將以女釁鼓，其何也？」答曰：「是故其所以吉也。吳使人來也，固視將軍。將軍怒，將深溝高壘❺；將軍不怒，將懈怠。今也將軍殺臣，則吳必警守矣。且國之卜，非為一臣卜。夫殺一臣，而存一國，其不言吉何也！且死者無知，則以臣釁鼓無益也；死者有知也，臣將當戰之時，臣使鼓不鳴。」荊人乃不殺也。

【注　釋】❶荊王伐吳　楚王率兵攻打吳國。事見《左傳・昭公五年》。❷吳使沮衛蹶融犒於荊師　吳國派沮衛蹶融去慰勞楚國的軍隊。吳，周朝國名。周初，泰伯居吳（今江蘇省無錫縣梅里），至十九世孫壽夢始興盛稱王，據有淮、泗以南至浙江太湖以東地區，傳至夫差，為越所滅（西元前四七五年）。沮衛蹶融，《左傳》作「蹶由」。為吳王餘昧的弟弟（此據《左傳》，

《史記·吳太伯世家》有誤，司馬貞《史記索隱》辨之甚詳)。犒，以酒食慰勞軍隊。❸縛　綑綁。❹釁鼓　用血塗鼓的隙縫。為古代作戰前祭祀的儀式之一。釁，血祭。殺牲後，用牲血塗於器物的隙縫。❺深溝高壘　挖深溝渠，加高堡壘。指加強防禦設備。溝，堡壘外側的溝塹。壘，堡壘；軍營牆壁。

【語譯】楚王率兵攻打吳國，吳國派沮衛蹶融前往犒勞楚軍，楚國的將軍說：「把他綁起來，殺掉以後拿他的血去塗戰鼓。」接著又問說：「你來之前占卜過嗎？」使者答說：「占卜過。」「占卜的結果吉祥嗎？」又答說：「吉祥。」楚國人說：「現在楚國的將軍將把你殺了，用你的血來塗戰鼓，又怎麼說呢？」答說：「這正是吉祥的原因所在！吳國派人來勞軍的目的，本來就是要看看將軍的反應。如果將軍很忿怒，那麼吳國將挖深溝塹，增高堡壘，加強防禦工事；如果將軍不生氣，那麼吳國就可以鬆懈一下。如果將軍殺我，那麼吳國一定加倍地警戒防守了。而且占卜是為國家而占卜，不是為一個臣子而占卜。殺了一個臣子而保全了整個國家，這樣還不算吉祥，要怎樣才算吉祥呢？而且如果死人無知，那麼拿我的血來塗鼓，沒有什麼好處；如果死人有知，我將在作戰時，使戰鼓敲不響。」楚國人聽了，就不再殺他。

知伯❶將伐仇由❷，而道難不通❸，乃鑄大鐘遺❹仇由之君。仇由之君大說❺，除道將內之❻。赤章曼枝❼曰：「不可。此小之所以事大也，而今也大以來，卒❽必隨之，不可內也。」仇由之君不聽，遂內之。赤章曼枝因斷轂❾而驅，至於齊七月❿，而仇由亡矣。

【注釋】❶知伯　即智伯。名瑤，晉國六卿之一。❷仇由　也作「仇猶」、「仇繇」、「厹由」。春秋時國名，故地在今山西省盂縣東北。今盂縣縣治東北一里有仇猶城，七里有仇猶山。❸道難不通　路險不能通行。道，路。難，險阻。❹遺　贈送。❺說　同「悅」。❻除道將內之　修築道路，將接受它。除道，修路。內，通作「納」。接受；接納。❼赤章曼枝　人名。事蹟不詳。❽卒　士兵；軍隊。❾斷轂　截斷車輪外側的轂軸。轂，車輪中央車軸貫入處的圓木。按：車輪外側轂軸太長則容易磨擦碰撞，尤其不利於小路行走，將它截短，則可使車行迅速而順利。❿七月　顧廣圻《韓非子識誤》云：「月當作日，《呂覽》云：至衛七日。」

【語　譯】知伯將攻打仇由，而道路險阻，難以通行，於是鑄造一個大鐘送給仇由的國君。仇由的國君非常高興，將修路接受它。赤章曼枝說：「不行。送大鐘的事是小國事奉大國的做法，而現在大國送大鐘來，軍隊一定跟著就到，所以不可以接受大鐘。」仇由的國君不聽，終於接受。赤章曼枝於是截斷兩輪外側的轂軸，奔馳而去，到達齊國七天，仇由就被滅亡了。

越已勝吳，又索卒於荊而攻晉❶。左史❷倚相❸謂荊王曰：「夫越破吳，豪士❹死，銳卒盡，大甲❺傷。今又索卒以攻晉，示我不病❻也，不如起師與分吳❼。」荊王曰：「善。」因起師而從越。越王怒，將擊之。大夫種❽曰：「不可。吾豪士盡，大甲傷，我與戰必不克❾，不如賂❿之。」乃割露山之陰⓫五百里以賂之。

【注　釋】❶越已勝吳二句　越國已打敗了吳國，又向楚國求兵以攻打晉國。越，周朝國名。姒姓，相傳始祖為夏少康庶子無余，封於會稽，春秋末，越王句踐臥薪嘗膽，終滅吳稱霸，領土擴展到江蘇、浙江兩省的全部和山東省的南部，戰國時，為楚所滅。索卒，求兵。指要求別人出兵。荊，楚國。晉，周朝國名。周成王封弟叔虞於唐，叔虞子燮父改國號為晉，春秋時據有今山西省大部分與河北省西南地區，地跨黃河兩岸，後被其大夫韓趙魏三家所分而亡。❷左史　楚國史官。❸倚相　人名。事蹟不詳。❹豪士　傑出的人才。豪，特出於千人之上的人才。❺大甲　指穿戴全副鎧甲的軍人。古代全副鎧甲分三部分：上披於肩，叫做披膊，中披於胸，叫做胸鎧，下垂於兩旁，叫做腿裙。❻病　疲憊。❼起師與分吳　出兵與越國共同瓜分吳國的土地。起師，興兵。❽大夫種　越國大夫文種。字少禽，也作子禽，楚國郢（今湖北省江陵縣）人，與范蠡同事越王句踐，出計滅吳，吳滅，范蠡勸其隱退，不聽，後來果然被句踐賜劍自殺。❾克　勝利；戰勝。❿賂　贈送財物。⓫露山之陰　露山以北的地方。露山，不詳何地。陰，山的北面或水的南面。

【語　譯】越國打敗了吳國以後，又要求楚國出兵，共同攻打晉國。左史倚相對楚王說：「越國攻破吳國，勇士死光，精兵耗盡，甲兵損傷。現在又向我求兵以攻打晉國，這是向我們表示越國沒有疲憊，最好趁此機會出兵與越國共同瓜分吳國的土地。」楚王說：「對！」於是出兵去和越國相會。越王大為忿怒，打算攻擊楚軍。大夫文種說：「不可以這樣做！我國勇士已經死光，甲兵大多受損，我們和楚國作戰一定不能戰勝，不如用財貨籠絡他。」便割讓露山以北五百里的地方給楚國。

荊伐陳，吳救之，軍間❶三十里，雨十日，夜星❷。左史倚相謂子期❸曰：「雨十日，甲輯而兵聚❹，吳人必至，不如備之。」乃為陳❺，陳未成也，而吳人至，見荊陳而反❻。左史曰：「吳反覆❼六十里，其君子❽必休，小人❾必食。我行三十里擊之，必可敗也。」乃從之，遂破吳軍。

【注　釋】❶間　分隔；相距。❷夜星　夜晚放晴。星，借為「姓」。姓，夜晴。也作「暒」。❸子期　即公子結。楚昭王的庶兄，令尹子西的弟弟，與子西同被白公勝所殺。❹甲輯而兵聚　戰衣收藏起來，武器集中在一起。甲，鐵衣；鎧甲。輯，集聚。兵，武器。❺陳　陣。❻反　返。❼反覆　反復。指來回。❽君子　指軍官。❾小人　指士卒。

【語　譯】楚國攻打陳國，吳國去援救。兩軍相距三十里。在連下十天雨之後，夜晚放晴。左史倚相對子期說：「連下了十天雨，戰衣已經收起，武器也已經集中起來。夜晚忽然放晴，吳國軍隊一定會趁機偷襲，最好防備他。」於是開始擺列陣勢。陣勢還沒擺好，吳國軍隊就已來到，看見楚軍在擺陣勢，就退兵回去。左史說：「吳軍來回走了六十里，軍中的軍官們一定在休息，士卒們一定在用餐。我們行軍三十里而攻擊他，一定可以把他們打敗。」於是子期聽他的話而終於打敗吳軍。

韓趙相與為難❶，韓索兵於魏，曰：「願借師以伐趙。」魏文侯❷曰：「寡人與趙兄弟，不可以從。」趙又索兵攻韓，文侯曰：「寡人與韓兄弟，不敢從。」二國不得兵，怒而反。已❸乃知文侯以搆於己❹，乃皆朝❺魏。

【注釋】❶相與為難　互相結仇。相與，互相。難，敵；仇怨。❷魏文侯　名都（據《史記・魏世家》）。戰國時魏國第一位國君，在位五十年。❸已　已而；隨即。❹以搆於己　已經和自己媾和。以，已。搆，媾；和解。按：此指韓趙兩國各自以為魏文侯已經和自己和好，因為他們都聽到魏文侯所說「與趙兄弟」、「與韓兄弟」的答話。❺朝　謁見；進見。

【語譯】韓國和趙國互相結怨，韓國向魏國求兵，說：「希望借兵以攻打趙國。」魏文侯說：「我和趙國的國君情同兄弟，不敢聽命。」趙國也向魏國求兵以攻打韓國，魏文侯說：「我和韓國的國君情同兄弟，不敢聽命。」兩國的使臣借不到兵，氣憤地回去。不久，兩國都知道魏文侯已經和自己和好，於是兩國的國君都來朝見魏文侯。

齊伐魯，索讒鼎❶，魯以其贗❷往。齊人曰：「贗也。」魯人曰：「真也。」齊人曰：「使樂正子春❸來，吾將聽子。」魯君請樂正子春。樂正子春曰：

「胡❹不以其真往也？」君曰：「我愛❺之。」答曰：「臣亦愛臣之信。」

【注釋】❶讒鼎　鼎名。讒，王叔岷《韓非子集斠證》以為「鬵」之借字。鬵，鼎的一種。上端大下端小，形狀像甑。❷贋　假的物品。❸樂正子春　人名。曾參的弟子，傳孝道。❹胡　何。❺愛　惜。

【語譯】齊國攻打魯國，索取讒鼎，魯國送去一件假鼎。齊國人說：「這是假貨。」魯國的使臣說：「是真品。」齊國人說：「派樂正子春來作證，我就相信你。」魯國的國君派人去請樂正子春。樂正子春說：「為什麼不把真鼎送去？」魯君說：「我愛惜它。」樂正子春說：「我也愛惜我的信譽。」

韓咎立為君未定也❶，弟在周❷，周欲重❸之，而恐韓之不立也，綦毋恢❹曰：「不若以車百乘❺送之，得立，因曰為戒❻；不立，則曰來效賊❼也。」

【注釋】❶韓咎立為君未定也　韓國的公子咎立為國君而尚未穩定。韓咎，即韓國的公子咎。韓襄王的兒子。按：韓襄王的兒子，除公子咎外，還有太子嬰、公子蟣蝨。太子嬰死，公子咎和公子蟣蝨爭為太子。據《史記・韓世家》，當時蟣蝨在楚國，不得歸，故韓襄王立公子咎為太子，襄王卒，太子咎立為國君，就是釐王。❷弟在周　公子咎的弟弟公子蟣蝨在周朝。按：據《史記・韓世家》，公子蟣蝨是在楚國做人質，而不是在周朝，所以「在周」可能是「在楚」之誤。❸重　使他貴重。指繼位為國君。❹綦毋恢　人名。事蹟不詳。❺百乘　百輛兵車。乘，古稱戰車一車四馬，後泛指車輛。❻為戒　用以戒備。指用兵車沿途護送，以防備意外的事件。❼效賊　解送叛賊。效，致送。按：韓咎的弟弟如果不能成功地立為國君，則形同韓咎的叛賊。

【語譯】韓國的公子咎立為國君，而地位尚未穩定。他的弟弟公子蟣蝨在周王朝，周王朝想要幫助他回去做國君，又恐韓國的臣民不支持。綦毋恢說：「最好派百輛兵車護送他，如果公子蟣蝨能夠立為國君，便說：

兵車是沿途戒備以防意外的；如果不能立為國君，便向公子咎說：兵車是用來解送叛徒的。」

靖郭君❶將城薛❷，客❸多以諫者。靖郭君謂謁者❹曰：「毋為客通❺。」齊人有請見者曰：「臣請三言而已❻，過三言，臣請烹❼。」靖郭君因見之。客趨進曰：「海大魚。」因反走。靖郭君曰：「請聞其說。」客曰：「臣不敢以死為戲。」靖郭君曰：「願為寡人言之。」答曰：「君聞大魚乎？網不能止，繳不能絓❽也，蕩而失水，螻蟻得意焉❾。今夫齊，亦君之海也。君長有齊❿，奚以薛為⓫？君失齊，雖隆⓬薛城至於天，猶無益也。」靖郭君曰：「善。」乃輟⓭不城薛。

【注釋】❶靖郭君　姓田，名嬰。為齊威王的少子，孟嘗君的父親，曾為齊國的相，封於薛。❷城薛　建築薛城。城，築城。薛，舊城在今山東省滕縣西南二十公里。❸客　食客；門客。春秋戰國時，貴冑公子或高級大官常羅致各類人才在自己門下，提供食宿等優厚待遇，被羅致的人則替主人提建議、出主意，或奔走效勞，通稱為客。❹謁者　負責傳達、通報的近侍。❺通　通報。指通報主人。❻臣請三言而已　讓我說三個字就好了。臣，秦漢以前對人自稱的謙詞。三言，三個字。❼烹　煮。此指古代用鼎鑊煮人的酷刑。❽繳不能絓　釣絲掛不住。繳，生絲線。古代用以繫在箭尾射鳥。此指釣絲。絓，通「挂」、「掛」。❾蕩而失水二句　游蕩而離開了水，螻蛄和螞蟻都可以恣意地欺侮牠。蕩，放蕩；恣意而游。失水，離開了水。螻蟻，螻蛄和螞蟻。螻，螻蛄。體黃褐色，長寸餘，前肢成掌狀，利於掘地，雄者會叫，晝常穴居土中，夜出飛翔，俗名土狗。蟻，螞蟻。得意，想怎樣都能如願。❿長有齊　長久在齊國掌權。長，永遠；永久。⓫奚以薛為　築薛城做什麼呢。奚，何。⓬隆　高。此當動詞，增高。⓭輟　停止。

【語譯】靖郭君將建築薛城，門客中有很多人針對此事加以勸阻。靖郭君對負責通報的近侍說：「不要替門客來通報。」有個齊國人請求進見，說：「讓我說三個字就好了。超過三個字，請把我煮了。」靖郭君便接見他。這個門客很快地走到靖郭君的面前說：「海大魚。」說完轉身就走。靖郭君說：「希望聽聽其中的意思。」這個門客說：「我不敢拿死來當兒戲。」靖郭君說：「請你替我解說一番。」這個門客回答說：「您聽說過大魚嗎？用網捕不到牠，用釣絲勾不住牠，一旦恣意游蕩而脫離了水，螻蛄和螞蟻都可以在牠身上為所欲為。現在齊國也好比是您的大海，您永遠在齊國掌權，還要薛城做什麼呢？您如果在齊國失勢，縱然把薛城築得像天那般高，還是沒有用。」靖郭君說：「說得很對！」於是就停止建築薛城。

荊王弟在秦，秦不出也❶。中射之士❷曰：「資臣百金，臣能出之❸。」因載百金之❹晉，見叔向❺曰：「荊王弟在秦，秦不出也，請以百金委❻。」叔向受金，而以見之晉平公❼，曰：「可以城壺丘❽矣。」平公曰：「何也？」對曰：「荊王弟在秦，秦不出也，是秦惡荊❾也，必不敢禁我城壺丘。若禁之，我曰：『為我出荊王之弟，吾不城也。』彼如出之，可以德荊❿；彼不出，是卒惡也，必不敢禁我城壺丘矣。」公曰：「善。」乃城壺丘。謂秦公曰：「為我出荊王之弟，吾不城也。」秦因出之。荊王大說，以鍊金百鎰遺晉⓫。

【注釋】❶荊王弟在秦二句　楚王的弟弟在秦國，秦國不放他回去。荊王，楚王。出，釋放。按：《說苑・權謀》云：「楚公子午使於秦，秦因之，其弟獻三百金於晉叔向。」據此，則荊王弟乃指公子午，以叔向生存時間推算，荊王當是楚靈王。❷中射之士　帝王的侍御近臣。❸資臣百金二句　供給我百金，我能使秦國放人。資，供給。百金，黃金百斤。金，古代以黃金一鎰（二十兩或二十四兩）或一斤為一金。❹之　往。❺叔向　春秋時晉國大夫羊舌肸。一名叔肸，字叔向，博學多聞，能以禮讓治國，孔子讚美他為「古之遺直」。❻委　付託。❼叔向受金二句　叔向接受贈金，因此引他進見晉平公。見，引見。之，於。晉平公，春秋時晉國國君。名彪，為晉悼公的兒子，在位二十六年卒。❽城壺丘　據壺丘而築城。壺丘，即瓠丘。故城在今山西省垣曲縣東南十公里，濱臨黃河。❾秦惡荊　秦國與楚國結怨。惡，憎恨；怨恨。❿德荊　向楚國示恩。德，恩惠。此當動詞，即示恩、討好。⓫荊王大說二句　楚王非常高興，拿上好的黃金百鎰送給晉國。說，悅。鍊金，冶鍊精純的黃金。指上好的黃金。百鎰，即百金。古以一鎰為一金。鎰，金二十兩或二十四兩為一鎰。遺，餽贈；贈送。

【語　譯】楚王的弟弟在秦國，秦國不肯放他回去。楚王的一個近侍說：「給我一百斤黃金，我就能使秦國放人。」於是載著百斤黃金前往晉國，進見叔向說：「楚王的弟弟在秦國，秦國不肯放他回去，我帶了黃金百斤來，拜託您幫忙。」叔向接受了黃金，便引他去見晉平公，並說：「我們可以把壺丘據為己有而築城防守了！」平公問：「為什麼？」叔向回答說：「楚王的弟弟在秦國，秦國不肯放他回去，這等於秦國結怨於楚國，一定不敢禁止我們建築壺丘城。如果秦國出面禁止，我們就說：『看在我們的面上，釋放楚王的弟弟，我們就不築壺丘城。』秦國如果真放了人，我們可以向楚國示恩；如果不放人，那等於和楚國結怨到底，一定不敢阻止我們築壺丘城了。」平公說：「你說得對！」便派人去築壺丘城。並且派人去對秦國國君說：「看在我國面子上，放了楚王的弟弟，我國就不築城了。」秦國不得已，只好把楚王的弟弟放回去。楚王非常高興，就拿一百鎰上好的黃金送給晉國。

闔廬攻郢❶，戰三勝，問子胥曰：「可以退乎？」子胥對曰：「溺人者一飲而止，則無遂者，以其不休也，不如乘之以沉之❷。」

【注　釋】❶闔廬攻郢　吳王闔廬攻打楚國的郢都。闔廬，也作「闔閭」。春秋時吳國國君，即派專諸刺王僚而自立的公子光，為吳王諸樊的兒子，夫差的父親，曾用孫武、伍子胥為將，攻入楚國的郢都，後與越王句踐作戰，敗於姑蘇，傷指而死，在位凡十九年。郢，春秋時楚國的首都。故城在今湖北省江陵縣。按：闔廬派兵攻入郢都，事在闔廬在位之第九年（西元前五〇六年）。❷溺人者一飲而止四句　要把人淹死而只讓他喝一口水就停止，那是淹不死的，人之所以會淹死，是由於不停地喝水，最好趁這個機會讓楚國沉沒。遂，完成；成功。休，止。

【語譯】吳王闔廬攻打楚國的郢都，打了三次勝仗，問伍子胥說：「可以退兵了吧？」伍子胥答說：「要把人淹死而只讓他喝一口水就停止，那是淹不死的。人之所以會淹死，是由於不停地喝水。最好趁這個機會讓楚國沉沒。」

鄭人有一子將宦❶，謂其家曰：「必築壞牆，是不善人將竊。」其巷人亦云。不時築❷，而人果竊之，以其子為智，以巷人告者為盜。

【注釋】❶宦　學習處理職事。❷不時築　不即時修築。時，立即；即刻。

【語譯】鄭國有個人，他的兒子要出外去學做官。告訴家裡的人說：「一定要把崩壞的牆壁修好，不然竊賊會來偷東西。」有一位居住在同一巷子的人也這樣說。鄭人沒有及時把壞牆修好，竊賊果然來偷。鄭人認為他的兒子很聰明，卻以為那位勸他修牆的同巷居民是竊賊。

觀行

【題解】觀行，就是觀察人的行為。篇末有「觀行」二字，遂取為篇名。

本篇主旨，在論說君主觀察臣下行為所應持的法則。這個法則就是：先明瞭三種必然的道理——「智有所不能立，力有所不能舉，強有所不能勝」——然後在「可能的形勢，又有容易達成的方法」的條件下，才可以要求臣下完成所交付的事功，萬萬不可以強人所難。

古之人，目短❶於自見，故以鏡觀面；智短於自知，故以道正己❷。鏡無見疵之罪❸，道無明過之惡❹。目失鏡，則無以正鬚眉；身失道，則無以知迷惑。西門豹❺之性急，故佩韋❻以自緩；董安于❼之心緩，故佩弦❽以自急。故以有餘補不足，以長續短之謂明主。

【注釋】❶短　不足；不善。❷以道正己　用道術匡正自己的行為。道，自然和人文的規律。❸鏡無見疵之罪　鏡子沒有呈現缺點的罪過。見，現；呈現。疵，小病。泛指缺點。❹道無明過之惡　道術沒有彰顯過失的罪惡。❺西門豹　戰國時魏人。魏文侯用他為鄴（故城在今河南省臨漳縣西二十公里）令。鄴地官吏勾結女巫，聚斂百姓財物，每年擇民女投入漳河，稱為替河伯娶婦，豹到任後，投貪官、女巫於漳河，遂除惡俗，又發動百姓開鑿水渠十二道，引漳水灌田，百姓由此富足。❻佩韋　佩帶柔皮。韋，柔皮；去毛熟治的皮革。❼董安于　也作「董閼于」。春秋時晉國趙簡子（鞅）的家臣。范氏和中行氏將攻趙簡子，董安于勸趙氏先發制人，趙簡子說：「晉國曾有命令，先引發禍端的人要處死。不妨讓他們先發難，然後我們才動手。」范氏和中行氏作亂失敗，智文子（荀躒）責問趙氏說：「范氏和中行氏雖然作亂，董安于實是禍首。現在范氏和中行氏既已受罰，董安于也應追究。」於是董安于自殺而死。❽佩弦　佩帶弓弦。

【語譯】古時候的人，眼睛不足以看見自己，所以用鏡子來照看自己的臉部；智力不足以了解自己，所以拿道術來糾正自己的行為。鏡子沒有呈現缺點的罪過，道術沒有彰顯過失的罪惡。眼睛失去了鏡子，就沒有辦法修飾鬚眉；行為失去了道術，就沒有辦法知道迷惑。西門豹的性情比較急躁，所以身上佩帶熟皮，以便提醒自己，性情應該舒緩一些；董安于性情比較舒緩，所以身上佩帶弓弦，以便提醒自己，性情應該急迫一些。

所以拿有餘的部分來彌補不足的部分，拿過長的地方來接續過短的地方，這樣才可算是賢明的君主。

天下有信數❶三：一曰，智有所不能立，二曰，力有所不能舉，三曰，強有所不能勝。故雖有堯之智，而無眾人之助，大功不立；有烏獲之勁❷，而不得人助，不能自舉；有賁、育之強❸，而無法術，不得長勝。故勢有不可得，事有不可成。故烏獲輕千鈞而重其身❹，非其身重於千鈞也，勢不便也。離朱易百步而難眉睫❺，非百步近，而眉睫遠也，道不可也。故明主不窮烏獲以其不能自舉，不困離朱以其不能自見。因可勢，求易道❻，故用力寡，而功名立。時有滿虛❼，事有利害，物有生死，人主為三者發喜怒之色，則金石之士❽離心焉。聖賢之測淺，深矣❾。故明主觀人，不使人己難❿。明於堯不能獨成，烏獲之不能自舉，賁、育之不能自勝，則觀行之道畢矣。

【注釋】❶信數　必然的道理；一定的法則。❷烏獲之勁　烏獲的強勁。烏獲，戰國時的力士。勁，堅強有力。❸賁育之強　孟賁、夏育的勇猛。賁，孟賁。育，夏育。皆古代勇士。❹輕千鈞而重其身　以千鈞為輕，以自身為重；覺得千鈞很輕，自己反而很重。千鈞，形容非常重。鈞，三十斤。❺離朱易百步而難眉睫　離朱容易地看到百步以外的東西，而很難看到自己的眉毛和眼毛。離朱，即《孟子》中的離婁。古代視力最好的人。易，認為容易；覺得容易。百步，指百步以外的東西。難，認為困難；覺得困難。眉睫，眉毛和眼毛。❻因可勢求易道　利用可能的形勢，尋找容易的方法。因，依循。可，可能。易，容易。❼時有滿虛　時勢有盛衰。時，時勢；時運。滿虛，盈滿和空虛。猶言盛衰。❽金石之士　志節堅貞的人士。金石，金屬和石頭。皆堅硬的物品，形容堅貞。❾聖賢之測淺深矣　聖賢推測淺近的事情，也會作深入的考察。測淺，推測淺事。❿不使人已難　不以難使人；不叫人做困難的事情。已，以。難，指難事。

【語　譯】天下有三種必然的道理：一是雖然睿智，也有做不成功的事情；二是雖然力量很大，也有舉不起來的物體；三是雖然勇猛，也有戰勝不了的時候。所以雖有唐堯那般的睿智而沒有眾人的幫助，偉大的事業就不能成功；雖有像烏獲那般的健壯而得不到別人的幫助，也不能把自己舉起來；雖有像孟賁、夏育那般的勇猛而沒有法術的運用，也不能永遠勝利。形勢有不能配合的時候，事功有不能達成的可能。所以烏獲覺得千鈞很輕而自身很重，並不是他的身體比千鈞還重，而是形勢有所不便；離朱很容易辨認百步以外的東西，而難以看到自己的眉毛和睫毛，並不是百步較近而眉毛和睫毛較遠，而是事理不可能。因此賢明的君主不逼迫烏獲去做那明知不可能舉起自己的事情；不為難離朱去看那明知他看不到的東西。利用可能的形勢，尋找容易的方法，因此用力少而功名卻可以建立起來。時勢有盛有衰，事情有利有害，人類有生有死，做君主的人為這三種事況而顯露喜怒的表情，那麼縱使是志節堅貞的人也將離心離德了。聖賢推測淺顯的事情，也會作深入的考察。所以賢明的君主觀察人物，不叫人做那難以做到的事情。明瞭了唐堯不能獨自建立事功，烏獲不能舉起他自己，孟賁、夏育不能永遠戰勝，那麼觀察行為的方法便全部具備了。

安危

【題　解】安危，是指安術與危道。因篇中有「安術有七，危道有六」之語，故取「安危」二字為篇名。

本篇主旨，在論使國家長治久安而免於危亡之道。分開來說，獲致國家安定的方法有七種，導致國家危亡的途徑有六項。總而言之，安危的關鍵，在於有沒有依循法度。依循法度則安，不依循法度則危。議論的對象，則直指君主，若君主能建立法度、依循法度，「立道於往古，而垂德於萬世」，便是明主。全篇皆由此一主旨而輻射出去，散論君主居位臨民的各種原則，並未依照「安術有七，危道有六」的內容和次第來申說。本篇內容有效法先王而以堯舜為極致的意思，與韓非的法家觀念不甚切合，有人便據此而認為恐非韓非所作。

安術❶有七，危道❷有六。安術：一曰賞罰隨❸是非，二曰禍福隨善惡，三曰死生隨法度，四曰有賢不肖而無愛惡，五曰有愚智而無非❹譽，六曰有尺寸❺而無意度❻，七曰有信而無詐。危道：一曰斲削於繩之內❼，二曰斷割於法之外❽，三曰利人之所害，四曰樂人之所禍，五曰危人之所安，六曰所愛不親，所惡不疏。如此，則人失其所以樂生❾，而忘其所以重死❿。人不樂生，則人主不尊；不重死，則令不行也。

【注釋】❶安術　獲致安定的方法。❷危道　導致危險的途徑。❸隨　依照；依循。❹非　同「誹」。毀謗。❺尺寸　比喻準則。❻意度　推測。意，通作「臆」。猜測；揣測。度，推測；揣測。❼斲削於繩之內　在法度裡面傷害法度。指玩法舞弊。斲削，砍削。斲，砍。繩，比喻法度。❽斷割於法之外　在法度外面摧殘法度。指廢棄法度而恣意妄為。斷割，殘害。斷，截斷。割，用刀切成兩截。❾樂生　好生；熱愛生命。❿重死　惜死；不輕易赴死。

【語譯】獲致安定的方法有七種，導致危險的途徑有六項。獲致安定的方法：一是賞罰要依照是非，二是給予禍福要依照善惡，三是決定死生要依照法度，四是對人只看他善良或惡劣而沒有自己的好惡，五是用人只管他愚笨或睿智而不管毀謗或讚美，六是做事只依循準則而不隨意猜測，七是施政只講求信用而不欺騙。導致危險的途徑：一是在法度之內玩法舞弊，二是在法度之外破壞法度、任意而為，三是以損害別人來圖利自己，四是把自己的快樂建立在別人的災禍上，五是把別人從安定的環境推向危險，六是不親近所當愛的人，不疏遠所當恨的人。這樣，人民就會喪失熱愛生命的動力，忘掉不輕易赴死的意義。人民不熱愛生命，君主就沒有尊嚴；人民不惜死亡，法令就不能貫徹地施行了。

使天下皆極智能於儀表[1]，盡力於權衡[2]，以動則勝，以靜則安。治世使人樂生於為是[3]，愛身於為非[4]，小人少而君子多，故社稷常立，國家久安。奔車之上無仲尼[5]，覆舟之下無伯夷[6]。故號令者，國之舟車也。安則智廉[7]生，危則爭鄙[8]起。故安國之法，若飢而食、寒而衣，不令而自然也。先王寄理於竹帛[9]，其道順，故後世服[10]。今[11]使人飢寒去衣食，雖賁、育[12]不能行；廢自然，雖舜而不立。強[13]勇之所不能行，則上不能安。上以無厭責已盡，則下對無有，無有則輕法[14]。法，所以為國也，而輕之，則功不立，名不成。聞古扁鵲[15]之治甚病[16]也，以刀刺骨；聖人之救危國也，以忠拂耳[17]。刺骨，故小痛在體，而長利在身；拂耳，故小逆在心，而久福在國。故甚病之人，利在忍痛；猛毅之君，福以拂耳[18]。忍痛，故扁鵲盡巧；拂耳，則子胥[19]不失，壽安之術也。病而不忍痛，則失扁鵲之巧；危而不拂耳，則失聖人之意。如此，長利不遠垂[20]，功名不久立。

【注釋】❶儀表　法度；標準。❷權衡　準則；法度。權，秤錘。衡，秤桿。❸樂生於為是　熱愛生命而做合法的事。是，指合法的事。❹愛身於為非　愛惜生命而不敢做壞事。愛，惜。非，指不合法的事。❺奔車之上無仲尼　在狂奔的車上，孔子也不能施計。奔車之上，形容情況緊急。仲尼，孔子的字。❻覆舟之下無伯夷　在翻覆的船下，伯夷也不能相讓。覆舟之下，形容情況危殆。❼智廉　智慧、清操。廉，不苟取。❽爭鄙　爭奪、鄙陋。按：「爭」與上文「廉」相對，「鄙」與上文「智」相對。❾寄理於竹帛　把道理寄託在典籍中。寄，託；寓。竹帛，指典籍。竹，竹簡。帛，生絹。皆古代供寫字的物品，故用以代稱典籍。❿服　奉行。⓫今　若。⓬賁育　孟賁、夏育。皆古代勇士。⓭強　勉強。⓮上以無厭責已盡三句　君主以永不滿足之心索求已被搜刮無餘的財物，人民只有回答已經沒有了，這樣人民就會輕視法度。上，指統治者。無厭，不滿足。厭，通作「饜」。飽足。已盡，指已經被搜刮淨盡的財物。下，指人民。對，回答。無有，沒有。輕，輕視；蔑視。⓯扁鵲　戰國時名醫。原名秦越人，渤海郡鄚縣（今河北省河間縣）人，家於盧國，又名「盧醫」，受學於長桑君，得祕方，歷遊齊國和趙國，後入秦，秦太醫令李醯自知醫術不如他，使人刺殺他。⓰甚病　重病。⓱以忠拂耳　以忠言拂逆君主的聽聞。忠，指忠言。拂耳，拂逆耳朵的聽聞。指強迫別人聽所不愛聽的話。⓲福以拂耳　福祉的獲得，是由於忠言逆耳。以，由；由於。⓳子胥（西元前?～前四八四年）姓伍，名員，字子胥，春秋時楚人。父親伍奢、兄伍尚都被楚平王殺害，子胥逃奔吳國，吳國封以申地，故又稱申胥。與孫武共佐吳王闔閭伐楚，破楚國首都郢（今湖北省江陵縣），掘平王墓，鞭平王屍。吳王夫差打敗越國，越國請和，子胥力諫，不從。夫差聽信伯嚭的讒言，賜子胥劍，令其自殺。⓴遠垂　長遠地留傳。垂，留傳。

【語譯】假使所有的人民都竭盡智慧和才能於遵循法度，用盡力量於依循準則，那麼行動起來就能成功，平靜下來，就能安定。太平的社會，使人熱愛生命而樂於做合法的事，愛惜生命而不願做違法的事。壞人少而好人多，所以社稷永遠存在，國家永遠安定。疾速奔馳的車上，不會有聰明睿智的孔子；翻覆的船下，不會有廉潔不爭的伯夷。因此，號令就等於國家的船和車，國家安定，睿智和廉潔的人就會產生，國家危險，爭奪和鄙陋的行為就會興起。所以使國家安定的方法，就像餓了就想吃飯，冷了就想穿衣，不須命令而自己會那樣。古時候的聖王，把這種道理記載在典籍裡，順乎自然，合乎人心，所以後世的人都可以照著去做。如果叫人在飢餓時不吃飯，寒冷時不穿衣，縱使是勇敢的孟賁、夏育也不能實行；不顧自然的道理，縱使是聖明的舜帝也不能成功。勉強勇士去做行不通的事情，君主就不能安處其位了。君主以永不滿足的欲望去索取已被搜刮無餘的財物，人民只有回答已經沒有了；既然沒有了，人民就會輕視法度。法度是用來治理國家的，而人民輕視它，事功就不能建立，名望便不能成就。聽說古代的名醫扁鵲，他醫治重病，用刀刺骨；聖人拯救危亂的國家，以忠言拂逆耳朵。用刀刺骨，雖身體有受到一點疼痛，但對生命有長遠的益處。言語刺耳，雖心裡受到一點煩擾，但對國家有長遠的福祉。所以患了重病的人，為了痊癒，須忍受刺骨的疼痛；剛毅的君主，為了得福，須忍受刺耳的忠言。能夠忍受疼痛，扁鵲才能盡力地發揮他的醫術；能夠接受忠言，子胥才能免遭遺棄。這樣才是使生命長壽、國家安定的方法。得了重病而不能忍受疼痛，扁鵲也無從施展他的醫術；國家危險而不聽忠言，聖人也不能實現他的理想。這樣，利益不能永遠地維持，功名不能長久地樹立。

人主不自刻❶以堯，而責❷人臣以子胥，是幸❸殷人❹之盡如比干❺。盡如比干，則上不失，下不亡❻。不權❼其力而有田成❽，而幸其身盡如比干，故國不得一安。廢堯舜而立桀紂❾，則人不得樂所長❿，而憂所短⓫。失所長，則國家無功；守其短，則民不樂生。以無功御⓬不樂生，不可行於齊民⓭。如此，則上無以使下，下無以事上。

【注釋】❶刻　深求。❷責　要求。❸幸　希望。❹殷人　商朝人。商朝傳位至盤庚，將首都由奄（今山東省曲阜縣）遷往殷（今河南省安陽縣小屯村），故又稱商為殷。❺比干　殷末紂王的叔父（一說：紂王的庶兄）。紂王無道，比干強諫，紂王忿怒地說：「聽說聖人的心有七個孔竅。」便殺死比干，挖他的心來看。❻上不失下不亡　君主不失國，臣民不亡身。❼權　衡量。❽田成　即田常。春秋時齊國的權臣，卒諡成。祖先為陳公子完，完自陳奔齊，改姓田氏，四傳至田常（《左傳》稱陳恆），弒齊簡公，立平公，遂掌握齊國的大權。曾孫田和，遷齊康公於海上，周天子立和為諸侯，遂代有齊國。❾廢堯舜而立桀紂　猶言廢仁政而施暴政。廢，放棄。堯舜，唐堯、虞舜。皆古代聖君。此指仁政。立，施行。桀紂，夏桀和商紂。皆荒淫無道。此指暴政。❿樂所長　喜歡自己的長處。⓫憂所短　憂慮自己的短處。⓬御　控制；駕馭。⓭齊民　平民。

【語　譯】君主不以堯這樣的聖君來自我期許，卻要拿子胥這樣的忠臣來要求臣子們，這等於希望所有的商朝臣民都像比干。臣民都像比干，當然君主不會失國，臣民不會亡身。但是，不衡量自己的份量而只知道一味地希望臣民都像比干，那難免會產生田成這樣的權臣，而國家也因此不得安寧了。放棄堯舜的仁政而橫施桀紂的暴政，人民當然不能欣然地發揮他們的長處，惕然地補救他們的短處。空有長處而不能發揮，國家就沒有成就；墨守短處而不謀彌補，人民就不樂意生存。以沒有事功成就的君主來治理不樂意生存的人民，這樣的統治方式，對平民來說是行不通的。這樣的話，君主沒有辦法使令人民，人民也不知將如何事奉君主。

安危在是非，不在於強弱；存亡在虛實，不在於眾寡。故齊，萬乘❶也，而名實不稱❷，上空虛於國，內不充滿於名實，故臣得奪主❸。殷，天子也，而無是非：賞於無功，使讒諛❹以詐偽為貴；誅於無罪，使傴以天性剖背❺。以詐偽為是，天性為非，小得勝大矣。

【注　釋】❶萬乘　萬輛兵車。指大國。乘，古戰車一車四馬。按：周制天子萬乘，諸侯千乘，大夫百乘。戰國時，諸侯強大，也僭越名分而號稱萬乘。❷稱　相當；適合。❸臣得奪主　臣子能夠篡奪君位。此指田常。❹讒諛　中傷、諂媚。此指善於中傷諂媚的人。讒，說別人的壞話。諛，諂媚；用不實的言語奉承別人。❺使傴以天性剖背　使駝背的人因天生畸形而被剖開背部。傴，駝背。天性，天生的；自然生成的。剖背，解剖背部。

【語　譯】君主的安危，決定於行事的是非，而不在於國勢的強弱。國家的存亡，決定於國力的虛實，而不在於人民的多少。齊國是擁有兵車萬輛的大國，然而名聲和實力並不相當，君主沒有足以控制國家的權力，朝廷的內部，名稱與實際都不相符合，所以權臣得以篡奪君位。殷朝，其君主是天子，然而卻沒有是非：獎賞沒有功勞的人，使那些善於中傷諂媚的人憑著狡詐虛偽而晉昇到顯貴的地位；懲罰沒有罪過的人，使那些駝背的人由於天生的畸形而遭到解剖背部的命運。像這樣，以狡詐虛偽為對，以天然的事實為錯，小國當然可以制勝大國了。

明主堅內❶，故不外失❷。失之近，而不亡於遠者，無有。故周之奪殷也，拾遺於庭❸。使殷不遺於朝，則周不敢望秋毫❹於境，而況敢易位❺乎？明主之道，忠法❻，其法忠心，故臨之而治，去之而思。堯無膠漆之約❼於當世而道行，舜無置錐之地❽於後世而德結❾。能立道於往古，而垂德於萬世者之謂明主。

【注　釋】❶堅內　指整頓內政。❷外失　指對外失敗。❸拾遺於庭　在庭院裡撿拾遺失的東西。形容非常容易。遺，失。此指失物。❹秋毫　鳥獸在秋天新生的細毛。比喻非常細微的事物。❺易位　改換君位。指篡位。❻忠法　適合法度。忠，通「衷」。適合。❼膠漆之約　牢固的約定。膠漆，膠和漆。都是具有高度黏性的物質。比喻牢固的結合。❽置錐之地　形容極小的土地。錐，鑽孔的工具。一端粗，一端細。❾結　集聚；聚合。

【語　譯】賢明的君主致力於整頓內政，自然對外不會失敗。內政做得不好，而對外不失敗的，從來沒有。所以周人奪取殷人的天下，就像在庭院裡撿拾失物一樣。假使殷朝朝政沒有過失，那麼周人連對於邊境的拓展都不敢存有絲毫的奢望，何況是大膽地篡奪君位呢？

賢明的君主，其治理政事的方術在於適合法度。法度適合於人心，自然統治時就一切上軌道，而離去時人民懷念他。唐堯在當時對人民沒有牢固的約束，而他的治術卻可以順利地推行；虞舜在後世沒有尺寸的土地，而人民卻一同懷想他的德澤。凡是能夠在歷史上樹立治術的楷模，而流布德澤於萬世的君主，就可以稱為賢明的君主。

守道

【題解】守道，就是守國之道。篇末有「守國之道畢備矣」的句子，故撮取「守道」二字為篇名。

本篇主旨，在說明保全國家的方法。一言以蔽之，保全國家的方法在於嚴刑重賞，所以篇首開宗明義便說：「聖人之立法也，其賞足以勸善，其威足以勝暴，其備足以完法。」

韓非主張法治，凡屬眾人之事，或涉及人我的關係，一切依法處理。賞罰則是貫徹法治的工具。韓非雖未明言立法的「法源」何在，但依韓非的理念，「法」一旦訂出，就有它的標準性、客觀性、普遍性和強制性。它是冷冰冰的，不講情面的，只有守法與不守法的問題，沒有道德與不道德的問題。只要不觸犯法律，那麼盜跖和曾參也彼此平等——同是守法的好國民，同受法律的保障。所以守國之道，在於任用嚴刑，使盜跖也決不敢犯法，而不在於冀求國民在道德層面上的自律自清。

聖王之立法也，其賞足以勸善，其威足以勝暴，其備❶足以完法❷。治世之臣，功多者位尊，力極者賞厚，情盡者名立。善之生如春，惡之死如秋❸，故民勸，極力，而樂盡情，此之謂上下相得❹。上下相得，故能使用力者自極於權衡❺，而務❻至於任鄙❼；戰士出死❽，而願為賁、育❾；守道者皆懷金石之心❿，以死子胥⓫之節。用力者為⓬任鄙，戰如賁、育，中⓭為金石，則君人者高枕而守已完矣。

【注釋】❶備　設備；設施。❷完法　完成法令所要達到的效能。❸善之生如春二句　做好事則如草木在春天之滋生成長，做壞事則如草木在秋天之凋零枯死。之，則。惡，壞事。此指做壞事。❹上下相得　君臣互相配合。上下，指君臣。❺權衡　準則；法度。權，秤錘。衡，秤桿。❻務　必須。❼任鄙　（西元前?～前二八八年）戰國秦武王的力士。昭襄王十三年（西元前二九四年），為漢中郡（舊治在今陝西省南鄭縣東一公里）守，十九年卒。❽出死　猶言不顧死亡，或把死置於度外。❾賁育　孟賁、夏育。皆古代勇士。❿金石之心　堅定的情操。金屬、石塊都是堅硬的物質，故稱。⓫子胥　（西元前?～前四八四年）姓伍，名員，字子胥，春秋時楚國人。父奢、兄尚，皆為楚平王所殺，子胥奔吳，吳封之於申，故又稱申胥。與孫武共佐吳王闔閭伐楚，五戰而入郢（楚國國都，故城在今湖北省江陵縣），掘平王墓，鞭屍三百，以報父兄之仇。吳王夫差敗越，越請和，子胥諫不從，反聽伯嚭之讒，賜劍，令自殺。⓬為　如。⓭中　通作「衷」。心。

【語譯】聖王制訂法令，它的獎賞，足以勉勵善行；它的懲罰，足以制止暴力；它的設施，足以完成法令所要達成的功效。太平時代的臣子，立功多的地位崇高，出力大的獎賞優厚，竭智盡忠的名聲著聞。做好事則獲得生機，如春天草木的滋生成長；做壞事則前途闇淡，如秋天草木的凋零枯死。所以臣民相勉向善，付出最大的力量，並且樂意竭盡忠誠，這叫做君臣相得。君臣相得，就能使用力的人依循法度盡量地施展，而務必做到任鄙那樣；作戰的人把死置之度外，而願做到孟賁、夏育那樣；信守社會法則的人都懷著堅貞的志節，效法子胥犧牲的情操。用力的人如任鄙，戰士如孟賁、夏育，心如金石，那麼君主高枕無憂而守國之道就已完備了。

古之善守者，以其所重，禁其所輕；以其所難，止其所易。故君子與小人俱正，盜跖❶與曾、史❷俱廉。何以知之？夫貪盜不赴谿而掇金❸，赴谿而掇金，則身不全。賁、育不量敵，則無勇名。盜跖不計可❹，則利不成。明主之守禁也，賁、育見侵於其所不能勝，盜跖見害於其所不能取。故能禁賁、育之所不能犯，守盜跖之所不能取，則暴者守愿❺，邪者反正，大勇愿，巨盜貞❻，則天下公平，而齊民❼之情正矣。

【注釋】❶盜跖　春秋時的大盜，名跖。相傳為魯國柳下惠的弟弟。❷曾史　曾參、史鰌。曾參（西元前五〇五～前四三五年），春秋時魯國武成（今山東省武成縣）人。字子輿，孔子弟子，傳忠恕一貫之道，以授子思（孔子之孫），後世稱為宗聖。史鰌，字子魚。又稱史魚，春秋時衛國的大夫，孔子曾稱讚他說：「直哉史魚！」❸赴谿而掇金　到山溝裡拾取黃金。谿，同「溪」。澗谷；山間的河溝。掇，拾取。❹計可　計量成功的可能性。❺愿　樸實。❻貞　正。❼齊民　平民。

【語譯】古代善於守國的人，拿人民看得最嚴重的刑罰，來禁止他們認為無所謂的輕微罪行；拿人民最畏懼的事，來阻止他們最疏忽的事。所以君子和小人一樣的端正，盜跖和曾參、史鰌一樣的清廉。怎麼知道的呢？再貪心的盜賊，也不會到深險的山溝裡拾取黃金，因為到深險的山溝裡拾取黃金，生命就不能保全。孟賁、夏育如果不衡量敵人的力量，便不會有勇敢的名聲；盜跖如果不考量事情成功的可能性，就不能獲得所求的財貨。明主執行禁令，使孟賁、夏育知道他們必不能制勝而反受壓迫，使盜跖知道他必不能得利而反受傷害。因而能制止孟賁、夏育所不能犯的罪行，防守得連盜跖都不能取得任何利益。於是蠻橫的人也變得忠厚，姦邪的人回歸於正直。勇士忠厚，大盜正直，自然天下公正太平，而平民的本質也歸於純正了。

人主離法失人❶，則免於伯夷❷不妄取，而不免於田成❸、盜跖之禍也。今天下無一伯夷，而姦人不絕世，故立法、度量。度量信，則伯夷不失是，而盜跖不得非。法分明，則賢不得奪不肖，強不得侵弱，眾不得暴❹寡。託天下於堯之法，則貞士不失分❺，姦人不徼幸❻；寄千金於羿❼之矢，則伯夷不得亡，而盜跖不敢取。堯明於不失姦，故天下無邪；羿巧於不失發，故千金不亡。邪人不壽，而盜跖止。如此，故圖不載宰予❽，不舉六卿❾，書不著子胥，不明夫差。孫、吳之略廢❿，盜跖之心伏。人主甘服⓫於玉堂⓬之中，而無瞋目切齒傾取之患⓭；人臣垂拱⓮於金城⓯之內，而無扼腕聚脣嗟唶之禍⓰。服虎而不以柙⓱，禁姦而不以法，塞偽而不以符⓲，此賁、育之所患，堯、舜之所難也。故設柙，非所以備鼠也，所以使怯弱能服虎也。立法，非所以備曾、史也，所以使庸主能止盜跖也。為符，非所以豫尾生⓳也，所以使眾人不相謾⓴也。不恃比干㉑之死節，不幸㉒亂臣之無詐也；恃怯弱之所能服，握庸主之所易守。當今之世，為人主忠計，為天下結德㉓者，利莫長於此。故君人者無亡國之圖㉔，而忠臣無失身之畫㉕。明於尊位必賞，故能使人盡力於權衡，死節於官職。通於賁、育之情，不以死易生；明於盜跖之貪，不以財易身，則守國之道畢備矣。

【注釋】❶離法失人　離棄法度，用錯人才。❷伯夷　商朝末年孤竹國國君的長子。父死，遵遺命讓位於弟叔齊，叔齊不受，兄弟相偕離開祖國，路遇周武王率兵伐紂，曾加諫阻。商朝既亡，二人恥食周粟，餓死於首陽山。孟子稱讚他為聖之清者。❸田成　即田常。春秋時齊國的權臣，祖先為陳國之公子完。完自陳奔齊，改姓田氏，四傳至田常（《左傳》稱陳恆），弒齊簡公，立平公，遂執齊國之政，卒諡成。曾孫田和，遷齊康公於海上，周天子遂立和為諸侯而代有齊國。❹暴　欺侮。❺貞士不失分　正直的人不失職。貞，正。分，職務。❻徼幸　同「僥倖」。意外獲得成功；意外免於不幸。❼羿　夏朝有窮氏的國君。善射箭，曾趁夏朝衰落時奪取政權，但因不理政事，被其家臣寒浞所殺。❽宰予　（西元前五二二～前四五八年）春秋時魯國人。字子我，又稱宰我，孔子弟子，與子貢同以長於辭令著稱，在孔門屬言語科的高足，曾因晝寢，孔子諷之為「朽木不可雕」。仕齊為臨菑（今山東省臨菑縣）大夫，因參與田常反齊簡公事件，族滅。❾六卿　指春秋時晉國世代掌權的六大氏族。即智氏、范氏、中行氏、韓氏、趙氏和魏氏，前三氏先後被滅，最後由韓、趙、魏三氏瓜分晉國。❿孫吳之略廢　孫武、吳起的謀略棄而不用。孫，指孫武。春秋時齊國人，以兵法求見吳王闔閭，闔閭用為將，西破強楚，北威齊晉。《漢書・藝文志・兵書略》著錄《吳孫子兵法》八十二篇，唐顏師古注，以為就是孫武之書。今傳《孫子兵法》十三篇，舊題孫武著，為現存最古之兵法。一九七二年，山東臨沂漢墓出土《孫子兵法》竹簡二百餘簡，二千三百餘字，僅及今本十三篇之三分之一，其中有十三篇外之〈吳問〉、〈四變〉等殘簡。吳，指吳起。戰國時衛國人，曾受學於曾參，初仕魯，後仕魏，魏文侯用為將，攻秦，拔五城，為西河守以拒秦。為魏相公叔所忌，奔楚，楚悼王立為令尹。明法令，撤不急之官，務在富國強兵，楚貴戚大臣多怨之，悼王死，為宗室大臣所殺。《漢書・藝文志・兵書略》著錄《吳起兵法》四十八篇，今不傳。⓫甘服　甘食美服。指享受豐足安逸的生活。⓬玉堂　用玉裝飾的廳堂。指豪華的宮殿。⓭無瞋目切齒傾取之患　沒有遭人怨恨、毀滅的災難。瞋目，瞪眼怒視。切齒，咬緊牙齒。形容憤恨的樣子。傾取，傾覆奪取。⓮垂拱　垂衣拱手。形容無所事事、不費力氣的樣子。此指無為而治。⓯金城　堅固的城池。⓰無扼腕聚唇嗟唶之禍　沒有遭人憤恨、歎息的禍害。扼腕，手握其腕。表示激怒、惋惜。聚唇，撮聚雙唇。表示憤恨不平。嗟唶，悲歎。唶，讚歎詞。⓱柙　木籠。⓲符　憑證；信物。⓳豫尾生　防備尾生。豫，預先防備。尾生，傳說為戰國時魯國堅守信約的人。與女子約會於橋下，河水暴漲，而女子未來，尾生仍不去，終於抱橋柱而淹死。⓴謾　欺騙。㉑比干　殷末紂王的叔父（一說：庶兄）。紂王無道，比干強諫。紂王怒說：「聽說聖人心有七竅。」便殺比干而挖其心。㉒幸　僥倖。㉓結德　會聚德澤。㉔圖　謀慮。㉕畫　計慮。

【語　譯】君主遺棄法度，用錯人才，雖能因伯夷之清廉不妄取而避免失國；但不能避免田成、盜跖的禍亂。現在天下沒有一個像伯夷那樣的人，但是姦邪的人卻時時都有，所以要建立法度，樹立準則。準則確立了，伯夷有所依循，而盜跖不能破壞。法度分明了，才智高的人就不能侵奪才智低的人，力量大的人就不能欺侮力量小的人，人數多的團體就不能淩虐人數少的團體。把天下交付堯的法度來治理，正直的人就不會失職，姦邪的人就不能心存僥倖；把千金寄託於羿的弓箭來保護，伯夷就不會遺失它，而盜跖不敢盜取它。堯明察得讓姦邪無所遁形，所以天下沒有姦邪；羿巧妙得箭無虛射，所以千金不會遺失。姦邪的人不能倖存，盜跖自然止息。這樣一來，圖書就不會記載宰予爭權和六卿傾軋的經過，也不會記錄子胥忠諫和夫差亡國的事跡。孫武、吳起的兵法可以廢棄，盜跖的邪念自然收斂。君主在宮殿裡享受豐足安逸的生活，而沒有遭人怨恨、毀滅的災難；臣子們在堅固的都城裡，毫不費力地治好人民，而沒有遭人憤恨、歎息的禍害。馴服老虎而不用木籠，禁止姦邪而不用法律，防堵詐偽而不用符信，這是孟賁、夏育所憂慮，唐堯、虞舜所感到困難的。設置木籠，本來就不是為了防備老鼠，而是使怯懦的人能夠制服老虎；樹立法度，本來就不是為了防備曾參和史鰌，而是使庸碌的君主能夠禁止盜賊；製造符節，本來就不是為了防備尾生，而是使大眾不相欺騙。不憑仗比干的以死守節，不僥倖亂臣的沒有詐偽；要憑仗怯懦的人所用以制服強暴的工具，要把握庸碌的君主所容易執行的法度。在當前的時代，替君主盡心設計，為天下人布施德澤，沒有比這更有利的了。這樣，君主沒有亡國的憂思，忠臣們沒有亡身的計慮。知道功大位高一定有賞，自然能使人依循法度而盡力，為官職而死節。通曉孟賁、夏育的勇敢，也不致以死亡代替生存；明白盜跖的貪心，也不致以財物代替生命，那麼保全國家的方法就齊備了。

用人

【題　解】用人，就是使用人才。篇首有「聞古之善用人者」之語，故取「用人」二字為篇名。

本篇主旨，在說明君主使用人才的方法。篇首開宗明義，便揭出循天、順人、明賞罰三大原則，而全篇所論，又側重在明賞罰一端。其要點有二：一、用人要依循法度，不要隨心所欲。二、賞罰的標準要合理：賞，可以憑能力得到；罰，可以輕易避免。

所論大體和法家思想相合，但文中「厲廉恥，招仁義」之語和〈五蠹〉之「仁義用於古，不用於今」有矛盾的地方。且「宜其能，勝其官，輕其任……使人不同功，故莫爭」一段，又見於〈飭令〉，也很可疑。

聞古之善用人者，必循天❶、順人❷，而明賞罰。循天則用力寡而功立，順人則刑罰省❸而令行，明賞罰則伯夷❹、盜跖❺不亂，如此則白黑分矣。治國之臣，效功❻於國以履位❼，見❽能於官以受職，盡力於權衡❾以任事。人臣皆宜❿其能，勝⓫其官，輕其任⓬，而莫懷⓭餘力於心，莫負兼官⓮之責於君。故內無伏怨⓯之亂，外無馬服⓰之患。明君使事不相干⓱，故莫訟；使士不兼官，故技長；使人不同功，故莫爭。爭訟止，技長立，則強弱不觳力⓲，冰炭不合形⓳，天下莫得相傷，治之至也。

【注釋】❶循天　依循天理；服從自然。❷順人　順從人心；順應人情。❸省　少。❹伯夷　商朝末年孤竹國國君的長子。與弟叔齊互相讓國，終餓死於首陽山。❺盜跖　春秋時的大盜。名跖，相傳為魯國柳下惠之弟。❻效功　貢獻事功。❼履位　就位；就職。❽見　表現。通作「現」。❾權衡　標準；準則。權，秤錘。衡，秤桿。❿宜　適合。⓫勝　勝任；禁得起。⓬輕其任　感覺任務輕鬆。⓭懷　藏。⓮兼官　同時擔任兩種以上的官職。⓯伏怨　潛藏的怨恨。⓰馬服　即馬服君。此指戰國時趙國大將馬服君趙奢的兒子趙括，括幼學兵法，自以為天下無敵，常與父奢論兵，奢不能勝，但趙奢說：「將來傾覆趙軍的，一定是趙括。」後趙與秦戰於長平，趙王中了反間計，以趙括代廉頗為將，括母與藺相如皆力諫，不聽。秦將白起大破趙軍，坑殺趙軍四十萬人。⑰干　抵觸；侵犯。⑱觳力　角力；較量力氣大小。觳，通「角」。較量。⑲冰炭不合形　冰與炭不同時盛在一個容器裡。比喻不相侵犯。冰炭，冰和炭火。二者不能相容。形，通「型」。指型器。

【語　譯】聽說古代善用人的君主，一定依循天理，順應人情，並且賞罰分明。依循天理，則用力少而事業成功；順應人情，則刑罰少而政令暢行；賞罰分明，則像伯夷這樣廉潔的人和盜跖這樣姦邪的人就不致混亂。這樣，是非善惡就可以分辨得清楚了。政治清明國家的官吏，貢獻事功於國家以獲得官位；表現才能於官位以接受更高的職務；在法度內竭盡心力以承擔事情。官吏們都適合自己的才能，勝任他的官職，輕鬆地負起他的任務，而無人懷藏自己的心力，無人向君主負兼官的責任。因此朝廷之內沒有潛藏怨恨的亂事，朝廷之外沒有像趙括那樣的挫敗。賢明的君主使職責不互相侵犯，所以沒有人互相攻訐；使官吏不兼任兩種以上的官職，所以能夠發揮專長；使人民從事不同的事業，所以沒有人互相爭奪。爭奪和攻訐既已停止，專長既已樹立，那麼強人和弱者不會較量力量，像冰炭般不相容的對立勢力不會產生，天下沒有人能夠傷害別人，這才是最理想的政治。

釋①法術而任心治，堯不能正一國。去規矩而妄意度②，奚仲③不能成一輪。廢尺寸而差④長短，王爾⑤不能半中⑥。使中主守法術，拙匠執⑦規矩尺寸，則萬不失矣。君人者能去賢巧之所不能，守中拙之所萬不失，則人力盡而功名立。

【注　釋】❶釋　捨棄。❷妄意度　胡亂猜測。妄，胡亂。意，通「臆」。推測。度，揣測。❸奚仲　夏禹的車正（製造車輛的主管）。相傳為初造車子的人。❹差　分別。❺王爾　古代的巧匠。❻半中　一半相合。中，合。❼執　持守。

【語　譯】捨棄法度與道術而聽憑個人心意來統治，唐堯也不能治好一個國家。捨棄規矩而胡亂揣測，奚仲也不能製成一輛車子。廢除尺寸而分別長短，王爾也不能算準一半。假使中等的君主能持守法術，笨拙的工匠能持守規矩尺寸，就絕不會有差錯。君主能夠捨棄聖賢巧匠所不能做到的途徑，而持守中等君主、笨拙工匠絕無差錯的方法，人力就可以完全發揮出來，而功名也就可以建立起來了。

明主立可為之賞，設可避之罰。故賢者勸賞❶，而不見子胥之禍❷；不肖者少罪，而不見傴剖背❸。盲者處平而不遇深谿❹，愚者守靜而不陷險危，如此則上下之恩結❺矣。古之人曰：「其心難知，喜怒難中也。」故以表示目，以鼓語耳，以法教心❻。君人者釋三易之數❼，而行一難知之心，如此則怒積於上，而怨積於下。以積怒而御❽積怨，則兩危矣。明主之表易見，故約立；其教易知，故言用；其法易為，故令行。三者立，而上無私心，則下得循法而治，望表而動，隨繩而斲❾，因攢而縫❿，如此則上無私威之毒⓫，而下無愚拙之誅⓬。故上居明⓭而少怒，下盡忠而少罪。

【注　釋】❶勸賞　勸勉以求賞。勸，勸勉；努力。❷子胥之禍　指因忠諫而被殺的禍害。子胥，姓伍，名員，字子胥。春秋時楚國人，父兄為楚平王所殺，奔吳，事吳王夫差，以吳兵攻入楚都郢，鞭平王屍，後因力諫夫差而被殺。❸傴剖背　駝背的人被解剖背部。傴，駝背。❹深谿　幽深的溪谷。谿，同「溪」。山間的河溝。❺結　集聚；相連。❻以表示目三句　利用符號，使臣民憑眼睛可以辨認君主的意向，利用鼓聲，使臣民憑耳朵可以知道君主的意向，利用法度，使臣民憑心智可以了解君主的意向。表，標幟；記號。❼三易之數　三種容易做到的方法。指上文「以表示目」三句。數，術。❽御　駕馭；控制。❾隨繩而斲　依照墨繩而砍削。比喻依循法度而辦事。繩，墨線。用以測直。斲，砍削。❿因攢而縫　依照剪裁的布邊而縫合。因，依。攢，通「劗」。剪。⓫私威之毒　私自施威的毒害。私威，私施威力。指不依法律而濫施刑罰。毒，害。⓬愚拙之誅　因愚魯笨拙而招致的懲罰。誅，懲罰。⓭居明　處於明智的狀態。居，處於；位於。

【語譯】賢明的君主訂定可能做到的獎賞，設置可能避免的刑罰。那麼賢能的人將勤勉求賞，而不會有像伍子胥那樣因忠諫而被殺的慘禍；庸碌的人將減少犯罪，而不會有因天生駝背而被解剖背部的不幸。瞎眼的人生活在平地而不會跌入深谷，愚魯的人保持寧靜而不會陷入險境，這樣，君臣上下的恩情就相連在一起了。古人說：「人的內心很難了解。」這是說，人的喜怒很難讓人料中，所以利用各種記號，使臣民憑眼睛可以辨認君主的意旨；利用鼓聲，使臣民憑耳朵可以知道君主的號令；利用法度，使臣民憑心智可以了解君主的意向。君主放棄上述三種容易的方法，而聽憑難以了解的心靈來行事，那麼在上的君主將累積憤怒，在下的臣民將累積怨恨。以累積憤怒的君主統治累積怨恨的臣民，君主和臣民就都很危險了。明主的標幟容易看見，所以約束有效；他的教導容易知曉，所以言語足以服人；他的法度容易遵守，所以政令可以暢遂地實行。這三點做到了，君主便沒有私心，官吏能夠依循法律辦事，看著標幟而行動，遵照墨繩而砍削，根據剪裁的款式而縫合。這樣，君主沒有私施威力的毒害，官吏沒有因愚魯笨拙而招致的懲罰。所以君主處於明智的狀態而很少發怒，官吏們盡心盡力而很少獲罪。

聞之曰：「舉事無患❶者，堯不得也。」而世未嘗無事也。君人者不輕爵祿❷，不易富貴❸，不可與❹救危國。故明主厲❺廉恥，招❻仁義。昔者介子推❼無爵祿，而義隨文公❽，不忍口腹，而仁割其股❾。故人主結其德，書圖著其名。

人主樂乎使人以公盡力⑩，而苦乎以私奪威⑪。人臣安乎以能受職，而苦乎以一負二⑫。故明主除人臣之所苦，而立人主之所樂，上下之利，莫長⑬於此。不察私門⑭之內，輕慮重事，厚誅薄罪⑮，久怨細過，長侮偷快⑯，數以德追禍⑰，是斷手而續以玉也，故世有易身⑱之患。

【注釋】❶舉事無患 做事情沒有流弊。❷輕爵祿 看輕爵位和俸祿。輕，輕視；忽視。❸易富貴 輕視富貴。易，輕視。❹可與 可以。❺厲 同「礪」。砥礪；磨鍊。❻招 揭示；提出。❼介子推 也作「介推」、「介之推」。春秋時晉國人。晉獻公寵驪姬，驪姬進讒，禍及公子重耳，重耳流亡國外十九年，介之推始終追隨。傳說中途遭遇困乏，曾親割大腿的肉，煮給重耳吃。回國以後，重耳即位，就是晉文公。文公封賞追隨流亡的人，竟忘了介之推，介之推乃奉母隱居於緜山，後來文公想起了他，為逼他出來，放火燒山，他堅持不出，終被焚死。❽文公 即晉文公。名重耳，獻公之子，為驪姬所讒，流亡國外十九年，獲秦穆公的支援，回國即位，在位期間勵精圖治，終於稱霸諸侯。❾股 大腿。❿以公盡力 為公事而盡力。以，為了。⓫以私奪威 為私利而侵奪上級的威權。威，威力。指權力。⓬以一負二 用一個人擔任兩種職務。以，用。負，承擔；擔任。⓭長 善。⓮私門 指權臣。⓯厚誅薄罪 重罰輕罪。厚，重。誅，懲罰。薄罪，輕罪。⓰長侮偷快 常貪暫時的快樂。長，久；常。侮，孫楷第《讀韓非子札記》以為當作「敏」。敏，貪。偷，暫時。⓱數以德追禍 屢次因言行而招致禍害。數，屢次。以，因為。德，言行的總體表現。追禍，招致禍害。⓲易身 更換身體。指殺身。

【語譯】又聽說：「興辦事業而沒有弊端，唐堯也做不到。」然而世上不曾沒有事業的興辦。君主如果不看輕爵祿和富貴，就不可以拯救危急的國家。所以明主砥礪廉恥，揭示仁義。從前，介子推沒有爵位，沒有俸祿，仗義追隨晉文公，不忍文公口腹飢餓，基於愛心而割自己的腿肉，以供文公食用。所以君主感念他的恩情，圖書記載他的聲名。君主樂意於使官吏為公事而盡力，苦惱於官吏為私人的利益奪取君主的威權。官吏適應於依才能而接受官職，苦惱於以一人而擔負兩種職務。所以明主要解除官吏們所引以為苦的事情，而建立君主所引以為樂的制度。君臣的利益，莫善於此。如果不明察權臣的內情，輕率考量重大的事件，重重懲罰小小的罪名，長久記恨細微的過失，常常貪圖暫時的快樂，並且屢屢因為言行而招致災禍，這就等於砍斷自己的手，而接上玉製的義肢。因此世上就常有君主被殺的禍害。

人主立難為，而罪不及❶，則私怨生。人臣失所長，而奉難給❷，則伏怨結。勞苦不撫循❸，憂悲不哀憐，喜則譽小人，賢不肖俱賞，怒則毀君子，使伯夷與盜跖俱辱，故臣有叛主。

【注釋】❶立難為二句　建立難以做到的法度，而懲罰做不到的人。❷奉難給　奉行難以應付的職務。給，足；足夠。❸撫循　安撫；撫慰。

按：此指一人兼二職，故力有不足。

【語譯】君主訂立難以做到的法度，而懲罰做不到的官吏，官吏就會產生私怨。官吏不能施展專長，卻要奉行難以應付的任務，就會逐漸積累潛伏的怨恨。工作勞苦而不加安慰，心情憂悲而不予同情。高興，就稱讚小人，不管賢或不賢一同獎賞；生氣，就毀謗君子，使清高如伯夷的人和姦邪如盜跖的人一同受辱，所以臣子之中就有人起來背叛君主了。

使燕王內憎其民，而外愛魯人，則燕不用而魯不附。民見憎，不能盡力而務功❶；魯見說❷，而不能離死命而親他主❸。如此，則人臣為隙穴❹，而人主獨立❺。以隙穴之臣，而事獨立之主，此之謂危殆。

【注釋】❶務功　致力於建立事業。務，致力；從事。❷見說　被人喜愛。說，同「悅」。❸離死命而親他主　冒著死亡的危險去歸附他國的君主。離，通「罹」。遭遇。親，親附。❹為隙穴　挖掘洞穴。指破壞國家的根基。按：〈喻老〉云：「千丈之隄，以螻蟻之穴潰；百尺之室，以突隙之熛焚。故白圭之行隄也，塞其穴；丈人之慎火也，塗其隙。」隄防因小穴而潰決，房屋因煙囪的隙縫而焚燬，故云。❺獨立　孤立。

【語譯】假使燕王怨恨他國內的人民，而喜愛魯國的人民，那麼燕國的人民便不會替他效力，魯國的人民也不會歸附於他。燕國的人民被憎恨，便不肯盡力地去建立功業；魯國的人民雖為他所喜愛，但也不會冒著生命的危險而去親附他國的君主。這樣，官吏就會破壞國家的根基，而君主陷於孤立。以從事破壞國家的官吏，事奉陷於孤立的君主，這是最危險的狀況。

釋儀的❶而妄發，雖中小❷不巧；釋法制而妄怒，雖殺戮而姦人不恐。罪生甲，禍歸乙，伏怨乃結。故至治之國，有賞罰而無喜怒。故聖人極有刑法❸，而死無螫毒❹，故姦人服。發矢中的，賞罰當符❺，故堯復生，羿復立。如此，則上無殷、夏之患，下無比干之禍，君高枕，而臣樂業，道蔽❻天地，德極萬世矣。

【注釋】❶釋儀的　放棄射箭的靶心。釋，放開；遺棄。儀，準則。的，箭靶的中心。❷中小　射中細小的東西。中，擊中目標。❸極有刑法　誅戮則有刑律可依。指依刑律而誅殺。極，通「殛」。誅殺。❹死無螫毒　被處死的人沒有冤枉被害的情形。螫毒，毒害。螫，毒蟲刺人。❺當符　相合；符合。當，合。符，相合。❻蔽　遮蓋。

【語譯】不看箭靶中心而亂射，雖然射中細小的東西，也不算巧妙；不依法制而隨便發怒，雖然下令殺戮，姦邪的人也不會害怕。犯罪的是某甲，受禍的卻是某乙，潛伏的怨恨便會慢慢地積聚。所以政治最上軌道的國家，只有賞罰，沒有喜怒。聖明的君主，誅戮則有刑律可依，被處死的人沒有冤枉被害的情形，因此姦邪的人都順服。射箭都能射中靶心，賞罰都能合於法度，便如同唐堯復生，后羿重現。這樣，君主便不會有像商紂夏桀的敗亡，官吏不會有像比干所遭遇的禍害。國君高枕無憂，官吏樂於盡職，道術庇護天下，德澤留傳萬世。

夫人主不塞隙穴，而勞力於赭堊❶，暴風疾雨必壞。不去眉睫之禍❷，而慕賁、育之死。不謹蕭牆之患❸，而固金城於遠境。不用近賢之謀，而外結萬乘之交於千里。飄風❹一旦起，則賁、育不及救，而外交不及至，禍莫大於此。當今之世，為人主忠計者，必無使燕王說魯人，無使近世慕賢於古，無使越人以救中國溺者。如此，則上下親，內功立，外名成。

【注釋】❶赭堊　赤土和白土。此指用赤土和白土塗飾牆壁。赭，赤土。堊，白土。❷眉睫之禍　指近在眼前的災難。眉睫，眉毛和睫毛。形容迫近。❸蕭牆之患　指來自內部的禍患。蕭牆，屏風；大門內的照壁。❹飄風　疾風；暴風。

【語譯】君主不設法堵塞隄防的洞穴和煙囪的裂縫，而只致力於牆壁的粉刷，那麼狂風一吹，豪雨一降，一定被摧毀。不設法消除迫在眉睫的災禍，卻在臨危時渴望孟賁、夏育那般的勇士來效死。不謹慎防止內部的禍患，卻在邊遠的地方建築牢固的城池。不採信身邊賢臣的計畫，卻結交遠在千里的強國。有一天暴亂突然發生，孟賁、夏育那般勇士來不及拯救，遠交的大國來不及趕到，國家的禍害就沒有比這更嚴重的了。當今這個時代，為君主忠誠地計慮，一定不要使君主喜愛別國的人民，不要使君主老是羨慕古代的聖賢，不要使君主巴望越人來救中國快要淹死的人。這樣，才會君臣相親，國內功業建立，國外名譽著聞。

功名

【題解】功名，就是功業和名聲。篇中始終都在談論「立功成名」之道，故以「功名」為篇名。

本篇主旨，在說明君主立功成名的方法。方法有四種，即配合天時、順應人心、運用技能、憑藉勢位，而筆力集中在憑藉勢位一端。認為君主惟有憑藉勢位，才足以統馭群臣，齊一民力，而達到立功成名的目標。

韓非的法家思想，由三大綱領構成，即尚法、任勢、用術。本篇專門說明權勢的重要，符合三大綱領之一的「任勢」之說，而且非常精當。

明君之所以立功成名者四：一曰天時，二曰人心，三曰技能，四曰勢位❶。非天時，雖十堯不能冬生一穗；逆人心，雖賁、育❷不能盡人力。故得天時則不務❸而自生；得人心，則不趣❹而自勸；因❺技能，則不急而自疾；得勢位，則不進而名成。若水之流，若船之浮，守自然之道，行無窮之令，故曰明主。

【注釋】❶勢位　權力和地位。❷賁育　孟賁、夏育。皆古代的勇士。❸務　從事；致力。❹趣　通「促」。催促。❺因　憑藉。

【語譯】賢明的君主立功成名的重要因素有四項：一是天時，二是人心，三是技能，四是權位。不順天時，即使有十個唐堯，也不能使穀類在冬天抽穗；違背人心，即使孟賁、夏育，也不能強迫人民盡力。所以只要配合天時，那麼不須努力耕作，穀類也會自然生長；只要獲得人心，那麼不須嚴加督促，人民也會自動努力；

只要憑藉技能，那麼不須急迫，工作自然快速；只要得到權位，那麼不須激進，功名自然成就。就像水的流行，船的漂浮，遵循自然的法則，推行持續不停的政令，所以叫做賢明的君主。

夫有材而無勢，雖賢不能制不肖，故立尺材於高山之上，而下臨千仞之谿❶，材非長也，位高也。桀為天子，能制天下，非賢也，勢重也。堯為匹夫，不能正三家，非不肖也，位卑也。千鈞❷得船則浮，錙銖❸失船則沉，非千鈞輕而錙銖重也，有勢之與無勢也。故短之臨高也以位，不肖之制賢也以勢。人主者，天下一力❹以共載之，故安；眾同心以共立之，故尊。人臣守所長，盡所能，故忠。以尊主御❺忠臣，則長樂生而功名成。名實相待而成，形影相應而立。故臣主同欲而異使。人主之患，在莫之應。故曰：「一手獨拍，雖疾無聲。」人臣之憂，在不得一。故曰：「右手畫圓，左手畫方，不能兩成。」故曰：「至治之國，君若桴❻，臣若鼓，技若車，事若馬。」故人有餘力易於應，而技有餘巧便於事。立功者不足於力，親近者不足於信，成名者不足於勢。近者已親，而遠者不結，則名不稱❼實者也。聖人德若堯、舜，行若伯夷❽，而位不載於勢，則功不立，名不遂❾。故古之能致功名者，眾人助之以力，近者結之以成❿，遠者譽之以名，尊者載之以勢。如此，故太山⓫之功長立於國家，而日月之名久著於天地。此堯之所以南面⓬而守名，舜之所以北面⓭而效功也。

【注釋】❶千仞之谿 形容非常幽深的溪谷。仞，長度單位。八尺（一說：七尺）為一仞。谿，同「溪」。山間的河溝。❷千鈞 三萬斤。此指非常重的物品。鈞，古代重量單位。三十斤為一鈞。❸錙銖 形容輕微或細小。此指輕微或細小的物品。錙，古代重量單位。六銖為一錙，重四分之一兩。銖，古代重量單位。重二十四分之一兩。❹一力 合力。❺御 控制；駕馭。❻桴 鼓槌。❼稱 相當；符合。❽伯夷 商朝末年孤竹國國君的長子。與弟叔齊互相讓國而去，聞周武王滅商，義不食周粟，採薇而食，終餓死於首陽山。❾遂 成功；完成。❿結之以成 用誠信來維繫他。結，繫；紮。成，通作「誠」。誠信。⓫太山 即泰山。又稱東嶽，為五嶽之首，在今山東省泰安縣北。⓬南面 指居統治的地位。古代以坐北朝南為尊位，故天子或諸侯見群臣，卿大夫見僚屬，皆南面而坐。後引申為泛指君王的統治。⓭北面 指向人稱臣。古代君王皆南面而坐以見臣，群臣皆北面而見君王，故稱。

【語譯】若只有才能而沒有權力，縱使是賢人也不能指揮庸劣的人，樹立一尺長的木材於高山的頂端，下面瀕臨著千丈的深谷，便顯得很高；但這不是木材本身就高，而是地位高的緣故。夏桀做天子，能控制天下，不是因為他賢能，而是因為他權勢大。唐堯如果是個平民，治不好三家人，不是因為他庸劣，而是因為他地位低。重達千鈞的物體，用船來載，它便會浮起來；錙銖那樣輕的東西，沒有船載，便會沉下去，並不是千鈞較輕而錙銖較重，而是有無憑藉力量的分別。所以短的木材之所以能居高而臨下，是由於地位的關係；庸劣的人之所以能控制賢才，是因為權勢的關係。做君主的人，天下合力擁戴他，所以權勢穩定；眾人同心支持他，所以地位崇高。官吏能展現他的專長，竭盡他的能力，所以能忠於職守。以地位崇高的君主領導忠誠的官吏，就可以永享安樂而成就功名。名和實互相依倚而成立，形和影互相伴隨而存在。所以官吏和君主目標一致而任務有別。君主的憂患，在於沒有臣民的響應。所以說：「只用一隻手拍打，雖然很用力，也沒有聲音。」官吏的憂慮，在於不能專任一種職務。所以說：「右手畫圓，左手畫方，兩個不能同時成功。」所以說：「政治非常修明的國家，國君像鼓槌，官吏像鼓，技能像車子，事務像馬。」所以人民有充裕的力量，就容易報效國家，有熟巧的技能，就利於事務的進行。如果想立功的人，力量不夠；左右親信，誠信不夠；想成名的人，權力不夠；身邊的人已經親附，疏遠的人不能維繫。那麼，這就是名和實不能相合了。在位的聖君，道德像堯、舜，操行像伯夷；可是，如果不憑藉權勢，事功就不能建立，名聲便不能成就。所以古代能獲得功名的人，眾人用力量來幫助他，親近的人用誠信來維繫他，疏遠的人用美好的名聲來稱頌他，位高的人用權勢來擁戴他。這樣，像泰山那般偉大的功業，永遠樹立於自己的國家；像日月那般燦爛的名聲，永遠顯揚於天地。這就是堯居天子之位而長享盛名，舜居臣子之職而獻納功績的道理啊！

大體

【題解】大體，就是要點、要領。本篇的「大體」指的是政治的要點。篇首有「古之全大體者」之句，故以「大體」為篇名。

本篇主旨，在說明為政必須持守大體。這個大體，終極言之，就是「道」。「道」是宇宙的自然規律，廓然大公，沒有私自的好惡。所以持守這個大體，原則上就是「守成理，因自然」而「不立好惡」。實際的做法則是「寄治亂於法術，託是非於賞罰」，還是強調法治的意思。因此篇中常以「道法」並稱，如「禍福生乎道法」、「因道全法」。

「道」是道家的註冊商標。韓非的思想，與道家頗有淵源，本篇強調「道」，就是一例。另外，〈主道〉講君主之道，也根據「道」來說。道家的「道」，無臭無味，無形無色，沒有任何徵兆。所以君主體「道」，也不要有任何徵兆，即不要表現個人的好惡。在〈主道〉，主要是為了防臣下之窺伺，偏重在「術」上說。在本篇，主要是為了保全法度，以免「忿怒之毒」，偏重在「法」上說。

古之全大體者，望天地❶，觀江海❷，因山谷❸，日月所照，四時所行，雲布風動❹。不以智累心❺，不以私累己❻。寄治亂於法術，託是非於賞罰，屬輕重於權衡❼。不逆天理，不傷情性；不吹毛而求小疵❽，不洗垢而察難知❾；不引繩之外，不推繩之內❿，不急法之外，不緩法之內⓫。守成理，因自然。禍福生乎道法，而不出乎愛惡。榮辱之責⓬，在乎己，而不在乎人。故至安之世，法如朝露，純樸不散，心無結怨⓭，口無煩言⓮。故車馬不疲弊於遠路⓯，旌旗不亂於大澤⓰，萬民不失命於寇戎⓱，雄駿不創壽於旗幢⓲，豪傑不著名於圖書，不錄功於盤盂⓳，記年之牒⓴空虛。故曰：利莫長於簡，福莫久於安。使匠石㉑以千歲之壽，操鉤㉒，視規矩㉓，舉繩墨㉔，而正太山㉕；使賁、育㉖帶干將㉗而齊萬民；雖盡力於巧，極盛於威，太山不正，民不能齊。故曰：古之牧㉘天下者，不使匠石極巧，以敗太山之體；不使賁、育盡威，以傷萬民之性。因道全法，君子樂而大姦止。澹然㉙閒靜，因天命，持大體，故使人無離法㉚之罪，魚無失水之禍。如此，故天下少不可㉛。

【注釋】❶望天地　遠看天地。此指觀看天地而獲得啟發，而效法天地。望，向遠處看。❷觀江海　觀看江海。此指觀看江海而獲得啟發，而效法江海。❸因山谷　依據山谷。此指效法山谷之廣大空虛。因，依；根據。❹雲布風動　像雲一般布施雨水，像風一般吹送氣息。布，施予。❺以智累心　拿智巧來傷害自己的心靈。指用心設計，以對付別人或事情，結果反受其害。❻以私累己　拿私欲來傷害自己的生命。指為滿足欲望而費心勞形。❼屬輕重於權衡　把事物的輕重交給秤子去量。比喻依據法度來衡量成績的高下。屬，付託。權衡，秤錘和秤桿。比喻法度或準則。❽吹毛而求小疵　吹開細毛而尋找小病。比喻刻意地找缺點。疵，小病。❾洗垢而察難知　洗清汙垢而詳察隱疾。比喻故意挑剔。難知，指難知之病。❿不引繩之外二句　不在法外引申，不在法內推諉。引，引申。繩，墨繩；工匠用以取直的工具。推，推諉；推託。⓫不急法之外二句　不苛求於法律之外，不寬貸於法律之內。急，緊急；急切。形容嚴苛。緩，寬緩；寬鬆。⓬榮辱之責　榮辱的要求。指獲得榮辱的因素。責，要求；督促。⓭結怨　積聚的怨恨。⓮煩言　怨言；氣憤的話。⓯車馬不疲弊於遠路　車馬不必在遙遠的途程上勞苦奔波。疲弊，困苦窮乏。⓰旌旗不亂於大澤　部隊不致在水草叢雜的地方迷途散亂。旌旗，指隊伍。澤，水聚匯處。也指水草叢雜的地方。⓱萬民不失命於寇戎　人民不會死於敵兵。失命，喪命；死亡。寇戎，敵人的軍隊。寇，敵人。戎，軍隊；士兵。⓲雄駿不創壽於旗幢　勇士不會死於戰陣。雄駿，英勇的戰士。雄，勇武。駿，同「俊」。才智出眾的人。創壽，猶言夭壽。短命死亡。創，傷。旗幢，泛指旌旗。幢，古代用羽毛裝飾的一種旗幟。多用於儀仗。⓳錄功於盤盂　把功勳記錄在盤盂上。盤盂，盛物的器具。圓的叫盤，方的叫盂。古代多在盤盂上刻文，用以記功或惕勵自己。⓴記年之牒　按年紀事的木簡。牒，木簡；書札。㉑匠石　古代著名的工匠，名石。㉒操鉤　拿著用以取曲的工具。操，持。鉤，用以取曲的工具。㉓視規矩　看著規和矩。指依循固定的標準。規，圓規。用以訂圓。矩，用以取方的工具。㉔舉繩墨　使用墨線。指依循標準。繩墨，工匠以繩染墨打直線的工具。比喻規矩、準則。㉕太山　即東嶽泰山。在今山東省泰安縣北。㉖賁育　孟賁、夏育。皆古代的勇士。㉗干將　古代寶劍名。相傳為春秋時吳人干將所鑄，鋒利無比，後世用為利劍的代稱。㉘牧　統治。㉙澹然　淡泊的樣子。澹，通「淡」。㉚離法　觸犯法律。離，通「罹」。遭遇。㉛少不可　沒有不善。

【語譯】古時候能夠完整地持守大體的君主，看看天地而效法天地的無私，看看江海而效法江海的深廣，比照山谷的虛曠，像日月的普照，像四季的運行不止，像雲一樣布施雨水，像風一樣吹送氣息。不拿智巧來傷害自己的心靈，不拿私欲來傷害自己的生命。把治亂交付於法術，把是非託付於賞罰，把價值的衡量交給準繩。不違背天理，不傷害情性。不吹開細毛而尋找小病，不洗清汙垢而詳察隱疾。不在法律之外引申，不在法律之內推諉；不苛求於法律之外，不寬貸於法律之內，遵守定理，依循自然。是禍是福，都由道法來決定，而不是出於君主的好惡。獲得榮辱的因素，在於自己，而不在別人。所以最安定的社會，法律像早晨的露珠那樣澄澈，人民純樸的本性不會離失，心頭沒有積聚的怨恨，口裡沒有氣憤的言語。所以車馬不必在遙遠的途程上勞苦奔波，隊伍不致在水草叢雜的地方因迷途而散亂，人民不會死於敵兵，勇士不會死於戰陣，豪傑的姓名不登載於圖書，功勳不記錄在盤盂，按年記事的史冊一片空白。所以說，利益莫大於事情簡少，福澤莫久於社會安定。假使教匠石用一千年的壽命，拿著取彎、取圓、取方、取直的工具去修治泰山，教孟賁、夏育佩帶干將寶劍去整飭萬民，雖用了全部的技巧，使了最大的威力，泰山不能修好，萬民不能整飭。所以說：古時候治理天下的君主，不讓匠石用盡技巧而破壞泰山的形狀，不教孟賁、夏育用盡威力而損害萬民的本性。遵循自然法則，健全社會法度，君子快樂而姦邪絕跡。君主恬然淡泊，安閒清靜，因循天命，持守大體，使人沒有觸犯法令的罪名，像魚沒有失水的禍患一樣。做到這一步，天下就沒有不善了。

上不天，則下不徧覆❶；心不地，則物不畢載❷。太山不立好惡，故能成其高；江海不擇小助❸，故能成其富。故大人寄形於天地❹，而萬物備；措心於山海❺，而國家富。上無忿怒之毒❻，下無伏怨❼之患。上下交順❽，以道為舍❾。故長利積，大功立，名成於前，德垂❿於後，治之至也。

【注釋】❶上不天二句　君主不效法天，就不能保護所有的人民。上，指君主。不天，不效法天的廣大無私。下，指人民。徧覆，一一覆蓋。指全部加以保護。❷心不地二句　君主的心不像地那般深厚，就不能持載所有的物體。不地，不效法地的廣大深厚。畢，完全。❸不擇小助　指不拒小河。擇，挑選；有所取捨。助，增益。此指流入江海的小河。❹寄形於天地　指以天地般廣大的胸懷來統治。寄形，猶言託身。寄，託。形，形軀。❺措心於山海　指以山海般高深的心靈來處事。措，安置。❻毒　害。❼伏怨　潛隱的怨恨。❽上下交順　君主和臣民都和順而沒有摩擦。❾以道為舍　以道為居所。指時時依道而行。❿垂　留傳。

【語　譯】君主不效法天，就不能保護所有的人民；君主的心不像地那般深厚，就不能持載所有的物體。泰山沒有好惡，才能成就它的高大；江海不拒細流，才能成就它的深廣。所以君主以天地般廣大的胸懷來統治，萬物就能自然成長；以山海般高深的心靈來處事，國家就能富足。君主沒有由忿怒而生的毒害，臣民沒有潛藏怨恨的禍患。君主和臣民都和順而沒有摩擦，一切依道而行。所以久遠的利益不斷累積，大功建立，聲名成就於生前，德澤流傳於後世，這是政治的最高境界。

卷九

內儲說上——七術

【題解】儲說，就是儲備各種解說。儲，積蓄。說，解說。此指用事例解說理論。所說都是治術。凡是儲蓄，目的都在備用。儲說，即儲蓄各種事例，說明治術，以備君主採用。分〈內儲說〉和〈外儲說〉，又各分上下。〈外儲說〉上、下又再各分左右，共六篇，六篇性質相同，本是一整篇，所以分為內外上下左右，只是因為份量太多的緣故。本篇內容，多說君主控御臣下的七種治術，所以又標「七術」。

本篇主旨，在說明君主統馭百官的七種方法。即：眾端參觀、必罰明威、信賞盡能、一聽責下、疑詔詭使、挾知而問、倒言反事。先揭綱領，略加解說，然後依次舉例證明。綱領之解說為經，事例之舉證為傳。體裁類似於《墨子》的〈經上〉、〈經下〉和〈經說上〉、〈經說下〉，結構特殊而嚴謹。

主之所用也，七術，所察也，六微❶。七術：一曰眾端參觀❷，二曰必罰明威❸，三曰信賞盡能❹，四曰一聽責下❺，五曰疑詔詭使❻，六曰挾知而問❼，七曰倒言反事❽。此七者，人主之所用也。

【注釋】❶六微　六種所要伺察的事情。詳見〈內儲說下〉。微，伺察。❷眾端參觀　對眾多的事端加以檢驗觀察。端，事物的一頭。參，檢驗。❸必罰明威　徹底執行懲罰，以彰顯法律的威嚴。必罰，一定處罰。指該受罰的人，一定會受到處罰，絕無僥倖。❹信賞盡能　徹底執行獎賞，以鼓勵人竭盡才能。信，確實；確定。❺一聽責下　採用「一一聽之」的方法，以督責臣下。一聽，一一聽之。指一個一個地分別去聽。責，要求。❻疑詔詭使　故作使人產生疑慮的命令，不按常規地差遣臣下。疑詔，使人產生疑慮的命令。詔，命令。詭，怪異；反常。使，差使；差遣。❼挾知而問　猶言明知故問。挾，夾持；懷著。❽倒言反事　說相反的話，做相反的事。按：意在試探所懷疑的人。

【語譯】君主所運用的，有七種方術；所伺察的，有六種對象。所謂七種方術，一是對眾多的事端加以檢驗觀察；二是徹底執行懲罰，以彰顯法律的威嚴；三是徹底執行獎賞，以鼓勵人竭盡才能；四是採用「一一聽之」的方法以督責臣下；五是故作使人產生疑慮的命令，不按常規地差遣臣下；六是明知故問；七是說相反的話，做相反的事。這七點，就是君主所運用的方術。

經一，參觀❶——觀聽不參，則誠不聞❷；聽有門戶，則臣壅塞❸。其說，在侏儒之夢見竈，哀公之稱「莫眾而迷」。故齊人見河伯，與惠子之言「亡其半」也。其患，在豎牛之餓叔孫，而江乙之說荊俗也。嗣公欲治不知，故使有敵。是以明主推積鐵之類，而察一市之患❹。

【注釋】❶經一參觀　按：一般傳本在本節的後面標「參觀一」，又在七節「經文」的後面標「右經」二字。現在將「右經」二字刪除，而在每節之首冠以「經」字，下標一、二、三等次序，以別於「傳」。凡〈內儲說〉、〈外儲說〉等六篇皆如此。參觀，檢驗觀察。❷觀聽不參二句　觀行聽言不加以檢驗，就不知道真相。參，檢驗。誠，實。❸聽有門戶二句　聽言若限於固定的管道，臣下的意見就被堵塞。聽有門戶，指專聽一人，像家宅的門戶一樣。守門戶的人可以任意決定要不要傳達，或傳達真實與否。壅塞，堵塞；閉塞。❹侏儒之夢見竈十一句　此記九件事，在「傳二」各該節中注釋。其，指前述的道理。說，解說；拿具體事例證明理論。在，表示具體證明就在某一故事當中。

【語　譯】經一，參觀——觀行聽言不加以檢驗，就不知道真相。聽言若限於固定的管道，臣下的意見就被堵塞。這番道理表現在侏儒夢見竈火；魯哀公說：不和大眾商量就會迷惑；所以齊人使齊王見到河伯；又惠子說：被臣下劫持的君主，一定喪失一半的臣民。其所造成的災禍，在豎牛餓死叔孫；江乙議論楚國風俗；衛嗣公想使政治清明而不知治道，於是扶持足與權臣寵姬抗衡的勢力。所以英明的君主推廣積鐵為室的道理，而詳察「三人成虎」的禍害。

經二，必罰——愛多者，則法不立，威寡者，則下侵上❶。是以刑罰不必，則禁令不行。其說，在董子之行石邑，與子產之教游吉也。故仲尼說隕霜，而殷法刑棄灰，將行去樂池，而公孫鞅重輕罪。是以麗水之金不守，而積澤之火不救。成讙以太仁弱齊國，卜皮以慈惠亡魏王。管仲知之，故斷死人；嗣公知之，故買胥靡❷。

【注　釋】❶下侵上　指臣下侵犯君主。❷董子之行石邑十四句　此記十二事，分別在後面「傳二」各節中注釋。

【語　譯】經二，必罰——恩愛太過，則法度不能建立；威嚴不足，則臣下侵犯君主。所以刑罰執行得不徹底，禁令就不能推行。這個道理，可從董關于巡行石邑，鄭子產教導游吉的故事看出來。所以孔子解說隕霜不殺菽草，商朝的法律要處罰棄灰於道路的人。隊伍的督導離開中山國的國相樂池。商鞅重罰輕罪。麗水的金砂常被盜採，積澤的火災沒人去救。成讙以為齊王太過仁慈，一定會使齊國變得衰弱。卜皮以為魏王太過慈惠，終將破國。管仲知道這個道理，故以殺戮死屍來處罰厚葬的喪家。衛嗣君知道這個道理，所以用重大的代價購回逃犯。

經三，信賞❶——賞譽薄而謾❷者，下不用❸；賞譽厚而信者，下輕死❹。其說，在文子稱若獸鹿。故越王焚宮室，而吳起倚車轅。李悝斷訟以射，宋崇門以毀死。句踐知之，故式怒鼃；昭侯知之，故藏弊袴。厚賞之使人為賁、諸也；婦人之拾蠶，漁者之握鱣，足以效之❺。

【注釋】❶信賞　徹底執行獎賞。按：各舊本俱作「賞譽」，依篇首綱目及本節文義，宜作「信賞」，故改。❷賞譽薄而謾　獎賞與讚譽微不足道而且不確定。譽，讚美。謾，欺騙；抵賴。❸下不用　臣下不肯效勞。下，指臣民。用，效勞；出力。❹輕死　輕易赴死。指勇於犧牲。❺文子稱若獸鹿十三句　此記諸事，分別在後面「傳三」各節中注釋。足以效之，足以證明它。效，證驗；證明。按：足以，各舊本作「是以」，文意難通，疑是「足以」之誤，據陳啟天《增訂韓非子校釋》說改。

【語譯】經三，信賞——獎賞輕微而又不確定，則臣下不肯效命；獎賞優厚而又執行徹底，則臣下輕易赴死。這種道理的說明，在文子把臣民比作獸鹿的故事中。所以越王故意縱火燒宮室，以測試賞罰的效驗。吳起重賞移徙車轅的人。李悝以射箭判決訟獄。宋君拔擢居喪毀瘠的崇門巷人。句踐懂得這種道理，所以在車上看到怒蛙都向牠憑軾行禮。韓昭侯知道這種道理，所以把破褲藏起來，準備送給有功的人。厚賞之能使人變成孟賁、專諸般的勇敢，由婦人用手拾蠶、漁夫用手捕鱣兩件事可以證明。

經四，一聽——一聽，則愚智分；責下，則人臣參❶。其說，在索鄭與吹竽。

其患，在申子之以趙紹、韓沓為嘗試。故公子汜議割河東，而應侯謀弛上黨❷。

【注釋】❶一聽四句 君主對於臣下的意見一一聽之，則愚智可以分別出來，督責臣下，臣下便會提供意見。按：分、參之上，各舊本都有「不」字，文意難通，陳啟天《增訂韓非子校釋》以為衍文，證據非常堅強，茲據以刪除。❷索鄭與吹竽五句 此記五事，分別在後面「傳四」各節中注釋。

【語譯】經四，一聽——君主一一聽取臣下的意見，臣下的智愚就馬上分別出來。君主要求臣下進言，人臣就會參加意見。這種道理的例證，就在魏王索取鄭國及齊宣王一一聽人吹竽。值得憂慮的事，在申不害利用趙紹和韓沓去試探韓昭侯的意向，以謀私利。所以公子汜主張割讓河東的土地，應侯建議抽調上黨的守兵。

經五，詭使——數見❶，久待❷，而不任，姦則鹿散❸；使人問他，則不鬻私❹。是以龐敬還公大夫，而戴讙詔視轀車，周主亡玉簪，商太宰論牛矢❺。

【注釋】❶數見 屢次召見。數，屢次；常常。❷久待 久待。待，古通「侍」。❸鹿散 像鹿群般一哄而散。❹使人問他二句 派人去探詢有關其他的人和事，那麼私心就不能得逞。問他，問以他人他事。鬻，售。私，指姦邪的事。❺龐敬還公大夫四句 此記四事，分別在後面「傳五」各節中注釋。牛矢，牛屎。

【語譯】經五，詭使——屢次召見同一個人，讓他陪侍很久，卻不派他擔任事情，那麼姦邪的團體會因他而像鹿一般地解散。派人去探詢有關其他的人和事，那麼邪人的私心就不能得逞。所以龐敬故意喚回公大夫，戴讙派人伺察轀車，周主故意遺失玉簪，商太宰責問牛屎。

經六，挾知❶——挾知而問，則不知者至❷；深知一物，則眾隱皆變❸。其說，在昭侯之握一爪也。故必審南門而三鄉得，周主索曲杖而群臣懼，卜皮使庶子，西門豹佯遺轄❹。

【注釋】❶挾知　各舊本作「挾智」。「智」、「知」古通，篇首經文正作「挾知」，茲據改。❷不知者至　所不知的事可以獲知。至，通「致」。獲致；獲得。❸深知一物二句　深深地了解一件事，那麼許多隱藏的事都會產生變化。隱，指隱藏的事情。變，指由隱變顯。❹昭侯之握一爪五句　此記五事，分別在後面「傳六」各節中注釋。

【語譯】經六，挾知——明知故問，則原先不知道的事可以獲知。深深地了解一件事，那麼許多隱藏的事就會產生變化。這種道理的說明，在韓昭侯握著自己的指甲，卻假說斷失了一片指甲而命人尋找的故事中。所以一定要先確知南門外黃犢食禾苗，才能獲知東西北三向的實情。周主在民家找到曲杖而群臣悚懼；卜皮派少庶子去愛御史的愛妾，而獲得隱情；西門豹假裝遺失車軸兩端的鐵鍵，而在民家找到。

經七，倒言❶——倒言，反事❷，以嘗所疑❸，則姦情得。故山陽謾樛豎，淖齒為秦使，齊人欲為亂，子之以白馬，子產離訟者，嗣公過關吏❹。

【注釋】❶倒言　說相反的話。❷反事　做相反的事。❸以嘗所疑　以試探自己所懷疑的人。嘗，試。❹山陽謾樛豎六句　此記六事，分別在後面「傳七」各節中注釋。

【語譯】經七，倒言——說相反的話，做相反的事，以試探自己所懷疑的人，就可以獲知姦情。所以山陽君故意辱罵樛豎，淖齒教人假裝秦國的使者，齊國有人想作亂就先假裝驅逐所親愛的人，子之為了測試左右的誠偽而假稱看見白馬，子產分別試探爭訟的人，衛嗣君指責關吏的貪瀆。

傳一——衛靈公❶之時，彌子瑕❷有寵，專於衛國。侏儒❸有見於公者，曰：「臣之夢踐❹矣。」公曰：「何夢？」對曰：「夢見竈❺，為❻見公也。」公怒曰：「吾聞見人主者，夢見日，奚為❼見寡人而夢見竈？」對曰：「夫日兼燭❽天下，一物不能當❾也；人君兼燭一國，一人不能壅❿也。故將見人主者，夢見日。夫竈，一人煬⓫焉，則後人無從見矣。今或者一人有煬君者乎？則臣雖夢見竈，不亦可乎！」

【注釋】❶衛靈公　春秋時衛國的君主。名元，衛襄公之子，莊公蒯聵之父，在位四十二年（西元前五三四～前四九三年）。❷彌子瑕　衛靈公所寵愛的近侍。❸侏儒　身材特別矮小的人。古代多從事於雜技表演，以供笑樂。侏，矮小。❹踐　實現。❺竈　炊物的地方。通常由一圓形垂直洞穴與一橫向孔道相連構成，垂直洞穴的上方置鍋，炊者由橫向孔道送進燃料，置於垂直洞穴的下方（鍋底），以炊煮食物。❻為　卻；竟然。❼奚為　為何；為什麼。奚，何。❽兼燭　並照；同時照見。❾當　擋住；遮蔽。❿壅　堵塞；障蔽。⓫煬　烘烤；焚燒。

【語譯】傳一——衛靈公在位的時候，彌子瑕受寵幸，獨攬衛國的大權。有個侏儒去進見衛靈公，說：「我的夢應驗了！」靈公說：「什麼夢？」侏儒回答說：「我夢見竈火，卻來謁見君主。」靈公很生氣地說：「我聽說進見君主的人會夢見太陽，你為什麼進見我卻夢見竈火？」侏儒回答說：「太陽遍照天下，一個物體是不能遮蔽的；君主遍照全國，一個人是不能壅塞的。所以將進見君主的人會夢見太陽。至於竈火，一個人在前面烘炙，後面的人就看不到火了。如今或許有一個人遮擋了君主罷！那麼我夢見竈火，不是很合理嗎？」

魯哀公❶問於孔子曰：「鄙諺❷曰：『莫眾而迷❸。』今寡人舉事❹，與群臣慮之，而國愈亂，其故何也？」孔子對曰：「明主之問臣，一人知之，一人不知也；如是者，明主在上，群臣直議於下。今群臣無不一辭同軌❺乎季孫❻者，舉國盡化為一，君雖問境內之人，猶不免於亂也。」

一曰❼：晏子聘魯❽，哀公問曰：「語曰：『莫三人而迷。』今寡人與一國慮之，魯不免於亂，何也？」晏子曰：「古之所謂莫三人而迷者，一人失之，二人得之，三人足以為眾矣。故曰：『莫三人而迷。』今魯國之群臣以千百數❾，一言於季氏之私❿，人數非不眾，所言者一人也，安得三哉！」

【注釋】❶魯哀公　春秋時魯國國君。名蔣，魯定公之子，在位二十七年（西元前四九四～前四六八年）。❷鄙諺　俗語。諺，長期流傳下來文詞固定的常用言語。❸莫眾而迷　不和眾人商量，就會迷惑。❹舉事　行事；做事。❺一辭同軌　言語相同，行為一致。一，相同。軌，車輪輾過的痕跡。引申為準則。❻季孫　春秋時魯莊公弟季友的子孫。稱為季氏，也稱季孫氏，與孟孫氏、叔孫氏同為魯桓公的後代，故稱三桓，世代掌握魯國的政權。魯哀公時，季康子專政，曾向孔子請教過政治上的問題。❼一曰　另一種說法。按：〈儲說〉各篇，偶有「一曰」的情形，都表示用以敘述另一件類似的事情。❽晏子聘魯　晏子訪問魯國。晏子，名嬰。字仲，謚平，史稱晏平仲，春秋時，齊國夷維（今山東省高密縣）人，事靈公、莊公、景公，節儉力行，為齊名相，後人彙輯其行事與諫議，成《晏子春秋》一書。聘，訪問。此特指古代諸侯之間通使修好。❾數　計算。❿一言於季氏之私　都說得像季氏個人的意見。一言，皆言；都說。

【語譯】魯哀公問孔子說：「俗話說：『不和眾人商量，就會迷惑。』如今寡人做事，都和群臣計慮，然而國家卻越來越混亂，這是什麼原因呢？」孔子回答說：「賢明的君主問臣下，只讓他一人知道，其他的人不知道。這樣一來，賢明的君主在上，群臣率直地議論於下。如今群臣無不言語相同，行為一致地站在季孫氏一邊，全國的人都成為一體，君主縱然問遍境內的人民，也還是不免於混亂啊！」

另一說：晏子訪問魯國，哀公問說：「俗話說：『做事不和三個人商議，就會迷惑。』如今寡人和全國的人商議，魯國還是不免於混亂，為什麼？」晏子說：「古人所謂『做事不和三個人商議就會迷惑』，意思是：一個人的意見也許有錯，兩個人的共同意見就比較正確，三個人就可以算是眾人了。所以說：『做事不和三個人商議就會迷惑。』如今魯國的群臣，人數以千百計，都說得像是季氏一個人的意見。人數並非不多，說話的只是一個人，哪有三個人呢？」

齊人有謂齊王曰：「河伯❶，大神也，王何不試與之遇乎？臣請使王遇之。」乃為壇場❷大水之上❸，而與王立之焉。有間❹，大魚動，因曰：「此河伯。」

【注　釋】❶河伯　河神。❷壇場　舉行祭祀、繼位、盟會、拜將等大典的場所。壇，祭場；在平地用土築起的高臺。❸大水之上　大河的岸邊。上，指畔側。❹有間　少時；一會兒。

【語　譯】齊國有一個人對齊王說：「河伯是一個重要的神，君王何不試試跟祂見一面呢？讓我來安排君王跟祂見面。」於是在河邊設一個祭祀的場所，而與齊王站在臺上瞭望，一會兒，河裡大魚游動，那人便說：「這就是河伯。」

張儀❶欲以秦、韓與魏之勢伐齊、荊❷，而惠施❸欲以❹齊、荊偃兵❺，二人爭之。群臣左右皆為[6]張子言，而以攻齊、荊為利，而莫為惠子言。王果[7]聽張子，而以惠子言為不可。攻齊、荊事已定，惠子入見。王言曰：「先生毋言矣，攻齊、荊之事果[8]利矣，一國盡以為然。」惠子因說：「不可不察也。夫攻齊、荊之事也，誠利，一國盡以為利，是何智者之眾也！攻齊、荊之事誠不利，一國盡以為利，何愚者之眾也！凡謀者，疑也；疑也者，誠疑——以為可者半，以為不可者半。今一國盡以為可，是王亡[9]半也。劫主[10]者，固亡其半者也。」

叔孫相魯[11]，貴而主斷[12]。其所愛者，曰豎牛[13]，亦擅[14]用叔孫之令。叔孫有子，曰壬[15]，豎牛妬而欲殺之。因與壬游於魯君所[16]，魯君賜之玉環，壬拜受之而不敢佩，使豎牛請之[17]叔孫。豎牛欺之曰：「吾已為爾請之矣，使爾佩之。」王因佩之。豎牛因謂叔孫：「何不見[18]王於君乎？」叔孫曰：「孺子，何足見也！」豎牛曰：「王固已數見[19]於君矣，君賜之玉環，王已佩之矣。」叔孫召王見之，而果佩之。叔孫怒而殺王。王兄曰丙，豎牛又妬而欲殺之。叔孫為丙鑄鐘，鐘成，丙不敢擊，使豎牛請之叔孫。豎牛不為請，又欺之曰：「吾已為爾請之矣，使爾擊之。」叔孫聞之曰：「丙不請而擅擊鐘。」怒而逐之。丙出走齊，居一年，豎牛為謝[20]叔孫。叔孫使豎牛召之，又不召而報之曰：「吾已召之矣，丙怒甚，不肯來。」叔孫大怒，使人殺之。二子已死，叔孫有病，豎牛因獨養之，而去左右，不內㉑人，曰：「叔孫不欲聞人聲。」因不食而餓死。叔孫已死，豎牛因不發喪㉒也，徙其府庫重寶空之，而奔齊。夫聽所信之言，而子父為人僇㉓，此不參㉔之患也。

【注　釋】❶張儀　（西元前？～前三〇九年）戰國時魏人。相傳與蘇秦同學於鬼谷子，蘇秦遊說六國合縱以抗秦，張儀相秦惠王，以連橫之策遊說六國，使六國背合縱之約而共同事秦。秦惠王死，武王立，六國聞張儀不被武王所重用，又合縱以抗秦，張儀離秦赴魏，為魏相一年而死。❷荊　楚國的舊稱。❸惠施　戰國時宋人。名家代表人物之一，主張「合同異」說，認為一切事物的差別相都是相對的，如果從萬物的共相來看，天地萬物本是一體。惠施曾見魏王，勸其聯合齊楚以抗秦，欲破張儀連橫之計，結果為張儀所驅逐。❹以　與。❺偃兵　停止用兵。偃，停止；止息。❻為　助。❼果　終於。❽果　真實；確實。❾亡　喪失。❿劫主　被臣下脅迫的君主。⓫叔孫相魯　叔孫豹輔佐魯君治理魯國。叔孫，春秋時魯莊公弟叔牙的子孫。稱為叔孫氏，與孟孫氏、季孫氏同為魯桓公的後代，故稱三桓，世代掌握魯國的政權。此指叔孫豹，謚穆子。⓬貴而主斷　地位貴顯而主掌決策。貴，地位崇高。主斷，專斷；專擅大權。⓭豎牛　叔孫豹的兒子。叔孫豹的哥哥叔孫僑如，與魯成公的母親穆姜私通，想除掉孟孫氏和季孫氏，事敗，逃往齊國，再往衛國。叔孫豹在此之前，已去魯奔齊，途中，住在一個婦人家裡，與婦人生一子。叔孫僑如逃走後，魯成公把叔孫豹從齊國召回來，立為叔孫氏。婦人攜子來歸，長大以後，命他管理家政，稱為豎牛。豎，未成年的小孩。牛，其名。⓮擅　專斷。⓯壬　叔孫豹的兒子。叔孫豹在齊國，娶國氏之女，生二子，長子叫孟丙，次子叫仲壬。⓰魯君所　魯君所在的處所。⓱之　於。⓲見　引見。下文「何足見也」義同。⓳數見　屢次進見。⓴謝　告訴；告知。㉑內　通作「納」。㉒發喪　把死訊告訴親友。㉓僇　通「戮」。殺害。㉔參　檢驗。

【語　譯】張儀主張用秦國、韓國和魏國的力量攻打齊國和楚國。而惠施主張和齊、楚兩國停戰講和。二人為此爭持不下。群臣左右都幫張儀說話，認為攻打齊、楚兩國有利；而沒有人幫惠施說話。魏王最後聽信了張儀，而認為惠施的話不對。攻打齊、楚兩國的事已經決定，惠施入見魏王。魏王說：「先生不必再說了！攻打齊、楚兩國的事確實有利，全國人都這樣認為。」惠施趁機就說：「王不可不再仔細考察。如果攻打齊、楚兩國的事確實有利，而全國人也都認為有利，那為什麼聰明的人會那麼多呢？如果攻打齊、楚兩國的事確實不利，而全國人都認為有利，那為什麼愚笨的人又會那麼多呢？凡是需要謀劃的，都是因為有疑惑。所謂疑惑，確實值得懷疑的話，自然認為對的占一半，認為錯的占一半。如今全國人都認為對，可見王喪失了一半持反對意見的人民了。受臣下脅迫的君主，必定是要喪失一半持反對意見的人民的。」

叔孫豹做魯國的國相，地位貴顯而專擅大權。他所寵愛的一個人叫做豎牛，也喜歡擅自假借叔孫的命令。叔孫有兩個兒子，其中一個叫仲壬，豎牛妒嫉他，想殺他。便和仲壬到魯君的居所走走。魯君賜給他一個玉環，仲壬下拜接受，卻不敢佩帶，使豎牛向叔孫請示。豎牛騙他說：「我已經替你請示過了，要你佩帶。」仲壬就佩帶起來。豎牛便對叔孫說：「何不引仲壬進見君主呢？」叔孫說：「小孩子，怎麼好引去進見君主呢？」豎牛說：「仲壬早已見過幾次君主了，君主賜給他玉環，他已經佩帶起來了。」叔孫召見仲壬，果然佩帶了起來，叔孫大怒，便把仲壬殺了。仲壬的哥哥叫孟丙，豎牛又妒嫉他而想殺他。叔孫為孟丙鑄造一個鐘，鐘鑄成了，孟丙不敢使用，教豎牛去請示叔孫。豎牛不替他請示，又騙他說：「我已經替你請示過了，要你趕快使用。」叔孫聽到鐘聲，說：「孟丙不先請示，擅自擊鐘！」怒氣沖沖地把他趕走。孟丙逃往齊國，過了一年，豎牛替他向叔孫說好話，叔孫便教豎牛召他回來，豎牛又不召孟丙而回報說：「我已經召喚過了，孟丙非常生氣，不肯回來。」叔孫氣得不得了，派人殺他。仲壬和孟丙都死了，叔孫生病，豎牛獨自照顧他，打發左右的人走開，又不許別人進來，說：「叔孫不想聽到人的聲音。」於是因沒有飲食而餓死。叔孫死後，豎牛故意不發喪。把他府庫的貴重物品搬得一空，然後逃往齊國。像叔孫那樣，聽從所寵信的人的言語，以致父子都被人所殺，這就是不參聽所引起的災禍啊！

江乙❶為魏王使荊，謂荊王曰：「臣入王之境，聞王之國俗，曰：『君子不蔽人之美，不言人之惡。』誠有之乎？」王曰：「有之。」「然則若白公❷之亂，得無❸危乎！誠得如此，臣免死罪矣。」

【注　釋】❶江乙　戰國時魏人，後仕於楚。❷白公　名勝，楚平王太子建的兒子。平王為太子建娶妻，見新婦甚美而自納之，伍奢力諫被殺，太子建與伍員（伍奢的兒子）逃往鄭國。太子建在鄭國作亂被殺，子勝與伍員轉往吳國。楚惠王召勝，使居楚邊界之邑，號為白公。白公好勇，陰養武士，遂作亂，後失敗被殺。❸得無　能不；豈不。

【語　譯】江乙替魏王出使楚國，對楚王說：「我進入王的國境，聽到貴國的風俗，說：『君子不掩蔽別人的優點，不說別人的缺點。』真有此事嗎？」楚王說：「有。」江乙說：「這麼說起來，像白公所引起的亂事，豈不危險嗎？果真到達這種地步，臣下知情不報，都可以免除死罪了。」

衛嗣君❶重如耳❷，愛世姬❸，而恐其皆因其愛重而壅❹己也，乃貴薄疑❺以敵❻如耳，尊魏姬以耦❼世姬，曰：「以是相參❽也。」嗣君知欲無壅，而未得其術也。夫❾不使賤得議貴，下必坐❿上，而必待勢重之鈞⓫也，而後敢相議，則是益樹⓬壅塞之臣也，嗣君之壅乃⓭始。

【注　釋】❶衛嗣君　即衛嗣公。魏平侯的兒子，在位四十二年（西元前三二四～前二八三年）。據《史記・衛康叔世家》，衛自成侯十六年始，由公貶號為侯，至嗣君五年，又由侯貶號為君。❷如耳　戰國時魏人，曾仕於衛。❸世姬　世姓之姬。世，同「泄」。姓。陳國有泄冶。❹壅　障蔽。❺薄疑　人名。事蹟不詳。日人松皋圓《定本韓非子纂聞》云：「蓋初居趙，後乃仕衛。」❻敵　匹敵；對抗。❼耦　相配成雙；兩者相對。❽相參　互相檢驗。❾夫　若；假使。下文「夫矢來有鄉」義同。❿坐　爭訟曲直。⓫勢重之鈞　權勢相等。勢重，猶言權勢。鈞，同「均」。平等。⓬樹　培植。⓭乃　於是。

【語譯】衛嗣君重用如耳，寵愛世姬，又恐怕他們因為受到寵愛重用而蒙蔽自己，於是重用薄疑，以對抗如耳；尊寵魏姬，以匹敵世姬。他說：「用這種方法來互相參驗牽制。」嗣君懂得要不受蒙蔽，卻沒把握到要領。假若不讓位卑的人得以評論位尊的人，下級的人得以指控上級的人，卻一定要等到權勢均衡才敢互相爭論。這樣只有培植更多的蒙蔽之臣了。嗣君之受蒙蔽，就從這個時候開始。

夫矢來有鄉❶，則積鐵以備一鄉；矢來無鄉，則為鐵室以盡備之；備之則體不傷。故彼以盡備之❷無傷，此以盡敵❸之無姦也。

【注釋】❶鄉　通「向」。方向。❷之　而。下文「盡敵之無姦」義同。❸盡敵　對人人都加以防備。敵，抵禦。

【語譯】如果知道箭鏃射來的方向，就聚鐵防備那個方向；如果不知道箭鏃射來的方向，就蓋一座鐵房子，防備所有的方向。做了這樣的防備，身體就不會受傷。所以防箭的人，防得完備，便不會被傷害；做君主的人，對人人都加以防備，便不會有姦邪的事情發生。

龐恭❶與太子質❷於邯鄲❸，謂魏王曰：「今一人言市有虎，王信之乎？」曰：「不❹。」「二人言市有虎，王信之乎？」曰：「不。」「三人言市有虎，王信之乎？」王曰：「寡人信之。」龐恭曰：「夫市之無虎也明矣，然而三人言而成虎。今邯鄲之去魏也遠於市，議❺臣者過於三人，願王察之。」龐恭從邯鄲反❻，竟不得見。

【注　釋】❶龐恭　也作「龐共」。人名，事蹟不詳。本篇「傳五」：「龐敬，縣令也。」應是一人。❷質　用人作抵押品，以取信對方。❸邯鄲　趙國的首都。在今河北省邯鄲縣。❹不　同「否」。下文「曰不」義同。❺議　非議；指責。❻反　同「返」。

【語　譯】龐恭將隨太子到趙國的邯鄲做人質，對魏王說：「如果有一個人說街市上有老虎，大王相信嗎？」魏王說：「不信。」龐恭說：「兩個人說街市上有老虎，大王相信嗎？」魏王說：「不信。」龐恭說：「三個人說街市上有老虎，大王相信嗎？」魏王說：「寡人相信了。」龐恭說：「街市上沒有老虎，這是很明顯的；可是三個人說有老虎，就讓人真以為有老虎。如今邯鄲距離魏國比街市遠，而毀謗我的人不止三個，希望大王仔細考察。」後來龐恭從邯鄲返國，竟然見不到魏王。

傳二——董閼于❶為趙上地守❷，行❸石邑❹山中，見深澗❺，峭如牆❻，深百仞❼，因問其旁鄉❽、左右❾，曰：「人嘗有入此者乎？」對曰：「無有。」曰：「嬰兒、盲聾、狂悖❿之人，嘗有入此者乎？」對曰：「無有。」「牛馬、犬彘⓫，嘗有入此者乎？」對曰：「無有。」董閼于喟然太息⓬曰：「吾能治矣。使吾法之無赦，猶⓭入澗之必死也，則人莫之敢犯也，何為不治？」

【注釋】❶董閼于 春秋時晉國趙簡子（名鞅）的家臣。晉國權臣荀寅、范吉射謀攻趙氏，董閼于知之，勸趙簡子及早防備。荀寅、范吉射失敗後，智櫟對趙簡子說：「荀寅和范吉射背叛你，董閼于知道消息，可見他參預其事。晉國有法令，首先發動叛亂的處死刑。如今荀、范二人已死，而董閼于卻還活得好好的。」趙簡子也覺得有道理。董閼于說：「如果我的死，能使趙氏穩固，晉國安寧，我現在死都嫌晚了。」遂自殺而死。事見《史記・趙世家》。閼，《史記・趙世家》作「安」。❷上地守 上地的地方長官。上地，大概就是上谷。今察哈爾省延慶縣。守，官名。地方長官。❸行 巡行；巡視。❹石邑 地名。屬上谷。❺澗 夾在兩山之間的流水。❻峭如牆 陡峻得像牆壁一般。峭，陡直；峻峭。❼深百仞 形容非常的深。仞，八尺。一說：七尺。❽旁鄉 附近的地方。❾左右 指在左右服侍的人。❿狂悖 狂妄悖亂。狂，神經錯亂。悖，違反；逆亂。⓫彘 豬。⓬喟然太息 長聲歎氣。喟然，歎氣的樣子；歎息聲。太息，大聲歎氣。太，大。息，氣息。⓭猶 如同。

【語譯】傳二——董閼于做趙國上地的首長，巡視石邑山中，看見一個很深的澗谷，陡峭如牆壁，深達百仞。於是詢問附近居民及左右隨行人員說：「曾有人墜入這深谷的嗎？」回答說：「沒有。」又問：「嬰兒、瞎子、聾子、精神失常的人，曾有墜入這山谷的嗎？」回答說：「沒有。」又問：「牛、馬、狗、豬，曾有掉進這裡的嗎？」回答說：「沒有。」董閼于於是嘆了一口氣說：「我能治理政事了。如果我的法令嚴到無可赦免，像墜入澗谷般非死不可，那就沒有人敢犯法了，怎會治不好呢？」

子產相鄭❶，病將死，謂游吉❷曰：「我死後，子必用鄭❸，必以嚴莅❹人。夫火形嚴❺，故人鮮灼❻；水形懦❼，故人多溺。子必嚴子之形，無令溺子之懦❽。」子產死，游吉不肯嚴形。鄭少年相率為盜，處於雚澤❾，將遂以為亂。游吉率車騎與戰，一日一夜，僅能尅❿之。游吉喟然嘆曰：「吾蚤行夫子之教⓫，必不悔至於此矣。」

【注　釋】❶子產相鄭　子產輔佐鄭國。子產，春秋時鄭國的大夫公孫僑。字子產，執政四十餘年，鄭國大治。相，輔佐。鄭，周宣王庶弟友的封國。約有今河南省中部黃河以南的地區，戰國時為韓所滅。❷游吉　春秋時鄭國的大夫。又稱子太叔，繼子產為鄭國的執政大夫。❸子必用鄭　你如果執掌鄭國的政權。子，第二人稱的敬稱。必，如果。用鄭，用事於鄭國。即主持鄭國的政事。❹莅　臨治；治理。也作「涖」，俗作「蒞」。❺形嚴　形勢嚴厲；態勢猛烈。❻鮮灼　很少燒傷。鮮，少。灼，炙燒。❼形懦　形勢柔弱。❽無令溺子之懦　不要使人民淹死在你的柔弱之中。無令，勿使。溺子之懦，因你的柔弱而淹死。❾萑澤　蘆葦叢生的沼澤。萑，「萑」的古字。即蘆葦。❿尅　也作「剋」。通「克」。戰勝。⓫蚤行夫子之教　及早實行子產先生的教誨。蚤，通「早」。夫子，對長者的敬稱。此指子產。

【語　譯】子產做鄭國的國相，病重將死，對游吉說：「我死以後，你如果執掌鄭國的政權，一定要用嚴厲的法令來治理人民。火勢嚴厲，所以人很少燒傷；水勢柔弱，所以人多被淹死。你一定要表現你嚴厲的威勢，不要使人民淹死在你的柔弱之中。」子產死後，游吉不肯表現嚴厲的威勢。鄭國的少年彼此附和，淪為盜賊，聚居在萑澤，將就此作亂。游吉率領戰車騎兵和他們作戰，戰了一天一夜，勉強戰勝了他們。游吉長嘆一聲說：「我若早日實行子產先生的教誨，一定不會到這樣後悔的地步了。」

魯哀公問於仲尼曰：「《春秋》❶之記曰：『冬十二月，霣霜不殺菽❷。』何為記此？」仲尼對曰：「此言可以殺而不殺也。夫宜殺而不殺，桃李冬實❸。天失道，草木猶犯干❹之，而況於人君乎！」

【注　釋】❶春秋　魯國的史書。曾經孔子刪訂。❷霣霜不殺菽　降霜沒有凍死豆苗。霣，通「隕」。落。殺，擊死。此指凍死。菽，豆類的總稱。按：《春秋・僖公三十三年》：「十有二月，……隕霜不殺草，桃李實。」王先慎《韓非子集解》云：「菽當作草。下云：『草木猶犯干之。』承此而言，明菽為草之譌。周之十二月，即今之十月，不應有菽，且菽亦不得言可以殺也。前經注引正作草，明注所據之本尚未誤。」❸桃李冬實　桃樹和李樹在冬天結實。實，結成果實。按：桃李都在春天結實，今在冬天結實，表示天時失常。❹犯干　觸犯。干，犯。

【語　譯】魯哀公問孔子說：「《春秋》記載說：『冬，十二月，降霜沒有凍殺豆苗。』為什麼要記這件事？」孔子說：「這是說應該凍殺而沒有凍殺。應該凍殺而沒有凍殺，桃李於冬天結成果實。天道失常，草木尚且觸犯它，又況於君主呢！」

殷之法，刑棄灰於街者❶。子貢❷以為重，問之❸仲尼。仲尼曰：「知治之道也。夫棄灰於街，必掩人❹；掩人，人必怒；怒則鬬，鬬必三族❺相殘也。此殘三族之道也，雖刑之可也。且夫重罰者，人之所惡也；而無棄灰，人之所易也。使人行之❻所易，而無離❼其所難，此治之道也。」

一曰：殷之法，棄灰於公道者，斷其手。子貢曰：「棄灰之罪輕，斷手之罰重，古人何太毅❽也？」曰：「無棄灰，所易也；斷手，所惡也。行所易，不關所惡；古人以為易，故行之。」

【注　釋】❶刑棄灰於街者　處罰把灰燼倒在街上的人。刑，判刑；處罰。灰，灰燼；物經燃燒所剩下的粉末狀物。❷子貢（西元前五二〇～?年）也作「子贛」。複姓端木，名賜，字子貢，春秋時衛國人，孔子著名弟子，擅長辭令，又善於經商，家累千金，曾任魯衛相，勸阻齊國伐魯，遊說吳、越、晉各國之間，使互相牽制，所以《史記‧仲尼弟子列傳》說他「存魯，亂齊，破吳，彊晉而霸越」。❸之　於。❹掩人　指灰燼意外燒傷路人。❺三族　指父族、母族、妻族。一說：指父、子、孫。一說：指父母、兄弟、妻子。❻之　其。❼離　通「罹」。遭遇。❽毅　嚴酷。

【語　譯】殷朝的法律，處罰把灰燼倒在街上的人。子貢認為太重，問於孔子。孔子說：「這正是懂得治理政事的方法呀。把灰燼倒在街上，一定會意外地灼傷路人；意外地灼傷路人，路人一定生氣；生氣就互相毆打，互相毆打，一定演變到發動三族的人去相殺。這是殘殺三族的起因，即便處罰他，也是適當的。而且嚴重的刑罰，是人所懼怕的；而不在街上倒棄灰燼，是容易做到的。教人做他容易做到的事，而不讓他遭遇所畏懼的刑罰，這便是治理政事的方法。」

另一說：殷朝的法律，倒棄灰燼在公路上的人，要砍斷他的手。子貢說：「倒棄灰燼的罪，輕微；砍斷手臂的刑罰嚴重。古人怎麼那樣嚴酷呢？」孔子說：「不倒棄灰燼是容易做到的，砍斷手臂是人所畏懼的，使人做容易做到的事情，不觸犯所畏懼的刑罰，古人認為容易做到，所以付諸實行。」

中山❶之相樂池❷，以車百乘使趙❸，選其客之有智能者以為將行❹，中道❺而亂。樂池曰：「吾以公為有智能，而使公為將行，中道而亂，何也？」客因辭而去，曰：「公不知治。有威足以服❻之，而利足以勸❼之，故能治之。今臣，君之少客❽也。夫從少正長❾，從賤治貴，而不得操其利害之柄❿而治之，此所以亂也。嘗試使臣：彼之善者，我能以為卿相，彼不善者，我得以斬其首；何故而不治！」

【注　釋】❶中山　周朝諸侯國名。前後有二：前中山國，姬姓，在今河北省定縣一帶，為魏文侯所滅。後中山國，為魏文侯所封。文侯既滅中山，命太子擊駐守，後太子擊返魏，又封少子摯於中山，是為中山武公，戰國時，為趙武靈王所滅。❷樂池　人名。事蹟未詳。按：魏文侯攻中山，以樂羊為將，中山既滅，封樂羊於靈壽（今河北省靈壽縣，屬中山）。樂池也許是樂羊的後代。❸以車百乘使趙　率領一百輛車出使趙國。乘，計算車輛的單位。使，出使。❹將行　督率行伍；督率隨行群眾。❺中道　半路；中途。❻服　折服；使人從己。❼勸　勉勵。❽少客　年輕位卑的客人。少，年紀小。此處兼指地位低微。❾從少正長　由年少的人糾正年長的人。從，由。正，糾正。長，年長。❿操其利害之柄　掌握制人利害的權力。操，持；掌握。柄，器物的把手。比喻權力。

【語譯】中山國的國相樂池帶領一百輛車出使趙國，挑選從行客人中有智能的人做隊伍的督導，走到半路，秩序大亂。樂池說：「我以為你有智能，才命你做督導，結果中途亂了秩序，為什麼？」客人聽了就告辭而去，說：「你不懂管理的辦法。要有威嚴足以折服人，有利益足以獎勵人，才能管理人。如今，我是你年輕位卑的客人。由年少的人來糾正年長的人，卑賤的人來糾正尊貴的人，卻不能掌握利害的權柄來治理他，這就是導致混亂的原因。你試讓我掌握權柄，那好的我能拔擢他做卿相，那不好的我能砍斷他的頭，怎麼會治理不好呢？」

公孫鞅❶之法也，重輕罪❷。重罪者，人之所難犯也；而小過者，人之所易去也。使人去其所易，而無離其難，此治之道。夫小過不生，大罪不至，是人無罪，而亂不生也。

一曰：公孫鞅曰：「行刑，重其輕者；輕者不至，重者不來，此謂以刑去刑❸。」

【注　釋】❶公孫鞅　（約西元前三九〇～前三三八年）姓公孫。名鞅，戰國時衛人，故又稱衛鞅，先仕魏，後入秦，輔佐秦孝公變法，秦因此國富兵強，乃以商於之地十五邑封鞅，故又稱商鞅、商君，孝公死，公子虔等誣告鞅謀反，車裂而死。《漢書・藝文志》著錄《商君》二十九篇。今傳《商君書》二十六篇，其中二篇有目無文，實存二十四篇。❷重輕罪　加重處罰輕罪。重，當動詞。加重。❸以刑去刑　用刑罰來去除刑罰。即用刑罰來達到不用刑罰的地步。按：「公孫鞅曰」以下，見《商君書・靳令》。

【語　譯】公孫鞅的刑法，重罰輕罪。重罪，人不容易觸犯；小過，人容易避免。使人去掉容易免去的小過，不要觸犯他難犯的重罪，這是治理的方法。如果小過不會發生，重罪不會降臨，那便是人人無罪而禍亂不生了。

另一說：公孫鞅說：「施行刑罰，要重罰輕罪。輕罪不發生，重罪不觸犯，這叫做用刑罰去除刑罰。」

荊南❶之地，麗水之中生金❷，人多竊采金❸。采金之禁，得而輒辜磔於市❹，甚眾。壅離❺其水也，而人竊金不止。夫罪，莫重辜磔於市，猶不止者，不必得❻也。故今❼有人於此曰：「予❽汝天下，而殺汝身。」庸人❾不為也。夫有天下，大利也，猶不為者，知必死也。故不必得，則雖辜磔，竊金不止；知必死，雖予之天下，不為也。

【注　釋】❶荊南　楚國南部。❷麗水之中生金　麗江裡產金。麗水，即麗江。金沙江流入雲南麗水縣北，稱麗江，亦稱麗水。《千字文》：「金生麗水。」亦指此而言。❸竊采金　盜採金礦。竊，偷；盜。采，採。❹輒辜磔於市　立刻拉殺肢解於市肆。輒，即時。辜，肢解軀體。磔，分裂肢體。市，市集；市肆。❺壅離　壅遏阻塞。壅，阻塞。離，通「迾」。遮擋。

此指殺人眾多，投屍於麗水之中，而水流為之壅塞不通。❻不必得　不一定被抓到。❼今　若。❽予　給與。❾庸人　常人；凡人。

【語譯】楚國南部，麗江裡產金砂，很多人去盜採。盜採金砂的禁令，只要抓到，就將他肢解於市集。被殺的人很多，屍體把麗江的水都堵住了，而人們仍盜採金砂不止。罪罰沒有比肢解身體於市集更重的了，結果還是盜採不止，這是因為不一定會被抓到啊！所以假設有個人在此，告訴他說：「給你整個天下，但要殺死你。」再愚蠢的人也不會這樣做。擁有天下，是何等重大的利益，還是不肯要，原因就在知道一定會死。所以不一定會被抓到，縱使罪至肢解身體，盜採金砂的行為仍不會停止；知道一定會死，雖給他天下，也不會去做。

魯人燒積澤❶，天北風，火南倚❷，恐燒國❸，哀公懼，自將眾❹，趣❺救火。左右無人，盡逐獸，而火不救。乃召問仲尼，仲尼曰：「夫逐獸者樂而無罰，救火者苦而無賞，此火之所以無救也。」哀公曰：「善。」仲尼曰：「事急，不及以賞❻。救火者盡賞之，則國不足以賞於人，請徒❼行罰。」哀公曰：「善。」於是仲尼乃下令曰：「不救火者，比降北之罪❽；逐獸者，比入禁❾之罪。」令下未遍，而火已救矣。

【注釋】❶燒積澤　放火焚燒積澤的草木以打獵。燒，打獵而焚燒草木。積澤，應是地名。今未詳何地。❷火南倚　火勢偏向南方。倚，偏。❸國　都城。❹自將眾　親自率領群眾。將，率領；領導。❺趣　通「促」。急促。❻不及以賞　用賞已不適時。及，適合時機。以賞，用賞。❼徒　但；只。❽比降北之罪　比照戰敗投降的罪名。比，比照；比擬。降北，戰敗投降。北，敗。❾入禁　進入禁苑。禁，指禁苑。即君主種植花木、飼養禽獸的地方，一般民眾不得擅入苑中捕獵鳥獸。

【語　譯】魯國人放火焚燒積澤，天氣變化，刮起北風，火勢偏向南方，恐怕燒到都城，魯哀公害怕，親自率領眾人，趕去救火。哀公身邊沒人，全都跑去追捕野獸，沒人救火。於是召來仲尼而詢問辦法。仲尼說：「追捕野獸的人快樂而沒有刑罰，救火的人辛苦而沒有獎賞，這就是火沒人救的原因了。」哀公說：「對。」仲尼說：「事情緊急，來不及用賞。而且救火的人全部受賞，國家的財富不夠賞人，我建議只施行刑罰。」哀公說：「好。」於是仲尼下令說：「不救火的人，比照戰敗投降的罪刑；追捕野獸的人，比照擅自闖入禁苑的罪刑。」命令還沒傳遍，大火已經被撲滅了。

成驩❶謂齊王曰：「王太仁，太不忍人❷。」王曰：「太仁，太不忍人，非善名邪？」對曰：「此人臣之善也，非人主之所行也。夫人臣必仁而後可與謀，不忍人而後可與近也；不仁則不可與謀，忍人則不可與近也。」王曰：「然則寡人安所太仁，安所不忍人？」對曰：「王太仁於薛公❸，而太不忍於諸田❹。太仁薛公，則大臣無重❺；太不忍諸田，則父兄犯法。大臣無重，則兵弱於外；父兄犯法，則政亂於內。兵弱於外，政亂於內，此亡國之本也。」

【注　釋】❶成驩　人名。事蹟不詳。❷不忍人　不殘害人。忍，殘忍；殘酷。❸薛公　指田嬰。齊威王少子，田文（孟嘗君）之父，相齊二十餘年，齊湣王三年（西元前三二一年），封於薛（今山東省滕縣西南二十公里），號靖郭君。❹諸田　指齊國的宗族。齊自呂望（姜太公）始封，傳至康公十九年（西元前三八六年），田和（田常曾孫）立為齊侯，遷故康公於海濱，過七年，故康公卒，田和孫因齊（即齊威王）遂代有齊國。❺無重　莫重。猶言莫重於此。

【語　譯】成驩對齊王說：「大王太仁慈，太不狠心，不是很好的名聲嗎？」回答說：「這是人臣的美名，不是君主所宜實行的。人臣一定要仁慈，才可和他共商大計，要不狠心，才可和他親近。不仁慈，就不可和他共商大計；狠心就不可和他親近。」齊王說：「照你這樣說，寡人哪裡表現得太仁慈？哪裡表現得不狠心？」回答說：「大王對薛公太仁慈，對田氏各宗太不狠心。對薛公太仁慈，則大臣權勢莫重於此；對田氏各宗太不狠心，則會導致父兄犯法。大臣權勢太重，對外，兵力衰弱；田氏父兄犯法，對內，政治混亂。對外兵力衰弱，內部政治混亂，這是亡國的根本因素啊！」

魏惠王❶謂卜皮❷曰：「子聞寡人之聲聞❸亦❹何如焉？」對曰：「臣聞王之慈惠也。」王欣然喜曰：「然則功且安至❺？」對曰：「王之功至於亡。」王曰：「慈惠，行善也，行之而亡，何也？」卜皮對曰：「夫慈者不忍，而惠者好與❻也。不忍，則不誅有過；好予，則不待有功而賞。有過不罪，無功受賞，雖亡不亦可乎！」

【注　釋】❶魏惠王　即梁惠王。戰國時魏國國君，名罃，武侯之子，文侯之孫。本都安邑（一九五八年併入今山西省運城縣），後遷都大梁（今河南省開封市），故又稱梁惠王。❷卜皮　魏國的臣子。據下文「卜皮為縣令」，知道他做過魏國的縣令，可能是子夏（卜商，曾為魏文侯的老師）的後代。❸聲聞　聲譽；名聲。❹亦　果；究竟。❺功且安至　功業將達到什麼地步。且，將。安至，何至；到達何處。安，何。❻好與　喜歡施給別人財物。下文「好予」意義相同。

【語　譯】魏惠王對卜皮說：「你所聽到的寡人的名聲，究竟怎麼樣？」卜皮回答說：「臣聽到的是：大王很慈惠。」惠王高興地說：「這樣說來，我的功業將到達什麼地步？」卜皮說：「大王的功業將到達亡國的地步！」惠王說：「慈惠是做好事，做好事卻會亡國，這是什麼道理？」卜皮答說：「仁慈的人不狠心，有恩惠的人好施與。不狠心，就不處罰有過錯的人；好施與，就不等有功便行賞。有過錯而不處罰，無功勞而受獎賞，縱然亡國，不也很合理嗎？」

齊國好厚葬，布帛盡於衣衾❶，材木盡於棺椁❷。桓公❸患之，以告管仲❹曰：「布帛盡則無以為蔽❺，材木盡則無以為守備，而人厚葬之不休，禁之奈何？」管仲對曰：「凡人之有為也，非名之，則利之❻也。」於是乃下令曰：「棺椁過度者戮其尸❼，罪夫當喪者❽。」夫戮尸無名，罪當喪者無利，人何故為之也！

【注　釋】❶盡於衣衾　全部用在死人的衣被。衣，指壽衣。死人入棺時所穿的衣服。衾，覆蓋屍體的單被。❷棺椁　盛斂屍體的木器。內層叫棺，外層叫椁。椁，棺外的套棺。也作「槨」。❸桓公　名小白。齊釐公之子，襄公之弟，以管仲為相，九合諸侯，為春秋第一位霸主，在位四十三年（西元前六八五～前六四三年）。❹管仲　（西元前？～前六四五年）名夷吾。字仲，春秋時潁上（今河南省臨潁縣一帶）人，仕齊，為齊桓公相，開發山海之利，使齊國富強，進而九合諸侯，尊王攘夷，使桓公成為春秋第一位霸主。❺蔽　指用以遮蔽的物品。如衣服、簾幕、衾被等。❻非名之則利之　不是以厚葬求名，就是以厚葬求利。之，指厚葬。❼戮其尸　斬戮死者的屍體，並以示眾。戮，殺；殺而陳屍示眾。尸，通「屍」。❽罪夫當喪者　懲罰主喪的人。罪，治罪；懲罰。夫，於。當喪者，主喪人；喪家的主人。通常是嫡子。當，主。喪，喪事。

【語　譯】齊國的風俗喜歡厚葬，所有的布帛都用在死人的衣被上，所有的木材都用在死人的棺材上。桓公擔心這個現象，把這個情形告訴管仲，說：「布帛用盡，就沒有材料可以製作衣服衾被等日用品了。木材用盡，就沒有材料可以製造國防的軍備用品了。然而人民厚葬不止，下令禁止怎麼樣？」管仲回答說：「大凡人之有所作為，不是以此求名，就是以此求利。」於是就下令說：「棺椁超過厚度的喪家，要斬戮死者的屍體，並懲罰主喪的人。」斬戮屍體，名聲不好，懲罰主喪的人，喪家有害無利，人們為什麼還去做呢！

衛嗣君之時，有胥靡❶逃之❷魏，因為襄王之后治病❸。衛嗣君聞之，使人以五十金買之，五反❹而魏王不予，乃以左氏易之❺。群臣左右曰：「夫以一都買一胥靡，可乎？」君曰：「非子之所知也。夫治無小而亂無大❻。法不立而誅不必❼，雖有十左氏無益也；法立而誅必，雖失十左氏，無害也。」魏王聞之曰：「主欲治，而不聽之，不祥。」因載而往，徒獻之❽。

【注　釋】❶胥靡　因徒；服刑的人。❷之　往。❸因為襄王之后治病　於是替魏襄王的王后醫病。因，於是。為，替。襄王，名嗣，魏惠王之子。❹五反　五次往返。反，通「返」。❺以左氏易之　用左氏邑去交換胥靡。左氏，據下文「以一都買一胥靡」，知為都邑名。易，交換。之，指胥靡。❻治無小而亂無大　治無所謂小，亂無所謂大。即治和亂均無所謂大小。意即足以導致治或亂的事，無論多小，都應注意。治，與「亂」相對。特指政治的修明安定。無，猶言無論、不分。❼法不立而誅不必　法度沒有建立，刑罰不一定執行。誅，罰。必，必然；一定。❽徒獻之　無條件獻給衛嗣君。徒，但；只。

【語　譯】衛嗣君在位的時候，有個犯人逃往魏國，於是替魏襄王的王后治病。衛嗣君聽到這個消息，派人拿五十金把那個犯人贖回來，使者往返五次，而魏王不肯交出人犯。衛嗣君於是改以左氏那塊地方跟魏國交換。群臣左右說：「拿一個都邑去買一個囚徒，合算嗎？」衛嗣君說：「不是你所能懂的。治無所謂小，亂無所謂大。法度沒有建立，懲罰執行不徹底，雖擁有十個左氏之地也沒有益處。法度樹立，懲罰執行徹底，縱使喪失十個左氏之地，也沒什麼害處。」魏王聽到這番話，說：「君主想要使政治清明，而不贊同他，不好。」

於是載囚徒到衛國，無條件地獻給衛嗣君。

傳三——齊王問於文子❶曰：「治國何如？」對曰：「夫賞罰之為道，利器❷也，君固握❸之，不可以示人。若如臣者，猶獸鹿❹也，唯薦草而就❺。」

【注釋】❶文子　人名。事蹟未詳。❷利器　有效的工具。比喻權力。❸固握　牢牢地掌握。❹猶獸鹿　如同鹿類的動物。猶，如。獸鹿，泛指鹿類的野獸。❺唯薦草而就　即「唯薦草是就」。只是趨赴牧草罷了。薦，獸所食的草。而，之；是。就，趨向；接近。

【語譯】傳三——齊王問文先生說：「治理國家該怎麼樣？」文先生回答說：「『賞罰』這套理論，是很有效的工具，君主應牢牢地掌握它，不可向人展示。至於做臣子的人，好像鹿類的野獸，只是趨赴於牧草罷了。」

越王❶問於大夫種❷曰：「吾欲伐吳，可乎？」對曰：「可矣。吾賞厚而信，罰嚴而必，君欲知之，何不試焚宮室？」於是遂焚宮室，人莫救之。乃下令曰：「人之救火者，死，比❸死敵❹之賞；救火而不死者，比勝敵之賞；不救火者，比降北❺之罪。」人之塗其體❻，被濡衣而赴火❼者，左三千人，右三千人，此知必勝之勢也。

【注釋】❶越王　指句踐。曾被吳王夫差困於會稽，忍辱求和，經十年生聚，十年教訓，終於滅吳。❷大夫種　指文種。

春秋時楚國人，仕於越，為大夫，與范蠡共佐越王句踐滅吳，功成被殺。大夫，職官等級名。三代（夏、商、周）時，官分卿、大夫、士三等，大夫又分上、中、下三級。❸比　比照；比擬。❹死敵　對抗敵人而死。❺降北　戰敗投降。北，敗。❻塗其體　塗抹身體。指用防火藥品塗擦身體。❼被濡衣而赴火　穿著濕衣服而去救火。被，通「披」。覆蓋；搭衣於肩背。濡衣，濕衣。濡，沾濕。赴火，前往火場。指救火。

【語譯】越王句踐問大夫文種說：「我想攻打吳國，行嗎？」文種答說：「行了。我政府獎賞優厚而執行徹底，懲罰嚴重而絕無僥倖，君主想要知道實力，何不試燒宮室看看？」於是就焚燒宮室，人民沒有敢去救火的。越王下令說：「凡是去救火的人，如被燒死了，比照抗敵而死的獎賞；救火而沒被燒死的人，比照戰勝敵人的獎賞；不去救火的人，比照戰敗投降的罪刑。」於是人民用防火藥品塗抹身體，穿上濕衣去救火的，左邊有三千人，右邊有三千人，從這種情形，就可知一定可以戰勝吳國了。

吳起❶為魏武侯❷西河❸之守，秦有小亭臨境，吳起欲攻之，不去則甚害田者❹，去之則不足以徵甲兵❺。於是乃倚❻一車轅❼於北門之外，而令之曰：「有能徙此於南門之外者，賜之上田上宅。」人莫之徙也。及有徙之者，還❽賜之如令。俄❾又置一石赤菽❿於東門之外，而令之曰：「有能徙此於西門之外者，賜之如初。」人爭徙之。乃下令曰：「明日且攻亭，有能先登者，仕之國大夫⓫，賜之上田上宅。」人爭趨之。於是攻亭，一朝而拔之。

【注釋】❶吳起　（西元前？～前三七八年）戰國時衛國人。曾受學於曾參，初仕魯，後入魏，魏文侯用為將，拔秦五城，為西河守，以禦秦，不容於魏相公叔，入楚，楚悼王用為令尹。起精通兵法，善用兵，為相多所改革，得罪楚之貴戚大臣，悼王死，為宗室大臣所殺害。《漢書・藝文志》兵書有《吳子》四十八篇。❷魏武侯　名擊。魏文侯子，魏惠王（梁惠王）父，在位二十六年（西元前三九六～前三七一年，據錢穆《先秦諸子繫年》）。❸西河　指今陝西省東部黃河西岸地區。戰國時為魏國國境。❹甚害田者　嚴重妨害耕種的人。❺不足以徵甲兵　不夠充分的理由來徵調軍隊。甲兵，戰衣和兵器。借指軍隊。❻倚　斜靠。❼車轅　車前駕牲畜的直木。❽還　返回。指遷徙轅木回來。一說：隨即；急速。❾俄　頃刻；不久。❿一石赤菽　一石赤豆。石，容量單位，十斗為一石。又重量單位，百二十斤（或說百斤）為一石。菽，豆類的總稱。

⓫國大夫　爵位的第六級。

【語　譯】吳起做魏武侯西河的長官。秦國有一個小亭臨近邊境，吳起想要攻下它，因為不除掉它，會嚴重妨害耕作的人；但是，要除掉它，又不夠充分的理由來徵調軍隊。於是把一根車轅斜靠在北門外面，下令說：「有誰能把這根轅木搬到南門外面的，賞給他上等的田地、上等的房宅。」起初沒人去搬。後來有人搬了，搬的人回來，就依照剛才的命令給予賞賜。不久，又放一石赤豆在東門的外面，下令說：「有誰能把這一石赤豆搬到西門外面的，賞賜跟剛才一樣。」眾人爭著去搬。於是又下令說：「明天將攻打秦國的小亭，有誰能先登上去的，給他做國大夫的官職，賞他上等的田地和上等的房宅。」人民爭相趕去，奮力攻亭，一個上午就把它攻下了。

李悝❶為魏文侯❷上地❸之守，而欲人之善射也，乃下令曰：「人之有狐疑之訟❹者，令之射的❺：中❻之者勝，不中者負。」令下，而人皆疾習射，日夜不休。及與秦人戰，大敗之，以人之善射也。

【注　釋】❶李悝　（約西元前四五五～前三九五年）即李克。戰國初魏國人，為魏文侯相，變法改革，獎勵開荒，實行平糴，使魏國富強。彙編各國刑法為《法經》六篇，又有《李子》三十二篇，均已亡佚。悝、克，古通用。❷魏文侯　名斯。

武侯父，為三家分晉以後魏國第一位君主，以子夏為師，魏成為相，吳起為將，國勢富強，在位五十年（西元前四四六～前三九七年，據錢穆《先秦諸子繫年》）。❸上地　大概就是上谷，今察哈爾省延慶縣。❹狐疑之訟　疑而難以判決的訟案。狐疑，形容多疑。狐狸性情多疑，故以為。訟，訴訟；訟案。❺的　箭靶的中心。❻中　擊中目標。

【語　譯】李悝做魏文侯上地的長官，想要使人民精於射箭，於是下令說：「人民之中，如有疑而難判的訟案，教他們比賽射箭，射中的人勝訴，射不中的人敗訴。」命令下達以後，人民都加緊練習射箭，日夜不停。後來和秦人作戰，大敗秦人，就因人人善射的緣故。

宋崇門之巷人❶，服喪而毀甚瘠❷，上❸以為慈愛於親，舉以為官師❹。明年，人之所以毀死者，歲十餘人。子之服親喪者，為愛之也，而尚可以賞勸也，況君上之於民乎！

【注　釋】❶宋崇門之巷人　宋國崇門里巷的居民。宋，周朝國名。周武王封殷遺臣微子啟於宋，都商丘（今河南省商丘縣）。崇門，宋城門名。❷服喪而毀甚瘠　因居喪而哀毀得很消瘦。服喪，守喪；居喪。古代為父母守喪三年（實際是二十五個月），穿喪服，謝絕人事，居官者解職。毀，哀毀。指因哀傷過度而憔悴瘦弱。瘠，消瘦。❸上　指宋國國君。❹官師　指中士和下士。古代士分上、中、下三等，上士為嫡士，中士、下士為官師。

【語　譯】宋國崇門有一個里巷的居民，因為居喪而哀毀得很憔悴，宋君認為他很孝敬父母，就提拔他做官吏。次年，人民因哀毀過度而死的，一年之中有十幾個。其實，子女為父母服喪，是因為愛他們。這種事還可以用獎賞來勸勉，何況是君主對人民的關係呢。

越王慮伐吳，欲人之輕死❶也，出見怒鼃❷，乃為之式❸。從者曰：「奚❹敬於此？」王曰：「為其有氣❺故也。」明年，人之請以頭獻王者，歲十餘人。由此觀之，譽之足以勸人矣。

一曰：越王句踐見怒鼃而式之，御者❻曰：「何為式？」王曰：「鼃有氣如此，可無為式乎！」士人聞之曰：「鼃有氣，王猶為式，況士人之有勇者乎？」是歲，人有自剄❼死，以其頭獻者。故越王將復吳而試其教❽：燔臺而鼓之❾，使民赴火者，賞在火❿也；臨江而鼓之，使人赴水者，賞在水⓫也；臨戰而鼓之，使人絕頭刳腹⓬而無顧心者，賞在兵⓭也。又況據法而進賢，其功甚此矣。

【注　釋】❶輕死　把死看得不重要。指勇於犧牲。❷怒鼃　有怒氣的青蛙。鼃，古「蛙」字。❸式　通「軾」。在車上俯身憑軾，表示敬禮。❹奚　何；為什麼。❺有氣　有怒氣；有所憤激。❻御者　駕車的人。❼自剄　割頸自殺。剄，用刀割頸。❽復吳而試其教　報復吳國而先試驗他所教訓的功效。復，報復；復仇。❾燔臺而鼓之　焚燒高臺，擊鼓使民救之。燔，燒。臺，高而平的建築物。鼓，擊鼓。古代行軍作戰，進兵則擊鼓，退兵則敲鑼。❿火　指救火。⓫水　指救溺。⓬刳腹　剖腹。刳，剖開。⓭兵　指作戰。

【語　譯】越王考慮攻打吳國，想使人民具備勇於犧牲的精神，於是出門看見怒蛙，都在車上向牠行禮致敬。隨從人員說：「為什麼向牠行禮？」越王說：「因為牠有怒氣。」次年，人民自請把頭顱獻給越王的，一年之中，有十幾個。由此看來，賞譽的確是足夠用來勸勉人民的。

另一說：越王句踐遇見怒蛙，就在車上向怒蛙行禮。車伕說：「為什麼向牠行禮？」越王說：「蛙尚且這樣有怒氣，怎可不向牠行禮？」士人聽到這件事，說：「蛙有怒氣，國王尚且向牠行禮，何況士人之中有勇氣的人呢？」這一年，有自殺而死，把頭獻給越王的。所以越王將報復吳國而先試驗他所教訓的功效；又放火燒臺而擊鼓使人救火，是因救火有賞的緣故。靠近江邊擊鼓，使人下水，是因下水有賞的緣故。面臨作戰而擊鼓，使人斷頭剖腹而無所顧慮，是因作戰有賞的緣故。又何況依據法令而進用賢人，其鼓勵的功效又遠超過於此呢。

韓昭侯❶使人藏弊袴❷，侍者曰：「君亦不仁矣。弊袴不以賜左右而藏之。」昭侯曰：「非子之所知也。吾聞之，明主愛❸一嚬❹一笑，嚬有為❺嚬，而笑有為笑。今夫袴，豈特❻嚬笑哉！袴之與嚬笑，相去❼遠矣，吾必待有功者，故藏之未有予❽也。」

【注釋】❶韓昭侯　戰國時韓國的國君。懿侯子，宣惠王父，以申不害為相，政治修明，諸侯不敢來侵，在位三十年（西元前三六二～前三三三年，據錢穆《先秦諸子繫年》）。❷弊袴　破褲。弊，破敗。袴，同「褲」。❸愛　愛惜；吝惜。❹嚬　通「顰」。皺眉，表示憂苦。❺有為　猶言有目的。❻豈特　何只；哪裡只於。特，但；只。❼相去　相距；相差。❽予　給與；施捨。

【語譯】韓昭侯教人把破褲子藏起來，近侍說：「君主也太不夠厚道了，連一條破褲都不肯賜給左右而要藏起來。」昭侯說：「這你不懂。我聽說英明的君主吝惜他的一顰一笑。顰，一定是有目的而顰；笑，一定是有目的而笑。現在，這條褲子豈只是等於顰笑而已嗎？一條褲子和一顰一笑，作用相差太遠了，我一定要留待有功的人，所以才藏起來不給人家。」

鱣❶似蛇，蠶似蠋❷。人見鱣則驚駭，見蠋則毛起❸。然而婦人拾蠶，漁人握鱣。利之所在，則忘其所惡❹，皆為賁、諸❺。

【注　釋】❶鱣　又作「鱓」、「鱔」。魚名。形狀像蛇，體色赤黑，腹部黃色，俗稱黃鱔。❷蠋　本字作「蜀」。蛾蝶類的幼蟲。❸毛起　寒毛豎起。形容驚恐的狀態。❹惡　懼怕。❺賁諸　孟賁和專諸。皆古代勇士。孟賁，戰國時衛國人，傳說能拔牛角。專諸，春秋時吳國人，曾為公子光刺殺吳王僚。

【語　譯】鱔魚像蛇，蠶像蛾蝶的幼蟲蠋。一般人看到蛇就驚怕，看到蠋就寒毛豎起。可是婦女用手捉蠶，漁夫用手捕鱔魚。只要是利益的所在，就忘記了自己所害怕的東西，而都像孟賁、專諸那樣勇敢。

傳四——魏王謂鄭王❶曰：「始鄭、梁，一國❷也，已而❸別，今願復得鄭而合之❹梁。」鄭君患之，召群臣而與之謀所以對魏。鄭公子謂鄭君曰：「此甚易應❺也。君對魏曰：以鄭為故魏而可合❻也，則弊邑❼亦願得梁而合之鄭。」魏王乃止。

【注　釋】❶鄭王　即韓王。韓自韓哀侯滅鄭，遷都於鄭，所以韓也稱鄭。❷鄭梁一國　鄭和梁本為一國。鄭，指韓國。梁，即魏國（魏惠王遷都大梁，故魏亦稱梁）。韓、魏的祖先，世為晉卿，故稱一國。❸已而　不久。❹之　於。下文「合之鄭」義同。❺應　應付；回答。❻以鄭為故魏而可合　若鄭國與原來的魏國可以合為一國。以，若。為，與。故魏，舊時的魏國。合，指合為一國。❼弊邑　敝邑。謙稱自己的國家。

【語　譯】傳四——魏王對韓王說：「起初，韓、魏原是一國，後來才分為兩國。現在希望韓國合併到魏國來，成為一國。」韓國君主很著急，召集群臣商議對付魏國的計策。韓國的公子對韓君說：「這很容易回答。君主對魏君說：如果認為韓、魏原是一國而可合併的話，那敝國也希望魏國合併到韓國來。」結果魏王就打消了原來的念頭。

齊宣王❶使人吹竽❷，必三百人。南郭處士❸請為王吹竽，宣王說❹之。廩食以數百人❺。宣王死，湣王❻立，好一一聽之，處士逃。

一曰：韓昭侯曰：「吹竽者眾，吾無以知其善者。」田嚴❼對曰：「一一而聽之。」

【注釋】❶齊宣王　戰國時齊國的君主。姓田，名辟疆，威王之子，湣王之父，在位十九年（西元前三四二～前三二四年）卒。❷竽　竹製樂器的一種。笙類，二十二管，分前後兩排。❸南郭處士　姓南郭的平民。南郭，複姓。因住南郭，故以為姓。處士，不出仕的人。❹說　同「悅」。❺廩食以數百人　由官府供給糧食的人有數百人。廩食，官府供應糧食。廩，糧倉。以，有。❻湣王　戰國時齊國的君主。姓田，名地，宣王之子，襄王之父，在位四十年（西元前三二三年～前二八四年）卒。❼田嚴　人名。事蹟未詳。

【語譯】齊宣王使人吹竽，一定要三百人。平民南郭先生自請替齊宣王吹竽，宣王很高興，於是受官府供給糧食的人達三百人。宣王死後，湣王繼立，喜歡一個一個地聽，南郭先生就逃走了。

另一說：韓昭侯說：「吹竽的人很多，我無從知道哪一個吹得好。」田嚴回答說：「一個一個地聽就知道了。」

趙令人因申子於韓請兵❶，將以攻魏。申子欲言之❷君，而❸恐君之疑己外市❹也，不則❺恐惡於趙。乃令趙紹❻、韓沓❼嘗試君之動貌❽而後言之，內則知昭侯之意，外則有得趙❾之功。

【注釋】❶因申子於韓請兵　藉由申不害在韓國的關係，請求韓國出兵。因，憑藉；藉由。申子，指申不害（西元前？～前三三七年）。戰國時鄭國京（今河南省滎陽縣東南十五公里）人，原為鄭國低級官員，韓滅鄭，韓昭侯用為相，政治修明，諸侯不敢來侵。申不害之學，以道家為本，而注重法術。《漢書・藝文志》有《申子》六篇，今有《申子》佚文輯本。❷之　於。❸而　又。❹外市　向外勾結牟利。市，做買賣。❺不則　否則；不然。不，通「否」。❻趙紹　人名。事蹟未詳。❼韓沓　人名。事蹟未詳。❽動貌　表情。❾得趙　有恩於趙國。得，通「德」。

【語譯】趙國派人透過申不害向韓國借兵，想要攻打魏。申不害想向韓君建議，又恐韓君懷疑自己勾結外人以謀利，不建議，又怕被趙國所恨。於是使趙紹、韓沓分別試探君主表情的變化，然後進言。對內知道昭侯的心意，對外有施恩於趙國的功勞。

三國❶兵至函❷，秦王❸謂樓緩❹曰：「三國之兵深矣，寡人欲割河東❺而講❻，何如？」對曰：「夫割河東，大費❼也；免國於患，大功也。此父兄❽之任也，王何不召公子汜❾而問焉？」王召公子汜而告之。對曰：「講亦悔，不講亦悔。王今❿割河東而講，三國歸，王必曰：『三國固且⓫去矣，吾特⓬以三城送之。』不講，三國必入函，則國必大舉⓭矣，王必大悔曰：不獻三城也。臣故曰：「王講亦悔，不講亦悔。」王曰：「為⓮我悔也，寧亡三城而悔，無危乃悔。寡人斷講⓯矣。」

【注釋】❶三國　指齊、魏、韓三國（太田方《韓非子翼毳》說）。❷函　指函谷關。戰國時秦國所設，為秦之東關，東起崤山，西至潼津，深險如函，故名。在今河南省靈寶縣西南。❸秦王　指秦昭襄王。名稷，惠王之子，武王異母弟，孝文王之父，在位五十六年（西元前三〇六～前二五一年），國勢強盛。❹樓緩　戰國時趙國人，事趙武靈王。武靈王主張全民胡服，練習騎馬射箭，群臣反對，只有樓緩贊成，後入秦，相昭襄王。❺河東　指山西省境內黃河以東的地區。❻講　講和；和解。❼大費　重大的代價。❽父兄　指同姓的老臣。❾公子汜　《戰國策・秦策》作「公子池」。❿今　假若。⓫固且　必將。固，必。且，將。⓬特　卻。⓭大舉　嚴重地被攻伐。⓮為　如。⓯斷講　決定講和。斷，決斷；決定。

【語譯】齊魏韓三國的軍隊到了函谷關，秦王對樓緩說：「三國的軍隊入境很深了，寡人想割讓河東的土地和他們講和，你看怎麼樣？」樓緩回答說：「割讓河東，那是重大的代價；使國家免掉禍害，是重大的功勞。這件事是同姓老臣的責任。大王何不召喚公子汜來詢問？」秦王召見公子汜，把此事告訴他。公子汜回答說：「講和會後悔，不講和也會後悔。大王如果割讓河東而講和，三國的軍隊撤回了，大王一定說：『三國本來就將撤軍的，我卻拿三城送他們。』不講和，三國聯軍一定進入函谷關，國家就要遭嚴重的攻打了。到時候大王一定非常後悔說：『這就是不獻三城的後果了。』所以我說：大王講和也後悔，不講和也後悔。」秦王說：「如果我都要後悔，寧願失掉三城而後悔，不願國家遭遇危險才後悔。寡人已決定割讓三城和他們講和了。」

應侯❶謂秦王❷曰：「王得宛、葉、藍田、陽夏❸，斷河內❹，困梁、鄭❺，所以未王❻者，趙未服也。弛上黨兵❼，而以臨東陽❽，則邯鄲❾口中虱❿也。王拱而朝天下⓫，後者⓬以兵中⓭之。然上黨之⓮安樂，其處甚劇⓯，臣恐弛之而不聽，奈何？」王曰：「必弛易之矣。」

【注　釋】❶應侯　即范雎。戰國時魏國人，字叔，先仕魏，後入秦，以遠交近攻之策遊說秦昭襄王，昭襄王用為相，封於應（今河南省魯山縣東），稱應侯。❷秦王　指秦昭襄王。❸宛葉藍田陽夏　四地名。宛，今河南省南陽縣。葉，今河南省葉縣。藍田，今陝西省藍田縣。陽夏，今河南省太康縣。❹斷河內　截取河內。斷，截為兩段。河內，指今河南省黃河以北的地方。❺梁鄭　魏國和韓國。❻王　成就王業。❼弛上黨兵　解除上黨的軍隊。弛，解除。上黨，今山西省長治縣一帶的高地，戰國時屬韓。❽臨東陽　降臨到東陽。東陽，戰國時趙地。今山東省恩縣西北三十公里。❾邯鄲　戰國時趙國的都城。今河北省邯鄲市。邯，山名。鄲，盡。邯山至北而盡，故名邯鄲。❿口中虱　指無處逃生。虱，本作「蝨」。寄生在人體或其他哺乳動物上的小蟲。⓫拱而朝天下　拱手而接見來朝的諸侯。拱，拱手。雙手疊合以示敬意。朝，臣見君。⓬後者　落在後面的人；遲來的人。⓭中　擊中目標。⓮之　已；已經。⓯其處甚劇　處理很費力。處，處理；管理。劇，艱難；困苦。

【語　譯】應侯范雎對秦王說：「大王已經得到宛、葉、藍田、陽夏等重要城邑，截取河內，逼迫魏國和韓國，卻還不能稱王於全天下的原因，就是趙國還未臣服的緣故。如果解除上黨的守軍，而直指東陽，那麼趙都邯鄲就像投到嘴裡的蝨子了。那時大王可以拱手為禮而接受天下諸侯的朝覲，落後的，就派兵去討伐他。只是上黨安定以後，處理很費力。我怕解除上黨守軍的事，大王不聽，這怎麼辦呢？」秦王說：「我已決定調防上黨的守軍了。」

傳五——龐敬❶，縣令也，遣市者❷行，而召公大夫❸而還之，立有間❹，無以詔❺之，卒遣行。市者以為令❻與公大夫有言，不相信，以至無姦。

【注　釋】❶龐敬　尹桐陽《韓非子新釋》以為就是本篇「傳二」的龐恭。❷市者　市場的管理員。❸公大夫　市場管理員的長官。周禮地官有司市下大夫二人。❹有間　有頃；一會兒。❺詔　告。❻令　縣令。

【語　譯】傳五——龐敬做縣令的時候，派遣市場管理員去巡視，馬上又召喚公大夫回來，站了一會兒，沒告訴他什麼，又命他走。市場管理員以為縣令和公大夫講了什麼話，於是和公大夫之間，起了猜疑而不敢相信，以致於不敢做違法的事。

戴驩❶，宋太宰❷，夜使人曰：「吾聞數夜有乘轀車❸至李史❹門者，謹為我伺之。」使人報曰：「不見轀車，見有奉笥❺而與李史語者，有間，李史受笥。」

【注　釋】❶戴驩　人名。事蹟未詳。❷太宰　官名。周禮六官中，天官之長，統領六官。即後世丞相、宰相之職。❸轀車　有帷幕遮蔽的車子。❹李史　掌管刑獄的官吏。李，通「理」。法官。❺奉笥　捧著竹製的筐籃。奉，「捧」的本字。笥，竹製的方形盛器。

【語　譯】宋太宰戴驩在夜裡派遣使者，說：「我聽說近幾個夜晚，有人乘坐有帷幕遮蔽的車子到法官門前，你替我細心偵察偵察。」使者回來報告說：「沒看到有帷幕遮蔽的車子，只看見有個人捧著竹箱和法官談話，一會兒，法官接過那個竹箱。」

周主亡玉簪❶，令吏求之，三日不能得也。周主令人求，而得之家人❷之屋間。周主曰：「吾知吏之不事事❸也，求簪三日不得之；吾令人求之，不移日❹而得之。」於是吏皆聳懼❺，以君為神明也。

【注　釋】❶周主亡玉簪　周主遺失一隻玉製的髮簪。周主，周室的君主。指東周君或西周君。戰國時，諸侯國周分東西二周，其君主稱東周君、西周君。亡，遺失。玉簪，玉製的髮簪。簪，插入髮髻，使髮髻或冠帽固定的長針。❷家人　庶民；普通居民。❸事事　治事。上「事」字當動詞。治理。❹移日　踰日；超過一天。❺聳懼　悚懼；駭怕。

【語　譯】周主遺失玉簪，命官吏去找，找了三天沒找到。周主另派人去找，結果在平民的屋裡找到。周主說：「我就知道官吏不管事，找玉簪找了三天都找不到；我另派人去找，不到隔天就找到。」於是官吏們都害怕，認為君主非常神明。

商太宰❶使少庶子❷之市，顧反❸而問之曰：「何見於市？」對曰：「無見也。」太宰曰：「雖然，何見也？」對曰：「市南門之外甚眾牛車，僅可以行耳。」太宰因誡使者：「無敢告人吾所問於女❹。」因召市吏而誚❺之曰：「市門之外，何多牛屎？」市吏甚怪太宰知之疾❻也，乃悚懼其所❼也。

【注　釋】❶商太宰　即宋太宰。宋國為商朝遺民的封國，故名。此與上文「戴驩宋太宰」應是一人。❷少庶子　官名。未詳所掌職務。❸顧反　回返。顧，回頭。反，返。❹女　通「汝」。❺誚　責罵。❻疾　敏捷；敏銳。❼悚懼其所　恐懼謹慎於自己的職務。悚懼，駭怕。悚，恐懼。所，猶言分位、職分。

【語　譯】商太宰派少庶子到街市辦事，回來後，問他說：「在街市看到了什麼？」少庶子回答說：「沒看到什麼。」太宰說：「雖沒看到什麼，總是有些什麼事情吧？」少庶子說：「街市的南門外有很多牛車，勉強可以走路而已。」太宰便告誡使者說：「不要把我所問你的話告訴別人。」於是召見市場管理員而責罵他說：「街市南門外，怎麼那麼多牛屎？」市場管理員很訝異太宰知道消息之快，於是恐懼謹慎地執行分內的職務。

傳六——韓昭侯❶握爪❷，而佯亡❸一爪，求之甚急，左右因割其爪而效❹之。昭侯以此察左右之不誠。

【注釋】❶韓昭侯　戰國時韓國的國君。❷握爪　握著指甲。爪，手指甲。❸佯亡　假裝失去。❹效　獻。

【語譯】傳六——韓昭侯握著自己的指甲，假裝說失去了一隻，找得很著急，身邊的侍臣便割自己的指甲給他。昭侯由此知道侍臣的不誠實。

韓昭侯使騎於縣❶，使者報❷，昭侯問曰：「何見也？」對曰：「無所見也。」昭侯曰：「雖然，何見？」曰：「南門之外，有黃犢食苗道左❸者。」昭侯謂使者：「毋敢洩吾所問於女。」乃下令曰：「當苗時，禁牛馬入人田中，固有令❹，而吏不以為事，牛馬甚多入人田中，亟❺舉其數上之，不得，將重其罪。」於是三鄉❻舉而上之。昭侯曰：「未盡也。」復往審之，乃得南門之外黃犢。吏以昭侯為明察，皆悚懼其所，而不敢為非。

【注　釋】❶使騎於縣　使人騎馬巡視各縣。騎，備有鞍轡的馬。也指騎著馬的人。縣，地方行政區劃名。春秋戰國時，貴族的封地逐漸收歸中央政府直接管轄，改為縣邑。❷報　覆命；還報。❸黃犢食苗道左　小黃牛吃路邊的禾苗。犢，小牛。道左，路的左邊或東邊（中國方位，以東為左，如江東稱江左）。❹固有令　原有禁令。❺亟　急速。❻三鄉　三向。指都城東、西、北三門的外面。鄉，通「向」。

【語　譯】韓昭侯派人騎馬巡視各縣，使者回來覆命，昭侯問道：「看見了什麼？」使者回答說：「沒見到什麼。」昭侯說：「雖沒看見什麼，總是有些什麼事情吧？」使者說：「南門外，有一頭黃色小牛吃路邊的禾苗。」昭侯告訴使者：「不要把我問你的話洩露出去。」於是下令說：「當禾苗生長時，禁止牛馬進入農人的田裡，原本就有命令，而官吏不當一回事，很多牛馬進入農人的田裡，盡快把數量報上來，如果查不到，將加重他的罪罰。」於是都城東、西、北三向都把這個事件的數量報上去。昭侯說：「還沒有完全查清楚。」又派人前往各處詢查，才查到南門外的小黃牛。官吏們認為昭侯明察秋毫，都恐懼小心地執行自己的職務，而不敢違法。

周主下令索曲杖❶，吏求之數日不能得；周主私使人求之，不移日而得之。乃謂吏曰：「吾知吏不事事也。曲杖甚易得也，而吏不能得；我令人求之，不移日而得之，豈可謂忠哉？」吏乃皆悚懼其所，而以君為神明。

【注　釋】❶周主下令索曲杖　周室的君主下令尋找曲杖。索，尋求。曲杖，上端彎曲的手杖。

【語　譯】周主下令找一枝上端彎曲的手杖，官吏找了好幾天沒找到；周主另派人去找，不到一天就找到。於是對官吏說：「我知道官吏不認真做事。上端彎曲的手杖很容易找，官吏卻找不到；我派人去找，不到一天就找到，哪裡可算忠誠呢？」官吏們於是都恐懼小心地在自己的分內認真做事，認為君主很神明。

卜皮❶為縣令，其御史❷汙穢而有愛妾，卜皮乃使少庶子佯愛之❸，以知御史陰情❹。

【注釋】❶卜皮 魏國的臣子。❷御史 官名。春秋戰國時，各國都有御史，為侯王令長親近之職，負責文書及記事。❸佯愛之 假裝愛他。佯，假裝。之，指御史的愛妾。❹陰情 隱祕的內情。

【語譯】卜皮做縣令，他的文書官品德卑汙而有個愛妾，卜皮便教少庶子假意善待文書官的愛妾，從而知道文書官很多隱私的事情。

西門豹❶為鄴令❷，佯亡其車轄❸，令吏求之不能得，使人求之，而得之家人屋間。

【注釋】❶西門豹 戰國時魏國人。魏文侯時任鄴令，鄴地官吏勾結女巫，聚斂人民財物，每年擇民家女子，投入漳河，謂為河伯娶婦，豹到任後，用計投女巫、惡吏於河，民女因此獲救，又發動人民開鑿水渠，引漳水灌田，農民因此富饒。❷鄴令 鄴縣縣長。鄴，地名。故城在今河南省臨漳縣西。❸車轄 車軸兩端的鐵鍵。豎貫於車轂外側的軸頭，以防止車輪脫出車軸。

【語譯】西門豹做鄴令，假裝遺失車軸兩端的鐵鍵，命官吏去找，找不到；另派人去找，卻在民家的房子裡找到。

傳七——山陽君相衛❶，聞王之疑己也，乃偽謗❷樛豎❸以知之。

【注　釋】❶山陽君相衛　顧廣圻《韓非子識誤》以為：「衛，當作『韓』。《戰國策・韓策》有『或謂山陽君曰：「秦封君以山陽。」』云云，可為證。樛豎，亦韓人，本書〈說林上〉及〈難一〉皆云：『韓宣王謂樛留也。』今本輒改為衛，謬甚。」❷偽謗　假意毀謗。❸樛豎　樛姓的小臣。豎，小臣。

【語　譯】傳七——山陽君做韓國的國相，聽說韓王懷疑自己，於是故意毀謗韓王的寵信樛豎，以探知韓王對自己的真正態度。

淖齒❶聞齊王之惡己也，乃矯為秦使❷以知之。

【注　釋】❶淖齒　戰國時楚國的將領。齊湣王時，燕將樂毅率領諸侯聯軍大敗齊國，湣王逃到莒城，楚派淖齒率兵救齊，湣王便以淖齒為相，後反被淖齒所殺。淖齒，也作「卓齒」。❷矯為秦使　使人詐為秦國的使者。矯，詐稱。

【語　譯】淖齒聽說齊王厭惡自己，於是教人假冒秦國的使者，以刺探齊王的態度。

齊人有欲為亂者，恐王知之，因詐逐所愛者，令走王知之。

【語　譯】齊國有人想要作亂，擔心齊王知道，於是假意趕走自己最喜愛的部下，教他逃到齊王那裡，讓齊王知道，便不會懷疑他要作亂了。

子之❶相燕，坐而佯言曰：「走出門者何也？白馬也！」左右皆言不見，有一人走追之，報曰：「有。」子之以此知左右之不誠信。

【注　釋】❶子之　戰國時燕王噲的相。掌握大權，煽惑燕王噲讓位給自己，造成大亂，齊國乘機伐燕，大破之，燕王噲死，子之被殺。

【語　譯】子之做燕國的國相，有一次在談話中，忽然假裝說：「走出門外的是什麼呀？原來是一匹白馬。」左右近侍都說沒看見，有一個人趕出去看，回來報告說：「有。」子之由此知道左右近侍不誠實。

有相與訟❶者，子產離之❷，而無使得通辭❸，倒其言以告❹而知之。

【注　釋】❶相與訟　互相控告。訟，爭辯曲直。❷子產離之　子產將他們隔離。子產，春秋時鄭國的良相。離，隔離。❸通辭　知曉對方的說辭。❹倒其言以告　顛倒一方的言辭來訊問另一方。

【語　譯】有人打官司，子產把原告和被告隔離，不讓他們知道對方的說辭，然後顛倒原告的話問被告，又顛倒被告的言辭問原告。終於知道兩造的曲直。

衛嗣君使人為客過關市❶，關吏苛難❷之，因事關吏以金❸，關吏乃舍❹之。嗣君謂關吏曰：「某時有客過而所❺，與汝金，而汝因遣之。」關吏乃大恐，而以嗣君為明察。

【注　釋】❶為客過關市　偽裝客商經過貿易的關口。為，偽裝。客，指商人。關，重要地點所設的門禁。市，買賣的場所。❷苛難　刁難；嚴格留難。❸事關吏以金　用金錢賄賂關吏。事，侍奉。❹舍　通「捨」。釋放。❺而所　你的任所。而，你。所，職務所在地；轄區。

【語　譯】衛嗣君派人假扮旅客經過關市，關吏多方刁難，於是拿錢賄賂關吏，關吏因此放了他。衛嗣君對關吏說：「某個時間，有個旅客經過你所管理的地方，給你錢，你就放他走。」關吏非常恐慌，認為衛嗣君非常明察。

◎新譯張載文選

張金泉／注譯

張載是北宋著名哲學家，他所創立的學派被稱為關學，和周敦頤的濂學、二程的洛學、朱熹的閩學並列為理學四大派。張載一生追求終極真理，成果卓著，「為天地立心，為生民立命，為往聖繼絕學，為萬世開太平」、「民吾同胞，物吾與也」都是他的名言。他所提出的氣一元論的哲學體系、對立統一規律的學說、變化氣質的理論等，在中國哲學史上占有重要地位。代表作《正蒙》是其語錄的精選彙編，內容涵蓋方方面面，本書作了全文譯注，對《橫渠易說》、《經學理窟》、《張子語錄》等其他著作則選取重要部分加以譯注，幫助讀者了解張載其人其書。

三民網路書店 會員

獨享好康 大放送

通關密碼：A7535

憑通關密碼
登入就送100元e-coupon。
(使用方式請參閱三民網路書店之公告)

生日快樂
生日當月送購書禮金200元。
(使用方式請參閱三民網路書店之公告)

好康多多
購書享3%～6%紅利積點。
消費滿350元超商取書免運費。
電子報通知優惠及新書訊息。

三民網路書店
www.sanmin.com.tw
超過百萬種繁、簡體書、原文書5折起